G. Korschelt

**Geschichte von Oderwitz**

G. Korschelt

**Geschichte von Oderwitz**

ISBN/EAN: 9783741183737

Hergestellt in Europa, USA, Kanada, Australien, Japan

Cover: Foto ©ninafisch / pixelio.de

Manufactured and distributed by brebook publishing software (www.brebook.com)

G. Korschelt

**Geschichte von Oderwitz**

# Geschichte

von

# Odernitz,

bearbeitet von

## G. Korschelt,

Bürgerschullehrer in Zittau und Mitglied der oberlausitzer
Gesellschaft der Wissenschaften.

Nebst einer Ansicht.

Druck und Verlag von H. Trommer in Neu-Gersdorf.
1871.

Einem

geehrten Stadtrathe

zu

Zittau

widmet diese Schrift

als einen Beweis seiner Hochachtung

der Verfasser.

# Vorwort.

Während die große Mehrzahl der Dörfer unserer südlichen Oberlausitz ihren Geschichtsschreiber gefunden hat, so war doch bisher gerade die Geschichte von Oberwitz in tiefes Dunkel gehüllt. Wahrscheinlich haben die Schwierigkeiten, welche sich bei der Bearbeitung der Geschichte eines Ortes zeigten, der schon seit ältester Zeit aus so vielen verschiedenen Antheilen bestand, so wie der Mangel an reichhaltigeren Quellen von Forschungen zurückgeschreckt.

Um etwas Licht in dieses Dunkel zu bringen, sah der Verfasser zunächst die Kirchenbücher von Nieberoberwitz durch, welche, wenn auch anfangs unvollständig, doch bereits mit 1583 beginnen, und die Schöppenbücher von Oberwitz, die von 1580 resp. 1600 an vorhanden sind. Später lieferte ihm auch das herrschaftliche Archiv des Rittergutes Mitteloberwitz und besonders das Rathsarchiv zu Zittau Material. Eine Geschichte des Ortsherrschaften von Oberwitz, die der Verfasser bereits früher im Lausitzer Magazin zum Abdruck brachte, war die Frucht mehrjähriger mühevoller Ermittelungen.

Was aus Druckschriften entnommen ist, findet sich in der Nachweisung der Quellenangabe in den betreffenden Anmerkungen vor.

Dankend erwähnt sei hier noch die bereitwillige Unterstützung, welche dem Verfasser bei Ausarbeitung des Werkchens von vielen Seiten und zwar namentlich von dem Herrn Pastor Mättig und den Ortslehrern zu Theil wurde.

Besonders aber ist der Verfasser Herrn Gustav Adolph Berthold in Oberoberwitz zu Dank verpflichtet, welcher ihm bei seiner genauen Kenntniß der örtlichen Verhältnisse, vorzüglich hinsichtlich des 15. Abschnitts reichhaltige Notizen mittheilte.

Zum Schlusse sei auch noch Allen gedankt, die durch freundliche Theilnahme und Unterzeichnung das Erscheinen der Schrift befördern halfen.

Zittau, Ostern 1871.

G. Korschelt.

# Inhaltsverzeichniss.

| | | Seite |
|---|---|---|
| I. | Lage. Entstehung und Name . . . . . | 1 |
| | Lage (1). Gewässer, Name und Entstehung (2). Abstammung der Bewohner (3 u. 4). | |
| II. | Beschaffenheit des Bodens, geologische Verhältnisse . . | 5 |
| | Beschaffenheit des Bodens und Klima (5). Berge (6 u. 7). | |
| III. | Größe. Bewohnerzahl. Straßen . . . . | 7 |
| | Größe (7). Ortstheile (9). Vergrößerung (10). Bewohnerzahl (11). Brücken (13). Eisenbahn (14). Straßen (15). | |
| IV. | Ortsherrschaften . . . . . . . | 17 |
| | Die Herren von Rieburg und ihr Streit mit Zittau wegen des Königsholzes (18); Burggrafen von Dohna (20); Herren von Khaw (21); von Nostitz (23); Johannitercommende von Zittau (24); Familie von Pottitz (24); Herren von Schlelnitz (26); von Gersdorf (26); von Mauschwitz (27); das Oybiner Kloster kauft einen Antheil des Dorfes (27); desgl. Zittau (28); Mitteloberwitz geht an die Familie von Kreischau über (30) und später an die von Rüdinger (33); nachherige Besitzer von Mitteloberwitz (33); Familie von Nostitz — Ruppersdorfscher Antheil — (S. 41); desgl. Hainewaldscher Antheil (46); derselbe gelangt in den Besitz der Gersdorffschen (49), der Canitzschen (51) und der Khawschen Familie (52); Zieglerscher Antheil (53); Zittauische Antheile von Ober- und Niederoberwitz (57). | |
| V. | Kirche . . . . . . . . . | 59 |
| | Oberwitz als ein Kirchspiel (59); Kirche zu Niederoberwitz (61); Pfarrwohnung (68); kirchliche Einrichtungen (71); kirchliche Feste (74); milde Stiftungen und Geschenke (76); katholische Pfarrer zu Oberwitz (81); desgl. zu Niederoberwitz (82); Kirche zu Oberoberwitz (90); Geschenke an die Kirche (98); Pfarrwohnung (101); kirchliche Feste (102); Pfarrer in Oberoberwitz (104); milde Stiftungen (112). | |
| VI. | Schule . . . . . . . . . | 113 |
| | Schulwesen in Niederoberwitz (113); Kirchschule (115); Kirchschullehrer (116); Schule Zittauischen Antheils (120); Lehrer daselbst (121); Schule zu Mitteloberwitz (124); Lehrer daselbst (125); Schulwesen zu Oberoberwitz (127); die Kirchschule (129); | |

Lehrer daselbst (130); Schule Hainewaldschen Antheils (132); Lehrer daselbst (134); Schule Zittauischen Antheils (135); dasige Lehrer (136).

VII. Gemeindewesen (Verwaltung und Rechtspflege) . . . 137
Landgemeindeordnung (138); Rügengerichte (139); Schöppenbücher (146); Kerbhölzer, Wissebier (148); Feuerlöschanstalten (150); Gemeindehäuser (151); Verzeichniß der Gemeindevorstände und Gemeinderathspersonen (151); Verzeichniß der Ortsrichter (153); Kretscham (156).

VIII. Dienste, herrschaftliche Abgaben, Steuern . . . 158
Erbunterthänigkeit (158); Spann- und Handdienste (160); herrschaftliche Abgaben (165); Gemeindeeinnahmen (166); Ablösungen (167); landesherrliche Steuern (172).

IX. Einige Beiträge zur Sitten- und Culturgeschichte . . 174
Zustände zur Zeit der Leibeigenschaft (175); Polizeiordnung der Cölestiner vom Jahre 1518 (177); Bauart der Häuser (179); Kleidertracht (181); Gebräuche bei Hochzeiten (185); abergläubische Gebräuche (187); gesellige Freuden (189); die gegenwärtig bestehenden Vereine (190).

X. Nahrungszweige, Namen der Bewohner . . . . 195
Landbau (195); Weberei (198); Gewerbe (206); Eisenbahnverkehr (208); von Oberwitz gebürtige Gelehrte ꝛc. (209); Familiennamen (221).

XI. Kriegsleiden . . . . . . . . . 222
Hussitenkrieg (222); dreißigjähriger Krieg (226); polnischer Thronfolgekrieg (238); siebenjähriger Krieg (240); einjähriger Krieg (250); französischer Krieg 1813 bis 1815 (251); Krieg 1866 (260); Krieg 1870 (265).

XII. Leiden der Bewohner . . . . . . . 267
1. durch Brände (268); 2. Ueberschwemmungen (276); 3. Hagel (279); 4. Gewitter, Stürme, Erderschütterungen (281); 5. Theuerung (287); 6. ansteckende Krankheiten (291).

XIII. Unglückliche oder merkwürdige Todesfälle . . . . 292
XIV. Verschiedenes . . . . . . . . . 311
XV. Verzeichniß der auf Oberwitzer Flur vorkommenden hauptsächlichsten wildwachsenden Pflanzen . . . 341
XVI. Beilagen von Urkunden . . . . . . . 346
XVII. Nachträge und Berichtigungen . . . . . . 351

# I.
## Lage. Entstehung und Name.

Oberwitz, mit seinen verschiedenen Antheilen als ein Dorf betrachtet, ist nicht nur das größte Fabrikdorf der sächsischen südlichen Oberlausitz, sondern auch zugleich das größte Dorf Sachsens. In ihm leben gegenwärtig in mehr als tausend Häusern sieben- bis achttausend Einwohner. Es liegt in nordwestlicher Richtung von Zittau, von dem es in seinem untersten Theile $1\frac{1}{2}$ Stunde und in seinem obersten gegen 3 Stunden entfernt ist. Die Entfernung von Herrnhut, welches sich nördlich davon befindet, beträgt von Oberoberwitz $1\frac{1}{4}$ und von Niederoberwitz aus 2 Stunden. Oberwitz grenzt südöstlich und südlich mit Herwigsdorf, westlich mit Spitzkunnersdorf, Hainewalde und Leutersdorf, nordwestlich mit Eibau, nördlich mit Ruppersdorf und östlich mit Großhennersdorf. Es zieht sich demnach von Herwigsdorf bis Eibau in allmählicher Steigung in einer Länge von $1\frac{1}{2}$ Stunde in nordwestlicher Richtung hin, in einem Thale, welches südlich von den Höhen des Spitzberges, östlich vom Königsholz und nördlich vom Kottmar begrenzt wird. Während Niederoberwitz durchschnittlich 900 Fuß Seehöhe hat, kann man für Oberoberwitz dagegen 1000 Fuß annehmen.

Die Löbau-Zittauer Eisenbahn, von der sich kurz vor Niederoberwitz die seit Anfang 1868 vollendete, das schöne Mandauthal durchschneidende Großschönauer Bahn abzweigt, und die von Zittau nach Dresden über Neusalza führende Chaussee ziehen sich längs des Dorfes hin. Der 1580 Fuß, nach anderen Angaben 1710 Fuß hohe Spitzberg bietet den besten Ueberblick über die langen Häuserreihen des Dorfes. Weit hin schweift das Auge über eine der bevölkertsten Gegenden unsers Vaterlandes mit einer Menge von Ortschaften. Die Landeskrone bei Görlitz, das Riesengebirge, der Iserkamm und das Lausitzer Gebirge begrenzen die reizende Fernsicht.

Das **Landwasser**, welches seinen Ursprung auf der sogenannten Löbauischen Wiese bei Walddorf hat, durch Ober- und Niederoberwitz fließt und hier mehrere Mühlen treibt, mündet in Scheibe, einem Theile Herwigsdorfs, in die Mandau. Das **Grundwasser** entspringt auf dem Kottmar, fließt durch Eibauer und Oberoberwitzer Flur und mündet etwas unterhalb des Eisenbahnviaducts in das Landwasser. Obwohl in der Regel nur unbedeutend, schwillt es doch mitunter bei Thauwetter und heftigen Regengüssen zu bedeutender Höhe an.

Der Name — **Wudrijecz, Wudriwge**, d. h. ein durch Wasser zerrissenes Thal —, woraus später (um 1350) Ubrwitz und zuletzt Oberwitz wurde, deutet unstreitig auf slavischen Ursprung hin. Auch bei Pegau, bis wohin in früherer Zeit die Slaven ebenfalls vorgedrungen sind, ist ein Dorf gleichen Namens. Ob aber Oberwitz von den Slaven schon gegründet wurde, als zur Zeit der Völkerwanderung am Anfange des 6. Jahrhunderts slavische Völkerschaften aus fernem Osten her erschienen und die ursprünglich deutschen Bewohner der Lausitz, die suevischen Stämme der Semnonen, Astinger, Silinger und Lygier verdrängten, ist ungewiß. Wahrscheinlich breiteten sich die Slaven — ein Stamm der Sorbenwenden, Milczener genannt —, welche in der Regel die Ebenen als Wohnplätze vorzogen, blos in der nördlichen und mittleren Oberlausitz aus, während das Thal, in welchem Oberwitz liegt, im ersten Jahrtausend der christlichen Zeitrechnung nur spärlich bewohnt gewesen sein mag, wie überhaupt die gebirgige südliche Oberlausitz.

Dichte Waldung bedeckte jedenfalls die Gegend, in deren Bergen wahrscheinlich zur Zeit der Völkerwanderung deutsche Elemente — Ueberreste lygischer Suiven — zurückgeblieben waren, ohne aber ihrer abgeschlossenen Lage wegen in der alten Heimath recht gedeihen zu können. Ein meilenlanger Wald trennte Böhmen von der Lausitz, weshalb der Gau, zu dem auch das Oberwitzer Thal gehörte, mit dem Namen „Zagost", d. h. hinter dem Walde bezeichnet wurde. Auch der Umstand, daß aus dem Slavischen abstammende Ortsnamen nur ganz ausnahmsweise hier vorkommen, scheint auf ein Nichtvordringen der Milczener bis in diese Gegend hinzudeuten.

Jahrhunderte hindurch behaupteten dieselben ihre Wohnplätze in der nördlichen Hälfte der Lausitz. Erst den sächsischen Kaisern und den tapfern Markgrafen von Meißen, welche von der Elbe her vordrangen, gelang ihre Unterwerfung. Die Milczener mußten das Christenthum annehmen. Schwer wurde es ihnen, ihrem heidnischen Götzendienste zu entsagen. Als sie abermals die christlichen Priester verjagt hatten, fiel im Jahre 1015 Kaiser Heinrich II. in ihr Land und zwang sie mit dem Schwerte in der Hand, sich wieder zum Christenthume zu bekennen. Viele ergriffen die Flucht und flohen in die Haidegegenden, besonders in die Wälder von Zagost, um ungehindert ihre Götter verehren zu können. Der Sage nach verdanken Oberwitz, Eibau (von Jwa, d. h. Saalweide), Hörnitz und die böhmischen Städtchen Kreibitz und Wendisch-Kamnitz diesen flüchtigen Wenden ihre Entstehung. \*)

Da die Zahl derselben jedenfalls nicht unbedeutend war, so hatte wahrscheinlich schon damals das Thal, in welchem sich jetzt die volkreichen Dörfer Oberwitz, Eibau, Walddorf und Ebersbach hinziehen, eine nicht unansehnliche Bevölkerung. Ungehindert konnten die Wenden hier ihre Götzen verehren. Die das Thal begrenzenden Berge, der Oberwitzer Spitzberg,

---

\*) S. Frind's Kirchengesch. von Böhmen I. 30 und Palackys Gesch. Böhmens I. 289.

der Kottmar und der Lehr- oder Lerchenberg bei Eibau erinnern an den heidnischen Götzendienst der Sorbenwenden. An festlichen Tagen entzündeten sie zu Ehren ihrer Götter Opferfeuer auf den Höhen jener Berge. Noch heute sehen wir, eine treu erhaltene Sitte unserer Vorfahren, in der Walpurgis- und Johannisnacht die Flammen von den Bergen aufsteigen. Auf diesen Höhen befanden sich die Altarplätze der Gottheit. Auf dem Kottmar soll die wendische Göttin Mara, auch Marzowa oder Marzone genannt, von welcher der Berg seinen Namen tragen soll, verehrt worden sein. Ein am Ende des 17. Jahrhunderts hier gefundenes, vier Zoll hohes bronzenes Bildchen, welches im Jahre 1728 der Rathsbibliothek zu Görlitz übergeben wurde, soll diese Göttin darstellen. Ebenso fand im Jahre 1738 der damalige Pastor zu Eibau, M. Grünewald, auf dem Lehrberge ein ähnliches Bildchen von grünlich-grauem, sehr leichtem Thone, welches er an die Stadtbibliothek zu Zittau abgab. Das größte Fest jener heidnischen Zeit war das Frühlingsfest. Die noch im vorigen Jahrhunderte stattgefundene Gewohnheit, am Pfingstabende den Oberwitzer Spitzberg und den Lehrberg zu besteigen und während der Nacht von diesen einst heiligen Höhen Steine herabzurollen, zu singen und bis Sonnenaufgang Freudenschüsse abzufeuern, ist wohl eine Erinnerung an die an jenem Tage vorzugsweise stattgefundene Verehrung des daselbst aufgestellten Götzen.

In welcher Zeit wendische Sprache und wendische Sitte in Oderwitz verschwanden, ist natürlich unbekannt. Wahrscheinlich erst längere Zeit nachher, als deutsche Ritter mit zahlreichem Gefolge auch in die Gegend von Oderwitz vorgedrungen waren und dadurch deutsche Sitte und Sprache und deutsche Bildung sich immer mehr Eingang verschafft hatten. Da fast alle Nachbarortschaften von Deutschen gegründet worden sind, so mußte dies nothwendig, namentlich wenn sich noch in den benachbarten Bergen Ueberreste germanischer Stämme, wie schon früher erwähnt, erhalten hatten, nach und nach eine

Germanisirung der Wenden zur Folge haben. Ziemlich rasch nahm ja auch in der Gegend von Löbau, die in früheren Jahrhunderten vorherrschend von Wenden bewohnt wurde, die Germanisirung derselben überhand.

## II.
### Beschaffenheit des Bodens, geologische Verhältnisse.

Was die Beschaffenheit des Bodens betrifft, so sind die Oderwitzer Felder östlich vom Dorfe vorherrschend sandig, während sich auf der Westseite mehr Letten vorfindet. Im Allgemeinen sind sie nicht so ergiebig, als in dem benachbarten fruchtbaren Zittauer Thalbecken. Die beste Bodenbeschaffenheit findet sich auf Mitteloderwitzer Flur. Die Gegend von Oderwitz ist hügelig, abhängig und wenig eben. Hierzu kommt noch, daß das Klima in Folge der höheren Lage des Dorfes, namentlich was Oberoderwitz betrifft, schon rauher ist. Mitunter kommt es im Winter vor, daß hier die Gegend im weißen Wintergewande erscheint, während im nahen Zittau kein Schnee zu sehen ist. Nach langjährigen Beobachtungen ist für Zittau der Mittelstand des Thermometers + 8,1° R.; für Oderwitz dürfte höchstens 6° anzunehmen sein. In der Regel beginnt daher auch in der noch außerdem durch einen Kranz von Bergen geschützten Zittauer Gegend die Ernte acht Tage früher als hier.

Der Bodenertrag steht im Uebrigen auch in keinem Verhältniß zu der dichten Bevölkerung des Dorfes. Nur ein kleiner Theil derselben kann sich sein Brot selbst bauen. Der Ausfall muß von auswärts gedeckt werden. Während z. B. im Jahre 1867 auf der Eisenbahnstation Oberoderwitz 60738 Centner Getreide und 32158 Centner Mehl ankamen, gingen von hier nur 6986 Centner Getreide und 201 Centner Mehl ab. Jedoch ist in neuerer Zeit durch bessere, tiefere Bearbeitung der Felder, durch Kleebau, durch Verbesserung und Bewässerung der Wiesen, Stallfütterung und dadurch vermehrte Düngergewinnung, und außerdem noch durch Düngen mit Guano, Knochenmehl, Kalk und Gyps, durch Einführung von gutem Samengetreide, sehr viel geschehen, um den Bodengehalt der Felder zu verbessern und den Ertrag derselben zu erhöhen.

Während im Zittauer Thalbecken der in uralter Vorzeit angeschwemmte Boden, abwechselnd mit Thon- und Sandschichten von verschiedener Mächtigkeit, ungeheure Braunkohlenschätze enthält, ist im Oderwitzer Thale der Phonolith (Porphyrschiefer, Klingstein) vorherrschend. Zwar findet sich auch hier aufgeschwemmtes Land, doch in geringerer Mächtigkeit als dort. Weil daher die sich vorfindenden Kohlenlager nur geringere Schichten bilden, so sind auch Kohlenabbauversuche in Nieder- und 1853 in Oberoderwitz, wo am 30. Mai in der Nähe der Kirche eingeschlagen wurde, sehr bald wieder eingestellt worden, weil sie sich zu wenig lohnend zeigten. Ueberall bedeckt aufgeschwemmtes Land, überlagert von Phonolith, das Grundgebirge.

Die Fortsetzung des Gehänges von den aus knollig abgesondertem Basalt gebildeten Höhen zu Scheibe besteht am untersten Ende von Niederoderwitz aus plattenförmigem Basalt. Bei der Brücke, welche am Landberge über das Landwasser führt, findet sich Basalt mit Olivin und Hornblende gemischt. Zwischen Niederoderwitz und Oberseifersdorf sieht man mehrere verbundene flach-kegelförmige Kuppen. An einer derselben ist das Gestein sehr schön senkrecht, säulenförmig abgesondert. Der Oderwitzer Hutberg nebst den benachbarten zwei kleinen Anhöhen sind dem Ansehen nach Basaltberge. Das Königsholz ist ein im Verhältniß zu den umliegenden Hügeln ziemlich hoher und sehr breiter Berg. Es ist ganz mit Waldung bedeckt, in der sich viel Waldmeister vorfindet, und besteht aus Phonolith. Durch angelegte und ausgehauene Gänge ist dasselbe bequem zugänglich gemacht. Der Betrieb einer Torfgräberei, welche 1814 in der Mitte der Waldfläche und in der Nähe der damals daselbst erbauten kleinen Unterförsterwohnung, im Volksmunde „Batzenhütte" genannt, angelegt wurde, ist eingestellt worden, als der Braunkohlenabbau in der Gegend allgemeiner wurde. An der südwestlichen Seite des Königsholzes ragen fünf hohe, sehr zerklüftete Felsen hervor. Eine sich hier vorfindende Felsengrotte nennt man „Meiers Stübchen." Am Abhange nach dieser Seite liegen sehr viele große, von den Felsen losgebrochene und herabgestürzte Stücke. Das Gestein ist ähnlich dem auf dem Spitzberge, nur etwas dunkelbrauner, und schiefert sich in dünnere, schalige, abgesonderte Stücke. Der Spitzberg, welcher fast kahl und ziemlich bis zur Spitze urbar gemacht ist, besteht ebenfalls aus Phonolith. Ungeachtet ihrer hohen Lage zählt man doch die Felder auf dem Berge zu denen, welche einen höheren Ertrag geben, da die Bodenbeschaffenheit derselben in Folge der Verwitterung des Phonolith eine bessere geworden ist. Der Gipfel des Spitzberges ist ein freistehender Felsen, der aus mehreren säulenförmigen kleineren besteht. Sein nördlicher Fuß ruht auf Basalt. Nicht weit vom Spitzberge nach Nordwest liegt ein kleiner Hügel, der stumpfe Berg genannt. Er besteht gleichfalls aus Phonolith und ist mit Holz bewachsen. Nördlich von Oberoderwitz schließen sich drei bis vier Basaltkuppen an einander an. Granit ist übrigens jedenfalls die Grundlage des Gebirges, auf welchem die kegelförmigen Phonolithhügel aufragen. *)

## III.

### Größe. Bewohnerzahl. Straßen.

Daß Oderwitz, welches bereits im Jahre 1350 im Stadtbuche zu Zittau bei Aufzählung der Ortschaften des Zittauer

---

*) S. Cotta's geognostische Beschreibung von Sachsen und Leske's Reise durch Sachsen.

Weichbildes getrennt — als Ober- und Niederoberwitz — aufgeführt wird, schon in sehr alter Zeit sich durch seine Größe und Bedeutung vor fast allen andern Orten der Umgegend auszeichnete, geht aus einem Verzeichnisse vom Jahre 1384 hervor, das sich in der Prager erzbischöflichen Bibliothek befindet. Aus ihm ersieht man die Beiträge, welche die 33 Pfarrkirchen und Filiale des Zittauer Dekanats an den Erzbischof zu zahlen hatten. Oberwitz ist daselbst mit dem höchsten Betrage, mit 28 Groschen angesetzt. *)

Für die Größe des Ortes in schon alter Zeit spricht auch der Umstand, daß Oberwitz bereits damals jedenfalls

---

*) Da diese Zahlung einen ziemlich sichern Maßstab für die Größe der Dörfer in jener Zeit abgiebt, so wollen wir hier, da eine Vergleichung mit der Größe dieser Orte in der Gegenwart nicht ohne Interesse sein dürfte, den Betrag des Bischofszinses von einigen dieser Dörfer angeben.

| | |
|---|---|
| Ubrwitz (nach damaliger Schreibart) zahlte | 28 Groschen |
| Grottau | 20 „ |
| Seitgendorf | 18 „ |
| Ostritz | 18 „ |
| Hennersdorf (Seifhennersdorf) | 15 „ |
| Reichenau | 13 „ |
| Ruppersdorf | 12 „ |
| Wiltgendorf | 12 „ |
| Bertsdorf | 12 „ |
| Schreibersdorf (Großhennersdorf) | 10 „ |
| Großschönau | 9 „ |
| Hainewalde | 9 „ |
| Kratzau | 7 „ |
| Romberg (Rumburg) | 6 „ |
| Kunnersdorf (Spitzkunnersdorf) | 6 „ |
| Eifersdorf | 6 „ |
| Schönlinde | 4 „ |
| Eiba (Eibau) | 3 „ |
| Warnsdorf | 3 „ |
| Türchau | 3 „ |
| Reichenberg | 2 „ |
| Kleinschönau | 1 „ |

aus mindestens eben so vielen Ortsantheilen bestand als jetzt. Gegenwärtig zählt es sieben Antheile. Auf Oberoberwitz kommen drei: der Ruppersdorfer, Hainewalder und Zittauer, auf Niederoberwitz vier: der Hainewalder, Mitteloberwitz, auch Kreischenhof genannt, der Zittauer und der vormals Ziegler'sche Antheil, den jetzt ebenfalls Zittau besitzt.

Von Oberoberwitz, welches nicht ganz hundert Bewohner mehr zählt, gehört die kleinere Hälfte unter Hainewalde und die andere, etwas größere, unter Ruppersdorf und Zittau. Die letztgenannten Antheile sind ziemlich gleich groß. Nach dem früheren Steuersystem war der Hainewalder Antheil mit 35, der Ruppersdorfer mit 20 und der Zittauer mit 18 Rauchen registrirt. Niederoberwitz gehört dagegen zu ⁴/₅ unter Zittau und zu ¹/₅ unter die Rittergüter Mitteloberwitz und Hainewalde. Nach einem Ruthenverzeichniß von 1753 kamen auf die beiden Zittauer Antheile 613, auf Mitteloberwitz 108 und auf Hainewalde blos 15 Ruthen. Gegenwärtig ist Niederoberwitz sowohl an Kopfzahl als an Steuereinheiten etwa um ²/₄ stärker als Mitteloberwitz.

Der Gesammtflächeninhalt der Oberwitzer Flur beträgt nach der Landesvermessung von 1840:

| | | | | |
|---|---|---|---|---|
| Forstrevier des Königsholzes | 831 Acker | 74 | □ | Ruthen |
| Niederoberwitz | 1991 „ | 125 „ | „ | |
| Mitteloberwitz | 629 „ | 32 „ | „ | |
| Oberoberwitz | 3018 „ | 39 „ | „ | |
| | 6469 Acker | 270 □ | Ruthen. | |

Auf das Dominium Mitteloberwitz kommen hiervon 297 Acker 69 Quadrat-Ruthen und auf das Rittergut Oberoberwitz, Ruppersdorfer Antheil, 273 Acker 94 Quadrat-Ruthen, auf die Dorfbach, Dorf- und Communicationswege in Oberoberwitz 39 Acker 222 Quadrat-Ruthen, in Nieder- und Mitteloberwitz 37 Acker 207 Quadrat-Ruthen.

Von dem oben erwähnten Flächeninhalte des Ritterguts

Mitteloberwitz sind 102 Acker 201 Quadrat-Ruthen mit Fichten- und Kiefernhochwald und mit Birkenniederwald bestanden. Der Hauptcomplex liegt an der Spitzkunnersdorfer Straße und umfaßt allein ein Areal von 56 Acker und 120 Quadrat-Ruthen. Zum Gute gehören vier Teiche, der Wall-, Mühl-, Ober- und Nieder-Hälterteich. Der Wallteich, welcher an die frühere Befestigung des Rittergutes erinnert und jetzt die Gebäude desselben von zwei Seiten umgiebt, ist der größte und nimmt eine Fläche von 5 Ackern 145 Quadr.-Ruthen ein. Vier ehemalige Teiche, der Wünsche-, Schaf-, Neu- und Kühteich sind gegenwärtig in Wiese verwandelt.

Ursprünglich mag es in den ältesten Zeiten in Oberwitz, wie überall in unserer Lausitz, außer dem Grundbesitz der Herrschaften nur Bauergüter gegeben haben; erst später wurden Gartennahrungen ausgesetzt. Noch später baute man auf der Dorfaue oder auf Trennstücken aus Bauergütern und Gartennahrungen Häuser. In Oberwitz scheint dies früher und in größerer Ausdehnung als in den meisten anderen Orten der Umgegend stattgefunden zu haben. Schon 1581 zählte man in Niederoberwitz, Zittauischen Antheils, neben 30 Bauergütern und 28 Gartennahrungen 106 Häuser und in Oberoberwitz, Zittauischen Antheils, neben 19 Bauergütern und 13 Gartennahrungen 54 Häuser. Oft findet man um das Jahr 1600 in dem Schöppenbuche bemerkt, daß „ein Plänlein" zum Bau eines Hauses aus einem Bauergute verkauft worden sei. Welche Verheerungen der dreißigjährige Krieg auch hier angerichtet hat, ersieht man an daraus, daß noch 1677 ein Theil des Dorfes wüste lag. Die Zahl der Häuser, welche hundert Jahr früher, wie eben angegeben, in Niederoberwitz 106 betrug, war auf. 80 und in Oberoberwitz, Zittauischen Antheils, von 54 auf 41 gesunken, 1766 war die Zahl derselben im letztgenannten Antheile bereits auf 83 gestiegen. Mitteloberwitz zählte 1753 drei Bauergüter, 20 Gartennahrungen und 33 Häuser.

Von Einfluß auf die Vergrößerung von Niederoberwitz war der Umstand, daß sich 1673 der sogenannte Ziegler'sche Antheil, welcher aus 4½ Bauergütern und einigen Auehäusern bestand, von der Erbunterthänigkeit frei kaufte. Mehrere dieser Güter wurden hierauf parzellirt und die Parzellen mit Häusern bebaut. Im Jahre 1808 zählte man hier bereits 64 Häuser. Aehnlich war es in Oberoberwitz, als 1783 die herrschaftlichen Felder des „rothen Gutes" (Hainewalder Antheil) parzellenweise in Erbpacht überlassen wurden. Im Jahre 1810 zählte dieser Dorftheil, „Gutfelden" genannt, 53 Häuser. Ein anderer Dorftheil von Oberoberwitz, „Kleinpolen", ist ebenfalls erst in neuerer Zeit entstanden.

Um 1600 finden sich in Niederoberwitz als Dorftheile genannt: „auf dem Mühlberge", „im Grunde", „in den Felden", „am Eichberge", „der Höllegraben", „im Winkel."

Da regelmäßige Volkszählungen erst in neuerer Zeit stattfanden, so läßt sich die Bewohnerzahl auch nur von dieser Zeit mit Sicherheit angeben. Um 1600 kamen durchschnittlich in Oberwitz 70 bis 80 Geburten vor. Wenn man gewöhnlich eine Geburt auf 26 Einwohner rechnet, so kann man für die erwähnte Zeit in Ober- und Niederoberwitz etwa 2000 und im Jahre 1700 nicht ganz 3000 annehmen. Vorübergehend sank die Zahl der Bevölkerung, als zur Zeit des schrecklichen dreißigjährigen Krieges auch noch die Pest 1633 so wüthete, daß namentlich Niederoberwitz sehr entvölkert war. So starben ferner daselbst im Jahre 1720, einem Jahre sehr großer Theurung, 165 Personen am Scorbut, 1728 und 1738 je gegen 130 Personen, worunter viele Kinder, an den Blattern. Ueberhaupt müssen in der Zeit von 1720 bis 1730 viele Epidemien geherrscht haben, da die Zahl der Todesfälle in diesen Jahren durchgängig eine bedeutende war. Ein Jahr großer Sterblichkeit war auch das Jahr der Theurung 1772, in welchem in Oberoberwitz 180 und in Niederoberwitz 194 Personen starben.

Im Jahre 1772 zählte man dessen ungeachtet in Niederoberwitz, Zittauischen Antheils, bereits 753 männliche und 853 weibliche, in Summa 1606 Bewohner, in Oberoberwitz,

Zittauischen Antheils, 340 männliche und 357 weibliche, zusammen 697 Bewohner und im Jahre 1790 in Nieberoberwitz 911 männliche und 1016 weibliche, in Summa 1927 Personen und in Oberoberwitz, Zittauischen Antheils, 410 männliche und 439 weibliche, zusammen 849 Bewohner.

Im Jahre 1810 waren in Oberoberwitz, Zittauischen Antheils, 15 Bauern, 3 Gärtner, 31 Rüthner, 93 Häusler und 6 Halbhäusler, Hainewaldischen Antheils 23 Bauern, 98 Gärtner und Häusler und rothe Gutsbewohner 53, Ruppersdorfischen Antheils 129 Bauern, Gärtner und Häusler.

Im Jahre 1834 hatte Nieberoberwitz
Zitt.-Anth. 876 männl. 983 weibl. zus. 1859 Pers. i. 415 Haush.
Ziegl. ⸗ 222 . ⸗ 253 ⸗ ⸗ 475 ⸗ i. 124 ⸗
Ob.-Oberwitz.
Zitt.-Anth. 442 ⸗ 543 ⸗ ⸗ 985 ⸗ i. 263 ⸗

Nach der Volkszählung von 1837 hatte
Nieberoberwitz 345 Wohngebäude 2334 Einw. incl. 3 Rath.
Mitteloberwitz 103 ⸗ 693 ⸗ ⸗ 3 ⸗
Oberoberwitz 501 ⸗ 3362 ⸗ ⸗ 3 ⸗

949 Wohngebäude 6389 Einw. incl. 9 Rath.

Von Oberoberwitz gehörten damals unter
Zittau 148 Wohngebäude und 985 Einwohner
Ruppersdorf 143 ⸗ ⸗ 968 ⸗
Hainewalde 210 ⸗ ⸗ 1409 ⸗

Im Jahre 1845 waren in
Nieberoberwitz 354 Wohngebäude und 2392 Einwohner
Mitteloberwitz 105 ⸗ ⸗ 639 ⸗
Oberoberwitz 516 ⸗ ⸗ 3431 ⸗

975 Wohngebäude und 6462 Einwohner.

Im Jahre 1855 waren in
Nieberoberwitz 380 Wohnhäuser 674 Haush. 2656 Bew.
Mitteloberwitz 110 ⸗ 164 ⸗ 691 ⸗
Oberoberwitz 498 ⸗ 801 ⸗ 3443 ⸗

988 Wohnhäuser 1639 Haush. 6790 Bew.

**1858**

| | | | |
|---|---|---|---|
| Niederoberwitz | 379 Wohnhäuser und | 2649 | Bewohner, |
| Mitteloberwitz | 110 = = | 735 | = |
| Oberoberwitz | 502 = = | 3466 | = |
| | 991 Wohnhäuser und | 6850 | Bewohner. |

**1861**

| | | | |
|---|---|---|---|
| Niederoberwitz | 380 Wohnhäuser und | 2714 | Bewohner, |
| Mitteloberwitz | 111 = = | 759 | = |
| Oberoberwitz | 506 = = | 3563 | = |
| | 997 Wohnhäuser und | 7036 | Bewohner. |

**1864**

| | | | |
|---|---|---|---|
| Niederoberwitz | 382 Wohnhäuser und | 2761 | Bewohner, |
| Mitteloberwitz | 112 = = | 758 | = |
| Oberoberwitz | 514 = = | 3607 | = |
| | 1008 Wohnhäuser und | 7126 | Bewohner. |

**1867**

| | | | |
|---|---|---|---|
| Niederobw. | 381 Wohnh. und | 2723 Bew. | } incl. 48 Kath. |
| Mittelob. | 122 = = | 852 = | |
| Oberobw. | 519 = = | 3650 = | incl. 49 Kath. |
| | 1022 Wohnh. und | 7225 Bew. | |

An Brücken, Stegen, Straßen und Communicationswegen, diesen für den Verkehr unentbehrlichen Bauwerken, hat das Dorf und Dorfgebiet Ober- und Niederoberwitz eine große Anzahl. Die Brücken und Stege, welche sich schon in frühester Zeit über das Landwasser nothwendig machten, haben sich bei der Vergrößerung des Dorfes und bei der sich steigernden Lebhaftigkeit des Verkehrs in neuerer Zeit sehr vermehrt. Nur einiger Brücken sei hier gedacht.

Die Landbrücke zwischen Niederoberwitz und Herwigsdorf wurde 1603 von Zittau und den genannten Gemeinden gebaut. Sie befindet sich bereits auf Herwigsdorfer Grund und Boden. Auf Kosten Zittaus wurde im Jahre 1828 die in einem Bogen gewölbte Brücke nebst Damm reparirt.

Hinsichtlich des Landsteiges verordnete ein Bescheid des

Zittauer Rathes vom 11. Januar 1669: „daß der Richter zu Mittelherwigsdorf jedesmal das Holz zum Steige, wenn nöthig, anschaffen und dasselbe dann in Gemeinschaft mit dem Bauer Böhmer zu Niederoberwitz auf gleiche Unkosten ausarbeiten und den Steig legen lassen solle."

Laut einem Protocoll, welches in Folge einer Verhandlung zwischen dem Stadtrathe zu Zittau und der Herrschaft von Mitteloberwitz am 13. October 1798 aufgenommen wurde, mußte der damalige Besitzer der Mittelmühle, Wiedner, die Brücke über den Mühlgraben bei dem Hause Nr. 25, Zittauischen Antheils, auf eigene Kosten erbauen, weil er die frühere Brücke eingerissen und die Steine an sich genommen hatte. Die spätere Erhaltung im baulichen Stande fiel der Gemeinde zu.

Die steinernen Brücken in der Nähe des Kretschams zu Niederoberwitz und des weißen Kretschams zu Oberoberwitz wurden 1829 (vom Richter und Kretschambesitzer Joh. Gottfried Glathe) und 1843 gebaut.

Im Jahre 1867 ließ in Oberoberwitz der erst unlängst verstorbene Landtagsabgeordnete Tempel eine schöne, steinerne Brücke auf eigene Kosten in der Nähe seines Bauergutes, nebst hohen Ufermauern, über die Dorfbach bauen. Eine alte steinerne Brücke befindet sich in der Nähe der Kirchschule, während die bei dem Eisenbahnviaduct erst im Jahre 1868 gebaut wurde.

Einen großen Aufschwung seines Verkehrs verdankt Oberwitz dem Baue der Löbau-Zittauer Eisenbahn. Sie berührt von Scheibe her das Dorf. Ein Haltepunkt ist in Mittel- und einer in Oberoberwitz. Von letzterem aus führt ein Viaduct quer über das Dorf nach Ruppersdorf zu. Täglich kommen vier Züge von Löbau und vier von Zittau her. Der erste Spatenstich zum Baue derselben erfolgte den 5. Mai 1845. Nachdem schon am 4. September 1847 eine Probefahrt stattgefunden hatte und am 29. Mai des folgenden Jahres die Strecke zum ersten Male in ganzer Ausdehnung von Löbau bis Zittau befahren worden war, übergab man die Bahn am 10. Juni 1848 dem öffentlichen Verkehr. — Laut einer Bekanntmachung des Finanzministeriums wurde vom 15. October 1862 an die Telegraphenstation in Oberoberwitz dem großen deutsch-österreichischen Telegraphennetze einverleibt.

Außer den vielen Bauer- und anderen Privatwegen sind folgende Straßen und Communicationswege, welche über das Dorfgebiet führen, zu erwähnen:

Zunächst die von Zittau durch Oberwitz über Neusalza nach Dresden führende Chaussee, welche an die Stelle der alten Landstraße trat. Diese, welche schon in frühester Zeit von Oberwitz nach Zittau führte, war gewöhnlich, wie mit wenig Ausnahmen fast alle Straßen jener Zeit, im allerkläglichsten Zustande. Oft kam es vor, daß in den Löchern der mit Basaltsteinen aller Größen gepflasterten Straße Fuhrwerke im Morast stecken blieben, mitunter ungeachtet alles Vorspanns. Von ebenso schlechter Beschaffenheit war die Straße im Dorfe, obgleich, wie es in den Ehdingsrügen von 1677 heißt: „der Weg, daß ein Nachbar zu dem andern fahren und gehen kann, von Jedweden für seinen Aufrieden in rechtem Bau gehalten werden soll." Eine bei Gelegenheit der am 20. October 1746 erfolgten Grundsteinlegung des Pfarrhauses zu Niederoberwitz angebrachte Beschwerde des Oberstwachtmeisters von Klitzing auf Mitteloberwitz bei den anwesenden Deputirten Zittaus war die Veranlassung, daß der Zittauer Rath die Landstraße, und zwar namentlich am Landberge, bald nachher in bessern Zustand versetzen ließ. Doch schon 1776 war die Straße wieder in so gar schlechter Beschaffenheit, daß der Stadtrath am 30. August an die Gemeinden Herwigsdorf, Oberwitz, Eibau, Ebersbach und Oberfriedersdorf eine Verordnung ergehen ließ, dieselbe zu bauen. Da die Gemeinden sich anfänglich weigerten, erließ der Rath noch zweimal geschärfte Verordnungen mit Androhung von Execution. Noch 1819 war die Straße in solchem Zustande, daß es in einem Berichte heißt: „die durch das Dorf führende Straße befindet sich nur an wenig Stellen in einem fahrbaren Stande." Am 6. März 1822 fand deshalb eine Besprechung der gesammten Oberwitzer Ortsherrschaften und Gemeindevertreter statt. Man fing auch 1824 den Bau der Straße an, aber so saumselig, daß derselbe erst mit verschiedenen Unterbrechungen 1831 vollendet wurde. Aber schon wenige Jahre später — 1838 — nahm man von Seiten des Staats den Bau der gegenwärtigen Chaussee in Angriff. Am 15. April 1840 wurde die Poststraße eröffnet und in Mitteloberwitz Johann Gottfried Wiedner als Postverwalter angestellt. Am 1. Juli 1866 hob man diese Postexpedition auf und errichtete dagegen in Ober-, sowie in Nieberoberwitz zwei neue Postexpeditionen. Zu Vorständen derselben wurden in Oberoberwitz der zeitherige Postverwalter Friedrich Förster und in Nieberoberwitz der Postschreiber Karl Otto Fritzsche ernannt. Oberwitz steht mit Neustadt bei Stolpen durch eine regelmäßig kursirende fahrende Post in Verbindung. Das Chausseehaus befindet sich in der Nähe der Oberoberwitzer Kirche.

Zu erwähnen sind ferner in Nieberoberwitz eine **Fahrstraße** von **Oberherwigsdorf** und ein **Communicationsweg** von **Scheibe** her, welche beide auf der Chaussee des Niederdorfes ausmünden.

Der sogenannte **Viehbigweg** führt durch das Königsholz, und der **Mühlweg** vom Landwasser bis zur Mittelherwigsdorfer Grenze. Da der letztgenannte 1775 gänzlich unfahrbar geworden war, so mußte er, laut einer Verordnung des Raths vom 25. Juli, von den drei betreffenden Bauern, denen dies oblag, wieder in fahrbaren Stand gesetzt werden.

Die Fahrstraße, welche von dem Haltepunkte **Mitteloberwitz** nach **Hainewalde** führt, wurde 1828 gebaut.

Die Chaussee, welche vom Bahnhofe Oberoberwitz am Spitzberge hin nach **Spitzkunnersdorf** zum Anschlusse an die Großschönau-Spitzkunnersdorfer Chaussee gebaut wurde, übergab man am 11. September 1865 dem öffentlichen Verkehr.

Von Communicationswegen sind noch anzuführen: zwei Wege, welche von Niederoberwitz nach Ninive und nach Ruppersdorf, und einer, welcher von Eibau über Oberoberwitzer Flur nach Ninive führt.

Bei dem in Kurzem zur Ausführung gelangenden Baue einer Straße von dem Bahnhofe Oberoberwitz nach dem Bahnhofe Herrnhut wird bis Ninive der schon bestehende Communicationsweg benutzt werden. Die neue Straße soll den Verkehr vermitteln, welcher von Herrnhut und den in der Richtung nach Bernstadt und weiter hinaus gelegenen Ortschaften in Mehl, Holz, Kalk, Ziegeln, Stroh, Heu, Bleich-, Weber- und Appreturwaaren, Bieren und Colonialwaaren nach Eibau und Umgegend bis zum böhmischen Grenzdistricte hin besteht.

## IV.
## Ortsherrschaften.

Gerade über die Geschichte der Ortsherrschaften von Oberwitz, obwohl dieser Abschnitt zu den wichtigsten Partien der Geschichte eines Ortes gehört, waren bisher nur höchst dürftige Nachrichten bekannt. Da es dem Verfasser gelungen ist, Nachrichten aufzufinden, welche Klarheit in diese Besitzverhältnisse bringen — wenigstens soweit sie die Zeit nach der Reformation betreffen —, so dürfte dieser Abschnitt einen nicht ganz unwesentlichen Beitrag zur Geschichte der lausitzer Adelsfamilien liefern.

Wenn uns auch Urkunden aus der Zeit vor der Reformation Namen von Besitzern nennen, so wird doch nur sehr selten Ober- und Niederoberwitz unterschieden, und man bleibt in Ungewißheit, welcher Antheil dieser oder jener Adelsfamilie gehörte. Die Geschichte der Ortsherrschaften, soweit sie jene Zeit betrifft, wird daher mit wenig Ausnahmen wohl immer in Dunkel gehüllt bleiben.

Die ältesten noch vorhandenen Nachrichten betreffen das

Königsholz, welches ursprünglich zwar keinen Bestandtheil von Oberwitz bildete, jetzt aber zum dasigen Forstreviere gehört und, wie schon erwähnt, einen Flächenraum von 831 Ackern umfaßt. Das Königsholz hat seinen Namen davon, daß die Könige von Böhmen den Forst zur Jagd und Vogelstellerei benutzten. Die Aufsicht und Nutzung war schon in sehr früher Zeit der Stadt Zittau überlassen worden. Noch 1345, als König Johann der Stadt die Befugniß ertheilte, Holz zum Brückenbau und zum Aufbau abgebrannter Häuser in diesem Walde fällen zu dürfen, behielt er sich das Eigenthum und Forstrecht darüber vor.*)

Der Herzog Heinrich von Jauer, welcher vom König Johann die Stadt Zittau mit Umgegend als Heirathsgut mit seiner Gemahlin Agnes erhalten hatte, verpfändete das Königsholz um 50 Mark an einen Herrn von Riedburg, was natürlich zu Mißhelligkeiten zwischen diesem und der Stadt führen mußte. Möglich, daß schon damals dieser Wald in eine nähere Verbindung mit Oberwitz kam, da sehr wahrscheinlich um diese Zeit die Familie Theile von Oberwitz im Besitz hatte Wenigstens wird bald nachher, 1395 und 1396 ein Heinrich von Riedburg als Kirchenpatron des Ortes angeführt. Im Jahre 1357 überließen die Söhne des Herrn von Riedburg, Heinrich, Ramwald (Romuald) und Johne der Stadt gegen Zahlung obiger Summe ihre Rechte an den Wald.**) Doch dessen ungeachtet wurde bereits 1359 das Königsholz von Kaiser Karl IV. als ein verfallenes Kammergut eingezogen.***) Sechs Jahre später wurde es endlich der Stadt laut Kauf vom 14. März 1365 überlassen gegen Zahlung

---

*) Urkunde in Hoffmann's Script. rer. Lus. IV. 194.
**) Chron. Mönch S. 2. (Zittauer Stadtbibliothek.) -- Die noch in Abschrift vorhandene, im Anhange unter I. abgedruckte Kaufsurkunde datirt vom „nächsten Dienstage vor unserer Frauen Tag Lichtweihe" 1357.
***) Carpzow. Anal. II. 308. — Hoffmann's Script. rer. Lus. I. 312.

von 500 Schock Prager Groschen, excl. 100 Schock Reise- und Kanzleikosten und einer Mark Goldes, welche der Herzog Bolko erhielt, weil er den Kauf beim Könige durch seine Fürsprache bewirkt haben wollte.*)

Noch immer aber konnte sich die Stadt des ruhigen Besitzes nicht erfreuen. Die Gebrüder von Riedburg erhoben von Neuem Ansprüche an das Königsholz und verursachten der Stadt mit Rauben und Morden großen Schaden. Mehrmals fielen sie mit ihren Genossen auf den Landstraßen bei dem jetzt zu Strawalde gehörenden Zuckmantel und bei Rosenthal Zittauer Kaufleute an. Deshalb mußte in der Pfingstwoche 1368 Zittauische Mannschaft ausziehen, um die Räuber zu verfolgen. Ihrer Spur folgend, ereilte man sie. Nach hartem Kampfe, in welchem mehrere, worunter auch einer der Riedburge, erschlagen wurden, nahm man die Räuber gefangen. Man gewann dabei sechs Pferde und die geraubten Tuche und that jenen, wie man gefangenen „Landplackern oder Friedebrechern" zu thun pflegte. Die Zittauer henkten die beiden gefangenen Riedburge an einen in derselben Nacht aufgerichteten neuen Galgen in Stiefeln und Sporen, nachdem man sie durch die Stadt geführt hatte.**)

Nach dem Pönfalle mußte Zittau das Königsholz im Jahre 1554 von Neuem käuflich erwerben.

Die ältesten Besitzer von Oderwitz, welche sich urkundlich feststellen lassen, sind Heinrich von Reydeburg und Heinrich von Bolberitz. Beide werden 1395 den 3. December und 1396 den 13. März als Kirchenpatrone des Ortes angeführt, als sie in Prag für die Pfarrkirche zu Oderwitz einen neuen Pfarrer präsentiren. Der Erstgenannte thut dies zu-

---

*) Urkunde Karls IV. und Bestätigung von Wenzel bei Carpzow Anal. II. 309 und Hoffmann's Script. rer. Lus. IV. 195.

**) Joh. von Gubens Jahrb. in Script. rer. Lus. I. 32. Chron. Lankisch (Zitt. Stadtbibliothek), Großer's Merkwürdigk I. 90., Munlius ap. Hoffmann I. 1. 123.

gleich im Namen seiner Mutter Cune (Kunigunde), welche in der zweiten Urkunde übrigens unter dem Namen Guarguagis aufgeführt ist, Heinrich von Bowerzicz oder Bolberczicz für sich und seine Brüder und Schwestern.*)

Bald nachher müssen übrigens die Besitzungen beider Familien in Oberwitz an das alte, weitverbreitete Geschlecht der Burggrafen von Dohna oder Donyn übergegangen sein. Diese hatten ihren Sitz in Grafenstein in Böhmen, welches sie schon seit dem Jahre 1286 besaßen, und scheinen Oberwitz, Spitzcunnersdorf, Ruppersdorf, Wittgendorf, Dittelsdorf ꝛc. als Oberlehnsherren inne gehabt zu haben. Die Herren von Khaw und Nostitz, welche gleichzeitig am Ende des 14. Jahrhunderts als Besitzer von Antheilen an Oberwitz erwähnt werden, waren wahrscheinlich ihre Lehnsleute oder Vasallen. Namentlich erwähnt finden sich im Jahre 1403 Siegmund von Donyn nnd 1408 Hans von Donyn und seine Gemahlin Elisabeth, welche im genannten Jahre Geldzinsen, die ihnen auf ihren Gütern Oberwitz, Wittgendorf und Dittelsdorf zustanden, dem Kloster Oybin überwiesen. Die Veranlassung war wahrscheinlich ein Verwandter, Johann von Donyn, der damals als Mönch im Cölestinerkloster Oybin lebte.**) Im Jahre 1410 ertheilt der Landvogt zu Zittau, Nitzsche Hillebrand, der Gemahlin des Burggrafen Friedrich von Donyn (Sohn des eben erwähnten Hans v. D.), Margarethe geb. von Jenkwitz, einen Brief über ihre Morgengabe. Es wurden ihr 18 Schock Groschen jährlichen Erbzinses auf den erwähnten Ortschaften zugesichert.***) Vier Jahre später — 1414 — legirte Margarethe in Gemeinschaft mit ihrem Bruder Heinrich von Jenkwitz 16 Mark polnisch,

---

*) Tingl, libri quinti confirmationes. ad beneficia ecclesiastica per archidioeces in Pragenam etr. p. 241 u. 249.
**) Pescheck, Gesch. d. Cölestiner des Oybins, S. 106.
***) Urk.-Verz. I. 172 u. Lauf. Mag. 1776, 328. — Nicht 1508. wie Pescheck in b. Gesch. b. Cölest. S. 64 angiebt.

welche als Erbzinsen auf den Gütern zu Oberwitz hafteten, der Johanniterkommende zu Zittau als Pictanz, d. h. zum Unterhalte des Commendators und der Kreuzherren daselbst. Nach dieser Schenkung bekam jeder Kreuzherr an Michaelis sieben Ellen weißes Tuch, Leinewand und Schuhe, mußte aber dafür seine alte Tunika dem Pictanzmeister für arme Schüler übergeben. Jene viermal sieben Ellen Tuch erhalten gegenwärtig die sogenannten „Brotschüler", arme Knaben, welche das Singen bei den Zittauer Leichenbegängnissen besorgen, deren eben aus diesem Grunde immer 28 sein können, so daß auf jeden eine Elle kommt. — Zeugen bei Ausstellung dieser Urkunde waren die Gebrüder Konrad, Heinrich und Friedrich von Kyaw auf Oberwitz, sowie Benedict von Ybau (eigentlich Benedict von Kyaw auf Eibau und Ruppersdorf). *) Noch 1427 besaßen die Johanniter 6 fl. 8 gr. Zinsen zu Oberwitz.**)

Die Familie von Kyaw besaß nachweislich seit 1395 Theile von Oberwitz, — wahrscheinlich von Oberoberwitz — vielleicht als Afterlehn der Dohna's. Schon 1377 den 16. Juni werden Fridericus de Kyaw und Petrus de Warnsdorf und 1398 den 12. Juni Konrad de Kyaw und Nicolaus de Warnsdorf als Kirchenpatrone von Hainewalde angeführt.***)

Die in der oben erwähnten Urkunde genannten drei Brüder waren zugleich Lehnsleute des Hauses Biberstein zu Seidenberg und besaßen außer Reibersdorf, ihrem Wohn- und Stammsitze, und Oberwitz noch die Güter Markersdorf und Gießmannsdorf. Die beiden Brüder Heinrich und Konrad wurden bereits in der oben erwähnten Urkunde von 1410

---

*) Urk.-Samml. III. 685., Urk.-Verz. I. 183 und Carpzow Anal. III. 14, Hoffmann's Script. IV. 214.
**) Lauf. Mag. 1851, 408.
***) In den libris confirmationum ad ecclesias in dioecesi Pragensi ab anno 1358 bis 1419.

als Zeugen angeführt. 1413 verbürgt sich Ersterer für Hinko Berka Lawacz in einer Schuldverschreibung an Czaslau von Gersdorf.\*) Heinrich von Kyaw scheint in großem Ansehen gestanden zu haben, da er „ältester und größter Rath" des Adels der Umgegend genannt wird.\*\*) Im Jahre 1419 kommt er zuerst als „Erbherr zu Hirschfelde" vor, welches er von Wentsch von Donyn gekauft hatte. Differenzen, welche zwischen beiden entstanden waren, wurden im folgenden Jahre beigelegt. Am 18. Januar 1420 erklärt nämlich „Wentz Burggrafe von Donyn zu Hornitz gesessen", daß er „aller Ansprache und Zwietracht, als von der Güter Obenpin (?), Hirsfelde, Ronow, Sybotendorf (Seitendorf) und das Kirchlehn mit dem Gerichte zu Reichenau und dem Lehmann zu Dittelsdorf und dazu Vorwerk, Wiesen, Mühle, Werder, Teiche rc. und anderer Zugehörung, klein und groß, nichts ausgenommen, besonders die Mannschaft, ganz und gar gerichtet und geschieden (verglichen) sei mit Heinrich von Kyaw und seinen Erben und darum die vorgedachten Güter vor dem Voigte des Landes zu Zittau aufgelassen habe, dem Heinrich und seinen Erben" und daß er um derselben willen keine Ansprüche mehr an ihn machen, auch „solche Majestätsbriefe, die er darob habe von unserm gnädigen Herrn, König Wenzel, seligen Gedächtnisses", nicht wider ihn gebrauchen wolle.\*\*\*) Im Jahre 1420 verkaufte er Markersdorf an Jerusalem Becherer.†) Er erreichte ein hohes Alter und wird noch 1460 genannt. Sein Bruder Friedrich verwaltete 1415 die Stelle eines Hauptmanns zu Zittau.††) Im Jahre 1422 verkaufte er an Hans Ludwigsdorf Erbzinsen zu Spitzcunnersdorf und Ober

---

\*) Käuffer, Gesch. der Oberlausitz I. 434.
\*\*) Knothe's Gesch. von Hirschfelde S. 34.
\*\*\*) Lauf. Mag. 1866. S. 391.
†) Oberlauf. Kirchengalerie S. 192.
††) Lauf. Mag. 1776 S. 330. (Anm.)

witz.\*) Im Besitze von Oberwitz folgten Heinrichs Söhne: Hans, Konrad und Adam von Kyaw, von 1460 bis gegen Ende des 15. Jahrhunderts. Hans starb wahrscheinlich vor 1472, da von diesem Jahre an nur noch Konrad und Adam erwähnt werden. Adam trat seinen Antheil an Hirschfelde an seinen Bruder ab, kaufte 1467 Rosenthal, lebte aber in Gießmannsdorf. Im Jahre 1488 ließ er seiner Gemahlin ihr Leibgedinge auf Oberwitz und Rosenthal verschreiben.\*\*) Noch 1495, wo ihm außer Oberwitz auch Berthelsdorf gehörte, wird er als Käufer des halben Dorfes Schönfeld bei Ostritz\*\*\*) und 1499 als Käufer eines Vorwerks zu Seitendorf erwähnt. Sein Bruder Konrad verkaufte 1506 seinen Antheil an Hirschfelde um 1625 Schock Groschen an Zittau und lebte fortan zu Ruppersdorf, das ihm nebst Friedersdorf und Seitendorf ebenfalls gehörte. Wahrscheinlich hat er, als er im Jahre 1518 Ruppersdorf verkaufte, Antheil an Oberwitz nicht mehr gehabt.†)

Als Besitzer von einem Antheile von Oberoberwitz ist ferner die Familie von Nostitz zu erwähnen. Schon im Jahre 1397 werden „Ottho von Nostitz und Hertweg von Nostitz zur Oberwicz gesessen" als Zeugen für ihre Vettern in Budissin genannt.††) Heinrich von Nostitz wird 1399 in einer Pfandverschreibung erwähnt.†††) Als 1408 Land und Städte zur Wahl eines Vehmrichters, sowie von zwei Vehmschöppen in Löbau zusammenkamen, wurde Heinel v. N. (Heinrich) zu Oberwitz als Vehmschöppe gewählt. Die

---

\*) Dornick, Nachr. v. d. Herrschaften v. Spitzcunnersdorf, S. 6.

\*\*) Käuffer, Gesch. d. Oberl. II. 398.

\*\*\*) Schönfelders Gesch. v. Marienthal, S. 84.

†) Flössels Geneologie des Khaw'schen Stammhauses Friedersdorf, S. 3.

††) Urk. Samml. III. 380. und Urk.-Verz. I. 146. 723.

†††) Carpzow, Ehrentempel II. 60.

Bestätigung der Wahl erfolgte im folgenden Jahre zu Prag.*) Am Tage unsers Herrn Himmelfahrt 1412 verkaufte er auf seinen Gütern zu Oderwitz 50 Gr. Zins an die Johanniter-commende zu Zittau.**) Dieser Antheil von Oberoberwitz ist gegenwärtig im Besitze der Stadt Zittau.

Ein Antheil von Oderwitz, das Rittergut Mitteloderwitz, gehörte als Afterlehen der böhmischen Herrschaft Tollenstein von 1450 bis gegen Ende des Jahrhunderts der Familie von Lottitz. Aus dem Hauptstaatsarchive zu Dresden***) wurden dem Verfasser dieses durch die Güte des Herrn Prof. Dr. Knothe 46 Aktenstücke im Auszuge mitgetheilt. Sie beziehen sich auf eine mehrere Jahre lang dauernde Fehde dieser Familie mit der Stadt Zittau. Die Fehde hatte ihren Ursprung in den Kämpfen zwischen König Georg Podiebrad von Böhmen und König Mathias von Ungarn. Der größte Theil des lausitzer Adels und die Sechsstädte hielten es mit Letzterem, während Johann von Wartenberg zu Tollenstein auf Podiebrads Seite stand. Der Landvogt Jaroslaw von Sternberg belagerte mit den Sechsstädten den Tollenstein. Da Nicol von Lottitz auf Oderwitz seinem Lehnsherrn Vorschub geleistet hatte, so zogen — wahrscheinlich im Jahre 1469 — der Hauptmann des Landvogts, Wenzel von Polenzch, und die Zittauer nach Oderwitz und brannten den Hof des Lottitz nieder. Außerdem war auch noch ein naher Verwandter der Familie kurze Zeit vorher am 18. November 1467 in dem Kampfe am breiten Berge zwischen Hörnitz und Großschönau von den Zittauern erschlagen worden. Die Familie Lottitz hatte daher jetzt doppelte Ursache, auf Zittau erbittert zu sein. Unter Anführung verschiedener Hussitenführer, worunter ein Hans

---

*) Urk-Samml. 543. Script. rer. Lus. I. 119 u. Pescheck's Gesch. v. Zittau I. 685.
**) Lauf. Mag. 1851. 406.
***) Wittenberger Archiv. Bd. 10., Blatt 62 bis Bl. 177.

von Lottitz auf Schirgiswalde, hatte nämlich damals eine
Schaar von 800 Mann Fußvolk und 100 Reitern sechs Tage
lang in der Zittauer Gegend geplündert und Großhennersdorf
und Oberseifersdorf niedergebrannt. Mit großer Beute an
Vieh zogen sie über Pethau und Hörnitz zurück, um sich nach
Tollenstein zu wenden. Am breiten Berge lagen aber die
Zittauer im Hinterhalte, griffen die räuberische Schaar an und
erschlugen außer dem Anführer Hans v. L. noch Viele. Beides
war die Ursache, daß Nicol von Lottitz nebst seinem Sohne
Hans auf Schirgiswalde und Schönberg sich an den Zittauern zu rächen suchte, zumal da Zittau den durch den
Brand verursachten Schaden nicht ersetzen wollte. Die Lottitze
raubten auf den Zittauer Dörfern gegen 1400 Stück Vieh,
welche nach Schluckenau getrieben wurden, und verübten auch
noch andere Gewaltthätigkeiten. Die Zittauer wandten sich
wegen Beilegung der Fehde wiederholt an die Landvögte Jaroslaw von Sternberg, Stephan von Zapolien, Grafen zu
Zips, und an Johannes, Bischof zu Warabein, den König Mathias und an die sächsischen Fürsten Ernst und Albrecht, welche
seit 1471 als Besitzer der Herrschaft Tollenstein Lehnsherren
derer von Lottitz waren. Die Fürsten riethen wiederholt, sich
gütlich zu vergleichen. Da die Stadt aber keine Entschädigung zahlen wollte, so dauerte die Fehde fort. Hans von
Lottitz, der 1476 als Besitzer von Oberwitz genannt wird,
suchte den Zittauern, wo er sie traf, Schaden zuzufügen. Im
Jahre 1481 z. B. wandte sich der Rath brieflich an den
Hauptmann zu Tollenstein, „er möge ihnen zu dem Ihrigen
verhelfen, Hans v. L., Jergiswalde genannt (von seiner Besitzung Schirgiswalde), habe sie bei Bautzen beschädigt." Wie
lange die Fehde noch gedauert, ist nicht zu ersehen, da die
Aktenstücke mit 1481, in welchem Jahre die sächsischen Fürsten
die Herrschaft Tollenstein und Schluckenau an den Obermarschall Hugo von Schleinitz verkauft hatten, schließen. In
welchem Jahre Mitteloberwitz von den Lottitzen in den Besitz

der Familie von Mauschwitz überging, ist nicht zu ermitteln. 1509 kommt ein Christoph von Lottitz als Besitzer von Niederrennersdorf vor und 1547 war die Familie noch im Besitze von Schirgiswalde, welches Stammgut schon im Jahre 1376 ein Hans v. L. inne hatte.

Bald nachher, nachdem Hugold von Schleinitz jene Herrschaften nebst Mitteloderwitz erkauft hatte, erwarb er auch, noch vor 1490, von dem Burggrafen Johann von Donyn auf Grafenstein dessen Besitzungen in Oberwitz.*) Wahrscheinlich war er nun Besitzer oder doch Lehnsherr von ganz Oberwitz. Sein Sohn, Heinrich von Schleinitz, welcher 1518 als Obermarschall zu Dresden starb, brachte nach und nach einen bedeutenden zusammenhängenden Grundbesitz an sich, der das „Schleinitzer Ländchen"**) genannt wurde, und welcher außer der Herrschaft Pulsnitz, die er seit 1513 besaß, 13¼ Quadratmeilen umfaßte. Hierzu gehörten das Amt Hohenstenstein (6¼ Quadr.=M.), die Herrschaften Tollenstein und Schluckenau in Böhmen (5 Quadr.=M.) und in der südlichen Oberlausitz die Dörfer Herwigsdorf, Oderwitz, Eibau, Seifhennersdorf, Ebersbach, Gersdorf und Niederleutersdorf (etwa 2 Quadrat=M.).

Von Oberoderwitz überließ Heinrich von Schleinitz einen Theil Nikolaus von Gersdorf auf Großhennersdorf, der 1495 die Scheibe oder Niederherwigsdorf an das Cölestinerkloster zu Oybin verkaufte***), und außer Mitteloderwitz einen andern Theil den Gebrüdern von Mauschwitz, die 1497 auch Hainewalde und Gersdorf besaßen†), als

---

*) Lauf. Mag. 1862. S. 401.
**) Geschichte des Schleinitzer Ländchens von Dr. Knothe im Lauf. Mag. 1862. S. 401 bis 417.
***) Carpzows Ehrentempel II. 114. Lausitzer Monatsschrift 1802 II. 114.
†) Carpzow Anal. II. 259.

Afterlehn. Der eine der Brüder, Hans von Mauschwitz, wird mehrfach bei Rechtsstreitigkeiten erwähnt und muß ein angesehener und einflußreicher Mann gewesen sein. Zunächst wird er, wie auch Nikolaus von Gersdorf, bei den Streitigkeiten genannt, die im Jahre 1497 wegen des Brauens auf dem Lande zwischen dem Adel und der Stadt Zittau entstanden waren. Da die Städte das Bierbrauen auf den Adelshöfen nicht mehr hindern konnten, schloß Zittau im erwähnten Jahre mit der Ritterschaft einen Vertrag, daß wenigstens in den betreffenden Kretschamen bei Geldstrafe kein anderes, als Zittauer Bier verschenkt werden solle.*)

Im Jahre 1507 wird Hans v. M. als Vormund der Eisersdorfschen Kinder in Zittau angeführt**); 1510 vermittelte er einen Vertrag zwischen den beiden Städten Zittau und Leipa***) und 1515 entließ auf sein Fürbitten der Rath zu Zittau zwei Gebrüder von Weigsdorf auf Reibersdorf, welche einen Reichenauer Rathsunterthanen gemißhandelt hatten, aus dem Gefängniß, nachdem er sich verbürgt hatte, daß sie Frieden halten würden.†)

Im Jahre 1515 verkaufte Heinrich von Schleinitz zugleich mit der Scheibemühle in Herwigsdorf, Theile von Ober- und Niederoderwitz an die Cybiner Cölestiner um 300 ungarische Gulden††), wobei sich jedoch Nikolaus von Gersdorf (Besitzer von Großhennersdorf) „alle Gerechtigkeit, so er in und am Dorfe und Forwerk von Ihme (Heinrich von Schleinitz) zu Lehn traget, ihm und seinen Erben, mit solchen Lehngütern gewärtig zu sein", vorbehält.†††) Die Belehnung

---

*) Carpzows Anal. II. 259. — Peschecks Gesch. v. Zittau II. 25.
**) Peschecks Gesch. v. Zittau II. 544.
***) Peschecks Gesch. v. Zittau I. 449.
†) Peschecks Gesch. v. Zittau I. 444.
††) Oberl. Urk.-Berz. III. 106.
†††) Lauf. Mag. 1825. 336.

erfolgte 1516. Dieser Theil von Oberwitz ist jetzt im Besitze von Zittau, da die Stadt im Jahre 1574 die Güter des Klosters kaufte.*)

Bereits im folgenden Jahre — 1516 — verkauften auch die Gebrüder von Mauschwitz „etliche Bauern in Ober- und Niederoberwitz mit der Landgabe und aller Gerechtigkeit bei beidert Kirchenlehen," um 400 ungarische Gulden an Zittau. Das Geld lieh die Stadt von dem Altaristen Mühlgräber in Görlitz.**) Die Belehnung wurde ihr von König Ludwig Jubilate 1519 ertheilt. Zur Zeit des Pönfalles, als König Ferdinand I. die Landgüter der Städte confiscirte, verlor Zittau diesen Theil von Oberwitz. Ullrich von Nostitz auf Ruppersdorf kaufte ihn am 5. März 1549, nachdem ihm derselbe bereits seit dem 1. October 1547 pfandweise vom König eingeräumt worden war ***), und noch heute gehört er zu Ruppersdorf.

Ungeachtet aber Zittau diesen Theil von Oberoberwitz erworben hatte, so besaß Nikolaus von Gersdorf auch noch einen Antheil daselbst und somit auch Heinrich von Schleinitz das Oberlehnsrecht darüber. Man ersieht dies aus folgender Thatsache. Der Rath zu Zittau, welchem im Zittauer Weichbilde die Obergerichtsbarkeit zustand, hatte in Oberoberwitz einige Bauern gestraft. Nikolaus v. G., als ihr Erb- und Lehnherr, glaubte sich dadurch in seinen Rechten verletzt und schrieb an den Rath: „daß er allda zu Oberwitz über seine Leute die Gerichte wie ein ander erbar Mann hätte." Außerdem hielt er Mittwochs vor Georgi im Jahre 1518 auf seinem Vorwerke ein offen Dingsrecht. In Folge dieses wurde er vom Rathe wegen dieser Anmaßung der Obergerichtsbarkeit dreimal vorgeladen. Endlich wurde der Streit durch die Bemühungen der Cölestiner vom Oybin geschlichtet. Nikol von Gersdorf

---

*) Kaufsurkunde in Carpzows Anal. I. 167.
**) Chron. Haupt A. S. 261. (Zitt. Stadtbibliothek.)
***) Kaufsurkunde in Chron. Haupt u. Oberl. Kirchengalerie S. 368.

versprach, daß er künftig sich solcher Ueberschreitungen enthalten wolle.*) Wer später diesen Gersdorfischen Antheil von Oberoberwitz erworben hat, ist unbekannt.

Noch besaßen aber nach dem oben erwähnten Verlaufe die Herren von Mauschwitz Mitteloberwitz. Im Jahre 1532 entstand zwischen den Gebrüdern von Schleinitz und Hans von Mauschwitz, ihrem Belehnten, einerseits, und den Cölestinern zu Oybin und dem Rathe von Zittau andererseits, ein Streit wegen einer Schaftreibe, auf welche die Schleinitze ein Recht zu haben vermeinten. Der Landvogt Zdislaw Berka von der Duba brachte einen Receß zu Stande, demzufolge Mauschwitz die Treibe aufgeben und versprechen mußte, die Bauern von Nieberoberwitz nicht mehr zu verdrängen.**)

Die großen Besitzungen, welche Heinrich von Schleinitz nach und nach zusammen gebracht hatte, blieben aber nicht lange in den Händen seiner Söhne und Enkel. Eine Besitzung nach der andern wurde veräußert. Unter allen Dörfern, welche der Familie in der Oberlausitz gehörten, blieb Mittel- und jedenfalls ein Theil von Nieder-Oberwitz am längsten in den Händen der Nachkommen Heinrichs von Schleinitz.

Er selbst starb erblindet am 14. Januar 1518 in Meißen, wo er sich bei seinem Sohne, der daselbst Domprobst war, aufhielt. Nach seinem Tode erbten seine Söhne, Ernst, der eben erwähnte Domprobst zu Meißen, und Georg von Schleinitz, außer den Herrschaften Tollenstein und Schluckenau die Oberlausitzischen Güter. Ernst wurde um 1537 Administrator des Erzbisthums Prag und starb den 6. Febr. 1548. Er liegt in der Kirche zu Schluckenau begraben. Nach seinem Tode wurde Georg alleiniger Besitzer. Letzterer bewohnte Schloß Tollenstein und ist der Gründer der beiden nach ihm benannten Städtchen Georgenthal und Georgswalde. In spä-

*) Chron. Krobel u. Haupt A. S. 366. (Zitt. Stadtbibliothek) und Carpzow's Anal. I. 260.
**) Pescheck, Zittau I. 242.

teren Jahren bewohnte er das Rumburger Schloß und starb daselbst am 27. September 1565.

Als Hans von Maujchwitz um 1535 gestorben war und einen Sohn, Nikolaus v. M., hinterlassen hatte, so verlauften dessen Vormünder, Gallus von Maujchwitz zu Ebier und Jacob von Klüx zu Klüx, den Rittersitz Mittteloberwitz an die Gebrüder Hans Joachim, Alexander und Michael v. Kreijchau. Den Lehnbrief stellten die oben erwähnten Gebrüder von Schleinitz zu Rumburg im Jahre 1537 Dienstags am Tage dorotheae virginis aus.*) In den Kirchen- und Schöppenbüchern von Niederoberwitz finden sich folgende Nachrichten über die Familie Kreischau. Am 18. September 1589 wird Abraham v. Kr. ein Sohn Alexander, am 18. September 1592 ein Sohn Hieronymus Abraham und am 14. Februar 1595 eine Tochter Anna geboren. Von 1596 bis 1608 wird Hans v. Kr. erwähnt. Er wird „Erbherr und Junker" genannt, während doch früher, als Alexander v. Kr. einen Garten verlaufte, Ernst von Schleinitz als Oberlehnsherr seine Erlaubniß dazu zu ertheilen hatte. 1607 den 29. Juli wurde ihm ein Sohn, Alexander, geboren.

Die wahrscheinlich aus Sachsen stammende Familie Kreischau, früher Crischow genannt, war eine alte Familie. Schon 1311 wird in Schöttgens Leben Wiprechts, Seite 41 ein **Henricus de Crissowe** erwähnt und 1369 und 1372 kommen Johannes Crischow und Petrus Crischow, beide als Guardiane des Franziskanerklosters zu Görlitz vor. Die Familie besaß im 16. Jahrhunderte Berthelsdorf und Trebichen im Meißnischen und in der Oberlausitz außer Mitteloberwitz, nach ihr seitdem Kreischenhof genannt, Crostau und Kotitz. Da Michael von Kreischau 1534 mit Trebichen bei Stolpen belehnt worden war und Hans um 1550 als Besitzer des Gutes Berthelsdorf bei Stolpen erwähnt wird, scheinen Alexander

---

*) Abgedruckt im Anhange unter III.

von Kreischau und seine Nachkommen speciell Mitteloberwitz inne gehabt zu haben. Auch in Schlesien finden sich Herren von Kreischau angeführt (s. Sinapius I. 422).

Die vorerwähnte Familie von Mauschwitz besaß seit 1530 auch Armenruhe in Schlesien. Eine Catharina v. M. heirathete den Wolfgang von Ziegler und Klipphausen, Pfandinhaber von Gröditz. Die Familie existirte noch um 1630 in Schlesien (s. Sutorius, Löwenberg II., 413).

Von Georgs sieben Söhnen erhielt Ernst v. Schleinitz Schluckenau, Oberwitz, Ebersbach und Gersdorf. Das im Hussitenkriege zerstörte Gersdorf lag damals noch wüste; der zu Gersdorf gehörige Wald wurde bei der Theilung zur Herrschaft Rumburg geschlagen, weshalb das später dort gegründete Neugersdorf, obwohl sächsisch, heute noch zur Herrschaft Rumburg gehört. Hans von Uechtritz, der 1586 und später im Kirchenbuche zu Niederoberwitz erwähnt wird, scheint daselbst die Stelle eines Bevollmächtigten der Familie Schleinitz inne gehabt zu haben. Als Besitzer von Ebersbach wird Ernst von Schleinitz in den dasigen Schöppenbüchern von 1569 bis 1583 oft genannt. Wichtigere Gerichtsverhandlungen wurden in Schluckenau erledigt. Wahrscheinlich war dies auch bei Oberwitz der Fall. Nach seinem Tode wird seine Wittwe, Ludmilla v. Schleinitz geb. v. Lobkowitz in dem Oberwitzer Schöppenbuche als Herrschaft angeführt, zuletzt im Jahre 1603. Um 1595 verkaufte sie Ebersbach an Frau Elise von Schleinitz geb. v. Schlick, die Gemahlin Friedrichs v. Schl. auf Warnsdorf. Als sie starb, wurde ihr Leichnam in einer Sänfte nach Neuschloß in Böhmen getragen und daselbst begraben. Die Oeconomie des Gutes war damals an eine Frau von Georgenthal verpachtet. Adam v. Schleinitz, wahrscheinlich ihr Sohn, wird bei einem Verkaufe im Jahre 1607 den 7. Mai als „auf Schluckenau und Oberwitz" erwähnt; 1609 aber Ladislaus Pöppel der Aeltere, Freiherr v. Loblowitz, als Oberlehnsherr. Vielleicht hatte er als Onkel, nach dem unbeerbten Tode des Adam v. Schleinitz die Güter übernommen. Als sein „Amtmann und Verwalter" in Oberwitz erscheint Balthasar Melbitz.

Da in Folge vieler Schulden die Familie Kreischau den Besitz von Mitteloberwitz nicht behaupten konnte, so fiel das Gut an den Freiherrn von Loblowitz als Oberlehnsherrn zurück. Als 1609 den 20. März ein Garten um 182 Mark verkauft wurde, heißt es in der betreffenden Verkaufsurkunde: „Demnach Matthes Weber vorgemeldeten Garten von dem Edlen Alexander v. Kreischau mit gnädigem Consens des Wohlgeborenen Herrn Ernst v. Schleinitz, als Oberlehnsherrn, von Seligen erkauft und jetzt denselben Garten seinem Eidam Christoph Thiele wiederum verkauft, so hat der wohlgeborene, mein gnädiger Herr Ladislaus Pöppel, Freiherr von Loblowitz als der Zeit Oberlehnsherr des Gutes Oberwitz, daß solcher Garten der Robot frei sitzen, doch jährlich zwei Zittisch Mark ewigen Silberzins der Herrschaft entrichten solle, verwilliget, inmaßen ich den abgesandten Schöppen, als Michael Weber und Christoph Weidner, in Beisein des ehrwürdigen Herrn Daniel Engelmanns, Pfarrers allhier, meines gnädigen Herrn Handschrift vorgeleget, auch wenn von Nöthen, dieselbe in künftig den Gerichten vorlegen will."

Am 8. December 1609 verkaufte Loblowitz das Gut Mitteloberwitz zu Prag erblich an den Zittauer Bürger Anton Korn, wahrscheinlich einen der Gläubiger Alexanders von Kreischau. Mit diesem Verkaufe erreichte jedenfalls der ehemals so bedeutende Schleinitz'sche Besitz an Oberwitz, sowie der Lehnsverband in dem Mitteloberwitz zu Schluckenau stand, seine Endschaft. Um 1612 gelangte das Gut in den Besitz eines Herrn von Nostitz auf Cunnersdorf und dann in den eines Herrn von Gersdorf, der es im Jahre 1621 wegen einer von den Hiller'schen und Kriegischen Erben zu Zittau eingeklagten alten Kreischauischen Schuld verpfänden mußte.

Das Rittergut wurde dann von 1628 an für die Kreischauischen Crebitoren sequestrirt und Melchior Hopstock, Bürger in Zittau, als Sequester eingesetzt, von dem es aber heißt: „Selbiger hat bis 1636 gar übel Haus gehalten und bei der Hoferöthe Alles eingehen lassen." Auf dringendes Ansuchen der übrigen Gläubiger wurde er deshalb vom Amte zu Görlitz seiner Function enthoben und seine Bitte um Wiedereinsetzung vom Kurfürsten abschläglich beschieden.

Im Jahre 1637 gelangte Mitteloberwitz in den Besitz des kaiserlichen Reichshofrathes und kurfürstlich sächsischen geheimen Rathes Felix von Rübinger, welcher ein Jahr zuvor als kaiserlicher Commissarius die Lausitz von ihren Pflichten gegen Kaiser Ferdinand II. feierlich zu Görlitz entbunden hatte. Bereits im Jahre 1622 war ihm vom Kaiser Spitzcunnersdorf als verfallenes Lehen geschenkt worden, nachdem dessen früherer Besitzer, Friedrich von Weigsdorf, ohne Erben zu hinterlassen, 1620 von Räubern ermordet worden war. Verheirathet war Felix v. R. mit Anna Pfeiffer, der Tochter David Pfeiffer's, sächsischen Kanzlers und geheimen Raths. Als sie 1632 starb, wurde sie in der Johanniskirche zu Zittau begraben.*) Er selbst starb im Jahre 1639 zu Görlitz am Himmelfahrtsfeste. Sein Grabdenkmal befindet sich in der dasigen Frauenkirche.

Gleichzeitig hatte Grundbesitz in Mitteloberwitz ein Gottfried v. Scheffling, der 1594 erwähnt wird, als Wilrich von Knaw, „in Beisein Gottfried von Schefflings zu Strawalde", für Friedersdorf eine neue Gerichtstaxe aufrichtete. Um 1598 und später findet er sich sehr oft im Kirchenbuche zu Nieder-Oberwitz angeführt. Er war in Hainewalde zugegen, als am 14. December 1622 Hans Bernhard von Gersdorf zu Bischdorf, von Hans Ullrich von Nostitz er-

---

*) Als man im Jahre 1812 ihre irdischen Ueberreste wieder auffand, war dies Veranlassung zur Aufstellung verschiedener Hypothesen. S. Mai's Nachricht von einem merkwürdigen Grabmale in Zittau, und die nun entschleierte Zittavia.

stochen wurde.\*) 1628 wird Heinrich von Scheffling, wahrscheinlich sein Sohn, genannt. Noch 1649 heißt es bei einem Verkaufe: „an Schefflings Raine gelegen." 1658, den 30. Juni, kaufte Hans Anders das wüste Gut des von Scheffling in Mittelobermitz (1 Hufe Acker), welches lange Zeit wüste gelegen, um 100 Thaler. — Johann Urias von Geist, dem 1677 in Niederobermitz ein Sohn geboren wurde, und der in Kottmarsdorf gemeinschaftlich mit mehreren Brüdern Antheil an einem Lehngut hatte, besaß ein Bauergut in Niederobermitz. Grundbesitz hatte außerdem in Niederobermitz die Familie von Robewitz. Rudolph Abraham v. Robewitz, welcher eins der Haugwitzischen Bauergüter gekauft hatte, das 6 Ruthen groß, zwischen des Richters Göhle Garten und Elias Christophs Gute gelegen war, wird im Kirchenbuche zuerst 1674 erwähnt. Seine Gemahlin Anna Dorothea war eine geb. v. Oelsnitz. Ein Sohn von ihm, Kaspar Gottlob, starb als Lieutenant unverheirathet 1708 den 22. März, im Alter von 36 Jahren. Außerdem findet sich auch ein „Junker", Heinrich Wolf v. R. genannt, dem 1681 den 18. Januar ein Sohn, Kaspar Rudolph, geboren wurde. Eine Chronik erzählt: „1707 den 27. Juli ist Rudolph v. Robewitz zu Niederobermitz gesessen, weil er seither wider Verbot des Rathes fremdes Bier geschenkt, in Arrest genommen und nebst seinem Sohne und 1 Faß Bier und 2 Fäßchen Kovent hineingebracht (nach Zittau) worden." Am 15. Febr. 1709 verkaufte er sein unter der Schutzverwandtschaft liegendes Bauergut an seinen Schwiegersohn David Zöllner, Waldförster und Gerichtsältesten zu Niederobermitz, um 400 Thlr. Der Verkäufer behielt sich dabei für sich und seine Frau freie Herberge, das benöthigte Holz und Beleuchtung, für eine Kuh

---

\*) Lauf. Monatsschr. 1802, I. 416. — Der Leichenstein der 1609 gestorbenen Gemahlin Schefflings — Katharina geb. Rakowsky — fand sich noch Anfang dieses Jahrhunderts auf dem Kirchhofe zu Niederobermitz vor.

freies Futter und Hutung, jährlich 6 Scheffel Korn, ½ Schfl. Leinsamen ohne Entgeld zu säen, und 3 Beete Kraut vor. Rudolph Abraham von Robewitz starb 1731 den 14. Mai im Alter von 86 Jahren. Seine Frau verunglückte 1719 den 5. Juli, 72 Jahre alt, indem sie vom Scheunenbalken herabstürzte.

Nach dem 1639 erfolgten Tode des Felix v. R. folgten im gemeinschaftlichen Besitze von Mitteloberwitz Daniel v. Rübinger, der zugleich die von seinem Vater hinterlassenen Güter Weigsdorf, Köblitz und Schönberg erbte, und seine Schwester Blandina, welche mit dem ehemaligen Amtmann der Herrschaft Reichstadt, Erdmann von Zachau, verheirathet war. Da Daniel v. R. sich in Weigsdorf aufhielt, so wurde Mitteloberwitz als Nebengut von Spitzcunnersdorf aus, welches der Gemahl seiner Schwester übernommen hatte, bewirthschaftet. Erdmann von Zachau starb bereits im Jahre 1654. Nach seinem Tode vermählte sich seine Wittwe mit Joachim Heinrich von Maxen auf Jeßnitz und Gaulitz. Aber auch diese Ehe wurde schon nach vier Jahren durch den Tod getrennt. Im Jahre 1663 verehelichte sich die Wittwe zum drittenmale und zwar mit Christoph Ernst von Gersdorf auf Hainewalde und Oderwitz. Wenige Tage vor dessen Tode kam es am 8. März 1667 nach langwierigem Rechtsstreite, in welchem Christoph Ernst v. G. frühere Ansprüche seiner Familie auf Mitteloberwitz geltend zu machen gesucht hatte, zwischen ihm und den Rübingerschen Erben zu einem Vergleiche, der am 19. April vom Kurfürsten bestätigt wurde, in welchem er für sich und seine Erben auf jene Ansprüche Verzicht leistete. Die Bitte der Geschwister Rübinger, Mitteloberwitz, sonst Kreischengut genannt, aus Mannlehen in Erb- und Weiberlehen zu verwandeln, wurde am 9. November 1667 vom Kurfürsten bewilligt und Daniel von Rübinger und seiner Schwester Blandine verw. von Gersdorf am 20. Aug. 1668 damit beliehen. Daniel v. R. starb 1676 zu Weigsdorf und wurde in Oderwitz begraben. Seine Schwester, welche sich in vierter Ehe mit Eleutherius von Temritz auf Mlicka, Radischholz und Neundorf verheirathet hatte, starb den 19. Juli 1683. Nach des Vaters Tode traten die vier Geschwister Hans Ernst von Rübinger auf Weigsdorf ꝛc., Heinrich Adolph von Rübinger, Anna Sophie geb. v. R., verehelicht mit Georg Abraham von Leubnitz auf Technitz und Anna Elisabeth von Rübinger, als deren Lehnsträger Heinrich Wenzel von Hund auf Unwürde zugegen war, in den gemeinschaftlichen Besitz des väterlichen Antheils an Mitteloberwitz. Erst 1684 trat Heinrich Adolph v. R. in den alleinigen Besitz des Gutes, nachdem er am 14. September d. J. die übrigen Antheile käuflich erworben hatte. Bei seiner am 21. December erfolgten Belehnung sind als Zeugen Eleuther von Temritz auf Hainewalde und Johann Adolph von Luttitz auf Dürrhennersdorf zugegen. Nach langer Pause bewohnte wieder ein Besitzer das Gut. Seine Gemahlin Helene Hedwig war eine geb. von Nostitz. Im Jahre 1687 den 29. December wurde ihm ein Sohn, Johann Adolph, und 1689 den 17. April eine Tochter, Henriette Juliane, geboren. Nachdem ihm seine Gemahlin 1697 den 16. Mai im Alter von 27$^{1}/_{2}$ Jahren im Tode vorangegangen war, starb auch er bald darauf 1698 den 28. September, erst 45 Jahre alt. Sein neunjähriger Sohn Gottlob Erdmann starb im folgenden Jahre, 1699 den 8. October. Während der Minderjährigkeit der beiden hinterlassenen Kinder Heinrich Adolphs v. R. standen dieselben unter der Vormundschaft Gottlob Erdmanns von Nostitz auf Ruppersdorf. Am 8. August 1709 wurden Johann Adolph von Rübinger und seine Schwester Henriette Juliane, für welche Hans Caspar von Berge auf Wendisch-Paulsdorf als Lehenträger erscheint, mit Mitteloberwitz belehnt. Als Zeugen waren bei der Belehnung zugegen Peter Rudolph von Penzig und Hans Caspar von Metzrad auf Sohland. Johann Adolph v. R. erscheint bald nachher als alleiniger Besitzer des Gutes. Durch den 1709 erfolgten Bau eines Brau- und Malzhauses — vorher hatte man das Bier in der Küche in einer Braupfanne gebraut — wurde er in einen langwierigen Rechtsstreit mit der Stadt Zittau verwickelt, welche dies als einen Eingriff in ihre Braugerechtsame ansah. Schon früher und namentlich 1695, als schon Steine zum Baue einer Brauerei angefahren worden waren, hatte der Zittauer Rath protestirt gegen das Verschenken von anderem als Zittauer Biere in Mitteloderwitz. Ungeachtet Rübinger nachweisen konnte, daß schon die Herren von Mlauschwitz und von Kreischau Bier gebraut hätten und auch die Pfarrer in Ober- und Nieder-Oberwitz eigene Brau- und Malzhäuser besäßen, gelangte der Proceß doch zu keiner Entscheidung und fand erst 1784 seine Erledigung. Unter ihm kauften sich in den Jahren 1712 bis 1714 eine Anzahl seiner Gutsangehörigen von der Erbunterthänigkeit los, z. B. der Müller Zumpe gegen Zahlung von 1100 Thalern. Johann Adolph v. R. vermählte sich 1711 den 21. Oct. mit Christiane Tugendreich von Hund und Alten-Grottlau. Sie war geboren den 23. Sept. 1691 und die Tochter Joachim Hildebrands von Hund und Alten-Grotkau auf Unwürde, Kittlitz, Gebelzig, Großschweidnitz und Zoblitz, Landesältesten des Budissinischen Kreises. Nach kurzer Ehe starb sie bereits 1713 den 8. Februar als Wöchnerin. Auch ihrem Gemahl war nur ein kurzes Lebensziel gesteckt. Johann Adolph v. Rübinger starb, nachdem er sich zum zweiten Male mit Luise Wilhelmine geb. von Brause verheirathet hatte, 1730 den 8. Mai.*)

*) Die Weigsdorf'sche Linie der Rübinger starb bald darauf 1757 im Mannesstamme aus mit Johann Karl v. R. Eleonore Amalie Tugendreich von Oberland geb. von Rübinger — des eben Erwähnten Schwester — übernahm 1758 Weigsdorf und von dieser, seiner Großmutter, erbte es der sächsische Hauptmann Karl Gottlob Ferdinand von Nostitz, welcher 1833 zu Dresden starb. Er hat sich durch seine großartigen Stiftungen, namentlich in Bezug auf das Oberlausitzer Schulwesen, ein unvergeßliches Andenken gestiftet. (Oberlaus. Kirchengalerie Seite 242.)

Seine Wittwe, welche sich einige Jahre später mit dem Major und Amtshauptmann von Klitzing vermählte, wurde mit dem Gute am 1. September 1730 belehnt. Nach dem Tode seiner Frau trat Adolph Erdmann von Klitzing durch Kauf in den Besitz von Mitteloberwitz. Belehnt wurde er am 28. März 1749. Er besaß das Gut nur kurze Zeit und verkaufte es bereits Ende 1751 an den Leinwandhändler David Christoph, von dem es 1772 dessen jüngster Sohn, David Christoph jun., Inwohner zu Bernstadt, kaufte. Belehnt wurde dieser mit dem Allodialgute Kreischenhof und Mitteloberwitz im folgenden Jahre den 13. September. Im Juni 1793 wurde er unter dem Namen David Christoph von Linnenfeld vom Kaiser Franz in den Adelstand erhoben. Ein Sohn von ihm, August Wilhelm von Linnenfeld, verehelicht mit Wilh. Charl. Ernest. von Kyaw, wurde 1797 den 9. Januar mit dem Rittergute Berna bei Seidenberg, welches dieser von Ernst Aug. Rudolph von Kyaw auf Hainewalde, seinem Schwiegervater, erkauft hatte, belehnt. Aug. Wilh. v. L. besaß außerdem noch Kunnerwitz. Später kaufte er Pottschaplitz und starb daselbst am 7. Mai 1835 im 68. Jahre. Eine Tochter David Christophs v. L., Juliane Kunigunde, ehelichte im Jahre 1802 den Waisenamtsassessor und späteren Besitzer von Hainewalde, Ernst August Wilhelm von Kyaw. David Christoph v. L. starb 1820 den 13. März im 75. Jahre. Sein Sohn, der Hauptmann Karl David Christoph von Linnenfeld, wurde mit Mitteloberwitz den 19. October 1825 belehnt. Er lebte zuletzt in Dresden und starb 1861 den 30. Juli, wahrscheinlich in Folge einer durch einen Fall herbeigeführten Gehirnerschütterung, im 79. Jahre. Sein einziger Sohn, der Advocat Karl August von Linnenfeld, verheirathet mit Anna geborene Rublack, welcher das Gut am 2. Januar 1848 durch Kauf für 30,000 Thaler übernommen hatte, verkaufte dasselbe, nachdem am 30. April 1866 ein großer Theil der Wirthschaftsgebäude niedergebrannt war, bald darauf an seinen Schwager, den preußischen Rittmeister von Kottwitz. Karl August von Linnenfeld starb am 26. September 1868. Da er keine Leibeserben hinterließ, so legirte er in seinem Testamente die Summe von 20,000 Thalern zu wohlthätigen Zwecken, namentlich zur Unterstützung seiner in Oberwitz und anderwärts lebenden zahlreichen Verwandten. Die Verwaltung der Stiftung ist den oberlausitzischen Ständen übertragen. Von dem Rittmeister von Kottwitz erwarb das Gut im März 1868 käuflich um den Preis von 62,500 Thalern der von Oberwitz gebürtige Zittauer Kaufmann Karl Benjamin Glathe in Gemeinschaft mit dem Fabrikanten Karl August Elsner zu Nieder-Oberwitz. — Der zum Rittergute gehörige herrliche Forst wurde in den Jahren 1829 bis 1839 durch Waldbiebstähle in fast unglaublicher Weise verwüstet. Erst in Folge einer langdauernden Untersuchung des Landgerichts zu Löbau nahm das Unwesen ein Ende. Betheiligte aus Mittel- und Niederoberwitz wurden zu Zuchthaus, Arbeitshaus und Gefängniß verurtheilt, während die Theilnehmer aus Oberoberwitz und den Nachbardörfern in die Untersuchung nicht verwickelt wurden und keine Bestrafung erlitten. Binnen zehn Jahren war der Wald — ein Areal von mehr als 100 Ackern —, dessen Werth auf 80,000 Thaler geschätzt wurde, vollständig verschwunden. Ein herrlicher Eichenbestand — in „den langen Eichen", genannt — wenigstens 6 Scheffel Land umfassend, wurde in kurzer Zeit eine Beute der Waldfrevler. Bis in das Dorf hörte man das Krachen der fallenden Bäume. Oft kam es, namentlich in den letzten Jahren, zu blutigen Schlägereien zwischen den Waldwächtern und den Buschdieben. Der heftigste Kampf fand 1839 am Abende vor dem Bußtage vor Ostern zwischen dem Jäger, ca. 9 Wächtern, dem Richter Gärtner nebst seinem Sohn und ungefähr 80 Buschdieben statt. Fast alle dabei Betheiligten hatten Wunden aufzuweisen. Scherzhaft nannte man den Kampf „die Schlacht bei Linkes." Die an diesem Abend geraubten Stämme, welche von den im

Stich gelassenen Handschlitten abgeladen wurden, fuhr man auf sieben Wagen fort. Es befanden sich Stämme von mehr als ⁵/₄ Ellen Stärke darunter.

Mehrmals kam es in früherer Zeit zwischen den Besitzern des Rittergutes Mittelobermitz und dem Rathe von Zittau zu Streitigkeiten wegen der Obergerichtsbarkeit. Zittau übte dieselbe, sein eifersüchtig bewachtes Recht, in peinlichen Fällen im ganzen Weichbilde bei Aufhebung von Ermordeten und Einziehung von Verbrechern. Als 1651 den 5. Mai Hans Priebs, Richter und Kretschamsbesitzer zu Mittelobermitz, einer ganz geringfügigen Ursache halber von dem jungen Balthasar von Schreibersdorf in seiner eigenen Wohnstube erstochen worden war, wurde der Ermordete durch den Richter von Niederobermitz, in Gegenwart von Zittauer Rathsherren, ungeachtet alles Protestirens (man machte geltend, daß Mittelobermitz früher selbst einen Galgen gehabt habe und der betreffende Theil des Dorfes nicht zum Stadtgebiet gehöre) aufgehoben und begraben. Gern übernahm Zittau die Last, um nur sein Recht zu behaupten. Zu größeren Weiterungen führte es in einem zweiten Falle im Jahre 1682. Am 28. April genannten Jahres hatten sich Zigeuner in Mittelobermitz gelagert. Einer derselben geräth mit seiner Frau in Streit, schlägt sie mit dem Karabiner, schießt auch endlich nach ihr und verwundet sie an Hand und Wange. Als der Bruder der Frau zur Hilfe herbeieilt, wirft sich der Mann auf ein Pferd und will fliehen. Doch ein Schuß des Bruders trifft ihn so, daß er nach fünf Stunden stirbt. Der Thäter wurde flüchtig. Hierauf wollte der Herr von Temritz auf Hainewalde, der durch seine Frau Blandina geborene Rüdinger, Antheil an Mittelobermitz hatte, den Entleibten aufheben und begraben lassen. Die Stadtgerichte wollten dies aber nicht zugeben. Von beiden Seiten wurde der Leichnam von 40 Mann, je 20, bewacht, bis das Oberamt zu Bautzen über den Fall entschieden haben würde. Der Bescheid erfolgte erst in 11 Tagen, nachdem die Wächter kaum mehr in der Nähe des Leichnams, dessen Verwesung sehr überhand nahm, hatten zubringen können. Der Ermordete sollte von beiden Theilen zugleich gehoben werden. Er wurde außerhalb der Kirchhofsmauer begraben. Am 7. September fand man im Königsholze einen todten Mann, welchen man für den flüchtig gewordenen Zigeuner hielt. Er wurde von den Stadtgerichten besichtigt. Der Kopf war ihm abgetrennt.

Erwähnt sei schließlich noch, daß der Sage nach früher die Gebäude des Gutes mehr auf das Dorf zu gestanden haben sollen. Mit Ausnahme der Häuser, welche in der Gegend des Gutes sich befinden, liegt der Haupttheil von Mitteloberwitz mitten im Zittauischen Antheile von Niederoberwitz.

Was nun den Ruppersdorfer Antheil in Oberoberwitz betrifft, mit dem die Kollatur über Kirche und Kirchenschule verbunden ist, so wurde derselbe, wie schon früher erwähnt, am 5. März 1549 von Dr. Ullrich von Nostitz,*) kaiserlichem Rath und Landeshauptmann zu Budissin auf Unwürde und Ruppersdorf erworben. Er zahlte für Oberwitz, Großschweidnitz und Georgewitz an König Ferdinand II. die Summe von 6000 Thalern. Daraus, daß dieser Antheil von Oberoberwitz, welcher bisher der Stadt Zittau gehört hatte und durch den Pönfall an den König gekommen war, der Stadt Zittau entrissen wurde, sieht man, daß Dr. Ullrich von Nostitz seinen großen Einfluß beim Könige zum wesentlichen Nachtheil der Städte geltend zu machen wußte. Seine einflußreiche Stellung als königlicher Kommissarius erleichterte es ihm, sich zu bereichern und seine Macht auf Kosten der Städte zu vergrößern. Er erwarb nach und nach außer den schon angegebenen Ortschaften noch Hainewalde, Bertsdorf, Großschönau, Wilke und Kleinschweidnitz. Das Jahr 1552 befreite die Sechsstädte von ihrem Feinde. Dr. Ullrich von Nostitz

---

*) Die Ruppersdorfer Linie derer von Nostitz stammt aus dem Hause Kittlitz. Otto von Nostitz besaß dieses Gut laut Lehnbrief schon 1400.

starb den 13. October.' Wie erbittert man auf ihn war, zeigt folgende Sage, die sich über seinen Tod verbreitete. Man erzählte: „Daß vor Dr. Nostitzes Tode zwey grosse Raben sich aufs Hauses Dach zu Ruppersdorf gesetzt und trefflich geschrieen, auch ein Wolff im Felde daselbst greulich geheulet, welchen die Bauern gesehen und gehöret haben sollen."*) Seine Wittwe **Margarethe geb. von Talkenberg** hatte im folgenden Jahre — 1553 — einen Rechtsstreit mit dem Oybiner Hauptmann Jacob Hag. Er betraf die Verabfolgung von jährlich zwei Maltern Getreide von der Filialpfarrgemeinde zu Ober-Oberwitz an die Mutterpfarre des damals zum großen Theile dem Cölestinerkloster zu Oybin gehörenden Dorfes Nieder-Oberwitz. Da bis in die neueste Zeit das Getreide an den Pfarrer des Niederdorfes entrichtet worden ist, so muß sie abfällig beschieden worden sein. Nach ihrem im Jahre 1562 erfolgten Tode wurde Reinhold v. Nostitz für sich und seine Brüder durch den Landvogt Joachim Schlick, Grafen zu Passau, mit den hinterlassenen Gütern des Vaters beliehen. Da die jüngeren Söhne Ullrichs von Nostitz bei dem Tode des Vaters noch unmündig waren — er hinterließ sechs Söhne und zwei Töchter —, so blieben die Güter in gemeinschaftlichem Besitze, unter Verwaltung des ältesten Bruders Reinhold von Nostitz.**) Erst später erfolgte eine Theilung derselben. Speciell als Besitzer von Ober-Oberwitz findet sich zuerst **Christoph v. Nostitz** erwähnt. Die Belehnung erfolgte im Jahre 1571.***) Ihm gehörte auch Ruppersdorf und Hainewalde. In Gemeinschaft mit seinen Brüdern, Joachim und Hartwig, erkaufte er von Balthasar von Döbschütz Althörnitz. Geboren 1533, starb er am 10. Februar 1576. Als später — 1587 — sein jüngster Bruder Hartwig Großschönau und Bertsdorf an

---

*) Lauf. Mag. 1835, 139.
**) Die betreffende Stammtafel der Nostitze in Carpzow's Ehrentempel bedarf übrigens vieler Berichtigungen.
***) Oberlauf. Kirchengalerie, 368.

die Stadt Zittau verkaufte, so waren die Geschlechtsvettern damit sehr unzufrieden. Sie wollten die Güter den unmündigen Kindern Christophs erhalten und wandten sich auch, um den Verkauf rückgängig zu machen, an Kaiser Rudolph II., der sie aber abschlägig beschied.\*) Christophs Wittwe, Barbara geb. von Braun, verheirathete sich nach seinem Tode mit Friedrich v. Nostitz auf Schönbrunn, welchem die genannten Güter von den Vormündern der hinterlassenen Kinder Christophs käuflich überlassen wurden. Nach seinem Tode, der im Jahre 1595 erfolgte, trat Christophs Sohn, Hans Ullrich v. Nostitz, in den Besitz von Ruppersdorf und Ober-Oderwitz. Unter den Pertinentien von Oderwitz ist bei der Belehnung das Kirchenlehn mit angeführt. Hans Ullrich war 1570 geboren und starb den 12. Juni 1607. Er hinterließ zwei unmündige Söhne, Christoph Ernst und Christoph. Ihre Vormünder waren Christoph von Nostitz auf Hainewalde, Hörnitz und Oderwitz, Heinrich von Nostitz auf Ncës, Malschwitz und Dehsa, und Kaspar von Eberhard auf Sohland. Während Christoph Ernst aus dem väterlichen Erbe Nieder-Ruppersdorf erhielt, gelangte Christoph v. Nostitz in den Besitz von Ober-Ruppersdorf und Oderwitz. Er war es, der am 14. December 1622 mit Hans Bernhard von Gersdorf zu Bischdorf, seinen Vetter Hans Ullrich v. Nostitz in Hainewalde besuchte, bei welcher Gelegenheit, in Folge von übermäßigem Trunk und einer Spannung zwischen diesen beiden angesehensten Adelsgeschlechtern der Lausitz, Hans Bernhard von Gersdorf von Hans Ullrich tödtlich verwundet wurde. Ein gütlicher Vergleich machte nach langen Verhandlungen, auf Ansuchen des Nostitzschen Geschlechts, dem peinlichen Processe ein Ende. Hans Ullrich, der flüchtig geworden war, mußte 1625 Hainewalde an die Familie von Gersdorf abtreten und erhielt dafür das der Familie Gersdorf bisher gehörige Gut Nostitz. Später verheirathete sich Hans Ullrich von Nostitz mit seines Vetters

---

\*) Richters Gesch. v. Großschönau, 116.

Christoph nachgelassener Wittwe Hedwig geb. von Kyaw aus dem Hause Kemnitz.\*) Ihr Sohn erster Ehe, **Hans Ullrich**, geboren den 15. April 1626, folgte dem Vater, der sehr jung gestorben sein muß, da sein Stiefvater Hans Ullrich schon 1641 nicht mehr am Leben war, im Besitze von Ober-Ruppersdorf und Ober-Oderwitz. Nachdem sein Vater 1625 mit den Gütern belehnt worden war, hatte er am 24. März 1626 die Gerichte und das Kretschamgut zu Ober-Oderwitz mit freiem Bierschank ꝛc. an Christoph von Gersdorf auf Hainewalde verkauft. Hans Ullrich, dessen Vormünder Christoph Ernst von Nostitz auf Nieder-Ruppersdorf und Georg v. Löben auf Hörnitz waren, wurde mit den ererbten Gütern im Jahre 1648 beliehen. Seine Gemahlin war Maria Elisabeth von Berge aus dem Hause Ottenhain. 1651, den 20. April, hatte er das Unglück, den Rittmeister von Kyaw, mit dem er nach Hainewalde ritt, aus Unvorsichtigkeit todt zu schießen. Nachdem sein Oheim Christoph Ernst und dessen hinterlassener unmündiger Sohn, Hans Christoph, in den Jahren 1657 und 1661 gestorben waren, so fiel Nieder-Ruppersdorf ebenfalls an ihn. In der Zeit von 1672 bis 1680 verwaltete er das Amt eines Klostervogts zu Marienthal. Er starb am 3. Juni des letztgenannten Jahres. Nach seinem Tode fiel der ganze Gütercomplex Ruppersdorf mit Ober-Oderwitz an seinen Sohn **Gottlob Erdmann v. Nostitz.** Beim Tode seines Vaters noch unmündig — er war 1665 den 15. Juni geboren —, konnte seine Belehnung erst 1687 erfolgen. Er war verheirathet mit Anna Gertrude Becker von Rosenfeld aus dem Hause Nischwitz.\*\*) Sie starb 1731. Nach dem 1742 den 27. December erfolgten Tode Gottlob Erdmanns v. N. gelangte in den Besitz der Güter sein Sohn **Johann Heinrich Gottlob v. Nostitz,** Domherr zu Meißen, wel-

---
\*) Lauf. Monatsschr. 1801, I. 435.
\*\*) Er mußte den Adel seiner Gemahlin, der Geschlechtsvettern wegen, durch ein Attest beweisen.

cher Ober-Ruppersdorf bereits 1730 von seinem Vater erkauft hatte. Der Lehnbrief über Ober-Oderwitz und Nieder-Ruppersdorf datirt von 1747. Eine Schwester, Margarethe Erbmuthe, geboren 1694, vermählt 1715 mit Hans Adolph Gottlob von Warnsdorf auf Tauchritz, Landesältestem, starb den 15. October 1746. Johann Heinrich Gottlob v. N. war geboren 1696 den 13. April und starb am 24. Juni 1764. Seine zwei Söhne, Johann Gottlob Erdmann von Nostitz, sächsischer Amtshauptmann und Gegenhändler im Markgrafthum Oberlausitz, und Johann Karl Adolph von Nostitz, sächsischer Kammerherr, übernahmen die Güter erst gemeinschaftlich. Im Jahre 1772 kam es aber zur Theilung und der erstgenannte erhielt Ober-Oderwitz, Ober-Ruppersdorf und Niethen, der letztere Nieder-Ruppersdorf, welches er im Jahre 1809 an Fräulein Henriette Charlotte Wilhelmine von Berge verkaufte. Als sein Bruder 1811 den 12. Juni zu Ober-Ruppersdorf im bald vollendeten 71. Lebensjahre starb, und er von diesem Ober-Oderwitz, Ober-Ruppersdorf und Nieder-Ottenhain erbte, verkaufte er diese Güter 1812 ebenfalls an seine Gemahlin, die eben erwähnte Henr. Charl. Wilh. geb. von Berge, mit welcher er am 31. März gedachten Jahres ehelich verbunden worden war. Er selbst starb 1821 den 19. Mai zu Ruppersdorf im 73. Jahre. Seine Wittwe verehelichte sich später mit dem Hauptmann v. Jeschky. Ihre einzige Tochter, Thuiska von Mayer geb. von Nostitz, übernahm die Güter 1828. Als dieselbe 1830 den 2. August, in dem Alter von 27 Jahren 8 Monaten ohne Kinder verstarb, wurde dies Veranlassung zu einem langwierigen Erbschaftsprocesse mit der Familie von Nostitz. Ihr Gemahl, D. Karl Traugott v. Mayer auf Liesla und Oßling, Landesbestallter des Markgrafthums Oberlausitz, dessen verdienstvolle Wirksamkeit als Deputirter der zweiten Ständekammer vielfach Anerkennung gefunden hat, gelangte endlich durch einen Vergleich in den alleinigen Besitz der Güter, mit denen er im Jahre 1850 belehnt wurde. Im Jahre 1839 verehelichte er sich zum zweitenmale und zwar mit Fräulein Pauline Marie Luha aus Dorpat. Nach seinem 1864 am 7. August erfolgten Tode ist diese nebst den hinterlassenen fünf Kindern Besitzerin von Ruppersdorf und Ober-Oberwitz. — Zum Dominium gehören zwei Höfe oder Schäfereien. Den nieberen bewohnt gegenwärtig der Pachter. $6^{1}/_{2}$ Hufen Land, welche ehemals Bauergüter waren und erst später von der Ruppersdorfer Herrschaft an sich gekauft und zu ihrem Mundgute gezogen wurden, sind dabei mit inbegriffen.

Der Antheil von Ober-Oberwitz, welchen man den Hainewald'schen nennt, hat entweder theilweise schon in sehr früher Zeit zu Hainewalde gehört, da bereits 1395 die von Kyaw und 1497 und noch 1514 die von Mauschwitz als Besitzer von Hainewalde und zugleich eines Antheils an Oberwitz erwähnt werden, oder es ist der Antheil, welchen 1518 Nicolaus von Gersdorf auf Großhennersdorf besaß. Da sich keine Spur von einem Verlaufe auffinden läßt, so hat D. Ullrich von Nostitz, welcher am 20. September 1546 zu Prag mit den Gütern Hainewalde, Gersdorf und Großschönau belehnt wurde, nachdem dieselben nach Tyll Knobels Tode als erledigtes Mannlehen an den König Ferdinand II. gefallen waren, von dem sie Nostitz um 9500 Gulden kaufte, diesen Antheil von Ober-Oberwitz wahrscheinlich zugleich mit erworben. Wie schon erwähnt, gelangte er auch fast um dieselbe Zeit in den Besitz des ehemals Zittauischen, jetzt Ruppersdorfischen Antheils von Ober-Oberwitz. Drei Hufen Land, welche später zum Dominium gehörten, waren ehemals Bauergüter. Sie waren von der Hainewalder Herrschaft an sich gekauft und zu ihrem Mundgute gezogen worden. Im Jahre 1783 wurden die Felder des Dominiums parzellenweise den Unterthanen überlassen, welche für diese Hofefelder, welche noch heute den Namen „Gutfelden" führen, durchschnittlich bis zur Ablösung $1^{1}/_{2}$ Thlr. Erbpacht zahlten. Die jetzige Brauerei ist der frühere herrschaftliche Hof, „rothes Gut" genannt. Schon in früherer Zeit bestand hier eine Brauerei. In den endlosen Streitigkeiten, zu welchen es zwischen dem Rathe zu Zittau und dem Adel der Umgegend wegen des Bierbrauens kam, werden in den Strafmandaten von 1576 und 1650 die Brauereien zu Oberwitz und Hainewalde als einem Besitzer gehörig, erwähnt. Alle Mandate halfen nichts, die „Bierturbanten haben nicht parirt", wie die Chroniken sagen. Von Christoph von Gersdorf wird erzählt, er habe 1647 den 29. Januar in Oberoberwitz einem Bauer aus dem Zittauischen Antheile ein Viertel Bier zerhauen und die Fenster sowie den Ofen eingeschlagen, weil Christoph von Gersdorf es nicht dulden wollte, daß allda Zittauisch Bier getrunken würde. Das Oberoberwitzer Bier wurde, als der Herr von Temritz auf Hainewalde Antheil an Mitteloberwitz hatte, auch in letzterem verschenkt.

Der Antheil, den Hainewalde in Nieder=Oberwitz besitzt, ist unbedeutend — blos 18 Häuser —, doch ist mit ihm die Collatur des Pfarramts und der Kirchschule verbunden. Wahrscheinlich ist dieser Theil von Oberwitz an Hainewalde gelangt, als Christoph von Nostitz im Jahre 1566, Mittwochs nach Jubilate, Althörnitz um 3000 Gulden von Balthasar von Döbschütz kaufte\*), da ein Antheil von Nieder=Oberwitz, der nachmals „Zieglersche", damals längere Zeit hindurch den Besitzern von Hörnitz gehörte. Trennstücke von ihm wurden zu Hainewalde geschlagen und der Rest — fünf Bauergüter — verkauft.

Nach Ullrichs von Nostitz Tode folgte ihm sein Sohn Christoph v. Nostitz, wie schon bei der Geschichte des Ruppersdorf'schen Antheils erwähnt, im Besitze von Hainewalde und Ruppersdorf. Er gründete um 1574 die noch blühende Brauerei zu Hainewalde und hatte deshalb einen lang dauernden Streit mit der Stadt Zittau, bis ihm 1576 die Stö-

---

\*) Chronik von Hörnitz, 14.

rung der Zittauischen Braugerechtsame bei 1000 ungarischen Gulden Strafe untersagt ward.\*) Er hinterließ 1576 als Wittwe Barbara geb. von Braun, mit welcher er neun Jahre verheirathet gewesen war, und außerdem drei Söhne und zwei Töchter. Seine Wittwe verheirathete sich mit Friedrich von Nostitz auf Schönbrunn und starb am 7. October 1597. Von 1577 an werden Hans von Bellwitz und 1587 bis 1591 Mathes von Salza auf Rickelsdorf als Hauptleute zu Hainewalde erwähnt. Vormund der unmündigen Kinder war des Vaters jüngster Bruder, Hartwig von Nostitz zu Groß-schönau und Warnsdorf, und Caspar von Nostitz auf Jahmen. Im Jahre 1595, den 25. September, wurde Christoph v. Nostitz mit Hainewalde, Hörnitz und Oderwitz belehnt. Er war verheirathet mit Anna geb. von Minkwitz und starb schon 1611 den 21. October. Am 17. März 1620 wurde sein Sohn, Hans Ullrich v. Nostitz, der damals nebst seinen Geschwistern noch unter Vormundschaft Hartwigs von Nostitz, Nicolaus v. N. auf Rabmeritz und Kunewalde und Siegmunds von Gersdorf auf See stand, nachdem er mehrmals vergeblich nach Bautzen citirt worden war, durch den Hofrichter, welcher Nachts mit 30 Mann bewaffneten Zittauer Bürgern in Hainewalde erschien, gefangen genommen und nach Löbau gebracht, wo die dortigen Bürger ihn übernahmen und weiter nach Bautzen escortirten.\*\*) Es hing diese Gefangennehmung mit dem Brauurbarprocesse zusammen, der gerade damals zwischen den Sechsstädten und der Ritterschaft mit besonderer Erbitterung geführt wurde, und welcher weit über hundert Jahre dauerte. Hans Ullrich v. N. übernahm die Güter erst im Jahre 1622. Belehnt wurde er mit denselben, unter denen auch Ober- und Nieder-Oderwitz aufgeführt sind, am 29. Juli gedachten Jahres. Nur kurze Zeit blieb er im Besitze derselben. Noch in demselben Jahre, am 14. December,

---

\*) Pescheck's Gesch. v. Zittau, II. 26.
\*\*) Pescheck's Gesch. v. Zittau, II. 160.

hatte er das Unglück, Bernhard von Gersdorf tödtlich zu verwunden, wie früher schon ausführlicher mitgetheilt worden ist. Er mußte flüchten. Die Verwaltung seiner Güter wurde vom Hofgerichte zu Bautzen Gottfried von Scheffling zu Oberwitz übertragen. In Folge eines Vergleiches gingen dieselben 1625 an die Gersdorfsche Familie über. Noch in demselben Jahre wurde Christoph von Gersdorf mit denselben belehnt. Er war 1583 geboren, ein Sohn Christophs v. G. auf Sohland (aus dem Hause Lautitz) und der Hedwig geb. von Gersdorf und heirathete 1607 Katharina von Gersdorf, Tochter des Erasmus v. G. auf Maltitz.*) Hörnitz verkaufte er 1630 den 28. August an Georg von Löben. Im Jahre 1639 wurde sein Sohn Christoph, geboren 1607, verheirathet mit Katharina von Gersdorf aus dem Hause Baruth, von einem Dittelsdorfer, Namens Michael Räbisch, ermordet und beraubt. Der Raubmörder wurde am 7. September genannten Jahres in Zittau mit dem Schwerte hingerichtet und auf das Rad gelegt.

Nach Christophs von Gersdorf Tode, der im Jahre 1656 den 8. Juli erfolgte, gelangte sein Enkel, Christoph Ernst von Gersdorf, in den Besitz von Hainewalde, Ober- und Niederoberwitz. Er wurde den 10. Juli 1633 zu Löbau geboren, wo sich damals seine Eltern der Kriegsunruhen wegen aufhielten und war anfänglich Page beim Oberstwachtmeister von Schweinitz auf Rosenhain, heirathete Katharina Magdalena von Gersdorf aus dem Hause Messersdorf und nach deren Tode, den 20. Februar 1663, Blandina geb. von Rübinger, verwittwete von Maxen, durch welche Heirath er Spitzkunnersdorf erlangte, welches seit dieser Zeit mit Hainewalde und Oberwitz verbunden blieb.**) Da Christoph Ernst v. G.

---

*) Vergl. Carpzows Ehrentempel genealogische Tabelle VI. der Familie Gersdorf.
**) Dornick, Nachrichten über die Herrschaften von Hainewalde und Spitzkunnersdorf.

Geschichte von Oberwitz. 4

am 13. März 1667, ohne Kinder zu hinterlassen, starb, so fielen die gesammten Güter an seine Vettern Siegmund, Hans Christoph, Christoph Gottlob, Friedrich Ferdinand und Christian Felix von Gersdorf auf Gröbitz, Kittlitz, Lautitz, Kotitz und Sohland. Sie wurden am 28. Juli 1667 damit belehnt. 1670 verkauften sie die Güter an die Wittwe Blandina von Gersdorf geb. von Rübinger. Sie wurde im folgenden Jahre damit belehnt, erhielt diese Güter aus Lehn in Erbe verwandelt und 1677 als Allodialgüter. In den Besitz von Hainewalde, Ober- und Niederobermitz und Spitzkunnersdorf gelangte hierauf Eleuther v. Temritz auf Micka, Rabischholz und Neundorf, durch die am 10. December 1671 vollzogene Heirath mit der vorerwähnten Wittwe Christophs Ernst von Gersdorf, welche am 19. Juli 1683 starb, in Spitzkunnersdorf begraben wurde und die erste Veranlassung zu dem jetzt noch bestehenden Armenessen für 72 Arme aus Hainewalde, Oberwitz und Spitzkunnersdorf gab. Temritz erhielt den Lehnbrief den 27. Mai 1684 ausgefertigt. Er verheirathete sich am 22. Januar 1685 mit Viktoria Tugendreich von Khaw aus dem Hause Gießmannsdorf, starb bereits am 19. Februar 1686 im Alter von 61 Jahren und ward in Spitzkunnersdorf begraben, wo in der Kirche sein Steinbild befindlich ist. Seine Wittwe wurde am 20. März 1686 von einer Tochter entbunden. Da dieselbe bereits am 29. August des folgenden Jahres starb, so fielen die Güter an die Mutter. Als Hauptmann der Güter Hainewalde, Oberwitz und Spitzkunnersdorf wird in dieser Zeit Georg Adolph von Lucka erwähnt. Viktoria Tugendreich verw. von Temritz wollte sich mit dem kaiserlichen Oberstwachtmeister Freiherrn von Schafgotsch verheirathen, während ihr vom Kurfürsten dessen Unterstallmeister, Kammerherr und Amtshauptmann von Torgau, Johann Georg v. Wehle auf Merzdorf, als Gemahl empfohlen wurde. Dies gab am 1. März 1687 zwischen beiden Rivalen die Veranlassung zu einem Zwei-

kampf, der, wie Chroniken erzählen, auf den Fluren bei Poritzsch „im Beisein etlicher Hunderter vom Adel" (?) vor sich
ging. Sie mußte den Letztgenannten am 20. Juli jenes Jahres ehelichen. Nach zwölf Jahren — 1699 — wurde die voraus-
sichtlich unglückliche Ehe getrennt. Am 28. April 1700 verehelichte sie sich wieder mit dem sächsischen Obersten Otto Ludwig von Canitz. Er war am 6. November 1661 in Nop-
leim bei Pillau geboren und schon frühzeitig in Kriegsdienste getreten. Nachdem er in einigen Feldzügen gegen die Türken gefoch-
ten hatte, war er 1692 in sächsische Dienste übergegangen und
hatte 1699 seinen Abschied genommen. Ihm verdankt man
die Erbauung der Kirchen zu Hainewalde, Niederoberwitz und
Spitzkunnersdorf. Am 27. Mai 1717 starb seine Gemahlin,
er selbst am 8. Februar 1724. Nach seinem Tode gelangten
die Güter an seines Bruders Sohn, den Kammerherrn Samuel Friedrich von Canitz auf Mednicken, Bozin und
Mühlfeld, der am 29. September 1723 Christiane Tugendreich
von Kyaw aus dem Hause Friedersdorf, die zur Erbin des
Obersten bestimmt war, geheirathet hatte. Später durch Kauf
in den Besitz der Güter gelangt, verwandelte er dieselben in
ein Majorat. Seine Gemahlin, geboren den 2. September
1705, starb am 3. April 1749, er selbst, geboren den 15. Juni
1690, am 18. Januar 1762, nachdem er noch in den Jahren
1749 bis 1755 das herrschaftliche Schloß in Hainewalde gebaut hatte. Von seinem einzigen Sohne, dem Landkammer-
rath Ludwig Albrecht Leopold v. Canitz, geboren den
30. Juli 1734 und gestorben den 15. Juli 1778, welcher sich
1775 den 12. März mit der Tochter Ambrosius Thierbachs,
Bürgers und Chirurgs in Zittau, verehelichte, gelangten die
Güter in Folge testamentarischer Bestimmung an Ernst
August Rudolph v. Kyaw auf Friedersdorf und Gießmannsdorf. Dieser war am 29. Mai 1739 geboren, seit 1776
Landesältester des Görlitzischen Kreises und wurde 1779 Amtshauptmann. Vermählt war er seit 1766 mit Erdmuthe Char-

lotte von Ingenhäff aus dem Hause Mittel-Herwigsdorf, welche in demselben Jahre als Wöchnerin starb und seit 1768 mit Friederike Wilhelmine Charlotte von Kyaw auf Gießmanns= dorf, in welcher Ehe ihm acht Kinder geboren wurden. Er stand in allgemeinster Achtung und sicherte sich bei seinem Tode, der den 29. December 1814 erfolgte, ein dankbares Andenken. Hainewalde, Ober= und Niederoberwitz und Spitzkunnersdorf, mit denen er am Batholomäuslandtage 1778 beliehen worden war, gingen an seinen jältesten Sohn, den Waisenamts= Assessor Ernst August Wilhelm v. Kyaw, über. Ge= boren den 21. März 1770 in Gießmannsdorf, vermählte sich derselbe 1802 mit Kunigunde von Linnenfeld und starb am 16. Juni 1821. Ein Bruder von ihm, Heinr. Aug. Friedr. v. K., Regierungsrath beim Stift zu Wurzen, welcher erst seit 5 Monaten mit Agnes geb. v. Witzleben vermählt war, starb zu Hainewalde im 34. Lebensjahre, 1815 den 20. September. Der gegenwärtige Majoratsherr ist Ernst Gustav Herr= mann v. Kyaw, geboren in Zittau am 6. April 1806. Während seiner Unmündigkeit stand er unter der Vormund= schaft des Majors Ludwig Adolph von Lenz auf Strawalde. Nachdem er 1827 die väterlichen Güter übernommen hatte, verehelichte er sich am 13. Juli 1829 mit Fräulein Julie Charlotte von Leupoldt. Zwei Söhne, Joachim Ernst Gustav und Ludwig Herrmann Wilrich, sind am 6. Juni 1830 und 29. Februar 1832 geboren, eine Tochter, Fräulein Anna Ju= liane Luise, den 27. Juni 1833. Der Erstgenannte verehe= lichte sich 1864 mit Martha Isidore Anna von Döring aus dem Hause Purschwitz bei Bautzen. Sein ältester Sohn, Mo= ritz Joachim Ernst, ist geboren 1865 am 22. Juni, der zweite David Walther Joachim Georg, 1868 den 20. März.

Was den Zieglerschen Antheil von Niederoberwitz betrifft, so hatte er früher Rittergutsgerechtsame und war größer als jetzt. Er gehörte längere Zeit mit Hörnitz der Familie von Döbschütz. Im Jahre 1566, Mittwochs nach

Jubilate, verkaufte **Balthasar v. Döbschütz** diesen Theil von Niederoberwitz mit Althörnitz an **Christoph v. Nostitz** auf Hainewalde um 3000 Gulden. Nach dessen Tode werden als Besitzer sein Sohn **Christoph** und sein Enkel **Hans Ullrich v. Nostitz** angeführt. Als der Letztgenannte 1622 den 29. Juli belehnt wurde, wird unter den Gütern auch Niederoberwitz erwähnt.*) 1625 gingen, wie schon früher erwähnt, die sämmtlichen Besitzungen durch Vergleich an die Familie Gersdorf über. Doch schon am 28. August 1630 verkaufte **Christoph v. Gersdorf** auf Hainewalde Althörnitz mit den fünf Bauergütern in Niederoberwitz, nachdem schon in früheren Jahren Trennstücke des Antheils zu Hainewalde geschlagen worden waren, welche den gegenwärtigen Antheil Hainewaldes an Niederoberwitz bilden, an **Georg v. Löben**. Als zur Zeit des dreißigjährigen Krieges —1640— Zittau sächsische Einquartierung hatte, kamen mehrmals zwischen ihm, der ein vorzüglicher Fechter und dabei rauflustig war, und sächsischen Offizieren Zweikämpfe vor. In demselben Jahre reiste er auch mit dem Zittauer Bürgermeister Just nach Dresden, um den Kurfürsten um Erleichterung der Kriegslasten zu bitten. Bereits im Jahre 1636 hatte Georg von Löben, dem damals auch Mittel gehörte, seine fünf Bauergüter in Niederoberwitz, von denen zwei mit Unterthanen besetzt waren und drei in Folge des Krieges wüste lagen, an **David Fleischmann von Thumbach** verkauft. Am 30. August genannten Jahres wurde dieser belehnt. Als Lehnszeugen werden Joachim von Bolberitz auf Hänichen und Wenzel von Klüx auf Malschwitz genannt. Jedoch kurze Zeit nachher muß

---

*) In den Jahren 1586 werden **Hans v. Uechtritz**, der nach dem Niederoberwitzer Kirchenbuche am 11. Mai genannten Jahres eine Tochter Maria taufen ließ, und 1618 **Albrecht v. Schreibersdorf**, der zugleich in Radgendorf ein Lehngut besaß, als „auf Oberwitz gesessen" angeführt. Wahrscheinlich waren sie Besitzer von Bauerngütern dieses Antheils.

Georg von Löben wieder in den Besitz jener Güter gelangt sein, da er am 7. November 1640 sein Gut Althörnitz mit Pertinentien „nebst denen hierzu geschlagenen Funff Bawern zu Oderwitz" an Caspar Christoph v. Gersdorf auf Möckelwitz verkaufte. Am 9. November 1641 wurde dieser zu Budissin damit belehnt. Lehnszeugen dabei waren: Gottfried von Sander auf Reichenbach, Oberstlieutenant, und Hans Haubold von Metzradt auf Sohland. Da im Kirchenbuche zu Niederoderwitz schon 1642 „Jungenfels Köchin" und ein Christian Jungenfels erwähnt werden, so müssen die Oberwitzer Güter sofort an Joachim von Jungenfels übergegangen sein, der auch in Pethau ein Gut besaß. Als Caspar Christoph von Gersdorf, damals auch auf Zimpel, Hörnitz am 5. Juli 1651 an Christian von Hartig verkaufte, heißt es im Lehnbriefe ausdrücklich: „außer denjenigen Fünff Bawern so nach Oderwitz gehörig." (Nach dem im Zittauer Rathsarchiv befindlichen Aktenfascikel Nr. 7784).

Jungenfels war 1580 in Reichenberg geboren, wurde Wallensteinscher Oberhauptmann jener Herrschaft und wegen seiner Verdienste um die Anlegung der Neustadt zu Reichenberg geadelt. Als er nach Wallensteins Tode gefangen nach Wien abgeführt werden sollte, floh er nach Zittau. Seine Tochter Anna war seit 1635 mit dem Zittauer Bürgermeister Philipp Stoll und seine Tochter Katharina seit 1643 mit M. Willich, welcher als Primarius zu Löbau starb, verheirathet. Sein einziger Sohn, Gottfried von Jungenfels, 1638 in Zittau geboren, besaß nach ihm diesen Theil von Oderwitz, starb aber schon 1670 den 19. September als Scabinus in Zittau. Aus seiner Ehe mit einer Tochter des berühmten Zittauer Organisten Andreas Hammerschmidt hinterließ er zwei Töchter, von denen die älteste, Johanne Christiane, sich 1685 den 13. März mit D. Kießling verehelichte. Noch während seiner Unmündigkeit, bereits um 1653, war das Gut an Friedrich Adolph von Haugwitz, kurfürstlich-sächsischen

Hofmarschall und Kammerherrn übergegangen. An Steuern hatte damals der Haugwitzsche Antheil von Oderwitz 5 Thlr. 20 Gr. an Rauchsteuer und 2 Thlr. 22 Gr. an Mundgutsteuer zu zahlen.*) Die Ritterdienste waren nach drei Nageln zu leisten. Auf Ansuchen Friedrich Adolphs von Haugwitz auf Groß-Dubrau und Königswarthe genehmigte der Kurfürst Johann Georg II., daß „da obbemelte 5 Bauerlehngüter zu Niederoderwitz, weil Sie ohne das im geringen Werth seyn sollen", aus Mannlehn in Erblehn verwandelt würden. Die Urkunde datirt vom 23. Juni 1673. Bald nachher, am 13/2. September genannten Jahres, verkaufte Wolf Rudolph von Ziegler und Klipphausen auf Ober- und Niedercunewalde, Nechern, Belgern, den freien Flecken Klipphausen und Niederbeyersdorf, in Vollmacht Friedrich Adolphs von Haugwitz, an David Engelmann, Pfarrer zu Niederoderwitz, von einem Bauergute, welches 12 Ruthen groß und zwischen der Pfarrwiedemuth und den Kretschamsäckern gelegen und bisher an David Künzel verpachtet gewesen war, den 4. Theil, nämlich 3 Ruthen auf Seite der Pfarrwiedemuth gelegen, 20 Beete breit bis zum Königsholze hin um 70 Thaler. Während seiner Anwesenheit in Oderwitz bewohnte Wolf Rudolf von Ziegler das in der Nähe „des Fuchses" befindliche Bauergut, welches 1743 die Familie Schwarzbach besaß. Nachdem dieses zuletzt also nur noch aus 4½ Bauergütern und dazu gehörigen Auehäusern bestehende Rittergut von früheren Herrschaften durch Verkauf von Ackerstücken, Gärten, Häusern und Wiesen, welche Besitzstücke nach und nach sämmtlich an die Herrschaft zu Hainewalde übergingen, immer unbedeutender, hingegen mit den darauf zurückgebliebenen Lasten sehr beschwert worden war, kauften sich im Jahre 1673 den 18. October die Unterthanen von Erbunterthänigkeit und Dienstbarkeit frei, zahlten an Herrn von Haugwitz die Summe von 1000 Thalern und wählten sich Wolf Rudolph von Ziegler auf Kunewalde zur Schutzherr-

---

*) Weinart, Rechte u. Gewohnh. IV. 9.

ſchaft. Als Zeuge dabei wird Kaspar Chriſtoph von Nobewitz erwähnt. Nach Zieglers am 9. Januar 1686 erfolgten Tode ging die Schutzherrſchaft auf ſeine **fünf Söhne** über, welche ſich in ſächſiſchen Militärbienſten befanden. Wolf Rudolph von Ziegler war geboren ben 16. Juli 1622 und vermählte ſich 1645 mit Anna Eliſabeth von Löben. In der Kirche zu Gröditz iſt die bei ſeinem Begräbniß gebrauchte Fahne aufgehangen. Da die größere Entfernung von Kunewalde vielfach Unbequemlichkeiten veranlaßte, und da die Güter mitten unter denen der Unterthanen der Stadt Zittau lagen, ſo ſchloß die Familie Ziegler mit dieſer am 30. Juli 1687 einen Tauſchkontrakt ab. Die **Stadt Zittau** übernahm die Güter unter denſelben Bedingungen, wie der zwiſchen Wolf Rudolph von Ziegler und den Schutzunterthanen am 24. October 1679 abgeſchloſſene Receß und die von Erſterem den 26. October gedachten Jahres ertheilte Gerichtsordnung beſagte. Die Bierzüge ſollten wie früher in dem Zittauiſchen Kretſcham zu Niederoberwitz gehalten werden. Der Rath übergab dafür den Gebrüdern von Ziegler vier Erbbauergüter nebſt den dazu gehörigen 17, theils Erb-, theils Auehäuſern zu Oberfriedersdorf. Die Beſtätigung Seiten des Oberamts zu Budiſſin fand am 16. December 1694 ſtatt, wobei als Zeugen Peter Rudolph von Penzig auf Pielitz, Hofrichter, und Johann Heinrich von Gersdorf auf Altſeidenberg zugegen waren. Ein jeder Schutzunterthan hatte jährlich 1 Thaler Schutzgeld und bei jedem Beſitzwechſel hatten Käufer und Verkäufer gleichfalls 1 Thaler zu zahlen. Jedem ſtand frei, einen Handel oder ein beliebiges Handwerk zu betreiben.

Nach mannigfaltigen und langen Streitigkeiten, welche von 1764 an zwiſchen Rath und Gemeinde entſtanden, kam erſt am 12. April 1808, unter Vermittelung der Reviſionskommiſſion, ein Receß zu Stande, worin die Verhältniſſe der Oberwitzer Erb- und Schutzgemeinde zur Stadt und dem Rathe beſtimmt wurden. Der Ziegler'ſche Antheil, welcher 1762 unter 58 Besitzer vertheilt war und zu 54 Ruthen oder 12 Rauchen gerechnet wurde, bestand 1808 aus einem Bauer, vier Gärtnern und 64 Häuslern.

Zittau besitzt außerdem einen Antheil in Ober-Oberwitz und einen in Nieder-Oberwitz, Antheile, die 1515 das Cölestinerkloster Oybin von den Gebrüdern von Mauschwitz erworben hatte, wozu 1574 noch in Ober-Oberwitz ein Antheil gekommen ist, welchen früher die Johanniter in Zittau besaßen, über welchen Kauf aber keine Urkunde aufzufinden ist. Da der Fortbestand des Klosters zu Oybin immer mehr in Frage gestellt wurde, je mehr sich die Reformation ausbreitete, so wurden die Güter desselben im Jahre 1547 von König Ferdinand I. säkularisirt und weil der König damals zur Führung des schmalkaldischen Krieges nothwendig Geld brauchte, zunächst an den Landvogt Zdislaw Berka von der Duba auf Leipa und Reichstadt gegen Zahlung von 13,000 Thalern verpfändet. Nachdem der König die Oybinischen Güter vom Landvogt wieder eingelöst hatte, ließ die böhmische Kammer dieselben durch Jacob Hag verwalten. Im Jahre 1556 wurden sie gegen ein Darlehn von 12,000 Thalern und jährlich zu zahlenden 1400 Thaler „Bestandzins", sowie einen „extraordinären Zins" von 95 Schock meißnisch auf zehn Jahre vom König an den Rath zu Zittau verpfändet. Ehe aber noch jene zehn Jahre verflossen waren, wurden die Oybiner Güter laut Verpfändungsurkunde vom 10. Januar 1562, Zittau abermals auf zwanzig Jahre überlassen. Dieser Stadt mußte Alles daran liegen, daß jene Güter, durch welche das Stadtgebiet erst abgerundet wurde, nicht in fremde Hände gelangten. Eine nochmalige Verschreibung erfolgte am 24. April 1570. Weil jetzt der Meierhof und die Klostergebäude in der Verpfändung inbegriffen waren, wurde die Summe auf 16,000 Thaler gesteigert. Erst vier Jahre später ging Zittau's Wunsch, die Güter eigenthümlich zu besitzen, in Erfüllung. Laut Kaufsurkunde vom 17. November 1574 erlangte die Stadt vom Kaiser

Maximilian II. die Güter, zu denen jene beiden Antheile von
Oberwitz mit gehörten, für die Gesammtsumme von 91,010
Thalern (einschließlich der Kosten), von denen 68,000 Thaler
baar ausgezahlt und 23,000 Thaler innebehalten wurden, da
die Jesuiten zu St. Clemens in Prag die ihnen seit 1562
überwiesene, jährlich zu zahlende Summe von 1400 Thalern
in der früheren Weise fortzuerhalten wünschten.*) Diese an
die Jesuiten zu zahlende Summe wurde 1645 die Veranlassung
zu einem Processe, der 1720 noch im Gange war, und in den
auch die Dorfschaften der ehemaligen Cybinischen Güter ver=
wickelt wurden. Namentlich verweigerten Herwigsdorf und
Nieder=Oberwitz jede Zahlung. 1659 erschien deshalb eine
landesherrliche Kommission und es erfolgten Strafurtheile.**)
— Der Antheil, den Zittau in Nieder=Oberwitz besitzt, umfaßt
24 Bauergüter und 17 Ruthner, sowie eine bedeutende Anzahl
von Gärten und Häusern; der in Ober=Oberwitz dagegen 14
Güter, 33 Ruthner und viele kleinere Grundstücke mit mehr
als tausend Bewohnern. Der Antheil von Niederoberwitz ist
über noch einmal so groß als der an Ober=Oberwitz.

Nachrichten zu Folge, welche 1612 in den Knopf des Kirch=
thurmes zu Ober=Oberwitz gelegt wurden, hat Zittau im
Jahre 1574 den einen Theil von Ober=Oberwitz von
dem Commendator der Johanniterritter zu Zittau, Chri=
stoph von Wartenberg, durch Kauf erworben. Wie früher
erwähnt, verkaufte Heinrich von Nostitz schon 1412 auf
seinen Gütern zu Oberwitz 50 Gr. Zins an die Johanniter=
commende. Wahrscheinlicher aber ist es, daß der Kauf bereits
am 19. März 1570 erfolgte, an welchem Tage Christoph von
Wartenberg die beiden Commenden zu Zittau und Hirschfelde
nebst allen dazu gehörigen Vorwerken, Aeckern, Unterthanen,
Zinsen, Decem, Gerechtigkeiten und dem Patronat zu Hirsch=

---

*) Kaufsurkunde in Carpzow I., 167 und Pescheck's Gesch. von
Zittau I, 245 und 246.
**) Ausführlicher in des Verfassers Gesch. v. Olbersd. S. 72.

selbe und Burkersdorf um 10,500 Thaler an den Rath von Zittau verkaufte, welcher Kauf vom gesammten Ordenscapitel den 9. Juni 1571 bestätigt ward.*)

Außer dem Königsholze besitzt übrigens die Grundherrschaft Zittau in ganz Oberwitz gar keine Realitäten, seitdem im Jahre 1808 die Kleinmühle zu Niederoberwitz für 2040 Thaler und 70 Thaler Wasserzins nebst einem Malter Korn verkauft worden ist.

## V. Die Kirche.

Oberwitz bildete früher nur ein Kirchspiel. Während das Dorf bereits im Jahre 1350 im Stadtbuche zu Zittau bei Aufzählung der Ortschaften des Zittauer Weichbildes getrennt — als Ober- und Niederoberwitz — aufgeführt wird, ist in jener Zeit bei Erwähnung von Pfarrern stets nur von „Pfarrern in Oberwitz" die Rede. Ebenso ist auch in dem schon früher erwähnten Verzeichnisse der 33 Pfarrkirchen und Filiale des Zittauer Decanats vom Jahre 1384 nur eine Kirche zu Udrwitz (nach damaliger Schreibart) angeführt. Sie hatte an Bischofszins den höchsten Betrag — 28 Groschen — zu zahlen, ein' Beweis von der Größe des Kirchspiels. Oberwitz gehörte mit dem Zittauer Decanat unter das Archidiaconat Altbunzlau und mit diesem unter das Erzbisthum Prag, während die übrige Lausitz einen Bestandtheil des Bisthums Meißen bildete. Von 1366 bis 1395 war der Pfarrer von Oberwitz, Nicolaus von Glabus, Decan des Zittauer Sprengels. Wenn Ober- und Niederoberwitz in zwei Kirchspiele geschieden worden sind, läßt sich nicht nachweisen. Jedenfalls mag sich bei Zunahme der Bevölkerung bereits gegen Ende des 15. Jahrhunderts eine Trennung in zwei Kirchspiele nothwendig gemacht haben. Gewiß ist, daß dies schon vor der Reformationszeit geschehen ist. Als im Jahre 1515 die Gebrüder von Mauschwitz einen Theil des Dorfes an die Stadt Zittau für 400 ungarische Gulden verkauften, heißt es aus-

---
\*) S. Knothes Gesch. v. Hirschfelde S. 44 u. Carpzow III, 18—22.

brücklich: „Sie verkaufen etliche Bauern in Ober- und Nieder-oberwitz mit der Landgabe und aller Gerechtigkeit bei b e i d e n Kirchenlehen."

Die Mutterkirche war die zu Niederoberwitz. Bis in die neueste Zeit noch war von den Bauern und Gärtnern des gegenwärtig Zittauischen Antheils von Oberoberwitz Getreide an den Pfarrer des Niederdorfes zu entrichten. Im Jahre 1553 führte dieses Verhältniß der Verabfolgung von jährlich zwei Maltern Getreide von der Filialpfarrgemeinde zu Oberoberwitz an die Mutterpfarre des damals dem Cölestinerkloster zu Oybin gehörenden Dorfes Niederoberwitz zu Streitigkeiten zwischen dem Oybiner Hauptmann Hag und Margarethe geb. von Talkenberg, der Wittwe Ullrichs von Nostitz auf Ruppersdorf, welcher zur Zeit des Pönfalles, im Jahre 1547, die früher Zittau gehörenden Antheile von Ober- und Nieder-oberwitz von König Ferdinand gekauft hatte. Auch später war dieser Umstand noch mehrmals Veranlassung zu Streitigkeiten. Schon bei dem Eheding im Jahre 1619 rügte die Gemeinde Oberoberwitz hinsichtlich dieses Decems: „welches der Gemeinde auch beschwerlich vorkommt und unrecht dünket." Bis 1758 wiederholten sich diese Rügen. Nachdem sich schon die Oberoberwitzer Pfarrer Schön und Bergmann (letzterer 1729) vergeblich bemüht hatten, diesen Decem für die Ober-oberwitzer Pfarre zu erlangen, führte dieser Umstand 1775 zu einem langwierigen Processe zwischen den Pfarrern Böricke in Ober- und Jentsch in Niederoberwitz. Im Verlaufe desselben zeigte sich des Ersteren Angabe, daß dieser Decem blos auf einem Privatübereinkommen zwischen David Engelmann sen. und jun. (Vater und Sohn), welche gleichzeitig von 1655 an Pfarrer in Ober- und Niederoberwitz waren, beruhe, als nicht richtig, da sich in der Gerichtslade zu Niederoberwitz ein Verzeichniß der Pfarreinkünfte vom 6. März 1583 vorfand, welches folgende Bemerkung enthielt: „Zwey Malter Decem geben Eines Erbaren Raths zur Zittau Unterthanen aus der

Oberoberwitz, nach altem Gebrauch und Gerechtigkeit." Auch die Niederoberwitzer Kirchenmatrikel besagte, daß von zehn Maltern und vier Scheffeln halb Korn, halb Hafer, welche der Pfarrer erhalte, ein Malter Korn und ein Malter Hafer von Oberoberwitz geliefert werde, „weil Oberoberwitz vor Zeiten ein Filial von Niederoberwitz gewesen sei." Der seit Beginn des Processes verweigerte Decem mußte nachgeliefert werden. Es ist daher wohl kaum zweifelhaft, daß dieser Decem dem Pfarrer zu Niederoberwitz als Entschädigung überlassen wurde, als sich Oberwitz in zwei Kirchspiele schied.

1) **Niederoberwitz**, wohin auch Mitteloberwitz eingepfarrt ist, besteht, wie schon früher erwähnt, aus drei Antheilen: dem Hainewald'schen, Zittauischen und Ziegler'schen, der jetzt ebenfalls der Stadt Zittau gehört. Obwohl der Hainewald'sche Antheil nur unbedeutend ist und blos aus 18 Häusern besteht, so ist doch mit ihm die Collatur des Pfarramts und der Kirchschule verbunden.

Die Zeit der Erbauung der **früheren Kirche** zu Niederoberwitz ist unbekannt. Jedenfalls erfolgte sie, nachdem die im Jahre 1015 in die hiesige Gegend geflüchteten Slaven gewaltsam von den vordringenden Deutschen zum Christenthume bekehrt worden waren. Sie stand neben dem Platze auf dem die gegenwärtige Kirche erbaut ist und war schon am Ende des 17. Jahrhunderts sehr baufällig und für die zahlreiche Kirchgemeinde zu klein. Ein Anbau hatte früher schon stattgefunden; denn 1706 und 1708 versah man die sogenannte „**neue Kirche**", von der kleinen Hallthüre an bis hinten an den Glockenthurm, mit einer Anzahl Anschlagebänkchen zur Benutzung für die Frauen. Nachdem man im Jahre 1705 das alte Schülerchor neben dem Altare abgebrochen und ein neues **Orgelchor** gebaut hatte, wurde der Wunsch nach einer neuen **Orgel** rege. Durch Beiträge der Ortsherrschaften und verschiedener Gemeindeglieder, sowie durch drei Kirchencollecten wurde der Kostenaufwand — 246 Thlr. 19 Gr. — gedeckt. 1706, am 9. Sonntage nach Trinitatis, weihte man die vom Orgelbauer Johann Räthel zu Zittau erbaute Orgel in Gegenwart der Ortsherrschaften und einer großen Anzahl Gemeindeglieder feierlich ein. Der Oberst von Canitz hatte außerdem im Jahre zuvor für Kanzel, Altar und Taufstein eine carmoisinrothe Bekleidung nebst zwei Altartüchlein geschenkt. Zwei neue Emporen wurden in den Jahren 1711 und 1715 gebaut.

Doch alle diese Erweiterungen waren bei der stark anwachsenden Gemeinde nicht hinreichend und da außerdem die Kirche in Folge ihres Alters an Dach, Boden und Wänden so baufällig war, daß eine Ausbesserung nicht mehr thunlich erschien und man theilweise ihren Einsturz befürchten mußte, so beschloß man, um einem derartigen Unglücke vorzubeugen, ein neues Gotteshaus von Grund aus und zwar massiv aufzubauen. Wie nothwendig dies war, spricht Pfarrer Manitius in einem bei Gelegenheit der Kircheinweihung in Druck erschienen Gedichte aus. Er sagt dort:
„Man sah den morschen Bau, weil Wand und Dach zerstört,
Durch Riegel, Steif und Band kaum noch beisammen hangen.
Und weil durch deine Huld die mir vertraute Heerde
Von Tag zu Tage wuchs, so war dies Haus zu klein
Für eine solche Schaar ein Heiligthum zu sein."

Bei einer Besprechung, welche Seitens der Ortsherrschaften am 15. October 1717 auf hiesiger Pfarre abgehalten wurde, war Zittau durch den Bürgermeister Nesen, den Stadtrichter Ettmüller, den Oberstadtschreiber Dr. Johne und den Scabinus Schönfelder vertreten. Die Aufsicht über den Bau wurde dem Schulmeister Schön und den drei Kirchvätern übertragen. Baumeister war Johann Georg Förster aus Berggießhübel.

Der Bau wurde der Gemeinde durch die bedeutenden Unterstützungen an Baumaterialien und Geld, welche sie von

Seiten des Collators, des Obersten Otto Ludwig von Canitz auf Hainewalde und von den eingepfarrten Herrschaften, dem Stadtrath in Zittau (500 Thlr.) und Johann Adolph von Rübinger auf Mitteloberwitz erhielt, sehr erleichtert. Herr von Canitz schenkte allein gegen 1100 Thlr. Die Sammlungen in der Gemeinde Zittauer Antheils erreichten die Höhe von 500 Thlr.

Da man die Zeit des Baues hindurch die alte Kirche zur Abhaltung des Gottesdienstes noch benutzen wollte, so machte sich zunächst die Erwerbung eines Bauplatzes nothwendig. Ober- und unterhalb der alten Kirche kaufte man für 15 und 20 Thaler vom Gärtner Christoph Schmidt und vom Bauer und Gerichtsältesten Martin Steudtner den nöthigen Grund und Boden.

Im Jahre 1719, den 19. April, wurde feierlich der Grundstein zum Baue der neuen Kirche gelegt. Eine zahlreiche Volksmenge von Oberwitz und den benachbarten Ortschaften war zugegen. Außer den oben genannten Ortsherrschaften betheiligten sich an der Grundsteinlegung noch der Oberste von Stutterheim aus Zittau, Ludwig Ernst von Canitz, des Obersten von Canitz Bruders Sohn, Friedrich von Alba, der Ortspfarrer M. Samuel Manitius, der Schullehrer Hans George Schön, der Zittauische Erbrichter Hans George Göhle und die drei Kirchväter Caspar Glathe, Elias Christoph und Christoph Anders.

Der Bau begann. Die Steinzufuhre vom Spitzberg wurde durch den ungeheuern Schneefall im Februar 1720, der anfänglich alle Communication hemmte, später aber eine gute Schlittenbahn herbeiführte, sehr begünstigt. Leider hatte man in Folge des Baues bald einen Unglücksfall zu beklagen, indem 1720, den 10. October, der 62 Jahr alte Christian Große in der Sandgrube verschüttet und dabei so verletzt wurde, daß sein Tod erfolgte. Anfänglich nahm der Bau nur einen langsamen Fortgang, da nach dem trockenen Sommer des Jahres 1719, in welchem ein halbes Jahr hindurch kein Regen fiel und die Sommersaat verdarb, 1720 Theurung,

Hungersnoth, Verdienstlosigkeit und ansteckende Krankheiten folgten uub in Nieberoberwitz in diesem Jahre 165 Personen am Typhus und Scharbock starben.

Der Bau war endlich 1723 so weit vorgeschritten, daß am 29. Mai, Nachmittags 5 Uhr, durch den Zimmermeister Kühnel von Zittau die **Aufsetzung** des **Dachstuhles** vorgenommen werden konnte. Nach der Heberede und einer Danksagung des Pfarrers stimmte der Schullehrer mit seinen Schülern von oben einen Gesang an.

Die **Aufsetzung** des **Thurmknopfes** mit Halbmond und Stern, welcher 2 Scheffel ½ Viertel faßt, und in welchen man Inschriften und Münzen legte, erfolgte 1725 den 20. September, Mittags, unter Trompeten- und Paukenschall, nachdem die Feier Vormittags durch eine Betstunde eingeleitet worden war. Gegenwärtig waren dabei der Kirchenpatron Samuel Friedrich von Canitz, preußischer Kammerherr und Amtshauptmann, von Rübinger, Oberst von Rechenberg auf Paulsdorf und von Berge auf Ottenhain. Der Gesang des Liedes: Sei Lob und Ehr ⁊c., beendete die Feier.

Nach einer Bauzeit von fast sieben Jahren war die Kirche, welche zu den schönsten Landkirchen der Umgegend zählt, vollendet. Bei einer Länge von 70 Ellen und einer Breite von 40 Ellen umfaßt sie über 1800 Stände. Ihre feierliche **Einweihung** erfolgte am 23. Januar 1726, einem ungewöhnlich kalten Tage. Von der Schule aus, wo sich die Ortsherrschaften, eine Anzahl Geistliche ⁊c. versammelt hatten, begab man sich zunächst in die alte Kirche, wo der Pfarrer M. Manitius in einer Rede vom alten Gotteshause Abschied nahm und Gott um einen gesegneten Eintritt in das neue anrief. Von hier bewegte sich der festliche Zug unter Glockengeläut und Gesang dem neuen Gotteshause zu. Er wurde von der Schuljugend eröffnet. Hierauf folgten viele Geistliche der Umgegend, der Ortspfarrer in Begleitung der Pfarrer Elger zu Spitzcunnersdorf und Redlich zu Hainewalde, die Ortsherrschaften, Richter, Gerichten und die Gemeine. Während die Geistlichen vor dem Altare knieten, ertönte vom Orgelchore ein besonders zu dieser Feier von Dr. Christian Schön, Professor in Leipzig, einem Sohne des Schullehrers, gedichtetes Lied, welches Johann Krieger, Musikdirector in Zittau, komponirt hatte. Hierauf intonirte der Pfarrer Reblich vor dem Altare das Gloria, sang die Collecte und verlas den 84. Psalm, worauf nach Aufführung des Tedeums mit Trompeten und Pauken, vom Pfarrer Elger die gewöhnliche Epistel am Tage der Kirchweihung aus der Offenbarung Johannes Cap. 21, Vers 2 bis 6 verlesen wurde. Nach einer Kirchenmusik hielt dann M. Manitius, ungeachtet er von einer Krankheit noch nicht vollständig wieder hergestellt war, die Einweihungspredigt über den eben erwähnten Text. Hierauf folgte die Communion und durch Pastor Elger die Taufe eines Kindes. Es war das Söhnlein Noacks, herrschaftlichen Kochs zu Hainewalde, da es in Niederoberwitz eben an einem zu taufenden Kinde mangelte. Als Pathen fungirten dabei: Kammerherr von Canitz, Herr von Berge auf Ottenhain, Herr von Kyaw auf Friebersdorf und dessen Sohn, Frau von Nübinger, Frau von Berge und Frau Pfarrer Reblich. Getraut wurden dann durch Pastor Reblich Hans Christoph Wagner, ein Wittwer und Leinweber, mit Elisabeth weil. David Christophs hinterlassener Wittwe. Während die Gemeinde das Gotteshaus verließ, ertönten vom Thurme herab Trompeten und Pauken.*)

Die Spann- und Handdienste abgerechnet, betrug der Kostenaufwand 9525 Thaler.

Das Kirchweihfest sollte einer Verordnung des Herrn von Canitz zufolge in der Woche gefeiert werden, in welcher der 14. October fällt. Fällt derselbe Sonntags, so wird das

---

*) Druckschriften über die Einweihungsfeierlichkeiten nebst Beschreibung der neu erbauten Kirche erschienen von M. Manitius, Michael Traugott Schletter und dem Schullehrer Johann Georg Schöne.

Kirchweihfest Montags darauf, fällt er Sonnabends oder auf einem andern Tag der Woche, so wird es an dem Montage, der vorhergeht, gefeiert.

Bald drohte jedoch dem schönen Gotteshause in kurzer Zeit viermal hintereinander Brandunglück. Zuerst 1741, als der Blitz am 9. Sonntage nach Trinitatis, Abends in der 10. Stunde, während eines argen Hagelwetters in den Kirchthurm schlug. Der an der herrschaftlichen Loge und an der Orgel angerichtete Schade war nicht gering. Zwei Jahre später, am 7. Februar, traf ein Blitzstrahl, Vormittags 10 Uhr, abermals den Kirchthurm, doch ohne zu zünden. Ein Quaderstein unter der Thurmuhr wurde abgebrochen und verursachte beim Hinunterfallen bedeutenden Schaden. 1744 den 12. Mai, ¼4 Uhr Nachmittags, schlug der Blitz zum drittenmale in den Thurm. Glücklicherweise gelang es jedoch bald den Brand zu löschen. Zum viertenmale traf ein Blitzschlag den Thurm am Trinitatisfeste 1796, jedoch ohne Schaden anzurichten. Erst im Jahre 1833 wurde die Kirche mit einem Blitzableiter versehen, der einen Kostenaufwand von 85 Thalern verursachte.

Nachdem man im Jahre 1810 eine neue Glocke, für welche an den Stückgießer Otto in Dresden 973 Thaler zu zahlen waren, hatte anschaffen müssen, erhielt die Kirche 1860 ein schönes harmonisches Geläute. Am 13. September fand die feierliche Einholung der durch Gruhl in Kleinwelka gegossenen drei neuen Glocken statt. Von diesem 51 Centner schweren Geläute ist nur die große, 28½ Centner schwere Glocke durch Umgießen der alten von der Gemeinde mit einem Kostenaufwande von 1354 Thalern (incl. des Glockenstuhles) beschafft worden, während die mittlere ein Geschenk des am 22. December 1867 verstorbenen Fabrikanten und Kirchvaters Johann Gottlieb Hempel und die kleine ein Geschenk des Fabrikanten Christian Friedrich Ludwig ist. Der Zug, welcher die Glocken einholte, war großartig. Er wurde durch acht Musikchöre mit dreizehn Fahnen geleitet. Im Zuge befanden sich zwölf Geistliche im Ornat. Durch das die Feier begünstigende schöne Wetter und durch die vielen dazu getroffenen Vorbereitungen gestaltete sich dieser Tag für den Ort zu einem wahren Volksfeste, an welchem sich aus der Nähe und Ferne 5 bis 6000 Personen betheiligten. Abends nach 6 Uhr war das Hinaufziehen der Glocken auf den schön geschmückten Thurm, welcher erst im Jahre zuvor mit einem Kostenaufwande von ca. 165 Thalern, welche Summe die Gemeinde durch freiwillige Gaben aufgebracht hatte, abgeputzt und hinsichtlich der Kuppeln mit neuem Anstrich versehen worden war, glücklich beendigt. Im reinen Esdur=Accord tönten dieselben weithin. Eine später stattfindende Illumination schloß die Feier des Tages, an welche sich alle Theilnehmer noch heute mit Freuden erinnern werden.

Im Jahre 1832 wurde der Hügel, auf dem die Kirche steht, auf der Süd= und Nordseite durch schöne steinerne, mit Baumreihen versehene Treppen leichter ersteiglich gemacht. Das hintere Kirchthor führte man im folgenden Jahre neu auf.

Bedeutendere Reparaturen an der Thurmuhr machten sich in den Jahren 1812 und 1830 nothwendig. Ein neues Gehwerk fertigte für 75 Thaler im Jahre 1849 Heinrich in Spitzkunnersdorf.*)

Reparaturen an der Orgel fanden in den Jahren 1826 und 1839 statt. Die Kosten beliefen sich auf 37 Thaler und 30 Thaler. Der Bau einer vollständig neuen Orgel ist beschlossen und wird wahrscheinlich bald zur Ausführung gelangen.

Der Thurmknopf wurde neu vergoldet in den Jahren

---

*) Da früher die Räderuhren noch theuer und darum seltener waren, bediente man sich vielfach der Sonnenzeiger. In der Zeit, als man die Thurmräderuhren noch nicht erfunden hatte, führte man das dreimalige Läuten zum Gottesdienste ein.

1819 und 1842 und dabei zugleich die Kirche abgeputzt, sowie die Thurmkuppeln mit Blech gedeckt und grün angestrichen. Von ferneren Bauten sind noch zu erwähnen: 1756 eine 100 Thaler beanspruchende Reparatur am Kirchdache und Thurme; 1847 die Umdeckung des Kirchdaches und die Ausbesserung des Kirchgewölbes; 1852 das Ausweißen der Kirche, wobei der Kostenaufwand im Betrage von ca. 106 Thalern durch freiwillige Gaben aufgebracht wurde; 1857 die Anlegung der Kirchhofswege; 1860 der Bau von neuen Fenstern auf der Dorfseite, Kostenaufwand 55 Thaler, ebenfalls durch freiwillige Gaben gedeckt; 1861 das Ausmalen des Innern der beiden Durchgesichte auf dem Thurme auf Kosten des Fabrikanten Chr. Fr. Ludwig und Chr. Gottlieb Spenkes und 1862 Herstellung einer Glasthüre an der Halle durch freiwillige Opfer der Gemeinde (über 30 Thaler).

Mehrmals sind auch nächtliche Einbrüche in die Kirche vorgekommen, z. B. 1775 den 26. April, zu welcher Zeit auch die Kirchen zu Spitzkunnersdorf und Hainewalde bestohlen wurden.

### Die Pfarre

ist ein massiv gebautes, recht wohnliches Gebäude und macht gegenwärtig jedenfalls einen günstigeren Eindruck, als im Jahre 1689. Als im November jenes Jahres M. Pelz seinen Einzug hielt, war das Pfarrhaus nach seiner Niederschrift im Kirchenbuche im baufälligsten Zustande und fast nicht zu bewohnen. An Inventar hatte die verwittwete Pastor Engelmann nichts als einen alten Tisch zurückgelassen. In Folge seines Berichtes an die Kollaturherrschaft wurde das Haus wieder in baulichen Stand gesetzt. In den Jahren 1694 bis 96 wurde das Dach der Pfarrwohnung doppelt mit Schindeln gedeckt, 1697 der steinerne Thorweg bis an die Kirchhofmauer, im nächsten Jahre ein Wagenschuppen, 1702 eine Mauer, der lange Holzschuppen und ein Badestübchen am Thorwege und 1703 eine steinerne Küche, Feuermauer und Gewölbe gebaut.

Im nächsten Jahre legte man hinten im Pfarrgarten ein Küchengärtchen an und umgab dasselbe mit Stacketen. 1706 baute man im Pfarrhause ein kleines Stübchen ein. Der sehr baufällige Stall wurde 1716 von der Gartenthüre an bis an das vordere Thor steinern gebaut. Ein Neubau machte sich nothwendig, als am 21. Juli 1742 das Dach des Holzschuppens nebst der Mauer einstürzte. Doch auch der Pfarrwohnung selbst drohte der Einsturz. In einem Schreiben, in welchem 1746 Herr von Canitz auf Hainewalde den Stadtrath zu Zittau von der Nothwendigkeit des Baues einer neuen Pfarrwohnung in Kenntniß setzte, heißt es: „daß die sehr alte und baufällige Pfarre ihrem gänzlichen Ruine entgegengehe und zu besorgen stehe, daß sich ein Unglück ereignen könne." Der Herr von Canitz schenkte zu dem beschlossenen Neubaue, der im Pfarrgarten aufgeführt werden sollte, Bauholz und 20,000 Ziegeln, der Stadtrath zu Zittau zwanzig Stämme Bauholz und der Pfarrer M. Dresen 50 Thaler. Als am 20. October 1746 nach einer Rede des Pastors in üblicher Weise feierlich der Grundstein gelegt wurde, waren außer dem Collator, dem Kammerherrn von Canitz auf Hainewalde und dem Oberstwachtmeister von Klitzing auf MittelOberwitz, von Zittau der Bürgermeister Dr. Hofmann und der Stadtrichter Dr. Nesen als Deputirte des Raths zugegen. Im Herbste 1750 wurde das neuerbaute Pfarrhaus bezogen. Der Bau hatte ohne Fuhren und Handdienste, aber mit Hinzurechnung von 100 Thalern, welche noch für Aufführung einer Mauer am Kirchhofe und für das Abbrechen des alten Pfarrhauses aufzubringen waren, einen Kostenaufwand von ca. 2282 Thalern verursacht. Da man vom Kirchenbau her noch 2547 Thaler zu decken hatte, zu welcher Summe jetzt eine neue Schuldenlast von 1710 Thalern kam, so beschloß man 1751 die Becken bei Communionen, Kindtaufen und Hochzeiten auszusetzen, um mit den einzunehmenden milden Beiträgen die Zinsen für die geliehenen Kapitalien zu zahlen und die Schulben nach und nach zu tilgen. Die Einnahmen blieben jedoch hinter den gehegten Erwartungen zurück. Man mußte also zu Gemeindeanlagen schreiten. Das Aufbringen derselben führte zu einem jahrelang dauernden Rechtsstreite zwischen den Bauern einerseits und den Gärtnern und Häuslern andererseits. Die Letzteren wollten die Anlagen nicht nach Kopfzahl, sondern wie bisher üblich gewesen, nach Hufen= und Ruthenzahl aufgebracht wissen. Endlich erfolgte am 19. Juli 1759 eine Entscheidung des Oberamtes zu Budissin zu ihren Gunsten; nur sollten die Häusler, die in keiner Ruthenzahl lägen, zu einem ihrem Vermögen entsprechenden Beitrage angehalten werden. Mitteloberwitz hatte hierzu, wie von Alters her üblich, $1/5$ und Niederoberwitz $4/5$ aufzubringen. — Zur Pfarre gehörte in früherer Zeit, wie dies auch in Oberoberwitz der Fall war, ein eigenes Brau= und Malzhaus. Von Bauten, die in neuerer Zeit in der Pfarrwohnung vorkamen, sind nur zu erwähnen das Umdecken des Daches im Jahre 1835 und 1840 der Bau eines Holzschuppens.

Die Pfarrwiedemuth umfaßt ein Areal von 16 Ackern 59 Qu.=Ruthen und ist mit $318,_3$ Steuereinheiten belegt. Bei Ablösung der von dem Rittergutsbesitzer von Mittel= oberwitz und 93 Grundstücksbesitzern zu entrichtenden Naturalleistungen, Gespanne, Fuhren und Erbzinsen betrug die Gesammtsumme der Renten für das Pfarrlehn 258 Thlr. 6 Ngr. 7 Pf. und für das Kirchschullehn (Wettergarben) 42 Thlr. 23 Ngr. 8 Pf. Der Receß batirt vom 2. März 1859 und die Bestätigung erfolgte am 15. April d. J. Nach einem noch vorhandenen Verzeichnisse erhielt der Pfarrer zu Nieder= oberwitz bereits 1583 den 6. März 4 Malter Korn und 4 Malter Hafer als Decem, und außerdem 2 Malter von den Grundstücksbesitzern zu Oberoberwitz Zitt. Anth. Die Gebühren für kirchliche Verrichtungen finden sich gleichfalls in jenem Verzeichnisse und in einer Matrikel vom 27. April 1634 festgestellt. Für die zu leistenden Gespanne und Fuhren hatte der Pfarrer „den Bauern zur Recompenz und Ergötzlichkeit für ihre gethanene Arbeit ein Viertel Bier und eine Mahlzeit zu geben, so gut als er's wird erzeugen können."

Die Zahl der Geburten betrug im Jahre 1689 in Niederoberwitz 72 und die der Todesfälle 33. 1769 zählte man 5124 Communicanten, 103 Geburten, 69 Todesfälle und 19 Trauungen und 1869 dagegen 3984 Communicanten, 136 Geburten, 127 Todesfälle und 39 Trauungen.

Was nun das allgemeine Kirchliche und kirchliche Einrichtungen betrifft, so sei zuerst bemerkt, daß höchst wahrscheinlich die Reformation auch in Niederoberwitz zeitig Eingang fand, zumal da Kaspar Stölzlein, der Nachfolger des Zittauer Reformators Heidenreich, als er 1530 als Pfarrer nach Oberoberwitz berufen wurde, auch dort für die neue Lehre gewirkt haben wird.

Von kirchlichen Einrichtungen möge Folgendes erwähnt werden: Laut Kirchenbuch ist im Jahre 1706 „die nach Aberglauben und Hochmuth schmeckende Gewohnheit", die Leichen in der Kirche herumzutragen, abgeschafft worden. 1707 kam die Kirchenceremonie auf, die Wöchnerinnen vor dem Altare einzusegnen, „jedoch mit großem Widerwillen vieler boshaften und harten Köpfe," ohne obrigkeitlichen Zwang, nur durch gütliche Vorstellungen.

Während des Osterfestes gingen früher in Oberwitz sogenannte Ostersänger von Haus zu Haus und sangen gegen Verabreichung eines kleinen Geschenkes Osterlieder. In Knauth's Kirchengeschichte heißt es hierüber: „daß in der Oberlausitz während der Osterzeit sich die Vigilien nach Art der ersten Christen erhalten hätten. Denn die Osternacht legte das Mannsvolk sich wenig zu Bette, sondern wachten dergestalt, daß sie sich den Abend in einem Hause versammelten, um Mitternacht aus- und um die Felder ihres Dorfes gingen und dabei fröhliche Osterlieder ohne Unterlaß sangen. Endlich wenn sie wieder zurück ins Dorf kamen, sangen sie dieselben Lieder wieder und zwar vor jedem Hause eins. Ein gleiches geschah am Ostertage nach der Vesper, da sie auf der Aue Opferlieder abzusingen pflegten."

Am Pfingstfeste schmückte man die Kirchen mit Maien — jungen Birken —, ein Brauch, der noch aus den Zeiten des Papstthumes herrührte und erst durch das Mandat vom 21. Februar 1715, um dem Schaden in den Büschen vorzubeugen, abkam. Das Lied: Schmück' das Fest mit Maien ꝛc., erinnert noch an diese Sitte. Auf den Feldern zündeten die Hirten Pfingstfeuer an. Am Pfingstabende fand außerdem noch in Oderwitz im vorigen Jahrhunderte die Gewohnheit statt, den Spitzberg, wie schon früher erwähnt, zu besteigen und während der Nacht vom Berge Steine herabzurollen, zu singen und bis Sonnenuntergang Freudenschüsse abzufeuern.

Personen, welche sich namentlich Vergehen gegen die Sittlichkeit hatten zu Schulden kommen lassen, wurden mit Kirchenbuße gestraft, eine Strafe die erst am 31. December 1755 gesetzlich abgeschafft wurde. Solche Personen mußten am Halseisen stehen und drei Sonntage nach einander vor dem Altare knien. Die Strafe des Halseisenstehens fand gewöhnlich Sontags nach beendetem Gottesdienste statt. In der Nähe des Kirchhofthores wurden die zu Bestrafenden an eine Säule gestellt und mit Halseisen daran befestigt. An manchen Orten wurde ihnen auch eine Tafel, worauf ihr Vergehen bemerkt war, umgehangen, oder — wenn dieselben gefallene Frauenspersonen waren — ein weißes Tuch, das Sinnbild der verlorenen Unschuld, umgehangen. Trauungen von derartigen Personen fanden gewöhnlich nicht vor dem Altare, sondern am Gotteskästchen statt.

Die Gebräuche bei Kindtaufen, Leichenbegängnissen und Hochzeiten boten in Oderwitz, wie überhaupt in hiesiger Gegend, früher manche Eigenthümlichkeiten dar, die aber im Laufe der Zeit fast gänzlich verschwunden sind.

Während früher nur bei Tauffesten des Adels die Zahl

der Pathen eine große war, wurde das später auch auf dem Lande und besonders auf den Weberdörfern nachgeahmt. So hatte z. B. 1685 den 22. April in Niederoderwitz Hans Georg Gosch, ein Destillateur, bei der Taufe seines Kindes 38 Pathen, von denen aber nur drei in's Kirchenbuch eingetragen wurden. Auch die Wahl der Pathen mag oft die Veranlassung zu vermehrtem Luxus gewesen sein. Als am 27. Juli 1652 der Richter David Förster ein Kind taufen ließ, so waren als Taufzeugen zugegen: Junker Hans Caspar von Klüx auf Hennersdorf, Gottfried von Lantisch, der Oberstadtschreiber Johann Rothe, der als Componist berühmte Organist Andreas Hammerschmidt, die Töchter des Bürgermeisters Philipp Stoll und des Stadtrichters Georg Neingast, sämmtlich aus Zittau, sowie des Ortspfarres David Engelmann Tochter, Susanna Lukretia. Außerdem erschienen in jener Zeit gewöhnlich bei dem Zuge in die Kirche und bei der Festlichkeit eine übergroße Anzahl Frauen unter dem Vorwande für das Kind zu beten. Durch die Polizeiordnung von 1616 wurde dies verboten und die Zahl der Pathen auf sechs herabgesetzt. Der Schmaus am Tauftage fand von 1712 an auf Befehl des Rathes zu Zittau im Kretscham statt. Noch im Jahre 1772 mußte von Zittau aus den Bewohnern von Oberoderwitz, wo in der Regel bei Taufen neun Personen die Stelle von Taufzeugen vertraten, eingeschärft werden, nicht mehr als drei Pathen zu wählen und sich dabei aller übermäßigen Geschenke zu enthalten.

Bei Leichenbegängnissen, bei denen große Geschenke an Trauerkleidern gegeben wurden und bei welchen der Andrang von Bettlern, denen man Gaben verabreichte, lästig ward, wichen die Ceremonien nicht sehr von denen ab, wie sie heute noch in Oderwitz üblich sind. Nur erschienen nach wendischer Sitte damals die Frauen dabei ganz in weiße leinene Umhängetücher verhüllt. Wittwe und Töchter des Verstorbenen banden noch außerdem leinene Tücher vor das

Gesicht, in welcher Weise sie auch Sonntags vier Wochen lang die Kirche besuchten.

Viel Luxus fand auch bei **Hochzeiten** statt, die mitunter eine Woche lang gefeiert wurden. Solche langdauernde Hochzeiten kamen indeß, wie man aus den Klagen der Zittauer Braubürger ersieht, von denen auch in Nieberoberwitz das Bier entnommen werden mußte, schon um 1731 seltener vor. Doch suchte man durchzusetzen, daß auch bei stillen Trauungen Bierzüge in den Kretscham stattfinden sollten. Gezwungene Bierzüge der Gäste kamen noch am Anfange dieses Jahrhunderts vor.

Von **kirchlichen Festen**, welche in Niederoberwitz, soweit noch Nachrichten vorhanden sind, feierlich begangen wurden, ist zunächst das Reformationsjubiläum von 1817 zu erwähnen. Man hatte die Kirche mit grünem Laubwerk und Blumengewinden geschmückt und am Haupteingangsthore des Kirchhofs eine Ehrenpforte errichtet, von welcher bis zum Haupteingange der Kirche zwei Reihen von Fichtenbäumchen führten, verziert mit Festons von grünen Reisern. Bei fast überfüllter Kirche wurden die Festpredigten bei eben stattfindender Pfarrvacanz von dem Candidat Maaß gehalten. Am Abende des ersten Tages wurden Choräle vom Thurme geblasen und an der Ehrenpforte einige Lieder gesungen. Am zweiten Festtage zogen die Schulkinder mit ihren Lehrern, die Mädchen weiß gekleidet und bekränzt, Candidat Maaß, begleitet von den beiden Richtern, die Gerichtspersonen und Gemeindeältesten, die erwachsene Jugend, zusammen über 600 Personen, von der Wiese des Richters Glathe unter Gesang und Glockengeläute zur Kirche. Fahnen, mit denen sowohl die Schulen, als auch beide Abtheilungen der jungen Leute versehen waren, und drei Musikchöre erhöhten die Feierlichkeit des Zuges. Vor der Predigt hielt Kirchschullehrer Kleinert eine Anrede an die Schuljugend. In der Predigt wurden die Verdienste Luthers um die Verbesserung der Schulen besprochen und darauf aufmerksam gemacht, daß es Pflicht sei, diesem Beispiele zu folgen. Nach dem Gottesdienste bewegte sich der Zug in der vorigen Ordnung mit Musik und Fahnen nach dem herrschaftlichen Hofe in Mitteloberwitz und von da im Dorfe hinab durch die Kirche, wo die Fahnen zurückgelassen wurden, bis zur Kirchschule. Hier bildeten die Kinder und Jungfrauen einen Kreis und sangen das Lied: Nun danket alle Gott 2c. Zwischen den Versen desselben dankte der Lehrer in einer kurzen Rede für die beobachtete gute Ordnung und schloß mit entsprechenden Ermahnungen. Am dritten Festtage waren außer dem Gottesdienste keine weiteren Feierlichkeiten.*)

Sehr festlich wurde auch das dritte Jubelfest der Ue= bergabe der Augsburgischen Confession 1830, vom 25. Juni an, drei Tage hintereinander durch fünf Predigten ge= feiert. Schon am Abende des Johannistages eröffnete feierlich das Geläute der Glocken und das Absingen mehrerer Lieder unter Musikbegleitung das Fest. Vor der Kirche waren Ehren= pforten errichtet und das Innere der Kirche festlich geschmückt. An allen drei Festabenden waren die Ehrenpforten geschmack= voll erleuchtet, am letzten Abende auch die Kirche. Der zweite Jubeltag war für die Schuljugend ein Festtag. Unter Anführung ihrer Lehrer zogen die Kinder der hiesigen drei Schulen in die Kirche und Nachmittags wurde für sie ein Fest in dem benachbarten Königsholze veranstaltet, wohin sie mit Musik von ihren Lehrern geführt wurden. Unter der zahlreichen Menge hiesiger Ortsbewohner, welche sich gleichfalls dabei einfanden, waren Kinderfreunde vorhanden, welche Geschenke vertheilten. Vorher war schon die Anregung zu einer Collecte zum Besten der Schuljugend mit Beifall aufgenommen worden. Mit den Oberklassen hielten die drei Lehrer am dritten Festtage Nach= mittags in der Kirche eine dem Feste angemessene Katechisation. Am Abende des dritten Festtages versammelte sich eine zahl=

---

*) S. Petri, Beschreib. des 3. Reformationsjub. S. 96 u. 97.

reiche Menge in der erleuchteten Kirche. Der Gesang einiger Lieder bildete den Schluß des schönen Festes. *)

In einer ähnlichen festlichen Weise wurden durch Aufzüge ꝛc. der 31. October 1839, als Tag des eigentlich sächsischen Reformationsjubiläums und, begünstigt vom herrlichsten Wetter, am 23. September 1855 das dritte Jubel- und Dankfest des am 25. September 1555 zu Augsburg abgeschlossenen Religionsfriedens begangen.

Veranlassung zu Festlichkeiten gab auch die Kirchenvisitation, welche in Niederoberwitz 1858 am 16. u. 17. Mai abgehalten wurde.

Das Kirchenvermögen ist nicht von Bedeutung und betrug am Schlusse des Jahres 1867 2712 Thlr. 25 Ngr., 1825 betrug es nur 1217 Thlr. 16 Gr.

Die Kirchenbücher gehen ohne Unterbrechung blos bis 1689 zurück. Ein beschädigtes älteres Kirchenbuch umfaßt Taufnachrichten vom 16. October 1584 bis April 1637, ein zweites unvollständiges, welches Duplicat gewesen zu sein scheint, ebenfalls Taufnachrichten und zwar von 1613 bis 1690.

An Legaten und milden Stiftungen, welche von frommen Gliedern der Kirchengemeinde der Kirche zugewendet wurden und kirchlichen oder doch verwandten Zwecken dienen, sind folgende zu erwähnen:

1. Das Möllersche. Die Gebrüder Hans Georg, Christian und Friedrich Möller, wohnhaft im Zittauischen Antheile, legirten im Jahre 1706 hundert Thaler zur Abhaltung einer Christnachtpredigt, die bisher nicht stattgefunden hatte, „aus Dankbarkeit gegen Gott für die gnädig abgewendete schwedische Kriegsgefahr von hiesigen Landen und Orten und zur Erbauung dieser ganzen christlichen Gemeinde." Der Schullehrer sollte $1/_48$ Uhr mit seinen Schülern und Sängern aus der

---

*) S. Beschreib. d. Feier des 3. Augsburg. Confessionsjubelfestes in der Oberlausitz, S. 95.

Schulwohnung singend in die Kirche ziehen. Noch im Jahre der Stiftung, nachdem am Tage zuvor das Dorf schwedische Einquartierung erhalten hatte, wurde die erste Christnachts=predigt abgehalten.

2. Das Göhl'sche. Gottfried Göhle, Kretschamsbesitzer im Zittauischen Antheile, welcher den 18. März 1779 starb, legirte 360 Thaler, welche als eisernes Kapital zu 5% auf den Grundstücken Cat. Nr. 123, 143, 328 und 345 haften. Von den Zinsen dieser Summe bestimmte er drei Thaler zu einer am Osterfeste zu haltenden Gedächtnißpredigt und den Rest zur Vertheilung an Arme im Zittauischen und Ziegler=schen Antheile.

3. Das von Linnenfeld'sche. David Christoph von Linnen=feld auf Mittel oberwitz, welcher am 13. März 1820 starb, legirte 200 Thaler. Die Hälfte der Zinsen soll an seinem Todestage unter notorisch Arme vertheilt werden, während die andere Hälfte der Schulkasse zufallen soll.

4. Das Mentschel'sche. Johann Gottfried Mentschel, Fabrikant und Besitzer des Grundstückes Cat. Nr. 211, geboren den 25. März 1776 und gestorben den 25. April 1847, legirte 2100 Thaler, welche als eisernes Kapital auf dem Bauergute Cat. Nr. 380 haften. Von den Zinsen fließen jährlich 20 Thaler in die Armenkasse zu Niederoberwitz und 4 Thlr. 25 Ngr. in die zu Mitteloberwitz. Von dem Reste wer=den nach Abzug der Kosten, welche durch eine jähr=lich am 25. März abzuhaltende Gedächtnißpredigt erwachsen, am genannten Tage zwanzig Arme bei dem jedesmaligen Ge=meindevorstande gespeist. Dieselben erhalten Suppe, Rind=fleisch und Braten ꝛc. und 10. Ngr. baar. An diesem Armen=essen nehmen auch der Pastor, Cantor, Gemeindevorstand und der Besitzer des erwähnten Bauergutes nebst deren Frauen Theil. Wenn übrigens Mariä Verkündigung in die Charwoche fällt, so haben Pfarrer und Gemeindevorstand laut Ministerial=verfügung den Tag zu bestimmen, an welchem die Gedächt=

nißprebigt abgehalten werden soll. — Außerdem vermachte Mentschel noch der Armenkasse zu Niederoberwitz die Summe von 1000 Thalern.

5. Das Wiedemuth'sche. Christian Gottlieb Wiedemuth, Besitzer des Gartengrundstückes Cat. Nr. 273, geboren den 16. März 1794, gestorben den 18. Februar 1858, schenkte laut Testament der Gemeinde die Ackerparzelle Nr. 1170a., welche einen Flächeninhalt von ungefähr sechs Scheffeln hat, zu dem Zwecke, daß von dem Pachtertrage oder bei einem etwaigen Verkaufe von den Zinsen des dafür erlangten Kapitals für arme Schulkinder im Zittauer Antheile Kleidungsstücke angekauft und an dieselben zu Martini vertheilt werden sollten. Die Stiftung steht unter der Verwaltung der Ortsgerichten.

6. Frau verw. Kunigunde von Kyaw geb. von Linnenfeld, gestorben den 11. Mai 1864, übergab der Gemeinde Mitteloberwitz 100 Thaler. Die Zinsen des Kapitales sollen alljährlich an ihrem Todestage an vier Arme der Gemeinde vertheilt werden und zwar an solche, welche keine Unterstützung aus der Armenkasse erhalten. Die Stiftung steht unter der Kirchenverwaltung. Der erwähnten Summe fügte Herr von Kyaw noch 25 Thaler bei. Von den Zinsen dieses Kapitals erhalten für Verwaltung der Pfarrer und der Ortsrichter je 10 Ngr., während 10 Ngr. an die Kirche fallen.

7. Frau verwittwete Rittmeister von Linnenfeld geb. Hartmann aus Bautzen legirte der Gemeinde Mitteloberwitz 200 Thaler, welche als eisernes Kapital auf dem Rittergute Mitteloberwitz haften und deren Zinsen alljährlich an ihrem Todestage, den 12. März, an vier Arme der Gemeinde vertheilt werden sollen, wobei besonders solche zu berücksichtigen sind, welche auf dem Rittergute in Diensten gestanden haben. Im Jahre 1866 gelangten die Zinsen zum erstenmale zur Vertheilung.

8. Das Wagnersche. Friedrich Ernst Wagner, Besitzer des Gartengrundstückes Cat. Nr. 372 in Niederoberwitz, ge-

storben den 22. Februar 1867, vermachte den Gemeinden Nieder- und Mitteloberwitz 400 Thaler zu dem Zwecke, daß von den hiervon erwachsenden Zinsen in den drei Schulen des Ortes eine Christbescheerung für arme Kinder stattfinden soll. Die Verwaltung der Stiftung steht dem Schulvorstande zu. — Im Jahre 1867 vereinigte sich die Verwaltung dieser Stiftung mit der der Wiebemuth'schen dahin, von den Erträgen beider Stiftungen, sowie von freiwilligen Gaben, unter Hinzuziehung der drei Ortslehrer, eine öffentliche Christbescheerung für arme Schulkinder zu veranstalten. Die hierbei zu haltenden Ansprachen an die Kinder übernahmen die Lehrer abwechselnd. Am 1. Weihnachtsfeiertage 1867 fand die erste derartige Christbescheerung im Saale des „deutschen Hauses" unter großer Theilnahme der Erwachsenen statt. Ueber hundert Kinder wurden mit Kleidungsstücken, Christbrot 2c. beschenkt. Zwei große reich behangene Christbäume erleuchteten das Lokal. Die Ansprache hielt diesmal, nachdem vorher einige Lieberverse mit Posaunenbegleitung gesungen worden waren, Herr Cantor Richter.

9. Das Hempel'sche. Man verdankt es dem am 22. December 1867 verstorbenen Grundstücksbesitzer, Fabrikant und Kirchvater Johann Gottlieb Hempel. Die Zinsen des 1000 Thlr. betragenden Kapitals, welches der Armenkasse zufiel, sollen jährlich an Ostern und Weihnachten unter zwanzig Arme vertheilt werden.

10. Das Rudolph'sche. Frau Christiane Elisabeth verw. Rudolph in Mitteloberwitz legirte im December 1868 hundert Thaler „zum Besten Hilfsbedürftiger."

11. Das Kühnel'sche. Frau Henriette Kühnel aus Mitteloberwitz legirte im December 1869 200 Thaler, deren Zinsen zu einer Christbescheerung für arme Schulkinder verwendet werden sollen.

Außerdem sind auch noch zwei Hainewalder Stiftungen zu erwähnen, an denen Oberwitz betheiligt ist, nämlich das für 72

Arme aus Hainewalde, Oberwitz und Spitzkunnersdorf gestiftete sogenannte Armenessen und das 1703 von der Frau Oberst von Canitz zu Hainewalde erbaute Hospital, in welchem neun Personen, und zwar je drei aus Hainewalde, Oberwitz und Spitzkunnersdorf, nicht blos freie Wohnung, Holz und Beleuchtung, sondern auch wöchentlich à Person 10 Gr. erhalten.

Nach den Angaben des Kammerherrn Samuel Friedrich von Canitz, welche sich in seinem Testamente vom 17. Januar 1762 über das erwähnte Armenessen vorfinden, hat die am 19. Juli 1683 verstorbene Frau Blandine von Temritz geb. Rübinger noch als Frau von Gersdorf die gedachte Stiftung zunächst für 24 Arme aus Spitzkunnersdorf ins Leben gerufen. Victoria Tugenbreich geb. von Kyaw, in dritter Ehe mit dem kurfürstlich sächsischen Obersten Otto Ludwig von Canitz vermählt, erweiterte dieselbe in gleicher Weise für Hainewalde und der gedachte Kammerherr von Canitz und dessen Ehegattin Christiane Tugendreich geb. von Kyaw für Ober- und Niederoberwitz. *)

An Geschenken erhielt die Kirche im Jahre 1707 von dem Schmidt Thomas Wagner einen eisernen Leuchter zum Gebrauche in der Christnacht. Er erhielt seinen Platz vor dem Altar.

Zur Verschönerung des Jubelfestes im Jahre 1817 wurden in der Parochie Sammlungen veranstaltet und die Kirche mit zwei gläsernen Kronleuchtern beschenkt. Den größeren gab die Gemeinde Zittauischen Antheils und den kleineren Mitteloberwitz. Gottlob Göhle schenkte eine Summe, von deren Zinsen einer der drei Leuchter in der Christnacht beleuchtet werden sollte.

Eine schöne Kanzel- und Altarbekleidung und eine geschmackvoll gearbeitete zinnerne Taufschüssel schenkte die erwachsene Jugend bei Gelegenheit des Jubelfestes 1830 und Altarleuchter beim Jubelfeste 1839.

---
*) Die Nachricht über diese Stiftung verdankt der Verfasser der freundlichen Bereitwilligkeit des Herrn Rudolph von Kyaw auf Zschachwitz.

Zur Anschaffung eines neuen Leichentuches schenkte im März 1845 Rahel verw. Glathe geb. Conte die Summe von 25 Thalern und außerdem 50 Thaler zur Vertheilung unter die Armen.

Fünf Posaunen erhielt die Kirche im Jahre 1860 von dem mehrfach erwähnten Kirchvater Hempel, der sich durch das Geschenk der mittleren Glocke und das beträchtliche Legat ein bleibendes Andenken gesichert hat.

Als zur Zeit der Gegenreformation in Böhmen viele Bewohner ihre Habe und Grundstücke verließen und nach Sachsen und besonders der angrenzenden Oberlausitz flüchteten, damit sie ungestört ihrem Glauben leben könnten, ließen sich auch in Oberwitz viele solcher Exulanten nieder. Noch heute leben deren Nachkommen hier. Namentlich sind die Stammväter der Familien Glathe und Mentschel zu erwähnen. Beide, Adam Glathe und Caspar Mentschel verließen mit Zurücklassung ihrer Besitzungen Warnsdorf und wandten sich hierher, der erstgenannte zunächst nach Oberoberwitz. Ihre Nachkommen wurden durch Betreibung der Weberei wohlhabend. Sie gehören gegenwärtig zu den angesehensten Gemeindegliedern. Außerdem werden in den Jahren 1650 und 1651 als "Vertriebene aus Böhmen" im Kirchenbuche zu Niederoberwitz angeführt: Elias Scholze, Christoph Horn, ein Drechsler, Georg Paul, ein Leistenschneider, Michael Scholze, Christoph Hofmann, ein Fleischer aus Reichenberg, Martin Burkhart, Hans Christoph, Christoph Noldner, Martin Knübel, Christoph Frühauf, Georg Fritsche, Kliemt und Wenzel Neumann und in Oberoberwitz Paul Fröhlich und Engmann.

### Pfarrer zu Oberwitz (katholisch).

1366. **Nicolaus von Gladus (Gladiis).** Im genannten Jahre hatte er gemeinschaftlich mit Berthold, dem Pfarrer zu Reichenau und Johannes, Altaristen zu St. Philipp und Jacob in der Kirche zu Wischegrab, ein schiedsrichterliches Urtheil abzugeben über den Streit zwischen Nicolaus, Pfarrer zu Jwa (Eibau), eines, und Johann Winers Sohn, Pfarrers zu Rupprechtsdorf andern Theils, wegen einer vom verstorbenen Herrn Peter, Pfarrer zu Rupprechtsdorf (Bruder des vorgenannten Herrn Nicolaus, Pfarrers zu Jwa) nachgelassenen Hufe Ackers.*) Im Jahre 1391 war der Pfarrer von Ubrowitz (Oderwitz) Dekan des Zittauer Sprengels. **) Da Carpzov Anal. III. 4. unter dem Jahre 1390 als Dekan Johannes Gladyß anführt, so findet wohl nur eine Verwechselung des Vornamens statt. Wahrscheinlich starb er 1395. 1395 am 3. December wurde die durch den Tod des Pfarrers Nicolaus erledigte Pfarrstelle zu Oderwitz durch Herrn Caspar de Murzeutz (von Muschwitz) besetzt. ***)

Nach ihm wird als Pfarrer Andreas Smozel genannt. Im Jahre 1427 präsentiren Friedrich von Kyaw auf Hirschfelde und sein Bruder Heinrich für das erledigte Pfarramt zu Reichenau den bisherigen Pfarrer zu Oderwitz. Am 17. Juli wird er von dem erzbischöflichen Capitel zu Prag bestätigt. †)

Die übrigen Pfarrer sind unbekannt.

Da zur Zeit der Reformation Oderwitz als in zwei Kirchspiele getrennt erscheint, so sind hier zunächst
**die Pfarrer von Niederoderwitz**
anzuführen.

Wer der erste evangelische Pfarrer hier war, ist ebenfalls unbekannt. Die einzige Nachricht hierüber ertheilt ein alter Leichenstein, von dessen Aufschrift nur Folgendes zu entziffern war: „Jonas B.... geb. zu........15.... vociret anher — — 15 — — und † allhier 1575 den 11. Januar."

Daniel Engelmann, der 1584 erwähnt wird, war

---

*) Lauf. Mag. 1851, S. 405.
**) Tingl, libri quinti confirm. Prag. p. 66.
***) Tingl, libri quinti confirm. Prag. p. 241 und 249.
†) Lauf. Mag. 1866, S. 392. Knothe, die ältesten Besitzer von Reichenau.

wahrscheinlich der Nachfolger im Predigtamte. Er war der älteste Sohn Wolfgang Engelmanns, welcher als Pfarrer zu Großschönau nach 61jähriger Amtsthätigkeit am 27. Mai 1617 im 83. Lebensjahre starb. Sein jüngerer Bruder Zacharias war Pfarrer in Oberoderwitz. Ein dritter Bruder, Joachim, welcher 1612 als Pfarrer zu Oschitz in Böhmen starb, hinterließ einen Sohn gleichen Namens, der 1620 Schulmeister in Warnsdorf und 1632 in Hertwigsdorf wurde. Daniel Engelmann war mit Marie, der jüngsten Tochter Martin Tectanders (Zimmermann), welcher auf Melanchthons Empfehlung 1550 von Meißen nach Zittau berufen wurde und als Pastor Primarius dort starb, verheirathet. Geboren 1565, starb sie bereits 1598. Laut Schöppenbuch verglich er sich 1621 den 8. Juni mit seinen acht Kindern — 1 Sohn und 7 Töchter, welche größtentheils an Oberwitzer verheirathet waren, — wegen ihres Muttertheils. Sein Sohn, Zacharias, geboren 1595 den 19. December, quittirte 1625 über den Empfang „als dermalen Kirchen= und Schuldiener in Sohland bei Reichenbach." Die Frau zweiter Ehe hieß Rosine Marie. Aus einer dritten Ehe — diese Frau hieß Emerentia — hinterließ er, als er Anfang 1633 starb, zwei Kinder, Katharina und Gottfried, welcher Sohn ihm 1626 den 13. September geboren wurde. Martini 1632 bestellte er für dieselben Vormünder und traf hinsichtlich ihres Erbtheils Verfügungen. Im Jahre 1598 den 21. April kaufte der Pfarrer Daniel Engelmann einen Garten für 255 Zitt. Mark. 1628 den 27. Januar vertauschte er „ein Gütlein" in Niederoberwitz — 3 Ruthen groß — an seinen Schwiegersohn, den Schneider Christoph Mentschel, gegen dessen angrenzendes Haus mit Ackerstück. Letzterer zahlte 250 Zitt. Mark heraus.

David Engelmann sen. war jedenfalls der Neffe seines Vorgängers und ein Sohn von Zacharias Engelmann, Pfarrers in Oberoderwitz. Vorher, von 1623 an, hatte er das Pfarramt in Strawalde verwaltet. Er war dreimal verheirathet.

Seine zweite Frau führte den Namen Dorothea und die dritte hieß Ursula. 1635 den 5. August wurde ihm ein Sohn geboren, den er ebenfalls David nannte, 1637 den 3. März eine Tochter, welche den Namen Susanna Lukretia erhielt, 1642 den 9. März eine Tochter Anna Dorothea. 1647 den 18. November eine Tochter Namens Ursula Dorothea, 1649 den 24. März ein Sohn Namens Christian und 1650 den 18. December in dritter Ehe eine Tochter Anna Maria. Als sein Vater in hohem Alter starb, wurde er 1658, nachdem er ihm von 1655 an substituirt gewesen war, sein Nachfolger im Pfarramte zu Oberoderwitz. David Engelmanns Tod erfolgte im Jahre 1663.\*) Sein Sohn

**David Engelmann jun.** wurde 1655 der Nachfolger des Vaters in Niederoderwitz. Im Jahre 1657 den 23. April verehelichte er sich mit Anna Margarethe Andreas, geboren den 20. September 1637 zu Bautzen. Er starb 1689 den 7. Februar. Seine Wittwe folgte ihm erst 1706 den 17. März im Tode nach. Fünf Söhne waren vor ihr gestorben, während fünf Töchter sie überlebten. Ihr Grabdenkmal ist noch heute am Gymnasium zu Zittau zu sehen. Eine Tochter, Anna Martha, geboren 1665 den 25. Februar, Gattin des Pastors Christian Mücke in Reichenau, starb 1714 ebenfalls in Zittau. Anna Dorothea war mit dem Wundarzt Straupitz in Zittau verheirathet. Eine dritte Tochter, Anna Rosine, verehelichte Friedrich, geboren den 6. Juni 1677, starb in Zittau 1757 den 13. November in einem Alter von 86 Jahren. Sie war in ihrem hohen Alter noch so kräftig, daß sie ohne das furchtbare Bombardement Zittaus, wo sie im Keller ihres Hauses auf der Brüdergasse fast erstickte, wohl noch länger gelebt haben würde. Am 10. Juni 1752 hatte sie ihre diamantne (60jährige) Hochzeit gefeiert;

---

\*) Die Angaben in der Oberlauf. Kirchengallerie S. 400 bedürfen demnach in mehrfacher Beziehung Berichtigungen.

ein Fall, der in Zittau seit 200 Jahren nicht vorgekommen war.*)

M. Samuel Pelz, der Schwiegersohn seines Vorgängers und mit dessen Tochter Anna Katharina verheirathet, war geboren den 24. October 1660 in Stürza bei Stolpen, wurde nach Niederoderwitz 1689 als Pfarrer berufen. Er legte bei seinem Amtsantritte ein Begräbnißregister an und starb schon am 26. März 1693. Sein Nachfolger

M. Samuel Manitius wurde nach abgelegter Gast- und Probepredigt, nachdem er am 21. Juli vom Oberconsistorium zu Dresden in der Kreuzkirche geprüft und ordinirt worden war, am 4. October 1693 feierlich in der Kirche zu Niederoderwitz in Gegenwart der Kirchenlehnsherrschaft, ferner Johann Adolphs von Kyaw, von Oberländers auf Leutersdorf, Joachim Bernhards von Gersdorf auf Oberrennersdorf und Heinrich Adolphs von Rüdinger auf Mittel-oderwitz in sein Amt eingewiesen. Ein durch die Frau Victorie Tugendreich von Wehle geb. von Kyaw auf Hainewalde veranstaltetes Festmahl auf der Pfarre bildete den Schluß der Feierlichkeit. Manitius war geboren am 19. December 1653 zu Rennersdorf, wo sein Vater als Pfarrer lebte, und verheirathet mit Anna Martha Hagedorn aus Görlitz. Sein Bruder M. Theodor Gottlob war Pfarrer zu Hauswalde. Bei seinen leidenden Gesundheitszuständen unterstützte ihn von 1709 bis 1712 in den Amtsverrichtungen sein Hauslehrer Johann Georg Weber, welcher später Oberhofprediger und Generalsuperintendent zu Weimar wurde. Nachdem M. Manitius bereits am 22. September 1728 seine letzte Predigt gehalten hatte, starb er am 21. Januar 1729. — Samuel Ehrenfried Manitius, gebürtig von Oderwitz, welcher als Arzt in Bernstadt starb, war wahrscheinlich sein Sohn.

*) Schanflers Tagebuch I. S. 217.

Christian Elpidius Christoph Dresen, geboren den 3. Januar 1699 in Gangloffsömmern in Thüringen, Sohn des dasigen Pfarrers, hielt als Pastor zu Niederoberwitz seine erste Predigt daselbst am 19. Juni 1729. Seine Ehefrau Anna Dorothea verw. Past. Nothe aus Lissa, geb. Reblich, starb am 20. Februar 1754 im 71. Lebensjahre. Am 28. October desselben Jahres verehelichte er sich zum zweitenmale und zwar mit Johanne Sophie Schubert, einer Tochter des Pfarrers Schubert in Weigsdorf. Nur kurz dauerte diese Ehe, da Dresen bereits im folgenden Jahre am 8. November im Alter von 56 Jahren starb. Ein Schlagfluß machte seinem Leben ein Ende.

M. Conrad Schröter, geboren den 20. Mai 1708 in Linda, Sohn des dasigen Pfarrers, studirte in Lauban, Leipzig und Wittenberg. Er war von 1739 an Pastor in Hainewalde und von 1756 an allhier, wo er am 19. September seine Probepredigt hielt. Er starb plötzlich in Folge eines Schlagflusses am 1. März 1763 in Zittau, wo er bei M. Pescheck einen Besuch abgestattet hatte. Sein Leichnam wurde nach Oberwitz abgeführt. Sein Sohn M. Samuel Conrad, geboren 1749 den 26. October zu Hainewalde, kam 1778 als Collega IV. an die Schule zu Oschatz und starb 1813.

M. Karl Heinrich Jentsch wurde den 1. November 1733 in Hirschfelde geboren, wo sein Vater als Pastor amtirte. Er war ein Sohn aus der 4. Ehe seines Vaters, welchem 22 Kinder geboren wurden. Im Jahre 1760 Pastor in Lückendorf und Oybin, berief man ihn 1763 als Pfarrer nach Nieberoberwitz. Seine Kinder ließ er durch M. Thomas, einen Candidaten der Theologie, unterrichten, welcher am 7. April 1770 allhier starb. Er selbst verschied 1785 den 8. Mai. Seine Wittwe, Maria Elisabeth geb. Feurich, starb erst 1826 den 14. December im 85. Jahre. Ein Sohn von ihm, M. Karl Heinrich Samuel Jentsch, welcher von 1785 bis 1799 Pfarrer in Spitzkunnersdorf war, starb 1800 den

11. April als Pastor zu Großschönau. Ein jüngerer Sohn, M. Karl Adolph Ferdinand J., geboren 1778 zu Niederoderwitz, amtirte von 1806 an zu Lückendorf und Oybin, und von 1816 bis 1854 in Zittau. Im letztgenannten Jahre starb er daselbst als Archidiaconus. Der älteste Sohn desselben wurde 1868 Kirchen- und Schulrath in Bautzen.

M. Johann Traugott Flössel, geboren den 1. Januar 1732 zu Volkersdorf bei Meffersdorf, wo sein Vater Pfarrer war, wurde 1757 Katechet in Meffersdorf, 1759 Pastor in Friedersdorf bei Zittau, 1784 in Hainewalde und zwei Jahre später in Niederoderwitz. Obwohl er bereits am 26. Juni 1785 seine Probepredigt allhier gehalten hatte, so konnte er doch erst nach Ablauf des Gnadenjahres der Wittwe sein Amt allhier antreten. Er starb am 10. Juni 1799. Verheirathet war er seit dem 3. October 1759 mit Christiane Dorothea, einer Tochter M. Caspar Abraham Weißes, gewesenen Conrectors am Gymnasium zu Bautzen. Sie starb fünf Wochen vor ihm. Als Schriftsteller hat er sich um die Geschichte der Lausitz vielfache Verdienste erworben. Ein Verzeichniß seiner Schriften findet sich in Ottos Schriftstellerlexicon Bd. I. S. 330. Sein Nachfolger wurde

M. Samuel Friedrich Kießling, geboren den 3. Juli 1759 zu Hirschfelde, wo sein Vater das Pfarramt bekleidete. Zuerst Hauslehrer beim Herrn von Kyaw auf Hainewalde, war er bereits im September 1797 seinem Vorgänger als Substitut und Hilfsprediger an die Seite gesetzt und im Mai des folgenden Jahres beim Oberconsistorium in Dresden ordinirt worden. Er war verheirathet mit Johanne Rosine Henriette geb. Irmler und starb 1817 den 21. März. Sein Sohn Ernst Gustav Eduard K., geboren den 30. December 1799 zu Niederoderwitz, wurde 1824 Hilfslehrer an der Stadtschule in Zittau und 1827 Pfarrer in Jonsdorf und starb als Emeritus in Zittau. Während der Vacanz verwaltete 1817 ein Candidat Maaß das Pfarramt. Die Besetzung der Pfarrstelle führte zu ärgerlichen Streitigkeiten mit der Gemeinde. Schon am 16. März 1817 hatte der bisherige Hauslehrer der Collaturherrschaft zu Hainewalde, Georg Philipp Heinrich Reich, welcher dem Pastor Kießling substituirt werden sollte, seine Probepredigt gehalten, als die Gemeinde gegen seine Wahl Widerspruch erhob. Der Collator berücksichtigte dies und wählte nun den Pfarrer in Spitzkunnersdorf, M. Seiler, zum Nachfolger. Auch hiermit war ein Theil der Gemeinde nicht einverstanden, da man M. Sintenis als Pfarrer wünschte. Durch Versammlungen, welche im Kretscham und vor der Pfarrwohnung veranstaltet wurden, erhielt die Unzufriedenheit neue Nahrung. Die Stimmführer der Gemeinde, welche gegen die Wahl beim Appellationsgericht zu Dresden protestirt hatten, wurden endlich von demselben wegen Mißbrauch der Appellation zu dreitägigem Gefängniß verurtheilt. Da M. Seiler in Folge der unruhigen Bewegungen die Stelle ausgeschlagen hatte, so wurde dieselbe erst nach Jahresfrist durch den bisherigen Pfarrer in Jonsdorf, M. Mättig, besetzt.

M. Johann Gottlieb Mättig, geboren den 21. August 1776 zu Großschönau, 1810 Subbiaconus in Ruhland, 1813 Pfarrer in Jonsdorf, hielt am 31. Mai 1818 in Nieberoberwitz seine Anzugspredigt. Er starb, nachdem ihm zuvor sein zweiter Sohn als Substitut beigesetzt worden war, 1853 den 27. November im 78. Lebensjahre. Verheirathet war er mit Christiane Karoline Bergmann, einer Tochter des Zittauer Bürgermeisters. Sie ist geboren den 27. December 1787 und lebt gegenwärtig in Zittau. Sein ältester Sohn August Herrmann, geboren 1819 den 9. Februar, lebt als Advocat in Leipzig und der jüngste, Karl Eduard, geboren den 19. August 1825, ist seit 1853 Pfarrer in Burkersdorf, nachdem er zuvor als Lehrer an der Bürgerschule in Bautzen thätig gewesen war.

Heinrich Alexander Mättig, der zweite Sohn seines

Amtsvorgängers, ist geboren 1823 den 13. April zu Nieder=
oberwitz. Nachdem er seinem Vater 1851 als Substitut bei=
gesetzt worden war, wurde er im Jahre 1854 Pfarrer allhier.
Seine Ordination, welche am 30. November 1851 bei über=
füllter Kirche stattfand, gab Veranlassung zu einem Festzuge.
Vor Anfang des Gottesdienstes zog die sämmtliche erwachsene
Jugend mit Fahnen und zwei Musikchören vom untersten
Theile des Dorfes bis vor die Kirchschule, wo sich die Lehrer,
Kirchväter, Ortsrichter und Gemeinderathsmitglieder anschlossen.
Unter Choralmusik bewegte sich hierauf der Festzug bis zur
Pfarrwohnung, um hier den Gerichtsdirector und die an=
wesenden Geistlichen nebst dem Ordinandus zur kirchlichen
Feier abzuholen.

Bei der am 23. August 1868 stattgefundenen Wahl eines
Kirchenvorstandes für hiesige Parochie wurden für Nieder=
oberwitz von 82 Wählern 77, für Mitteloberwitz von 41
Wählern 38 Stimmzettel abgegeben. Gewählt wurden in
Nieberoberwitz: Johann Gottlieb Zöllner, Gemeindevorstand,
mit 64 Stimmen, Karl Ernst Glathe, Fabrikant, mit 48,
Christian Friedrich Gaubisch, Kirchvater, mit 44, Karl Ernst
Härtelt, Gutsbesitzer, mit 43, Georg Alexander Ludwig,
Fabrikant, mit 42, Karl August Neumann, Kirchvater, mit 41,
Christian Friedrich Hauptfleisch, Fabrikant, mit 41, Johann
Benjamin Glathe, Gutsbesitzer, mit 36, Karl Mai, Fabrikant,
mit 32, Friedrich August Mentschel, Lederhändler, mit 31,
Christian Gottlieb Spenke, Fabrikant, mit 26 und August
Glathe, Gutsbesitzer, mit 24 Stimmen.

In Mitteloberwitz gingen aus der Wahl hervor und
zwar mit 28 Stimmen Karl August Probst, Gemeindevor=
stand, mit 17 Stimmen Karl Wilhelm Held, Schneidermeister,
mit 16 Johann Gottlieb Kühnel, Fabrikant, und mit 15
Stimmen Ehrenfried Weber, Mühlenbesitzer. — Am 6. Sep=
tember d. J. wurde der Kirchenvorstand feierlich in hiesiger
Kirche eingewiesen. Am 16. September hielt er seine erste

Sitzung ab. Kirchväter sind drei. Im Jahre 1782 wurde die Bestimmung getroffen, daß jeder der drei Antheile von Niederoderwitz durch einen Kirchvater vertreten sein soll.

## 2. Oberoderwitz

besteht aus den drei Antheilen: dem Ruppersdorfer, Hainewalder und Zittauer. Mit dem erstgenannten ist die Collatur über Kirche und Kirchenschule verbunden.

Wie schon bei Niederoderwitz erwähnt, ist die Zeit, in welcher sich Oberwitz in zwei Kirchspiele geschieden hat, unbekannt. Gewiß ist, daß die Trennung schon vor der Reformation vor sich ging. Wahrscheinlich ist die erste Kirche in Oberoderwitz Mitte oder Ende des 15. Jahrhunderts erbaut worden. Sie stand von der jetzigen Kirche nordöstlich auf dem alten Kirchhofe und war ein sehr niedriges, enges und finsteres Gebäude, welches, bei nur 15 Ellen Breite und mit Inbegriff des Thurmes 60 Ellen Länge 7 bis 800 Stände zählte und nur höchstens 1400 bis 1500 Personen fassen konnte. Aus der beiliegenden Abbildung, welche der Verfasser Herrn Karl Morawed in Zittau verdankt, ist dies näher zu ersehen.

Aus zwei Inschriften, welche sich am 22. Juni 1817 bei Abnehmung des Thurmknopfes in demselben vorfanden, ersieht man, daß das Gemäuer des Kirchthurms im Jahre 1611 um 23 Ellen erhöht und im folgenden Jahre mit einer hölzernen Spitze und einem Knopfe versehen worden ist. Im August 1612 war der Bau vollendet. Die Kosten wurden zumeist aus den Kirchengeldern bestritten, der Knopf mit eiserner Spille und Zubehör aber aus dem Vermögen der Gemeinde bezahlt. Ein abermaliger Bau am Kirchthurme machte sich 1716 nöthig. Am 29. October genannten Jahres wurde der Knopf aufgesetzt. \*)

---

\*) Die beiden Inschriften finden sich in der Oberl. Kirchengalerie abgedruckt, S. 368 u. 369, sowie in den Druckschriften, welche bei Gelegenheit der Einweihung der neuen Kirche bei Schlenker in Löbau erschienen.

Da die alte Kirche für die ansehnlich wachsende Zahl der Gemeindeglieder sich schon längst im Umfang zu klein gezeigt hatte, so war eine Erweiterung oder ein Neubau der Kirche wiederholt in Anregung gebracht worden, besonders als sich 1748 bis 1750 bedeutendere Reparaturen nothwendig machten. Im Jahre 1756, in welchem die sämmtlichen Ortsherrschaften zu einer gemeinschaftlichen Berathung sich vereinigten, schien es, als ob diese Wünsche endlich zur Ausführung gelangen würden. Doch der inzwischen ausgebrochene siebenjährige Krieg zerstörte die gehegten Hoffnungen. Nach dem Ende dieses Krieges befand sich die Kirche in einem so baufälligen Zustande, daß der Gottesdienst sogar mitunter bei heftigen Regengüssen gestört wurde. Im Jahre 1768, nachdem am 27. April die Kirche wegen drohenden Einsturzes von einer Commission besichtigt worden war, ward deshalb ein Neubau, vermuthlich mit Beibehaltung des alten Thurmes, beschlossen und dem damaligen Bauschreiber Hünigen in Zittau die Fertigung eines Baurisses aufgetragen. Noch in demselben Jahre, am 21. Sonntage nach Trinitatis, wurde während des Gottesdienstes die Gemeinde in großen Schrecken versetzt, weil man den Einsturz des Thurmes und Kirchdaches fürchtete. Viele, die sich aus der Kirche retten wollten, wurden beschädigt. Allein die folgenden Jahre der Theuerung und Hungersnoth, welche ansteckende Krankheiten brachten, so daß im Jahre 1772 die Zahl der Verstorbenen in Oberoderwitz sich bis auf 178 belief, machten dessen ungeachtet die Erbauung einer neuen Kirche zu einer Unmöglichkeit. Mit Mühe nur konnte eine Reparatur des Daches ausgeführt werden. Doch war dadurch immer dem Hauptbedürfnisse — Erweiterung der Kirche — nicht abgeholfen. Daher fanden 1791 wieder Berathschlagungen statt. Von Seiten der Collatur wurde eine Erweiterung an der nördlichen Seite beschlossen, von einem Bautzner Sachverständigen ein Riß entworfen und im Jahre 1792, um Platz zu gewinnen, der

Kirchhof vergrößert. Abermals traten aber Hindernisse ein — Hemmung des Handels und Jahre der Theurung. Als 1808 das Dach der Kirche sehr baufällig geworden war, so erklärte sich die ganze Gemeinde bereit, anstatt einer kostspieligen Reparatur an der alten baufälligen und kleinen Kirche, lieber ein neues, der Volkszahl entsprechendes Gotteshaus zu bauen. Obwohl nun bereits am 1. October 1810 eine Verordnung des Amtes Görlitz erging, unverzüglich eine neue Kirche zu bauen, so ließen es doch die unglücklichen Zeitumstände wieder nicht dazu kommen. Lieferungen an die Truppen der kriegführenden Mächte und sechs Wochen lang polnische Einquartierung von 600 Mann nahmen die Geldmittel der Gemeinde anderweit in Anspruch. Hierzu kam das geringe Kirchenvermögen. Der gut bestandene Kirchbusch, welcher noch 1780 für viele Tausend Thaler Holz enthalten hatte, war seitdem so beraubt worden, daß man im Jahre 1796 den Ueberrest niederschlug, um wenigstens einige Hundert Thaler aus dem Holzverkaufe zu erhalten. Die Lasten des Baues fielen daher lediglich auf die Parochianen.

Endlich nach längeren Verhandlungen und mehrfachen Abänderungen des Bauplanes kam man dem fast einstimmig geäußerten Wunsche der Gemeinde nach, ein neues Gotteshaus mit einem neuen Thurme — anfänglich hatte man den alten Thurm beibehalten wollen — auf dem früher zu einem Gottesacker bestimmten, von der Pfarrwiedemuth abgetretenen Areal Landes, dem alten Kirchhofe gegenüber, aufzubauen. Ein Vorfall, der leicht von schlimmen Folgen hätte sein können, ließ den baldigen Neubau doppelt wünschenswerth erscheinen. Am Sonntage Exaudi 1816 ereignete es sich nämlich, daß während der Predigt in der Gegend der Orgel Kalk und Sand herabfiel. Da man bei der Baufälligkeit der Kirche einen Einsturz fürchtete, so war der Schrecken so groß, daß Viele eiligst nach den Kirchthüren stürzten, Andere sogar durch die Fenster hinaussprangen.

Nachdem sich die Gemeinde durch Subscription zur Zahlung einer ansehnlichen Summe von freiwilligen Beiträgen — gegen 2200 Thaler — verpflichtet hatte, wählte dieselbe sechs Männer aus ihrer Mitte, welche den Kirchvätern zur Leitung des Bauwesens an die Seite gesetzt werden sollten. Am 21., 22. und 23. April 1817 verkaufte man die Stände in der neuzuerbauenden Kirche und am 9. Mai wurde durch den Baudirector Eschke aus Zittau der Platz abgesteckt, wobei man die Länge der Kirche sammt dem Thurme auf 72 Ellen, die Breite aber zu 35 Ellen bestimmte.

Unaufgefordert hatten sich die jungen Leute entschlossen, den Grund zu graben. Am 12. Mai begaben sie sich mit Musik und zwei von ihnen dazu angeschafften Fahnen auf den Bauplatz und machten sich rüstig an das Werk, in welchem sie an den folgenden Tagen von den jungen Leuten aus Niederoberwitz, Spitzkunnersdorf, Großschönau, Eibau, Oberkunnersdorf, Ruppersdorf und Leutersdorf unterstützt wurden.

Zur feierlichen Legung des Grundsteins wurde der 3. Juni bestimmt, an dessen Vorabende einige Lieder, welche von dem alten Kirchthurme herab theils geblasen, theils gesungen wurden, alle Herzen zu dankbarer Freude aufmunterte. Der Morgen des 3. Juni wurde durch einige Freudenschüsse begrüßt, worauf sich gegen 7 Uhr die Kirchväter, Bauvorsteher und Gerichtspersonen nebst den sämmtlichen jungen Leuten beiderlei Geschlechts und den Kindern der drei Ortsschulen mit ihren Lehrern auf dem Bauplatze einfanden. Von hier zog man bis in den Kretscham, um hier die Deputirten der Ortsherrschaften nebst dem Baudirector Eschke abzuholen. Der festliche Zug begab sich hierauf mit vier Musikchören nach dem Bauplatze. Einige Prediger aus der Nachbarschaft schlossen sich ebenfalls dem Zuge an. Die Kirchväter trugen auf Schüsseln die Baugeräthschaften, Kelle und Hammer, nebst der in den Grundstein zu legenden Inschrift mit Kapsel.

Nachdem die Feierlichkeit mit Gesang eröffnet worden war, hielt der Gerichtsdirector Schöbel die erste, und nach Aufführung einer Motette der Pastor Substitut M. Rhäsa die zweite Rede, worauf die Einlegung der Kapsel mit der Inschrift in den Grundstein in üblicher Weise erfolgte. Nach dem Absingen einiger Verse machte Collecte und Segen von Pastor Franz in Leuba gesprochen und das Geläute der Glocken der Feierlichkeit ein Ende. Mehrere Tausende waren aus Nachbarorten zugegen und gaben ihre Theilnahme durch freiwillige Spenden zu erkennen. Auch später gingen aus der ganzen Nachbarschaft und sogar von den böhmischen Ortschaften Warnsdorf und Georgswalde reichliche Geldbeiträge ein.

Mit vielem Eifer wurde nun der Bau gefördert. Bei Herbeischaffung der Baumaterialien leisteten die Bauern zu Niederoderwitz, Großschönau und anderen benachbarten Orten bereitwillig Hilfe. Nachdem man am 20. September 1818 das Regierungsjubiläum des Königs gefeiert und Abends das Sparrwerk erleuchtet hatte, konnte man am nächsten Tage zur feierlichen Hebung desselben schreiten. Der außergewöhnlich schöne Herbst dieses fruchtbaren Jahres ermöglichte es, die Kirche Ende October gänzlich unter Dach zu bringen. Rüstig schritt auch der innere Ausbau vorwärts. Am 7. Sonntage nach Trinitatis wurde der letzte Gottesdienst in der alten Kirche und vom 8. bis 21. Sonntage nach Trinitatis der Vormittagsgottesdienst in der Kirche zu Niederoderwitz und Betstunden und Leichenreden, aber in dem Schulzimmer der Kirchschule gehalten.

Am 7. November 1819, als dem 22. Sonntage nach Trinitatis, nahte sich endlich der längst herbeigesehnte Tag der feierlichen Einweihung des neuerbauten Gotteshauses. Er wurde am Vorabende des Festes mit einem Chorgesange auf dem Kirchhofe begrüßt. Vom Kretscham aus begaben sich die Deputirten der Ortsherrschaften, die jungen Leute und die Gerichtspersonen zur Pfarrwohnung, wo der Bürgermeister Dr. Haupt in Zittau den Kirchvätern die Summe von hundert Thalern als Geschenk für die Orgel — ein ansehnliches Geschenk hatte man schon bei der Hebung der Kirche in Empfang genommen — überreichte. Den Zug, welcher sich nun von hier aus zur Kirche bewegte, eröffnete der älteste Kirchvater, welcher auf einem Kissen die Schlüssel der neuen Kirche trug. Hierauf schloß sich die von ihren Lehrern geführte Schuljugend und das Sängerchor an, worauf die übrigen Kirchväter, welche Weinkanne, Oblatenschachtel, Taufschüssel und die Leuchter trugen, folgten. Ihnen reihten sich der Pastor Rhäsa mit dem Kelche, Pastor Franz aus Leuba mit der Agende und Pastor M. Mättig aus Niederoberwitz mit der Bibel und die Deputirten an. Den Schluß des Zuges bildeten die Bauvorsteher und die Gerichts- und Gemeindeältesten.

Ein feierliches: Herr Gott, dich loben wir ꝛc. eröffnete den Gottesdienst. Nach dem Absingen der Collecte und dem Verlesen des 84. Psalms durch Pastor Franz und dem Gesang des Liedes: Nun danket all und ꝛc. verlas Pastor Noack aus Leutersdorf den 122. Psalm. Vor und nach der vom Ortspfarrer gehaltenen Einweihungspredigt, welche später in Druck erschien, wurde der festliche Tag durch das Aufführen zweier Musiken ausgezeichnet. Am Schlusse der Feier sprach M. Mättig den Segen. Mehr als 5000 Personen hatten bei der Feierlichkeit in der lichten freundlichen Kirche Platz gefunden, obwohl dieselbe nur 2000 Stände, 800 im Schiff und 1200 auf den drei Emporen zählte. Die Einnahme durch den Klingelbeutel und eine vor den Kirchthüren gesammelte Collecte betrug über 106 Thaler.

Der gesammte Kirchenbau kostete, Spann- und Handdienste ungerechnet, die Summe von 39,316 Thaler 18 Gr., eine Summe, welche zum größten Theile von der Gemeinde aus eigenen Mitteln aufgebracht wurde. Aus dem Verkaufe der Stände löste man 24,200 Thaler, ca. 2145 Thaler kamen während der Bauzeit durch Cymbelgelder und Collecten ein, gegen 3565 Thaler löste man aus altem Holze, Zimmerspänen u. s. w. und 250 Thaler erhielt die Gemeinde von den Ortsherrschaften als Geschenk. Die Unterstützungen von Seiten benachbarter und auch entfernterer Ortschaften beliefen sich auf beinahe 2500 Thaler.

Erst im Juni 1820 wurden die Arbeiten am Thurme, welcher sich im Innern durch Helle und Geräumigkeit auszeichnet und eine Höhe von 120 Ellen hat, wieder aufgenommen. Am 22. October 1821, am Kirchweihtage, den man von jetzt an immer den Montag nach Gallus zu feiern beschloß, erfolgte endlich die Aufsetzung des Knopfes und der Fahne. Vorher trug man dieselben in festlichem Zuge vor den Altar, wo von dem Pastor ein kurzes Gebet darüber gesprochen wurde. In den Knopf legte man in einer kupfernen Kapsel eine Anzahl Münzen, Nachrichten über den Kirchenbau und die im alten Thurmknopfe vorgefundenen Inschriften von 1612 und 1716. Knopf und Fahne, gefertigt vom Kupferschmidt Gruhl in Kleinwelka, verursachten, incl. für Stern nebst eiserner Spille, einen Kostenaufwand von ca. 318 Thalern. — Eine Reparatur am Thurme, welche sich 1832 als nothwendig erwies, kostete 91 Thaler.

Die Orgel, erbaut von Müller in Gersdorf, hat zwei Manuale und dreißig klingende Stimmen. Der Kostenaufwand betrug ca. 1691 Thaler. Erst im Jahre 1839 erhielt dieselbe ihre gegenwärtige geschmackvolle Staffirung. Die auf mehr als 200 Thaler sich belaufenden Kosten wurden zum Theil aus dem Kirchenvermögen, zum Theil durch freiwillige Gaben der Jugend und übrigen Gemeindeglieder bestritten. Eine Hauptreparatur des Orgelwerkes steht in Kurzem bevor.

Die drei Glocken, ein schönes harmonisches Geläute in Es, wiegen etwas über 32 Centner, sind von Gruhl in

Kleinwelka gegossen und kosteten 1628 Thaler. Auf der großen Glocke befindet sich folgende Inschrift:

Nur ewigen und ernsten Dingen sei ihr Mund geweiht. Collaturherrschaft: Fr. Henriette Charlotte Wilhelmine von Nostitz auf Ruppersdorf und Oberoberwitz. Hr. Johann Traugott Weise, amtführender Bürgermeister in Zittau. Herr Gustav Heinrich von Kyaw auf Hainewalde und einen Theil von Ober- und Niederoberwitz und in dessen Vormundschaft Hr. Ernst Adolph Ludwig v. Lenz, Königl. Sächs. Major auf Oberstrawalde. Hr. Magister Christian Friedrich Rhäsa.

Im Jahre Christi 1823, unter der Regierung Friedrich August I. Königs von Sachsen sind diese Glocken von der Kirchengemeinde angeschafft und durch Friedrich Gruhl in Kleinwelka gegossen worden.

Christian Friedr. Leberecht Merkel sen. } Küster und
August Leberecht Merkel jun. } Kirchenschulmeister.

Friedrich August Hofmann, Schullehrer.

Johann Christian Weymark,
Johann Georg Halang, } Kirchväter.
Johann David Tannert,
Christian Friedrich Eichler,

Auf der mitteln Glocke:

Zur Eintracht, zu herzinnigem Vereine
Versammle sie die liebende Gemeine.

Gerichtspersonen: Christian Reichel, Richter. David Neumann, Gerichtshalter. Gottlieb Tempel, erster Gerichtsältester. Johann Friedrich Mai, Ehrenfried Wenzel, Christian Gottlieb Steudner, Johann Gottfried Steudner, Johann Gottlieb Priebs, Johann David Tannert, Johann Gottlieb Krause, Gottlieb Kießling, Johann Gottlob Bundesmann, Johann Gottlieb Halang. 1823.

Die zur Leitung des neuen Kirchenbaues angestellten Personen: Johann Georg Schnitter. Johann Gottfried Schnitter. Johann Gottlob Müller. Johann Gottlieb

Priebs. Mstr. Karl Gottlieb Bernhardt. Johann Gottfried Steubner. 1823.

Auf der kleinen Glocke:
Ernst begleiten ihre Trauerschläge
einen Wandrer auf dem letzten Wege.
Pf. 127 v. 1.
Gott allein die Ehre.

Gemeinde-Aeltesten: Gottfried Vogt. Christian Friedrich Wünsche. Christian Friedrich Palme. Gottlieb Werner. Christian Friedrich Hempel. Gottlieb Wünsche.\*)

Der Blitzableiter, mit welchem die Kirche versehen ist, und dessen Herstellung ca. 179 Thaler kostete, wendete am 22. Mai 1841 eine große Gefahr von dem Gotteshause ab. Während eines heftigen Gewitters am Nachmittage traf ein Blitzstrahl den Ableiter. Die Spuren des Blitzes waren da, wo die eiserne Stange in den Boden geht, an versengtem Grase deutlich wahrzunehmen. Wenige Minuten später traf ein anderer Blitzstrahl ein unweit von der Kirche befindliches Haus und zündete.

Als im Jahre 1837 der alte Kirchhof zu neuen Gräbern keinen Raum mehr bot, baute man um den die Kirche umgebenden Platz eine Mauer und bestimmte den Platz zu einem neuen Gottesacker. Am 15. October genannten Jahres wurde er feierlich eingeweiht.

Erwähnung verdienen noch einige Geschenke, welche der Kirche in neuerer Zeit zu Theil wurden. Im Jahre 1847 schenkte die hiesige Jugend eine Altarbekleidung von grünem Tuche und 1850 am 31. März Traugott Neumann auf Mittelleutersdorf zwei zinnerne Altarleuchter.

Wesentlich verschönert wurde das lichte freundliche Gotteshaus durch die im Jahre 1859 erfolgte geschmackvolle Herstellung eines neuen Altars und einer neuen Kanzel.

---
\*) S. Oberlauf. Kirchengall. S. 371.

Am 16. October fand die feierliche Einweihung statt. Die Zeichnung hatte Baudirector Schramm in Zittau gefertigt, während die Ausführung von hiesigen Tischlern übernommen wurde. Der Kostenaufwand, welcher sich auf ca. 617 Thaler belief, wurde durch freiwillige Opfer und durch Geschenke der Ortsherrschaften und vieler Gemeindeglieder aufgebracht. Außerdem schenkten bei Einweihung des neuen Altars der Gartennahrungsbesitzer und Leinwandfactor Karl Gottlieb Reichel eine Altarbekleidung von schwarzem Tuch und die Jugend einen Teppich. Einen Hauptschmuck — ein herrliches Altargemälde — verdankte man in Folge der Bemühungen des Collators, des Herrn von Mayer, dem Rathe der Dresdner Kunstakademie. Unter den 28 zu diesem Behufe öffentlich ausgestellten Skizzen wählte der akademische Rath am 8. September 1862 die des Lehrers an der königlichen Kunstakademie, Karl Schönherr. Am Kirchweihsonntage, den 18. October 1863, hatte die Gemeinde zum erstenmale Gelegenheit, das schöne Christusbild zu bewundern. Da das Aeußere der Kirche und die Blechbedachung des Thurmes im folgenden Jahre mit einem Kostenaufwande von mehr als 200 Thalern einen neuen Anstrich bekommen, so entspricht gegenwärtig das Aeußere durchaus dem freundlichen Innern.

Einen schönen Schmuck, einen broncenen Kronleuchter, welcher gegen 130 Thaler kostete, erhielt die Kirche von der hiesigen Jugend. Am 1. Juni 1868, dem 2. Pfingstfeiertage, nachdem die Jugend einen Festzug in die Kirche gehalten, erfolgte mit Beginn des Gottesdienstes die feierliche Uebergabe des im schönsten Lichtglanze strahlenden Leuchters, worauf der Ortspfarrer, M. Herrmann, in einer kurzen Ansprache der Jugend für das mit nicht geringen Opfern dargebrachte werthvolle Geschenk im Namen der Kirche dankte.

Seit Neujahr 1869 ist der Klingelbeutel abgeschafft. Um den Ausfall an den Einnahmen zu decken, wurden Sammelbüchsen angebracht.

Zu erwähnen ist noch ein Kirchendiebstahl, welcher 1781 am 12. März stattfand. Das Altar wurde beraubt und neun zinnerne Orgelpfeifen gestohlen.

Am 18. October 1869, dem diesjährigen Kirchweihfeste, wurde der 50. Jahrestag der Einweihung der Kirche festlich begangen. Schon am frühen Morgen verkündeten Böller=schüsse die bevorstehende Feier. Um 8 Uhr zogen die Lehrer mit der Schuljugend, das uniformirte Schützencorps, der Turn=, Militair=, Gesang= und Jugendverein mit fliegenden Fahnen und Musikchören nach dem Pfarrhofe und vereinigten sich hier zu einem langen Festzuge, der sich ⁸/₄9 Uhr unter dem Geläute der Glocken und Choralmusik nach dem Gotteshause in Bewegung setzte. An der Spitze des Zuges befanden sich der Gerichtsamtmann Dr. Kölbing aus Herrnhut, die beiden Ortsgeistlichen, der Kirchenvorstand (in seiner Mitte den Zimmermann Gottlieb Weickert, den Einzigen, der von den hiesigen Bauleuten der Kirche noch am Leben ist), der Ge=meinderath und die Gerichtspersonen. Bei der kirchlichen Feier, an der sich Hunderte von Auswärtigen betheiligten, sprach Pastor emer. Herrmann die Kollekte und den Segen, während Pastor Kießling seine ergreifende Festpredigt unter Zugrundelegung derselben Textesworte wie vor fünfzig Jahren hielt; ebenso hatte auch Kantor Kotte dieselbe Einweihungs=musik, welche damals in dem neuerbauten Gotteshause er=klungen war, zur Aufführung gewählt. Ein zum Zwecke der Gründung eines Orgelbaufonds auf den Altar niedergelegtes Opfer ergab einen Ertrag von 51 Thalern. Uebrigens war die geschmackvoll dekorirte Kirche von Andächtigen fast über=füllt. Schließlich sei noch erwähnt, daß dem im Jahre 1849 hier verstorbenen Zimmermeister, Johann Gottfried Bundes=mann, welcher die Zimmerarbeiten beim Baue der hiesigen Kirche leitete, in dankbarer Erinnerung von einigen Ge=meindegliedern ein einfacher Denkstein auf hiesigem Gottes=acker gesetzt worden ist.

Die **Pfarrwohnung**
ist alt und mit Stroh gedeckt. Ungeachtet des nicht ansprechenden Aeußern ist ihr Inneres aber, da das Gebäude mehrmals bedeutendere Reparaturen erfahren hat, recht freundlich und wohnlich. So wurden 1826 Scheune und Holzschuppen neu gebaut und mit Ziegeln gedeckt, 1832 der Stall in der Pfarrwohnung gewölbt, 1843 das Haus mit Blitzableitern versehen und eine Stube für den Unterricht der Confirmanden gebaut. Auch 1855 fanden mehrere größere Reparaturen statt, welche einen Kostenaufwand von ca. 122 Thalern erforderten. Im Jahre 1862 wurde die Garteneinfriedigung neu hergestellt.

An Stelle des alten Zittauer Gesangbuches wurde im Jahre 1822, obwohl anfangs unter Widerspruch eines Theiles der Gemeinde, das neue Dresdner Gesangbuch eingeführt.

Die Spanndienste, welche die Bauern, jeder Bauer jährlich ½ Tag, und die Handdienste, welche die Gärtner und Häusler, ebenfalls je ½ Tag, zur Erntezeit dem Pfarrer hinsichtlich dessen Wiedemuth früher zu leisten hatten, sind bei Gelegenheit der Abfassung einer Kirchenmatrikel durch Geldzahlung abgelöst worden. Bei Ablösung der von den beiden Dominien Hainewalder und Ruppersdorfer Antheil an das hiesige Pfarrlehn zu entrichtenden Naturalleistungen erhielt dasselbe laut Receß vom 19. Novbr. 1851 524 Thlr. 15 Gr., von Seiten der Gemeinde für abgelöste Naturalleistungen und Geldgefälle laut Receß vom 28. Juni 1856 3741 Thlr. 17 Gr. 5 Pf. Die Kirchenmatrikel wurde nach jahrelangen Verhandlungen am 7. November 1835 vollzogen.

Wiederholte Diebstähle im Kirchbusche, dessen Beraubung man schon 1741 und später zu beklagen Ursache hatte und die einen immer größeren Umfang annahmen, machten es im Jahre 1832 nothwendig, denselben niederzuschlagen. Im Ganzen waren über tausend der stärksten Stämme geraubt worden, in der Nacht vom 6. zum 7. October genannten Jahres allein mehr als 200 Stämme Holz. Seitdem ist der Kirchbusch, welcher incl. eines Areals von 70 ☐Ruthen, welches zur Pfarre gehört, 4 Acker 22 ☐Ruthen umfaßt, blos mit Birkenniederwald, und zum Theil mit Kiefern bestanden, welcher Bestand nach Verlauf von 6 bis 7 Jahren gefällt wird.

Aus dem Kirchenvermögen, welches im Jahre 1768 2800 Thaler, im Jahre 1840 ca. 4490 Thlr. betrug und das gegenwärtig auf ungefähr 8000 Thaler gestiegen ist, werden die Baukosten für die Gebäude der Pfarre und Kirchschule bestritten.

Kirchenbücher aus alter Zeit fehlen gänzlich. Sie beginnen erst lückenhaft mit dem Jahre 1664.

Die Zahl der Geburten betrug 1669 in Oberoberwitz 46, 22 Söhne und 24 Töchter. 1767 zählte man 95 Geburten, 59 Todesfälle und 14 Trauungen, 1839 131 Geburten, 100 Todesfälle, 34 Trauungen und 5599 Communicanten, 1869 dagegen 108 Geburten, 91 Todesfälle, 33 Trauungen und 3712 Communicanten.

Was kirchliche Einrichtungen betrifft, so ist das Betreffende bereits bei Niederoberwitz gesagt.

Von kirchlichen Festen ist zunächst das Reformationsjubelfest im Jahre 1817 zu erwähnen. Es wurde in Oberoberwitz, da die Gemeindeglieder mit dem Baue der neuen Kirche beschäftigt waren und der herrschenden Theurung wegen mit Nahrungssorgen zu kämpfen hatten, nur geräuschlos durch eine einfach religiöse Feier begangen. Der erste Tag zeichnete sich durch eine Kirchenmusik aus. Am 2. Tage nach der Predigt hielt der substituirte Kirchschullehrer Merkel eine passende Anrede an die Kinder über die Wohlthaten, welche sie der Reformation zu verdanken hätten. Die Aufzüge waren einfacher, doch festlich wie an andern Orten.

Auch das Jubelfest der Uebergabe der Augsburgischen Confession wurde im Jahre 1830 einfacher als an anderen Orten begangen, wo die Gemeinden nicht so viele Lasten gehabt, als bies bei hiesiger schon seit einer Reihe von Jahren der Fall gewesen war. Das Fest wurde am Abende des 24. Juni mit allen Glocken eingeläutet. Darauf wurde vom Thurme das Lied: „Allein Gott in der Höh 2c." mit Posaunen geblasen und sodann vom Sängerchor abgesungen, worauf ein abermaliges Lauten stattfand. Am 1. Festtage ward Vormittags vor der Predigt eine Kirchenmusik aufgeführt und nach der Predigt das „Herr Gott, dich loben wir" mit Trompeten und Pauken gesungen. Am Abend schmückte die weibliche Jugend den Altar für den zweiten Festtag mit Blumenguirlanden. Am nächsten Morgen zogen die Kinder der oberen und niederen Schule zur Kirchschule, um sich von hier gemeinschaftlich im festlichen Zuge zur Kirche zu begeben, wo sie das Lied von Trautschold: „Deines Namens heilge Kunde 2c." allein unter Orgelbegleitung anstimmten.*)

Feierlich wurde auch durch Aufzüge der Schuljugend 2c. das Jubelfest des Augsburgischen Religionsfriedens im Jahre 1855 begangen.

Um das 350jährige Reformations-Jubiläum würdig auszuzeichnen, wurde am 31. October 1867 in Oberoberwitz der Morgen desselben durch Böllerschüsse begrüßt und vom Musikchor der Choral „Eine feste Burg ist unser Gott 2c." vom Thurme geblasen. Hierauf zog vor Beginn des Gottesdienstes die hiesige erwachsene Jugend mit Musik in die Kirche und legte aus eigenem Antriebe zum Besten der Letzteren ein Opfer auf den Altar nieder; dasselbe geschah auch von der Schützengesellschaft. Die Gabe wurde später zur Anschaffung des Kronleuchters mit verwendet.

---

*) Beschreibung der Feier des 3. Augsburg. Confessionsjubelfestes S. 105.

### Pfarrer in Oberoberwitz

aus der Zeit vor der Reformation sind nicht bekannt. Da aber

Kaspar Stölzlein, welcher 1530 an des abgesetzten Heydenreichs Stelle Prediger in Zittau ward, aber wegen seiner scharfen Predigten von dem Commendator nicht lange geduldet und hierauf von den Ortsherrschaften von Oberoberwitz hierher berufen wurde, so hat jedenfalls die Reformation zeitig Eingang daselbst gefunden und Kaspar Stölzlein ist höchst wahrscheinlich als erster evangelischer Prediger zu nennen. Einfluß auf die Versetzung Stölzleins nach Oberoberwitz hatte vielleicht auch der Umstand, daß die Johannitercommende in Zittau im Besitze von einem Antheile des Dorfes war.

Franz Koch aus Warnsdorf wird dagegen in einer alten, bei den Kirchrechnungen befindlichen Nachricht, die sich 1702 im Thurmknopfe vorgefunden haben soll, als katholischer Pfarrer angeführt. Da Dr. Ullrich von Nostitz in jener Schrift als Collaturherrschaft angeführt ist und erst 1547 in den Besitz von Oberoberwitz kam, so muß Koch also in der Zeit von 1547 bis 1552 hier Pfarrer gewesen sein. Diese Annahme hat viel für sich, da Dr. Ullrich von Nostitz und seine Söhne keineswegs den Protestantismus begünstigten, und Ullrichs Sohn Christoph sogar noch im Jahre 1572 zu Ruppersdorf den Katholizismus wieder einführen wollte und die dortige erledigte Pfarrstelle deshalb drei Jahre lang unbesetzt ließ. Vielleicht war dieser Umstand auch die Ursache, daß man sich in Oberoberwitz weigerte, die zwei Malter Getreide an den jedenfalls evangelischen Pfarrer zu Niederoberwitz abzuliefern, was, wie schon früher erwähnt, im Jahre 1553 zu Streitigkeiten zwischen der Wittwe Ullrichs von Nostitz und dem Oybiner Hauptmann Jacob Hag führte.

Kaspar Seidenschwanz, welcher bisher Pfarrer allhier gewesen war, wurde 1573 als Pastor nach Eibau und 1575 nach Seifhennersdorf berufen, wo er am 31. October 1586 starb. Ihm folgte wahrscheinlich

Georg Klette, welcher im Schöppenbuche 1587 bei einem Vertrage mit Christoph Schulze wegen eines Auestückes und 1592 genannt wird. Am 5. Januar 1593 erscheint er an Gerichtsstelle nebst seinem Eidam, dem Pfarrer Johannes Böckel zu Eibau, und seinen beiden Söhnen Georg und Hieronymus Klette. Der Letztgenannte kaufte von seinem Vater dessen Gut, eine Hufe groß, um 600 Zittauer Mark. Ein dritter Sohn, Friedrich, war Schösser zu Hainewalde. Ungewiß ist, ob man

Zacharias Engelmann als Nachfolger annehmen kann. Höchst wahrscheinlich aber, da er im Niederoberwitzer Schöppenbuche, als er 1601 den 18. März ein Gut, $^1/_3$ Hufe, für 356 Zittauer Mark kaufte (1606 verkaufte er dasselbe wieder), als Pfarrer zu Oberoberwitz angeführt wird. Er war ein Sohn Wolfgang Engelmanns, Pfarrers zu Großschönau, und ein Bruder des früher erwähnten Daniel Engelmann, Pfarrers zu Nieberoberwitz, und verheirathet mit Katharina, einer Tochter David Fleischmanns, Pfarrers zu Herwigsdorf und später zu Reichenau. Er starb in hohem Alter nach langer Amtsthätigkeit, nachdem ihm sein Sohn von 1655 an substituirt worden war, im Jahre 1658. Während sein Sohn Friedrich Kirchschreiber und Schulmeister zu Oberoberwitz war, wurde sein schon als Pfarrer zu Nieberoberwitz erwähnter Sohn

David Engelmann sein Nachfolger. Dieser starb 1663. Vielleicht hat der Umstand, daß damals Nieberoberwitz sehr wenig bevölkert war, da die Pest daselbst zweimal, besonders 1632 bis 1634, sehr gewüthet hatte, ihn veranlaßt, die Nieberoberwitzer Pfarrstelle mit der zu Oberoberwitz zu vertauschen.

M. Daniel Christian Klaußwitz. Er wurde geboren zu Reibersdorf den 27. October 1640. Sein Vater war

Daniel Klaußwitz, erst Rector zu Seidenberg und von 1640 bis 1678 Pfarrer in Reibersdorf. Er studirte in Wittenberg, trat das hiesige Pfarramt 1664 an und starb den 12. Juni 1702. Ein Sohn, Namens David, wurde ihm am 15. Januar 1673 geboren. Er war in 1. Ehe mit Ursula Dorothea Engelmann, einer Tochter seines Vorgängers, verheirathet. Seine Frau 2. Ehe hieß Johanna Magdalena geb. von Oelsnitz.

M. **Johann Adam Schön**, geboren 1675 den 14. Februar zu Ruppersdorf, wo sein Vater, Christian Schön, als Pastor lebte und 58 Jahre hindurch im Amte thätig war. Er studirte in Leipzig, wurde dort ein vertrauter Freund des schlesischen Liederdichters Benjamin Schmolke und 1697 einer der Gründer der deutschübenden poetischen Gesellschaft, aus der sich später die berühmte deutsche Gesellschaft bildete. Nachdem er vorher Pfarrer in Hermsdorf bei Görlitz gewesen war, wurde er am 12. Juli 1702 nach Oberoberwitz vocirt und 1716 als Diaconus nach Görlitz berufen. Am 15. August 1730 starb er als Archidiaconus daselbst. Verheirathet war er mit der Tochter M. George Engelmanns, welcher, nachdem er seine Stelle als Diaconus zu Meffersdorf und Pastor zu Wigandsthal niedergelegt hatte, als Emeritus bei seinem Schwiegersohne in Oberoberwitz lebte. Einen sehr schönen Himmelsglobus, welchen M. Engelmann mit vielem Fleiße und großer Mühe aus Gyps gefertigt hatte, schenkte derselbe 1710 der Stadtbibliothek in Zittau, welche ihn heute noch besitzt. M. Schön, welcher auch als geistlicher Liederdichter bekannt ist, hinterließ fünf Söhne: 1. Johann Adam, welcher später Amtsnachfolger seines Vaters wurde; 2. Adam Christlieb, geboren in Oberoberwitz 1713 den 9. Mai, welcher als Advocat in Görlitz lebte und 1777 den 17. Januar starb; 3. Adam Gottwart, später Archidiaconus in Lauban; 4. Adam Traugott, Kaufmann in Löbau, und 5. Adam Ehregott, geboren den 25. November 1725 in

Görlitz, später Diaconus in Meffersdorf und Pastor in Schreibersdorf. Letzterer ist als Astronom bekannt geworden. Seine zahlreich in Druck erschienenen Schriften finden sich in Otto's Oberlaus. Gelehrtenlexicon Bd. III. S. 185 verzeichnet. Er starb 1805 den 11. Juli.

Nach Schön's Berufung nach Görlitz trat eine Vacanz ein, welche fast ein Jahr dauerte.

M. Karl Friedrich Bergmann war geboren den 30. August 1685 zu Greußen in Thüringen. Sein Vater war fürstlich Schwarzburgischer Hofrath und seine Mutter eine Tochter des Dresdner Bürgermeisters Paul Zink. Er besuchte die Stadtschule in Greußen und sechs Jahre lang Schulpforte. Ehe er die Universität Wittenberg bezog, wo er Magister wurde, lebte ,er einige Zeit in Kiel bei einem Verwandten, dem Professor Dassow. Nachdem ihn der Herr von Nostitz auf Ruppersdorf und Oberoderwitz in Leipzig hatte predigen hören, ertheilte ihm derselbe 1717 die Vocation zum hiesigen Pfarramte. Nach vollzogener Ordination im Oberconsistorium zu Dresden trat er am 8. Sonntage nach Trinitatis sein Amt allhier an. Am 8. October 1720 verheirathete er sich mit der Tochter des Pfarrers Meißner in Königstein. Er starb 1757 den 4. Juni. Ein Sohn, Friedrich Conrad, 1731 zu Oderwitz geboren, starb 1794 den 25. December als Landphysikus zu Bautzen. Eine Tochter wurde 1743 die Gattin des Pastors Schubert in Weigsdorf. Fünf Kinder starben vor dem Vater.\*) Ein Bruder von ihm war 1729 als Hofrath und Mitglied der landesherrlichen Commission mit in Zittau anwesend.

M. Johann Adam Schön, Sohn des oben erwähnten J. A. Schön, geboren in Oberoderwitz 1711 den 17. Juli, erhielt seine Vorbildung von 1722 an auf dem Gymnasium zu Görlitz. Von 1730 bis 1733 studirte er in Leipzig. Im

---

\*) S. hist. Tagebuch 1757, S. 89.

folgenden Jahre wurde er als Pfarrer nach Leschwitz und Posottendorf bei Görlitz berufen und 1758 nach seinem Geburtsorte Oberoderwitz, wo er am 5. Sonntage nach Trinitatis sein Amt antrat. Er starb den 29. December 1767 in einem Alter von 56 Jahren, nachdem er schon von 1761 bis 1764 sehr leidend gewesen war. An seinem Begräbnißtage, den 4. Januar 1768, hielt Pastor Böricke die Leichenpredigt und Pastor Moser in Eibau die Parentation. Verheirathet war er seit 1736 mit Maria Sarah Nerger, der Tochter des Pfarrers in Wingendorf. Von seinen drei Söhnen studirte der älteste, Adam Gottlieb, Theologie, der zweite, Friedrich Samuel, lebte als Kaufmann in Hamburg und der dritte, Johann Traugott, geboren 1746 den 19. December zu Loschwitz, lebte seit 1771 als Rechtsconsulent ebenfalls in Hamburg. Die älteste Tochter Sarah Theodore, heirathete 1763 den Pfarrer Bruckmeyer in Wittgendorf, und die jüngste, Johanna Erdmuthe, den Pastor Grüllich in Lückendorf.

M. **Johann Christoph Daniel Böricke**, geboren in Zerbst 1725 den 8. November, Sohn eines Schuhmachermeisters, studirte in Halle und Leipzig, war vor seiner hiesigen Anstellung sechs Jahre lang Hauslehrer in der Nostitz'schen Familie und vom Jahre 1756 an, nachdem er am 20. August in Dresden ordinirt worden war und bald nachher die Magisterwürde erhalten hatte, Pfarrer in Ruppersdorf. Das Oberoderwitzer Pfarramt trat er am Neujahrstage 1769 an. Er starb den 6. Mai 1779.

**Christian Theodosius Rhäsa**, geboren den 4. April 1733 zu Eckartsberga in Thüringen, studirte in Roßleben und Jena. Sein Vater, Christian Bernhard Rhäsa, verwaltete seit 1761 das Amt eines Zittauischen Oberförsters zu Olbersdorf. Dies war wohl die Veranlassung, daß er 1763 als Pfarrer nach Oberleutersdorf berufen wurde. Im Jahre 1770, am 4. Adventssonntage, trat er das Amt als Pastor in Ruppersdorf an, welches er 1780 mit dem hiesigen Pfarramte vertauschte. Am 8. Sonntage nach Trinitatis fand seine Anzugspredigt statt. An seinem 80. Geburtstage, den 4. April 1813, hielt er seine Jubelpredigt und starb am 19. Juli 1818 im 86. Lebens- und 56. Amtsjahre. Verheirathet hatte er sich am 27. Juli 1767 mit Sophie Eleonore, einer Tochter des Katecheten Zacharias Adler in Neukirch am Hochwalde. Eine Tochter, Christiane Sophie Henriette, heirathete 1794 den damaligen Pastor Franz in Leuba, welcher später Oberpfarrer in Reichenau wurde. Eine zweite Tochter, Sophie Karoline, starb 1829 als Wittwe des Pastor Meißner in Strawalde. Ihm folgte sein einziger Sohn

M. **Christian Friedrich Rhäsa**, geboren in Oberoberwitz den 12. Mai 1784. Nachdem er von einem Hauslehrer, dem späteren Pastor Noack in Leutersdorf, unterrichtet worden war, besuchte er das Gymnasium zu Zittau und Ostern 1803 die Universität Wittenberg. Nach erlangter Magisterwürde kehrte er nach Oberoberwitz zurück und wurde bald darauf — 1806 — zum Substituten seines Vaters ernannt. Er hat sich durch seine Bemühungen um den Kirchenbau, durch Einführung des neuen Dresdner Gesangbuches und durch Beförderung des Schulwesens in seiner Parochie große Verdienste um seine Gemeinde erworben. Er hatte den Ruf eines der gelehrtesten Theologen der Lausitz. Im Jahre 1828 erschienen seine zwei Jahre zuvor gehaltenen Predigten über vorgeschriebene Texte in Druck und außerdem in den namhaftesten theologischen Zeitschriften eine Anzahl dogmatischer, besonders aber exegetischer Abhandlungen. Verheirathet war er seit November 1814 mit Charlotte Wilhelmine, der zweiten Tochter des M. Schmalz in Rengersdorf bei Görlitz. Er starb am 1. September 1834, erst 50 Jahre alt. Da M. Rhäsa während seiner Amtsführung mehrfach in Streitigkeiten mit der Gemeinde verwickelt worden war, so hatte ihn dieser

Umstand veranlaßt, die Bestimmung zu treffen, in Zittau beerdigt zu werden. Als man am 4. September seinen entseelten Körper Abends von Oberwitz fortfuhr, wurde leider der Sarg von Böswilligen mit Steinen beworfen.

M. Johann Benjamin Traugott Herrmann, geboren zu Weigsdorf den 20. Mai 1799, erhielt seine Vorbildung auf dem Gymnasium zu Zittau, bezog 1819 die Universität zu Leipzig und war vom Mai 1824 an bis 1827 Lehrer an der allgemeinen Stadtschule in Zittau. Im letztgenannten Jahre wurde er Diaconus und Katechet in Ebersbach, 1831 Pfarrer in Seifhennersdorf und 1835 Ortspfarrer allhier. Am 23. September 1852 wurde in einfacher, aber würdiger Weise sein 25jähriges Amtsjubiläum gefeiert. Eine Tochter von ihm, Charlotte, ist an Heinrich Eduard Kießling, seinen Nachfolger, einen Enkel des früher erwähnten Pastor Kießling in Niederoberwitz, verheirathet. Seine Gattin, eine geb. Apelt aus Zittau, starb am 14. Februar 1869. Am 23. April 1860 feierte M. Herrmann das 25jährige Jubiläum seiner Amtsthätigkeit in Oberwitz. Bereits früh 5 Uhr bonnerten Böllerschüsse, und das Musikchor brachte dem Pfarrer ein Ständchen. Nachmittags zog unter Böllerschüssen die Schützengesellschaft mit Musik und fliegender Fahne von dem Bahnhofe aus nach der Pfarrwohnung. Von ihr sowohl, als auch später von Seiten der Schulkinder wurden dem Jubilar werthvolle Geschenke überreicht. Abends erschien der Gesangverein mit bunten Laternen und trug vor der Pfarrwohnung mehrere Lieder vor, wobei bengalische Flammen das Dunkel erleuchteten. Die Kirche, fast alle Nachbargebäude, sowie zahlreiche Häuser in den übrigen Theilen des Dorfes waren zum Theil sehr glänzend illuminirt. — Nach mehr als 40jähriger Amtsthätigkeit ließ sich M. Herrmann in Ruhestand versetzen. Am 8. August 1869 hielt er seine Abschiedspredigt. Er bewohnt auch ferner das Pfarrhaus, da sein Schwiegersohn sein Nachfolger wurde.

Heinrich Eduard Kießling wurde am 28. September 1839 in Jonsdorf geboren, wo sein Vater Pfarrer war. Von Ostern 1851 bis dahin 1859 war er Schüler des Gymnasiums zu Zittau und bezog hierauf die Universität Leipzig. Nachdem er vom November 1862 an als Hilfslehrer an der allgemeinen Stadtschule in Zittau und seit Ostern 1864 als Lehrer am dasigen Gymnasium und Realschule thätig gewesen war, wurde er im August 1867 als Pfarrer nach Oberfriedersdorf berufen. Bereits zwei Jahre später folgte er seinem Schwiegervater im Pfarramte zu Oberoderwitz. Am 10. August 1869 fand seine festliche Einholung statt. Böllerschüsse begrüßten den Tag. Die Mitglieder des Kirchenvorstandes und des Gemeinderathes, sowie die Gerichtspersonen fuhren ihm bis Friedersdorf entgegen. In Eibau empfing ihn die Schuljugend und das Schützencorps. Um ¹/₂4 Uhr langte der Zug an der Grenze von Oberoderwitz an, wo sich indessen die Lehrer mit sämmtlichen Schulkindern aufgestellt hatten. Nach einer feierlichen Begrüßung bewegte sich der lange Festzug, die Turner an der Spitze, mit seinen vier Musikchören und im reichen Fahnenschmucke der Kirche zu, in deren unmittelbarer Nähe eine schöne Ehrenpforte errichtet war. In dem mit Menschen überfüllten Gotteshause hielt der neue Seelsorger eine ergreifende Rede an seine Gemeinde. Nach der kirchlichen Feier schossen die Schützen drei Ehrensalven ab, worauf das Hautboistenchor aus Zittau im Pfarrhofe einen Choral und einige andere Piecen vortrug. Zuletzt brachte der Gesangverein bei buntem Lampenschein unter Böllerschüssen ein Ständchen, womit die erhebende Feier des Tages endete.

Am 2. August 1868 fand in Oberoderwitz die Wahl des Kirchenvorstandes statt. Von 325 ausgegebenen Stimmzetteln wurden 287 abgegeben. Gewählt wurden: 1. Chr. Fr. Bartsch, Hausbesitzer und Gemeindevorstand, 2. Joh. Gottfried Berndt, Bauergutsbesitzer, 3. Chr. Aug. Gäbler,

Hausbesitzer und Weber, 4. Chr. Friedr. Bartsch, Gartenbesitzer und Leinwandfactor, 5. Joh. Gottfried Tempel, Bauergutsbesitzer und Landtagsabgeordneter, 6. Karl Ernst Rönsch,
Windmühlenbesitzer, 7. Benjamin Schönfelder, Hausbesitzer
und Leinwandfactor, 8. Ernst Heinrich Samuel Wenzel,
Bauergutsbesitzer, 9. Samuel Bundesmann, Hausbesitzer und
Weber und 10. Karl Gottfried Vogt, Hausbesitzer, Kirchvater
und Ortsrichter. Am 9. August wurden die Gewählten beim
Vormittagsgottesdienste in ihr Amt eingewiesen und verpflichtet.

Von milden Stiftungen sind schließlich noch zu erwähnen drei Legate der Nostiz'schen Familie, welche blos
unter die Armen im Ruppersdorfer Antheil zur Vertheilung gelangen. Man verdankt sie a. der im Jahre 1731
zu Niederruppersdorf verstorbenen Frau Anna Gertrud
von Nostiz, geb. Becker von Rosenfeld, b. dem 1811 verstorbenen Gottlob Erdmann von Nostiz auf Ruppersdorf und c. der 1830 zu Ruppersdorf verstorbenen Thuiska
von Mayer geb. von Nostiz. Der Gesammtbetrag ist ca.
700 Thaler. Die Zinsen kommen an verschiedenen Tagen
des Jahres zur Vertheilung.

Legate für die Armen sämmtlicher drei Ortsantheile von Oberoberwitz verdankt man:

a. dem am 29. Januar 1848 verstorbenen Hausbesitzer
und Leinwandfactor Johann Friedrich Eichler. Er legirte
200 Thaler, deren Zinsen alljährlich an seinem Todestage
an einige Arme vertheilt werden sollen.

b. dem aus Oberwitz stammenden, 1861 in Herrnhut
verstorbenen Kaufmann Johann Gottlob Wauer. Von
200 Thalern werden die Zinsen alljährlich zum Ankauf von
Strümpfen und dergleichen verwendet, um mit den einge-
kauften Gegenständen arme Schulkinder an Weihnachten zu be-
schenken. Diese Christbescheerung fand Weihnachten 1868 in folgender Weise statt. Mit Hinzunahme der von kinderfreundlich-

gesinnten Gliedern der Gemeinde reichlich eingegangenen Gaben konnten 70 arme Schulkinder betheilt werden.

c. dem am 7. August 1864 zu Ruppersdorf verstorbenen Landesbestallten und Friedensrichter Dr. von Mayer auf Ruppersdorf und Oberoderwitz. An seinem Todestage werden die Zinsen von 300 Thalern an die zwölf ältesten armen Personen, von denen jedoch mindestens die Hälfte aus dem Ruppersdorfer Antheile sein muß, vertheilt.

d. dem am 8. Januar 1866 verstorbenen hiesigen Hausbesitzer und Leinwandfabrikanten Christian Friedrich Riegert. Er legirte ein Kapital von 1500 Thalern, dessen Zinsen, aber erst von 1871 an, allemal an zwanzig Arme zur Vertheilung gelangen sollen.

## VI. Schule.

Von den ersten Anfängen des Schulwesens in Oderwitz sind keine Nachrichten vorhanden. Sichere Spuren von dem Vorhandensein von Schulen leiten bis ins 16. Jahrhundert zurück. Jedenfalls war man auch in Oderwitz wie anderwärts erst nach der Reformation darauf bedacht, der Jugend einige nothbürftige Kenntnisse beizubringen. Von einem Volksschulwesen, wie wir uns dessen jetzt erfreuen, konnte damals nicht die Rede sein. Der Schulbesuch war unregelmäßig, willkührlich und größtentheils auf das Winterhalbjahr beschränkt. Das Auswendiglernen des Katechismus, nothbürftiger Unterricht im Lesen und nur ausnahmsweise im Schreiben und Rechnen war Alles, was man verlangte. Manche Kinder ermangelten jedes Schulunterrichts. Besser wurde es, als im Jahre 1770 eine neue Schulordnung ins Leben trat. Auch Nachmittags mußte fortan Schulunterricht stattfinden. Die Schulmeister hießen sonst Schreiber, Kirchenschreiber. Diese Bezeichnungen kommen in den Schöppen- und Kirchenbüchern bis etwa 1700 oft vor.

### 1. Niederoderwitz.

Während jetzt hier drei verschiedene Schulen vorhanden

sind, bestand in alter Zeit jedenfalls nur die Kirchschule.
Vielleicht schon im 16. Jahrhunderte mag aber der Stadtrath
zu Zittau, welcher 1574 in den Besitz des größten Theils
von Niederoberwitz gelangte, auf Gründung einer zweiten
Schule bedacht gewesen sein. Wenigstens werden bald nach=
her Namen von Lehrern im Zittauischen Antheile angeführt.
Ihnen war zugleich das Amt eines Gerichtsschreibers, und
zwar nicht blos für Niederoberwitz, sondern auch für Oberoberwitz
Zittauischen Antheils übertragen. In Mitteloberwitz scheint
jedoch erst im Laufe des vorigen Jahrhunderts nach Erlaß
der neuen Schulordnung von 1770 eine Nebenschule ins Leben
gerufen worden zu sein. Vorher wurden die Kinder dieses An=
theils in der Kirchschule mit unterrichtet. Noch 1753 war
der Kirchschullehrer Gerichtsschreiber von Mitteloberwitz, was
wohl nicht der Fall gewesen wäre, wenn dieser Ortstheil
seinen eigenen Lehrer gehabt hätte. Auch nachher noch scheint
die Schule kaum den nothdürftigsten Anforderungen entsprochen
zu haben, da die Lehrer nebenbei Weberei oder andere Be=
schäftigungen trieben. Die Kinder aus dieser Nebenschule
besuchten übrigens bis 1826 das letzte Jahr vor ihrer Con-
firmation die Kirchschule. Im genannten Jahre, am 26. Mai,
wurde Niederoberwitz in drei ziemlich gleich große Schul=
districte eingetheilt und die Schulen zeitgemäß im Innern
und Aeußern organisirt. Seitdem haben die schulpflichtigen
Kinder die Schule des Bezirkes, in dem ihre Eltern wohnen,
zu besuchen. Seit 1835, in welchem Jahre für Sachsen ein
neues Schulgesetz erschien, leiteten für jede Schule besondere
Schulvorstände die äußeren Angelegenheiten der Schulen.
Gleichzeitig wurden auch die Lehrer fixirt. In Folge von
Differenzen, welche zwischen den Gemeinden Mittel= und
Niederoberwitz entstanden waren, einigten sich sämmtliche
Antheile vom 1. Januar 1851 an zu einem Schulverbande,
unter Herstellung einer gemeinschaftlichen Vertretung und
Errichtung einer gemeinschaftlichen Schulkasse. Die Kirchschule

wird seitdem nicht mehr aus dem Aerar der Kirche erhalten, sondern die Verbindlichkeit ging auf den gemeinschaftlichen Schulverband über. Die Zahl der Schulkinder, welche 1840 in der Kirchschule 148, in der Schule des Zittauischen Antheils 126 und in der Schule zu Mitteloberwitz 125, mithin in allen drei Schulen 399 betrug, erreichte Anfang 1870 die Höhe von 157, 158 und 156, in Summa 471. — Seit 1864 besteht in Niederoberwitz zur Fortbildung der erwachsenen Jugend eine Sonntagsschule. Sie wird von etwa 20 Schülern, größtentheils Handwerksgesellen, besucht.

a. Die Kirchschule,

über welche dem Besitzer von Hainewalde die Collatur zusteht, wird zuerst im Jahre 1595 erwähnt. Am 17. August genannten Jahres wurde das unmittelbar an der Dorfbach gelegene Schulhaus von einer schrecklichen Wasserfluth entweder mit fortgeführt oder doch zum Theil zerstört. Der Schullehrer ertrank. Im Jahre 1706 brach man das nach jener Wasserfluth wiederhergestellte alte Schulhaus ab und baute in einiger Entfernung von der Dorfbach auf der Pfarrwiedemuth ein neues auf. Der Zittauer Stadtrath schenkte zu dem Baue zwanzig Stämme Holz. Im Kirchenbuche heißt es: Es sei „kaum unter das Dach gebracht, ehe die schwedische Armee ins Land gedrungen." Im Jahre 1782 überließ der Stadtrath zu Zittau die ehemalige Hausbaustelle, die Schulwiese genannt, dem Schullehrer zur Benutzung. Das zur Kirchschulstelle gehörige Areal umfaßt 1 Acker 13 ☐Ruthen. Da in neuerer Zeit der Zustand des Schulgebäudes ein ziemlich baufälliger geworden war, auch die Größe der Schulstube der Kinderzahl nicht entsprach, so machten sich dringend Baulichkeiten nothwendig. Zunächst wurden im Jahre 1861 der Stall und eine obere Kammer in je eine Stube verwandelt. Die Vergrößerung der Schulstube erfolgte auf Drängen der Districtsschulinspection im Jahre 1864 durch Hinzunahme eines Nebenstübchens. Der Lehrer wurde für die verlorenen Räumlichkeiten durch Anbau eines neuen Gewölbes entschädigt. Zugleich erhielt das Haus Ziegelbedachung. Die auf alle diese Baulichkeiten verwendete Summe erreichte die Höhe von ca. 1200 Thalern. — Von

**Kirchschullehrern**

sind folgende bekannt:

Salomon Neumann. Er wird in dem noch vorhandenen Bruchstücke des ältesten Kirchenbuches zuerst 1586 als „Kirchenschreiber" erwähnt. Er fand seinen Tod in Folge der oben erwähnten schrecklichen Wasserfluth am 17. August 1595. Es mochten schreckliche Stunden für Oberwitz und Umgegend sein. Bei finsterer Nacht war ein Wolkenbruch gefallen, dessen Fluthen Häuser mit sich fortführten und große Verheerungen anrichteten. Mehrfach hatte man auch Menschenleben zu beklagen. In Niederoberwitz kamen außer dem Schulmeister auch noch der Todtengräber und fünf andere Personen um, in Eibau neun, die von den Fluthen zum Theil bis Oberwitz herabgeführt wurden, in Hainewalde acht Personen.*)

Elias Lorenz sen. Er wird im Kirchenbuche von 1595 bis 1646 erwähnt. Im Jahre 1633 den 27. Januar kaufte Elias L., „alter Kirchen- und Schuldiener", einen Garten, 3 Ruthen, um 200 Zitt. Mark. Sein Sohn

Elias Lorenz jun., welcher sein Nachfolger wurde, war der Schwiegersohn des Pastors Daniel Engelmann und mit dessen jüngster Tochter erster Ehe, Rosine, verheirathet. Pfingsten 1627 quittirt Elias Lorenz seinem Schwiegervater wegen Auszahlung des Muttertheils an seine Frau. Er wird noch 1664 als Kirchen- und Gerichtsschreiber genannt und starb wahrscheinlich 1667, in welchem Jahre

Johann Weber, welcher von 1657 an Schullehrer in Hainewalde gewesen war, sein Nachfolger wurde. Webers

---

*) S. Frenzels Hist. nat. Lus. Sup. u. Carpzow V. 263.

Vater, Martin, war Gärtner in Oberhainewalde und ein Bruder desselben war lange Zeit Schulmeister in Spitzkunnersdorf. Verheirathet war Johann Weber mit Ludmilla, einer Exulantin aus Böhmen. Als er 1681 starb, hinterließ er vier Söhne, Namens Martin, Johannes, Zacharias und Gottfried, sowie eine Tochter Maria. Sein Sohn

Martin Weber, geboren am 10. September 1657 zu Hainewalde, welcher vorher zwei Jahre lang als Diener mit einem dänischen Gesandten in Holstein und Dänemark gewesen war, wurde ihm 1679 substituirt. Nach des Vaters Tode verwaltete er von 1681 an 1½ Jahr lang dessen Amt. Obwohl ihn die Gemeinde zum Lehrer wünschte, wurde er von der Collaturherrschaft doch nicht gewählt. Er war hierauf — 1683 — ¼ Jahr lang Lehrer und Gerichtsschreiber in Niederoderwitz Zittauischen Antheils, worauf er 1684 den 9. Februar als Schullehrer nach Herwigsdorf berufen wurde. Seine Gattin war die Tochter eines Gärtners Goldberg in Niederoderwitz. Sie starb 1718 den 18. Februar, nachdem sie ihm neun Kinder geboren hatte. 1719 den 12. Juni verehelichte er sich zum zweitenmale mit Rosine, Friedrich Valentins, Bierschröters in Zittau, Tochter. 1734 wurde ihm seines Alters wegen ein Substitut beigesetzt. Da er noch im Juli 1736 lebte, so muß er in sehr hohem Alter verstorben sein. Martin Webers Kenntnisse in der Mechanik und Mathematik waren nicht unbedeutend. Ohne Anweisung baute er eine Orgel und verfertigte Sonnen- und andere Uhren, namentlich eine schöne, große astronomische Uhr.*) Sein ältester Sohn, Johann Georg, geboren zu Herwigsdorf 1687 den 10. Juli, wurde später Oberkirchenrath, Generalsuperintendent und Oberhofprediger in Weimar und starb 1753 am 24. November. Ein zweiter Sohn, Johann Christian, geboren 1691 den 21. November, war von 1717 an bis

---

*) S. Otto's Schriftsteller und Künstlerlexicon, III. 473.

zu seinem am 13. März 1756 erfolgten Tode Schullehrer in Berthelsdorf.

Christian Köhler, gebürtig von Spitzkunnersdorf. Er starb 1704 den 21. Mai im Alter von 56 Jahren. Seine Wittwe folgte ihm erst 1725 den 11. Februar, 74½ Jahre alt, im Tode nach. Sein ältester Sohn

Georg Köhler, geboren 1686 den 5. Februar zu Niederoberwitz, wurde sein Amtsnachfolger. Dieser starb bereits 1716 den 22. Mai.

Johann Georg Schön, geboren 1682 in Hainewalde, wo sein Vater als Schullehrer lebte, wurde daselbst 1699 Nachfolger seines Vaters und 1716 nach Niederoberwitz berufen. Die letzten Jahre seines Lebens verbrachte er in Hainewalde als Notar und herrschaftlicher Gerichtsverwalter. Er starb 1733. Sein gleichnamiger Sohn, geboren 1706 zu Hainewalde, welcher 1764 als Bürger und geschickter Orgelbauer in Freiberg starb, war Silbermanns Schüler und vorzüglichster Gehilfe, weshalb dieser ihm auch bei seinem Tode mit 4000 Thalern bedachte. Schöns Orgeln wurden den Silbermannschen fast gleich geschätzt, besonders werden die in Hainichen und Herzogswalde von ihm erbauten als Meisterwerke gerühmt. Ein älterer Bruder des Vaters, Namens Christian, geboren am 15. October 1677 zu Hainewalde, welcher in Zittau und Leipzig studirte, später als außerordentlicher Professor und Dr. jur. in Leipzig lebte und durch philosophische, juristische und theologische Schriften bekannt wurde, starb 1755 den 4. Juli.

Johann Georg Netsch. Er wird zuerst 1732 als hiesiger Schullehrer erwähnt. Seine Frau, Sophie Elise geb. Schön, die Tochter seines Amtsvorgängers, starb 1748 den 7. August im Alter von 34 Jahren bei der Geburt des 14. Kindes. Er selbst starb den 18. December 1767 an einem Schlagflusse. Sein Bruder Gottlob Netsch wurde nach dem Tode des Vaters Schulmeister in Oberoberwitz. Am 5. Mai

1768 verkaufen seine fünf Söhne, Johann Georg, Student der Theologie, Karl, Tischler in Danzig, Johann Philipp, Bäckermeister in Leipzig, Johann Gottlieb, Schulmeister in Niederoberwitz, und Johann Samuel, Gymnasiast in Zittau (später Advokat, starb in Oberwitz am 6. August 1776, 31 Jahre alt), Grundstücke, die ihr Vater 1735 und 1752 in Oberwitz erkauft hatte. Sein Sohn

Johann Gottlieb Netsch, geboren zu Niederoberwitz 1738 den 9. December, erlernte in seiner Jugend die Buchdruckerkunst, lebte als Buchdrucker in Danzig und Elbing und trat sein Amt als Schullehrer seines Geburtsortes 1768 den 18. Februar an. Im Jahre 1769 den 22. November verehelichte er sich mit Johanne Eusebia geb. Neumann, der hinterlassenen Tochter des Pastors in Lewitz. Bei seinem Tode, welcher 1780 den 6. Juli erfolgte, hinterließ er eine Tochter.

Johann Gottlob Böhmer, geboren 1725 zu Niederoberwitz, war vorher Lehrer an der niederen Schule zu Niederoberwitz und von 1769 an in Kleinschönau. Am 17. September 1780 legte er in hiesiger Kirche seine Probe ab. Er starb als Emeritus im Jahre 1809, nachdem er 1804 emeritirt worden war. Er hinterließ einen Sohn, gleichen Namens.

Johann Georg Kleinert, geboren den 27. August 1758 in Tiefenfurth bei Görlitz, wurde, nachdem er vorher seit 1784 Lehrer in Hochkirch bei Görlitz gewesen war, im Januar 1805 nach Niederoberwitz berufen. Bei seiner Emeritirung, welche wegen Altersschwäche nach 45jährigem Schuldienste 1828 erfolgte, behielt er noch das Amt eines Organisten bei. Er starb 1843 den 22. December im 86. Lebensjahre, nachdem er seine Frau, Joh. Christiane Tugenbreich geb. Heinsius, bereits 1829 den 14. November durch den Tod verloren hatte. Seine einzige Tochter, welche mit dem Fabrikanten Christ. Friedr. Ludwig in Niederoberwitz verheirathet war, starb den 26. August 1854.

Johann Gottlieb Nauze, geboren 1803 den 18. Mai

zu Kunnersdorf auf dem Eigen, erhielt von 1821 bis 1824 seine Vorbildung auf dem Seminar zu Bautzen, wurde am 3. October 1825 als Lehrer zu Mittoberwitz verpflichtet und 1828 Substitut des eben erwähnten Kleinert. Nach dessen 1843 erfolgtem Tode trat er auch in die Function als Organist ein, nachdem er bisher blos das Schulamt verwaltet hatte. Er starb 1856 den 5. April.

Friedrich Ernst Richter, geboren 1824 den 13. October in Nostitz, wo sein Vater Pfarrer war, besuchte das Seminar zu Bautzen in den Jahren 1842 bis 1846, wurde 1847 Cantorvicar zu Weißenberg, dann Hilfslehrer in Neschwitz, 1848 Kirchschullehrer in seinem Geburtsorte und 1856 nach Niederoderwitz berufen. 1865 erhielt er in Anerkennung seiner verdienstlichen Wirksamkeit den Cantortitel.

b. Schule Zittauischen Antheils.

Da es früher hier kein besonderes Schulhaus gab, so wurde der Unterricht in Privathäusern abgehalten, welche entweder den Lehrern eigenthümlich gehörten oder nur von ihnen gemiethet waren. So unterrichtete z. B. Böhmer von 1750 bis 1769 in dem Hause Cat. Nr. 352, welches sein Privateigenthum war, und welches noch jetzt, wenn auch neu aufgebaut, da es um 1824 abbrannte, von seinem Enkel, dem Kramer Böhmer, bewohnt wird. Sein Nachfolger Vetter fand erst, da die Schülerzahl gegen 80 betrug, längere Zeit kein geeignetes Lokal. Später hielt er in dem Nachbarhause, Cat. Nr. 351, welches er kaufte, Schule. Erst im November 1818 erkaufte die Gemeinde um 500 Thaler von dem Fleischer Ehrenfried Krocker ein Haus (Cat. Nr. 337) zum Schulhause. Daß der Mangel fest abgegrenzter Schuldistricte von vielen Nachtheilen begleitet war, bedarf kaum der Erwähnung. Besonders wurde dadurch den Schulversäumnissen Vorschub geleistet. Während namentlich die Kirchschule oft überfüllt war, standen die anderen fast leer, weil die Zahl der Kinder von dem Beifalle und der Gunst abhing. Mit Strenge konnten die Lehrer den Unordnungen nicht entgegentreten, weil dies leicht das Wegbleiben der übrigen Kinder hätte zur Folge haben können. Wie mangelhaft bei diesen Umständen der Unterricht war, kann man sich denken. Erst die Neuzeit führte ein geordnetes Schulwesen herbei. — Wegen totaler Baufälligkeit des alten Hauses wurde das Haus des Gottlieb Anders gekauft, weggerissen und an der Stelle in den Jahren 1853 und 1854 ein neues Schulhaus massiv gebaut und zwar durch den Maurermeister Tannert zu Hainewalde. Der Grundstein wurde am 25. April 1853 ohne besondere Feierlichkeit gelegt. Die Hebung des Gebäudes erfolgte am 23. Juli genannten Jahres in üblicher Weise. Feierlich eingeweiht wurde das Haus am 13. October 1854 in Gegenwart des Stadtraths Nätze zu Zittau, des Gerichtsamtsassessors Friedrich von Löbau, der Gemeinderathsmitglieder und der hiesigen Gerichtspersonen. Die Kinder versammelten sich im alten Schulhause. Nachdem der Lehrer Dittmar hier die Abschiedsrede gehalten hatte, bewegte sich der Zug der Schulkinder und Festtheilnehmer zum neuen Schulhause. Nachdem Gesange einiger Verse und der Weihrede des Pastor Mättig wurden die Schlüssel des Gebäudes übergeben und die Kinder im neuen Lehrzimmer durch eine Ansprache ihres Lehrers begrüßt. Ein Gesang der Kinder beendete die Feier. — Der Bau hatte einen Kostenaufwand von ca. 2314 Thalern erfordert. Das alte Schulhaus wird jetzt als Armenhaus benutzt. — Zum hiesigen Schulbezirke gehören auch die Landbergshäuser von Mittelherwigsdorf. — Für zwölf arme Kinder zahlt der Stadtrath zu Zittau das Schulgeld in Höhe von 13 Thalern.

Von Lehrern an der Schule zu Niederoberwitz Zittauischen Antheils, welche übrigens zugleich das Gerichtsschreiberamt — bis 1849 auch von Oberoberwitz Zittauischen Antheils — verwalten, sind bekannt:

Balthasar Schmidt, 1623.

Martin Weber, 1683, bereits oben unter den Lehrern an der Kirchschule angeführt. Ein Haus, welches er, um darin Schule zu halten, 1683 den 9. September um 80 Thaler gekauft hatte, verkaufte er 1685 den 31. Januar an Christoph Krause um 75 Thaler.

Johann Georg Weber, 1686, wahrscheinlich ein Bruder des eben Erwähnten.

Gottlieb Gnausch, von etwa 1690 an, wurde dann Schulmeister in Leutersdorf, 1707 in Gersdorf und 1708 seinem Vater substituirt, der 1662 Lehrer in Leutersdorf und von 1669 an Lehrer in Wittgendorf war. Er selbst starb 1746. Ihm folgte

Melchior Horn seit 1700. Er wurde 1675 in Türchau geboren, wo sein Vater Schullehrer war, und verehelichte sich mit einer Tochter des hiesigen Kirchschulmeisters Schön. Er starb 1738 den 3. Juni, 64 Jahre alt.

Friedrich August Gärtner, bis 1750, in welchem Jahre er als zweiter Schullehrer und Organist nach Seifhennersdorf berufen wurde, wo er 1774 starb. Ein Sohn, Friedrich Traugott, welcher ihm am 5. August 1747 noch in Niederoderwitz geboren wurde, studirte in Zittau und Leipzig und wurde 1778 im einjährigen Kriege sächsischer Feldprediger und 1780 Pfarrer in Ruppersdorf, wo er 1830 am 1. Juni im 83. Jahre starb. Ein jüngerer Sohn, Christian Siegfried, folgte ihm 1774 in seinem Amte, feierte 1824 sein Amtsjubiläum, wurde zwei Jahre später emeritirt und starb als hochbetagter Greis.

Johann Christoph Böhmer, bis 1758, in welchem Jahre er am 24. Juli starb. Sein Sohn

Johann Gottlob Böhmer, bis 1769, schon unter den Kirchschullehrern angeführt, wurde sein Amtsnachfolger.

Johann Georg Vetter, zugleich — wie schon sein Amtsvorgänger — Generalacciseinnehmer und von 1775 an Hochzeitsbitter, kam von Tauchritz hierher, nachdem er am

6. November 1769 von M. Röber in Zittau geprüft worden war. Er starb am 24. September 1817.

Friedrich August Hofmann, Lehrer in Oberoderwitz Zittauischen Antheils, verwaltete nach Vetters Tode einstweilen die Schule, indem er Vormittags in Ober- und Nachmittags in Niederoderwitz Schule hielt, bis Ostern 1818.

Karl Gotthelf Pelz, geboren zu Zittau 1798 den 10. Juli, erhielt von 1814 bis 1817 seine Vorbildung auf dem Seminar zu Zittau, wurde am 31. März 1818 als Schullehrer allhier im Beisein der Gemeinde im Gerichtskretscham verpflichtet und noch in demselben Jahre Anfang October Lehrer in Löbau, 1829 Kirchschullehrer in Nennersdorf, 1859 emeritirt und starb in Oberkunnersdorf 1860 den 25. Juli.

Ernst Fürchtegott Tschaschel, geboren den 24. Mai 1798 in Jonsdorf, wo sein Vater Pfarrer war, besuchte das Zittauer Seminar ebenfalls von 1814 bis 1817 und kam 1818 als Schullehrer nach Niederoderwitz. Im Jahre 1849 wurde er emeritirt und starb als Privatlehrer 1862 den 6. December in Zittau.

Bis zur Wiederbesetzung waren als Schulvicare Seminarist Buxbaum aus Zittau u. A. hier.

Johann Friedrich Dittmar, geboren den 23. September 1824 in Zittau, war von 1841 bis 1845 Zögling des Seminars zu Zittau, bis 1849 Schulvicar in Kleinwelka, Gießmannsdorf, Ebersbach, Niederoderwitz, Hartau und Oberolbersdorf und wurde am 21. Februar 1850 Schullehrer allhier. Seit Ostern 1869 lebt er als Schullehrer in Niederolbersdorf.

Karl August Mühle, geboren zu Ebersbach den 23. November 1840, besuchte von Ostern bis Michaelis 1857 das Seminar zu Zittau und war nach Vereinigung desselben mit dem zu Bautzen bis Ostern 1861 Zögling des Bautzner Seminars. Im genannten Jahre wurde er Hilfslehrer in

Dittelsdorf und 1863 Lehrer in Rosenthal. Seit Pfingsten 1869 ist er Lehrer allhier. Zwei Monate hindurch hatte Lehrer Engler in Mitteloberwitz den Schulunterricht ertheilt. Festlich empfangen und feierlich eingewiesen wurde der gegenwärtige Lehrer am 1. Juni.

### c. Schule zu Mitteloberwitz.

Wie schon erwähnt, besuchten in früherer Zeit die Schulkinder von Mitteloberwitz die Kirchschule. Erst in der letzten Hälfte des vorigen Jahrhunderts entstand hier eine Nebenschule, die aber erst in einem gemietheten Lokale und zwar im Wiebner'schen Gartengrundstücke Cat. Nr. 21ᵃ abgehalten wurde, bis man im Jahre 1801 von Seiten der Gemeinde das ganz baufällige Haus kaufte, niederriß und dann fast auf derselben Stelle ein neues Gebäude als Schulhaus aufführte (Cat. Nr. 22). Der Unterricht, welcher hier von den oft wechselnden Lehrern, die bei ihrer kärglichen Einnahme eine Nebenbeschäftigung treiben mußten, ertheilt wurde, genügte in der Regel nicht den nothdürftigsten Anforderungen. Der Schulbesuch war willkührlich und ganz unregelmäßig. Noch im Jahre 1825 wurde die hiesige Schule nur von 25 Kindern besucht. Erst im folgenden Jahre, als man das Dorf in drei Schuldistricte theilte, für alle drei Schulen Lehrpläne entwarf und neue Lehrbücher einführte, traten bessere Zustände ein. Immer aber waren noch Strafandrohungen nothwendig, ehe ein regelmäßiger Schulbesuch herbeigeführt wurde. Da das bisherige Schulhaus manchen Anforderungen, welche von Seiten der Kreisdirection bereits im Jahre 1861 gestellt wurden, nicht entsprach und der Ankauf eines anderen, eben erst neuerbauten Hauses von der Niederoberwitzer Gemeindevertretung nicht gewünscht wurde, so beschloß man einen Neubau. Aus dem erwähnten ehemaligen Wiebnerschen Gartengrundstücke wurde ein Bauplatz, welcher 37 ☐Ruthen umfaßte, für 356 Thaler gekauft und der Bau dem Maurermeister Tannert aus Hainewalde übertragen. Die Grundsteinlegung und Aufsetzung des Daches fanden am 31. Juli und 10. October 1865 statt, in Gegenwart des Pastors, Lehrers und der Gemeindevertreter. Die feierliche Einweihung des freundlichen, ansprechend gebauten Hauses erfolgte am 18. October 1866. Nachdem man sich im alten Schulgebäude versammelt hatte, begab sich der Zug der Kinder nach einer kurzen Ansprache des Lehrers Engler in den Pfarrhof, um daselbst den Pastor und die Vertreter des Stadtraths und des Gerichtsamts zu Zittau abzuholen. Vor dem neuen Schulhause angelangt wurde die Weihrede vom Pastor Mättig gehalten und der Schlüssel des Hauses dem Lehrer überreicht, worauf durch eine im Schulzimmer gehaltene Ansprache desselben an die Kinder die Feier ihren Abschluß fand. Ein Schulfest vereinigte Nachmittags die Kinder des gesammten Ortes auf dem Schießplatze.

### Lehrer zu Mitteloberwitz.

Günther, um 1770.

Johann Adam Traugott Paul aus Ebersbach, wird noch 1792 als Schulhalter und Gerichtsschreiber erwähnt. Er zeichnete sich durch musikalische Befähigung aus und hat sich auch in anderer Beziehung Verdienste um die hiesige Gemeinde erworben.

Steinmuß, ein gelernter Apotheker, von Görlitz. Er vertauschte bald die hiesige Schulstelle mit der in Markersdorf.

Menzel, ein Koch, um 1800, mußte nach kurzer Zeit seines Amtes entlassen werden. Er lebte noch 1827 zu Oberwitz in dürftigen Umständen.

Gottlob Anders, ein Leinweber, verzichtete sehr bald auf die Stelle, weil das Einkommen zu kärglich war.

Christian Gottlob Menzel, zugleich Acciseinnehmer, bis 1825. Da er den gestellten Anforderungen bei seinem Alter nicht mehr genügen konnte, so legte er sein Schulamt nieder und behielt blos das eines Acciseinnehmers bei.

Johann Gottlieb Nauze, von 1825 bis 1828, ist schon unter den Kirchschullehrern aufgeführt.

Johann Gottlob Bischoff, der einzige Sohn eines Weinbergbesitzers und Zimmerhauers zu Neuseußlitz bei Großenhain, wurde geboren am 21. Juli 1807. Gebildet seit 1824 auf dem Seminar zu Friedrichstadt-Dresden, ward er 1828 hier Schullehrer. Am 10. März 1831 wurde er vom Stadtrath zu Zittau als Kirchschullehrer nach Großschönau gewählt, in welcher Stellung er noch gegenwärtig thätig ist.

Johann Gottlob Banke, Sohn eines Weinbergbesitzers zu Gröbern bei Meißen, gebildet auf dem Friedrichstadt-Dresdner Seminar, wurde 1837 wegen Brustleiden emeritirt und übernahm das väterliche Grundstück. Während seiner Krankheit ertheilte den Schulunterricht im Herbste 1836 der Verfasser dieser Schrift, damals Seminarist in Zittau.

Karl August Heikel, geboren den 7. Juni 1813 zu Neundorf bei Bernstadt, von Ostern 1832 an Zögling des Bautzner Seminars, starb 1849 den 13. Januar.

Ernst Julius Höpner, geboren 1822 in Eibau, von 1839 bis 1843 Zögling des Zittauer Seminars, wurde 1843 Hilfslehrer in Oberoberwitz und 1849 Lehrer allhier. Er ist seit 1855 Kirchschullehrer in Lausa.

Ernst August Eduard Jarick, geboren zu Gottschdorf bei Königsbrück den 5. Februar 1831, besuchte von 1848 an das Seminar zu Bautzen, wurde 1851 Hilfslehrer in Burkersdorf und Michaelis 1855 Lehrer allhier. Seit März 1861 ist er Cantor und zweiter Lehrer in Bernstadt.

Karl Friedrich Ernst Engler wurde den 26. Februar 1832 in Sommerau geboren und erhielt seine Vorbildung von 1849 bis 1853 auf dem Seminar zu Zittau. Im letztgenannten Jahre ward er Hilfslehrer in Bernstadt und 1857 Lehrer in Oberkiesdorf. Am 30. April 1861 wurde er in sein Amt als Lehrer in Mitteloberwitz eingewiesen.

## 2. Oberoberwitz.

Dasselbe, was über das Schulwesen in Nieberoberwitz gesagt ist, gilt auch von Oberoberwitz. Auch hier bestand früher nur die Kirchschule. Zwei Nebenschulen wurden erst im vorigen Jahrhunderte ins Leben gerufen. Die schlechte Beschaffenheit der Kirchschule, die zu bedeutende Entfernung vieler Kinder von derselben, und die zu große Anzahl schulfähiger Kinder veranlaßten den Stadtrath zu Zittau, schon längere Zeit vor Erscheinen der Oberlausitzer Schulordnung im Jahre 1770 zwei Nebenlehrer, welche aber, da ihnen kein hinlängliches Auskommen gewährt werden konnte, die Weberei forttrieben, im obern und niedern Theile des Dorfes anzustellen. Es geschah dies nach geschehener Anzeige bei dem Collator der Kirchschule, dem Besitzer von Ruppersdorf, doch ohne Einverständniß desselben. Auch nahmen die Ortspfarrer von diesen Nebenschulen gar keine Notiz. Aber immer noch war die Anstellung dieser Lehrer nicht hinreichend, um den Stand der Schule nur einigermaßen zu heben. Es fehlte an geeigneten Lehrern. Schon seit 1706 war es vorgekommen, daß entfernter wohnenden Kindern, damals noch mit Genehmigung des Pfarrers und Schulmeisters, anderweitig Unterricht „im Christenthume, Lesen und Schreiben" ertheilt worden war. Doch nach einer Beschwerde des Schulmeisters Netsch wurde dies 1722 untersagt. Bereits am 29. October 1731 wandten sich aber wieder Einwohner von Oberoberwitz Zittauischen Antheils an den Stadtrath zu Zittau mit der Bitte, einen Schulhalter für die Kinder, welche zu entfernt von der Kirchschule wohnten, anzustellen. Es wurde genehmigt. Doch erst von 1740 an finden sich ohne Unterbrechung zwei Lehrer im oberen und niederen Districte des Zittauischen Antheils angestellt. Wie kläglich die Stellung war, welche diese „Schulhalter" einnahmen, sieht man daraus, daß noch 1811 von 86 schulfähigen Kindern im oberen Districte und von 77 im niederen im Sommer nur etwa je 50 und im Winter etwa je 30 die Schule besuchten, während der Cötus der Kirchschule damals gegen 200 betrug. Zuletzt war die Schule des Lehrers Großer, nach einer Eingabe, in welcher er sich über seine wirklich bedauernswerthe Stellung beklagt, nur noch von 10 bis höchstens 20 Kindern besucht. Obwohl das geringe Schulgeld die einzige Einnahme jener Lehrer war, und ungeachtet dieselbe jährlich höchstens etwa 50 Thaler betrug, mußten die Lehrer auch noch die Miethe für das Schullokal bestreiten. Als sich die beiden Schulhalter 1780 mit der Bitte an den Stadtrath zu Zittau wandten, ihnen als Beihilfe zur Hausmiethe einen Umgang zu gewähren, so wurde dies von der Gemeinde mit dem Bemerken, „dies sei eine Neuerung", abgelehnt. Bei seiner Emeritirung erhielt Großer nach 41jährigem Schuldienst von Seiten der Gemeinde vierteljährlich zwei Thaler und auf seine dringende Bitte vom Stadtrathe eine Klafter Holz, welche er bisher schon bezogen hatte. Was für eine Stellung die Lehrer damals einnahmen, ersieht man aus einer Verordnung, welche der Stadtrath zu Zittau 1773 den 24. Mai an die Gerichten zu Oberoberwitz erließ. Es heißt in derselben „die hasigen Musikanten und der Schulhalter Großer seien zu bedeuten, daß sie die Feiertage über die Musik in dem Kretscham zu Niederoberwitz ohne fernere Weigerung zu übernehmen hätten und zu geschärfter Verordnung keinen Anlaß geben sollten." Gegen Ende des Jahres 1810 kamen daher der Stadtrath zu Zittau und der Amtshauptmann von Kyaw auf Hainewalde überein, da die beiden Nebenlehrer um diese Zeit ihre Schulämter wegen Altersschwäche niederlegten, fortan zu diesen Schulstellen nur Männer, welche in einem Seminar vorgebildet wären, oder doch sonst hinlänglich gebildet seien, zu berufen. In Zukunft sollte der Schullehrer der oberen Schule wie bisher vom Stadtrath zu Zittau, der Lehrer der niederen Schule dagegen von der Hainewalder Herrschaft gewählt werden. Doch immer gab es noch Schwierigkeiten zu beseitigen. Bei einer am 9. April 1811 im Kretscham abgehaltenen Versammlung zeigte sich die Gemeinde Hainewalder Antheils durchaus nicht mit der Anstellung eines neuen Lehrers einverstanden. Obwohl die genannten beiden Ortsherrschaften bereitwillig jedem Lehrer jährlich zwei Scheffel Korn und zwei Klaftern Holz ihrerseits zusicherten, wollte jener Ortsantheil nicht einmal die sonstigen geringen Lasten, welche fast nur in Bezahlung der Hausmiethe bestanden, tragen. Man verlangte, daß auch die Gemeinde Ruppersdorfer Antheil, welche zu dieser Besprechung auch gar nicht eingeladen war, da aus diesem die Kinder zum größten Theile die Kirchschule besuchten, dazu beitragen sollte. Zweimal wurde appellirt, aber vergeblich. Noch im Jahre 1811 kam es zur Besetzung der beiden Schulstellen. Jedoch erst im Jahre 1826 wurde das Dorf in drei ziemlich gleich große Schuldistricte eingetheilt und das Schulwesen den Fortschritten der Neuzeit entsprechend organisirt. Auch hier hatten bis dahin die Kinder der beiden Nebenschulen im letzten Schuljahre die Kirchschule besuchen müssen. Die Zahl der Schulkinder, welche im Jahre 1840 ca. 500 betrug, ist gegenwärtig — 1870 — auf 455 gefallen. Die Kirchschule wird jetzt von 153 Kindern, die niedere Schule von 150 und die obere Schule von 152 besucht. — Seit einigen Jahren besteht auch hier, wie in Niederoberwitz, und zwar seit 1865 eine Sonntagsschule für die erwachsene männliche Jugend. Sie wird von 40 bis 50 Schülern, größtentheils Weberburschen, besucht. Jeder Schüler zahlt vierteljährlich 7½ Ngr. Schulgeld. Das Fehlende wird aus dem durch freiwillige Beiträge gebildeten Stiftungsfonds von 250 Thlr. entnommen.

### a. Die Kirchschule.

Die alte, durchaus von Holz gebaute Kirchschule war im Laufe der Jahrhunderte so baufällig geworden und entsprach den Anforderungen der Gegenwart so wenig, daß man schon längst gewünscht hatte, es möchte ein neues Schulgebäude an die Stelle des alten treten. Immerwährende Reparaturen und der Umstand, daß ein Brand noch im Entstehen gelöscht werden konnte, der bei der Feuergefährlichkeit des Hauses dasselbe unfehlbar in Asche gelegt haben würde, brachten die gehegten Wünsche zur Ausführung. Die Grundsteinlegung des neu zu erbauenden Hauses, welches so ziemlich an der Stelle des alten massiv aufgeführt werden sollte, erfolgte am 22. August 1861. Die Zeit des Baues über wurde die Schule einstweilen im Hause des Richters Sigismund Vogt abgehalten. Am 17. Juli 1862, Vormittags, wurde die Kirchschule, deren Bau einen Kostenaufwand von 4320 Thalern erfordert hatte, feierlich eingeweiht. Der Nachmittag vereinigte sämmtliche Schüler und Schülerinnen aller drei Schulen des Dorfes auf dem Schießplatze zu einem Schulfeste, an welches nicht blos die fröhliche Kinderschaar, sondern gewiß alle übrigen Theilnehmer noch heute mit Befriedigung zurück denken werden. — Bei Ablösung der von den beiden Dominien Hainewalder und Ruppersdorfer Antheil an das hiesige Kirchschullehn zu entrichtenden Naturalleistungen (Korn, Hafer, Holz) erhielt dasselbe laut Receß vom 19. November 1851 102 Thlr. 10 Gr., die beiden Nebenschullehne 400 Thlr., von Seiten der Gemeinde laut Receß vom 28. Juni 1856 das Kirchschullehn 760 Thlr. 25 Gr. und die beiden Nebenschullehne 375 Thaler.

### Lehrer an der Kirchschule.

**Calixt Bartsch**, 1589. Im genannten Jahre kaufte er am 6. November von Georg Möller aus dessen Gute einen Sandberg nebst einem Stück Garten um 24 Zitt. Mark. Er muß aber schon vor 1600 gestorben sein, da seine Wittwe Katharina, „die alte Schreiberin", und ihr Sohn Hans Bartsch, dieses Areal am 24. März genannten Jahres wieder an Georg Möller abtraten.

**Gabriel Starke**, „Kirchschreiber", 1612.

Zacharias Engelmann, geboren 1595 den 19. December zu Niederoderwitz. Er war der einzige Sohn erster Ehe des dasigen Pfarrers Daniel Engelmann. 1625 wird er als „dermalen Kirchen= und Schuldiener in Sohland bei Reichenbach" angeführt. Wenn er diesen Schuldienst mit dem zu Oberoderwitz vertauschte, ist eben so wenig wie die Zeit seines Todes bekannt.

Friedrich Engelmann, ein Sohn des Pfarrers zu Oberoderwitz, Zacharias Engelmann. Er wird im Niederoderwitzer Kirchenbuche zuerst 1647 als Kirchenschreiber zu Oberoderwitz angeführt, während er kurze Zeit früher nur Sohn des dasigen Pfarrers genannt wird. Er starb im Jahre 1677. Oft wird im Kirchenbuche seine Tochter Katharina Helene als Taufzeugin angeführt.

Johann Jacob Schön, Sohn des Pfarrers in Ruppersdorf, war seit 1673 seinem Vorgänger substituirt. Seine Frau hieß Esther Rosine. Im Jahre 1702 wurde sein jüngerer Bruder Johann Adam, als dieser hier Pfarrer ward, sein Vorgesetzter. Er starb 1722.

Johann Georg Netsch, seit dem 12. Mai 1722. Er war gebürtig von Oberoderwitz, hatte das Gymnasium in Zittau besucht und dann Theologie studirt, war vorher Schullehrer in Oberleutersdorf gewesen und starb 1743 im Alter von 70 Jahren. Sein ältester Sohn, Johann Georg, war Schullehrer in Niederoderwitz. Ein Sohn, Johann Philipp, geboren zu Oberoderwitz 1725 den 31. August, wurde, nachdem er vorher beim Grafen Brühl in Dresden in Diensten gestanden hatte, 1749 Schulmeistersubstitut und 1756 Schulmeister in Eibau, und starb den 4. October 1792. Ein dritter Sohn

Gottlob Netsch, geboren zu Oberleutersdorf, wurde der Nachfolger des Vaters. Vorher war er 1742 Schullehrer in Rennersdorf und 1743 Schullehrer in Dittersbach gewesen. Er starb 1790 den 18. December im Alter von 75 Jahren.

Seine Ehegattin starb am 20. October 1770. Sie stürzte so unglücklich von der Treppe, daß sie in Folge einer Verletzung am Hinterkopfe 24 Stunden später starb.

Christian Friedrich Leberecht Merkel, geboren zu Schneeberg 1756, besuchte von 1768 bis 1775 die St. Annenschule zu Dresden, wurde im letztgenannten Jahre Substitut und bald darauf Schullehrer in Ruppersdorf. Nach einer am 14. Juni in der hiesigen Kirche abgehaltenen Probe wurde er im August 1791 nach Oberoderwitz berufen. Ein Bruder von ihm war der Herausgeber des bekannten Merkel'schen Kinderfreundes. Er starb im März 1830 und wenige Monate später sein ältester Sohn, welcher die Stelle eines ersten Lehrers und Organisten in Großschönau bekleidete. Sein jüngster Sohn

August Leberecht Merkel, welcher bis 1808 das Gymnasium zu Zittau besucht hatte, und dem Vater schon seit 1810 substituirt gewesen war, wurde sein Nachfolger und starb 1840 am 24. October in dem Alter von 50 Jahren 7 Monaten. Sein Sohn Gustav Adolph, geboren zu Oberoderwitz den 12. November 1827, bekannt durch seine Compositionen, war vorher Lehrer in Dresden und ist seit 1864 Hoforganist daselbst.

Karl Friedrich Kotte, geboren zu Kamenz den 24. Januar 1814, besuchte das Bautzener Seminar von Ostern 1831 an, war erst zweiter Lehrer zu Oppach und ist seit dem 3. Mai 1841 in seiner gegenwärtigen Stellung. Im Jahre 1866 feierte er unter großer Theilnahme sein 25jähriges Amtsjubiläum. Wenige Monate später erhielt er in Anerkennung seiner verdienstlichen Wirksamkeit den Cantortitel.

b. Schule Hainewaldischen Antheils.

In der ersten Zeit wurde der Unterricht in gemietheten Wohnungen ertheilt. Erst im Jahre 1832 kaufte die Gemeinde das dem Christian Friedrich Wünsche gehörige Haus. Es wurde, nachdem sich noch einige Reparaturen nöthig gemacht hatten, im November genannten Jahres als Schulhaus bezogen. Da es im Laufe der Zeit sich als sehr baufällig und unzulänglich zeigte, so beschloß man im Jahre 1866 ein neues zu bauen. Am 20. September 1867, Vormittags, wurde dasselbe feierlich eingeweiht. Außer den Schulkindern, den Ortslehrern, den Mitgliedern des Gemeinderathes, den Gerichtspersonen und Kirchvätern, hatten sich auch der Gerichtsamtmann Kölbing aus Herrnhut und der Localschulinspector M. Herrmann im alten Schulhause eingefunden. Die feierliche Abschiednahme geschah durch Gesang und eine Ansprache des Lehrers Höhne an die Kinder. Der Festzug bewegte sich hierauf zu dem durch eine Ehrenpforte geschmückten neuen Schulhause, worauf Pastor M. Herrmann die Weihrede hielt und dann unter herzlichen Segenswünschen dem Lehrer die Schlüssel zu dem neuerbauten Schulhause überreichte. Im Schulzimmer angelangt, wurde der erste Eintritt durch eine Ansprache des Lehrers an die Kinder gefeiert. Nachmittags wurde für alle drei Schulen des Ortes ein Schulfest veranstaltet. Von der Schuljugend des niederen Districtes abgeholt, zogen mit dieser die Kinder der anderen beiden Schulen, geschmückt mit Fähnchen und Kränzen, unter fröhlichen Klängen der Musik auf die Schießwiese, die zum Festplatz bestimmt war. Da durch freiwillige Beiträge aus der Gemeinde gegen 67 Thaler zusammengekommen waren, so konnte den Kindern Speise und Trank gereicht und jedes Kind bei einer Verloosung mit einem Geschenk erfreut werden. Begünstigt vom schönsten Wetter eilte der vergnügten Kinderschaar das heitere Fest nur zu rasch vorüber. — Das alte Schulhaus wurde am 22. October genannten Jahres um 1130 Thaler verkauft. Der Kostenbetrag des neuen Schulhauses belief sich mit dem Ankaufspreise des Areals auf 4564 Thaler.

Lehrer.

Friedrich Wilhelm Opitz, geboren 15. August 1790 zu Trattlau bei Ostritz, war seit October 1811 Schullehrer allhier, von 1814 an Substitut und nach dem 1818 erfolgten Tode seines Seniors Schullehrer zu Oberleutersdorf. Er starb, nachdem er 1858 emeritirt worden war, bereits den 27. April genannten Jahres.

Nathanael Gottlieb Rösler, geboren 1788 den 10. Januar zu Görlitz. Er erhielt seine Vorbildung in dem dasigen Waisenhause. Bereits in Görlitz als Lehrer thätig und seit 1810 Schulgehilfe in Ebersbach, wurde er 1814 Lehrer allhier, vom November 1815 an Hilfslehrer im oberen Schuldistricte zu Großschönau, 1822 Schullehrer zu Harthau und im Juni 1829 Schullehrer und Gerichtsschreiber zu Niederolbersdorf. Am 12. November 1856 feierte er sein 50jähriges Amtsjubiläum. Auf sein Ansuchen wurde er im folgenden Jahre emeritirt und starb den 14. Juli 1866 in Zittau.

Johann Christian Ehregott Kauffer, geboren den 6. Januar 1798 zu Neukirch am Hochwalde, wurde 1816 Lehrer allhier, nachdem er vorher Schulgehilfe in Berthelsdorf gewesen war. Von Michaelis 1817 an besuchte er drei Jahre lang das Seminar zu Bautzen, worauf ihm 1820 das Amt eines Kirchschullehrers in Wehrsdorf übertragen wurde. Von 1862 an lebt er als Emeritus in Bautzen.

Johann Gottlob Jentsch, geboren 1798 den 26. September zu Nieda, wurde 1814 Schulgehilfe zu Oberlichtenau, 1816 Lehrer zu Löwenslust bei Görlitz, dann Schulgehilfe in Berthelsdorf und von 1817 bis 1822, in welchem Jahre er nach Neugersdorf berufen wurde, Lehrer allhier. Er starb zu Gersdorf 1861. — Erst im Mai 1826 konnte die Schulstelle wieder besetzt werden und zwar durch

Ernst Wilhelm Werner, geboren zu Leuba den 12. September 1805. Er besuchte das Seminar zu Bautzen von Ostern 1822 an, war zuerst Schulgehilfe in Spitzkunnersdorf,

wurde 1826 Schullehrer allhier und trat sein Amt als Kirch=
schullehrer zu Spitzkunnersdorf am 2. August 1829 an. Er
wurde im Jahre 1869 emeritirt.

Karl Gottlob Frenzel, geboren in Berzdorf auf dem
Eigen 1781 am 8. October, war seit 1818 Schullehrer in
Radgendorf und seit 1829 allhier. Er starb, nachdem er im
Jahre 1851 emeritirt worden war, den 10. Mai 1865 im
84. Lebensjahre.

Gustav Julius Moser, geboren 1820 in Zittau,
von 1837 an Zögling des Zittauer Seminars, 1841 zweiter
Lehrer in Großhennersdorf, 1851 Lehrer allhier und seit 1855
Lehrer in Oberneukirch.

Friedrich Wilhelm Härtig, geboren 1827 in Zittau,
besuchte von 1845 bis 1849 das Seminar zu Zittau, war erst
Hilfslehrer in Pirna, dann in Bernstadt, 1853 zweiter Lehrer
in Großhennersdorf, 1855 Lehrer in Oberoderwitz, 1856 zweiter
Lehrer in Hainewalde und seit 1869 Kirchschullehrer in Spitz=
kunnersdorf.

Andreas Krahl, geboren zu Oleina den 15. Februar
1826, wurde 1844 ins Seminar zu Bautzen aufgenommen.
Nachdem er 1850 Lehrer in Oppitz und im folgenden Jahre
zweiter Lehrer zu Seidau gewesen war, trat er im März 1857
das hiesige Schulamt an. Juli 1858 wurde er zweiter Lehrer
zu Kittlitz. Seit 1869 ist er Kirchschullehrer in Kittlitz.

Karl Heinrich Höhne, geboren den 27. November
1829 zu Großwelka, Sohn des dasigen Lehrers, erhielt seine
Vorbildung auf dem Bautzener Seminar von Ostern 1848 an,
war zuerst Hilfslehrer in Hauswalde und trat das hiesige
Schulamt am 10. November 1858 an.

c. Schule Zittauischen Antheils.

Auch hier wurde anfangs, wie schon erwähnt, der Un=
terricht in gemietheten Localen ertheilt. Erst 1815 wurde
von der Gemeinde Zittauer Antheils ein eigenes Schulhaus
erkauft. Doch bald machte sich der Bau eines neuen Schul=

hauses nothwendig. Man riß das alte nieder und fing im Mai 1827 an, auf derselben Stelle ein neues aufzuführen und zwar unter Leitung von neun Ausschußpersonen, von denen drei aus dem Ruppersdorfer Antheile, drei aus dem Zittauer und drei aus dem Hainewalder gewählt worden waren. Zu dem Baue schenkte der Zittauer Stadtrath zwölf und die Ruppersdorfer Herrschaft sechs Stämme Holz. Am 2. August erfolgte die Aufsetzung des Dachstuhles und am 8. October d. J. wurde das Haus durch eine Rede des Ortspfarrers M. Rhäsa eingeweiht. Der Bauanschlag betrug 1600 Thaler.

Lehrer.

Johann Friedrich Fröhlich, Häusler allhier, und

Christoph Schniebs, desgleichen, erhielten am 29. Februar 1740 Erlaubniß vom Stadtrath zu Zittau, Kinder im Christenthume, Schreiben und Lesen zu unterrichten.

Christoph Wünsche, seit 1748 Lehrer im niederen Districte, legte 1762 sein Schulamt Alterswegen nieder.

Gottfried Schöbel, geboren 1708, war von 1755 bis 1779 Lehrer im obern Districte. In einer Bittschrift an den Stadtrath klagte er 1772, daß der Theucrung wegen nur sehr wenig Kinder die Schule besuchten.

David Wünsche, geboren 1726 zu Oberoberwitz. Er war beim Beginne des siebenjährigen Krieges im Jahre 1756 gewaltsam in das preußische Infanterieregiment Mannstein eingereiht worden und hatte sich nach ³/₄ Jahren beim Rückzug der Preußen aus Böhmen durch die Flucht dem preußischen Militärdienste entzogen. Auf Ansuchen der Gemeinde wurde er 1762 als Lehrer im niedern Districte angestellt, nachdem er am 10. Mai b. J. von dem Mittagsprediger M. Bürger in Zittau geprüft worden war. Er amtirte bis 1769.

Johann Georg Großer, geboren 1739 in Ebersbach, wurde am 8. Januar 1770 von dem Katecheten M. Röber in Zittau geprüft und war bis 1779 Lehrer im niedern und bis 1810, in welchem Jahre er sein Amt wegen Altersschwäche niederlegte, Lehrer im oberen Districte. Nach seiner Emeritirung lebte er bei seiner Tochter in Eibau.

David Neumann, ein Häusler aus Spitzkunnersdorf, war von 1780 an, nachdem er am 8. März durch den Katecheten Richter in Zittau geprüft worden war und die Prüfung gut bestanden hatte, Lehrer im niederen Districte. Sein Nachfolger wurde

Christian Friedrich Wenzel, ein Weber, seit 1787. Er verwaltete das Schulamt bis zum 25. April 1811 und mußte dann wegen Geistesstörung im Alter von 56 Jahren entlassen werden.

Friedrich August Hofmann, von 1811 an, geboren 1790 in Nieda, 1809 Schuladjuvant in Walbau, legte im April 1832 sein Amt nieder und wanderte nach Polen aus.

Karl Gotthelf Herrmann, geboren 1811 den 25. December in Drausendorf, von 1829 an Zögling des Zittauer Seminars, übernahm das hiesige Schulamt im November 1832, nachdem ihm dasselbe bereits seit dem 4. Mai d. J. interimistisch übertragen worden war. Im Jahre 1857 feierte er am 4. Mai unter großer Theilnahme das 25jährige Jubiläum seiner Amtsthätigkeit.

VII. **Gemeindewesen.** (Verwaltung und Rechtspflege.)

Einen für die Darstellung sehr schwierigen Abschnitt der Geschichte von Oberwitz bildet die Geschichte des Gemeindewesens. Die vielen Ortsantheile erschwerten auch hier, wie bei dem Abschnitte über die Ortsherrschaften die Bearbeitung ungemein. — Leider mußte Manches lückenhaft bleiben, da in Niederoberwitz die Schöppenbücher erst mit dem Jahre 1600 beginnen, während in Oberoberwitz dieselben von 1580 an vorhanden sind.

Oberwitz bildet in politischer und kirchlicher Beziehung zwei völlig von einander geschiedene Gemeinden und hinsichtlich des Schulwesens gegenwärtig zwei für sich bestehende

Schulverbände, von denen jeder je drei ziemlich große Schulbezirke umfaßt. Die Vereinigung zu einem Schulverbande datirt in Niederoberwitz vom 1. Januar 1851.

Mit Einführung der Landgemeindeordnung im Jahre 1839 wurden Verwaltung und Justiz getrennt. Da Nieder-, Mittel- und Oberoberwitz seitdem jedes für sich selbstständig seine Gemeindeangelegenheiten durch einen Gemeindevorstand mit einer bestimmten Anzahl Gemeinderathsmitglieder verwaltet, so sind in Bezug auf Verwaltung drei Gemeinden anzunehmen. Bis dahin verwaltete jeder der verschiedenen Antheile mit Ausnahme des Kirchlichen seine Angelegenheiten für sich. Die Zittauischen Antheile von Ober- und Niederoberwitz bildeten ein Gemeindewesen. Nur hinsichtlich der landesherrlichen Steuern machte der sogenannte Zieglersche Antheil eine Ausnahme, da er nicht stadtmitleidend, sondern landmitleidend war. Seit 1808 war dieser Antheil zur Wahl dreier Gerichtsschöppen und eines Gemeindeältesten berechtigt. Bei Gemeindeversammlungen hatten sich die betreffenden Bewohner von Oberoberwitz im Kretscham zu Niederoberwitz einzufinden, wo auch die Oberoberwitz Zittauischen Antheils betreffenden Käufe, Erbsonderungen 2c. abgeschlossen und in das basige Schöppenbuch eingetragen wurden. Der Vicerichter zu Oberoberwitz und zwei Gerichtsälteste waren Mitglieder der Niederoberwitzer Gerichtsbank; ebenso war auch bis 1849 der basige Gerichtsschreiber zugleich mit für den Zittauer Antheil von Oberoberwitz verpflichtet. In Oberoberwitz datirt die vollständige Verschmelzung zu einer Gemeinde erst seit 1865, in welchem Jahre man anstatt der separaten Armenkassen sämmtlicher drei Antheile eine gemeinschaftliche Armenkasse ins Leben rief. Man beschloß in Folge dessen in der Gemeinderathssitzung vom 7. September 1867 einstimmig, daß die Mitglieder des Gemeinderathes nicht mehr nach den drei Antheilen, sondern beliebig gewählt werden sollten. Am

23. Juni 1868 wurde dieser Beschluß von der Kreisdirection bestätigt. Der gleichzeitig ausgesprochne Wunsch, das Polizeiliche blos einem Ortsrichter zu übertragen, wurde abfällig beschieden. Jeder der drei Antheile hat daher noch jetzt, ebenso wie auch Nieder- und Mittelobertwitz seinen besondern Ortsrichter mit einer Anzahl Gerichtsältesten.

Hinsichtlich der Jurisdiction stand Mittelobertwitz, dessen Patrimonialgerichtsbarkeit schon früher an den Staat abgetreten worden war, seit 1842 unter dem Landgerichte zu Löbau. Seit 1856 ist es, ebenso wie Niederobertwitz, dem Gerichtsamte zu Zittau überwiesen. Die Gerichtsbarkeit von Oberobertwitz ging in den Jahren 1855 und 1856 an das Gerichtsamt Herrnhut über.

Was die Verwaltung und die Rechtspflege der früheren Zeit betrifft, so übte Zittau schon in den ältesten Zeiten nicht blos über seine Bürger und Unterthanen, sondern auch in seinem ganzen Weichbilde, unter welches auch Obertwitz gehörte, die Obergerichtsbarkeit aus. Ein vom Landesherrn eingesetzter Vogt verwaltete dieselbe und sprach mit Zuziehung der Schöppen nach sächsischen Rechten und Gewohnheiten Recht. Zu gewissen Zeiten im Jahre und später in größeren Zwischenräumen mußten anfangs die Bewohner der Dörfer des Weichbildes in Zittau erscheinen, wo die sogenannten Echtedinge, Ehedinge oder Rügengerichte abgehalten wurden. Bei allen peinlichen Fällen sprachen die Schöppen der Stadt Recht, während man das Polizeiliche und die Gemeindeangelegenheiten den Erbgerichten des betreffenden Ortes zur Entscheidung überwies.

So erschienen z. B. im Jahre 1518 die Cölestiner des Oybins als Erbherren zu Obertwitz, weil sie für ihre Unterthanen eine Polizeiordnung erlassen wollten, in Zittau, „um vor den Richtern und Schöppen daselbst Ding hegen zu lassen." Doch ließ sich die Obergerichtsbarkeit in den Dörfern des Adels nur schwer behaupten. Auch in Oberobertwitz versuchte bereits im Jahre 1518 Nicolaus von Gersdorf, wie schon früher erwähnt, Eingriffe gegen diese Gerechtsame Zittau's, indem er auf seinem Vorwerk Mittwochs vor Georgii „offen Ding" halten ließ. Die Cölestiner auf dem Oybin vermittelten endlich den Streit und Nicolaus von Gersdorf mußte seine Nichtbefugniß zugestehen.

Obwohl am 12. März 1562 auch die Ritterschaft die Obergerichte in peinlichen Fällen erhielt, kamen immer noch mancherlei Streitigkeiten vor, z. B. in den Jahren 1651 und 1682 mit der Herrschaft von Mitteloberwitz bei den schon früher angeführten Fällen von Ermordungen.

Von jetzt an wurden die Dingsgerichte durch Deputirte des Rathes in Oberwitz selbst abgehalten, doch der damit verbundenen Kosten wegen, welche die Gemeinde zu tragen hatte, nur in längeren Zwischenräumen, so z. B. in Niederoberwitz 1677, nachdem seit 1619 kein Dingsgericht mehr stattgefunden hatte. Jedoch wurden der Gemeinde in Ermangelung des Ehedings die Rügengesetze und die Gemeinderechnung alljährlich verlesen. An dem Dingsgericht nahmen auch die Bewohner von Oberoberwitz, insoweit als sie unter Zittau gehörten, Antheil. In den beiden anderen Antheilen von Oberoberwitz scheinen öfterer Dingsgerichte abgehalten worden zu sein; wenigstens heißt es, daß man von 1619 an dabei stets die Abgabe der zwei Malter Decem an den Pfarrer zu Niederoberwitz gerügt habe.

Da diese Rügengerichte einen interessanten Einblick in das Gemeindewesen und die Rechtsgeschichte früherer Jahrhunderte bieten und da dieser eigenthümliche Rechtsbrauch, ein Ueberrest des alten deutschen öffentlichen Gerichtsverfahrens, sich gerade in unserer Lausitz am längsten erhalten hat, so dürfte es wohl nicht überflüssig sein, ausführlicher darauf einzugehen.

Die Jahrdinge waren öffentliche Gerichtstage, an denen die gegenseitigen Rechte der Herrschaften und Unterthanen verhandelt, gerügt wurden und an denen Gelegenheit geboten war, vorgebrachten Beschwerden und Uebelständen abzuhelfen, Bedrückungen entgegenzutreten und in öffentlicher Versammlung Klage zu erheben. Außerdem wurden noch bei den Ehedingen erledigte Gemeindeämter besetzt und die betreffenden Personen verpflichtet und Gerichtsverhandlungen wie Käufe und dergleichen erledigt. Als „Dingsrichter" leitete in Oberwitz diese Verhandlungen ein Zittauer Gerichtsactuar. Bei dem Ehebing, welches 1619 den 6. November im Gerichtskretscham zu Niederoberwitz abgehalten wurde, waren außer den beiden Zittauer Bürgermeistern Kindler und Gebhard, dem Stadtrichter Schnitter und vier Rathsherren, noch Hartig von Nostitz auf Neukirch und Hans Nicol von Nostitz auf Kunewalde und Ratibor als Vormünder des unmündigen Hans Ullrich von Nostitz auf Hainewalde zugegen. Dem Dingsgerichte 1677 den 30. September wohnten außer acht Zittauer Rathsherren auch noch der Commandant der Zittauer Garnison, Oberstwachtmeister Eschart, Hans Ernst von Rübinger auf Kreischengut, Christoph Jentsch, Verwalter von Hainewalde, und der Pastor des Ortes, David Engelmann, bei.

Da Inhalt und Form dieser Ehedinge nicht ohne Interesse sein dürften, so sei der Ehedingsproceß hier wörtlich mitgetheilt.

Zunächst eröffnete 1677 der vorsitzende Deputirte des Rathes, Bürgermeister David Jentsch, die Feierlichkeit mit einer Rede an die Gemeinde, in welcher er auf die Bedeutung des Ehedings hinwies. Nachdem dann sieben Gerichts- und drei Gemeindeältesten gewählt und vereidet worden waren, wurden die sämmtlichen Einwohner von Ober- und Niederoberwitz Zittauer Antheils mit Namen aufgerufen. Alsdann setzten sich Richter und Aeltesten nebst dem Gedingsrichter, Gerichtsactuar Joachim Möller, an den Tisch und das Dingsgericht wurde damit eröffnet, daß der Dingsrichter seinen

Stab in der Hand haltend, vor sich auf den Tisch stellte, und sagte:*)

„Weil es denn an der Zeit ist, daß ein öffentlich Ehe=
ding heute soll geheget und gehalten werden, so frage ich
euch Schöppen zur rechten Hand, ob ich solches mit Urthel
und Recht hegen und halten kann."

Antwort des Schöppen zur rechten Hand:

„Herr Dingsrichter, dieweil ihr gebietet das Recht und
verbietet das Unrecht, so heget ihr das Ehebing, wie Recht ist."

Darauf sagte der Dingsrichter:

„So hege ich demnach im Namen Gottes des Vaters 2c.
ein öffentliches Ehebing, den Armen als den Reichen, den
Fremblingen als den Einheimischen. Ich gebiete Recht und
verbiete Unrecht und will einem jeden zum erstenmal (zum
andernmal, zum drittenmal) erinnert und ermahnet haben,
daß Niemand vor gehegte Bank trete und rede sein selbst
eigen oder eines andern Wort, er thue es denn mit Beschei=
denheit und mit derer Herrn Schöppen Erlaubniß. Er soll
auch kein mörderlich Gewehr an sich haben, denen Ge=
richten, noch Jemand anders nicht beschwerlich sein, noch
ihnen etwas zu Ohren raunen, oder sonst mit unhöflichen
Geberden sich erweisen. Wer das thut, der soll zur Gerichts=
buße von zwei Schock verfallen sein."

Und weil denn, wie gedacht, von Alters her gebräuch=
lich ist, daß man in den Jahrbingen pfleget in die Rügen
zu gehen, so rüget Ein wohlebler hochweiser Rath
der Stadt Zittau

1. Die Obergerichte allhier und so weit, als er dieselbi=
gen bisher in ruhigem Besitz gehabt, daß solche allezeit in
üblichem Brauch sollen gehalten werden. 2. Bei hiesigen
Unterthanen, als bei Hans Christoph 2c. Oybinisches Zins=
getreibe an Korn und Hafer, so viel ein jeder abzuführen

---

*) Die Form des Ehedings ist ganz dieselbe wie an anderen Orten des Zittauer Stadtgebietes.

schuldig, daß sie sich damit einfinden sollen. 3. Rügen die Herren Verwalter bei der Scheibemühle und hiesigen kleinen Mühle, daß ein Jeder in denselben sein Getreide, sonderlich die Häusler in der kleinen Mühle mahlen sollen, wohin ein jeder gehöret; wer sich in anderen Mühlen wird finden lassen, der soll mit gebührender Strafe angesehen werden.

Es rüget die ganze Gemeine, arm und reich
1. Die Herrschaften wollten der Kirche die früher entzogenen sechs Gärten, welche derselben hätten zinsen und Handarbeit thun müssen, wieder zuwenden. 2. Das freie Fischen in der Dorfbach an drei halben Tagen in der Woche und zwar Montags, Mittwochs und Freitags von Seiten der Bauern und Gärtner, weil sie den Wasserlauf und die Stege in baulichem Stande erhalten müßten. 3. Daß sie von den benachbarten herrschaftlichen Schäfern sehr bedrängt würden, während doch die Gemeinde die Schaftreibe erkauft hätte, damit sie unbedrängt bleibe. Man bittet daher die Herrschaft um Schutz. 4. Daß sie von den benachbarten Junkern und ihrem Gesinde durch die Jagd, während das Getreide noch auf dem Felde sich befände, großen Schaden zu erleiden hätten. 5. Die Brücken, Kirchsteige und Wege in baulichem Stande zu halten. 6. Ebenso die Wege in der Aue, daß ein Nachbar zu dem andern fahren und gehen kann; auch soll ein jeder die Thore und Zäune in der Aue bei seinen Grundstücken anrichten. 7. Auf der Gemeindeaue soll kein großes Vieh, weder Pferde noch Kühe, Schafe und Ziegen zu hüten gestattet werden, blos kleines Vieh, damit die Zäune nicht Schaden leiden. 8. Der Kirchhof soll geschlossen bleiben, damit das Vieh nicht Schaden anrichten kann. 9. Einen freien Fußweg über alle Bauergüter bis an die Scheibemühle. 10. Die Bauern und Gärtner rügen, daß die Häusler keine Tauben halten sollen, sie bitten den Rath, er möge die Verbrecher mit Ernst bestrafen. 11. Freies Schlachten und Backen, wie es jederzeit gebräuchlich gewesen. 12. Klagen

Richter und Schöppen, daß die Gemeine den Zaun des Schreibers (Schullehrers) übel im Stande halte, so daß dem Schreiber großer Schaden geschehe. 13. Die Bauern und Gärtner rügen, die Aue sei mehrentheils bebaut und sie müßten doch, ungeachtet des geringen Nutzens, ebenso wie früher das Schweinegeld geben; sie bitten daher um dessen Erlaß. 14. Die ganze Gemeine unter Zittau beansprucht die Mitbenutzung des Mitteloberwitzer Viehweges, auf welchen bisher die Mitteloberwitzer allein Anspruch machen wollen; sie bitten daher, den Viehweg der Gemeine zum Besten in Ackerland zu verwandeln oder in der alten Gerechtigkeit zu erhalten. 15. Rüget die ganze Gemeinde, daß doch in der Gemeinschmiede (später verkauft und jetzt Cat.=Nr. 196) die Bauer= und Mühlarbeit möge gemacht werden, damit die Gemeineschmiede könne erhalten werden, weil die Gemeine solche in baulichem Stande erhalten muß. 16. Bisher habe bei Gevatterschaften jede Gevatterin noch eine Frau mit in den Kretscham gebracht, so daß den Mannspersonen zu große Kosten verursacht worden seien; in Zukunft soll das andere Weib zurück bleiben oder die Gevatterin muß für sie „die halbe Derthe" erlegen.-

Die übrigen Rügen betrafen Privatstreitigkeiten. Zuletzt rügte der Richter und die Gerichten noch folgende Punkte: 1. Daß die Hochzeitsgäste nach vollbrachter Mahlzeit den gewöhnlichen Bierzug nicht halten, sondern größtentheils nach Hause gehen. Jeder Außenbleibende möge die Hälfte „der Derthe" erlegen. 2. Daß viel Weiber und Kinder, die weder Männer noch Eltern dabei haben, sich in dem Kretscham einzufinden pflegen und die Gäste belästigen. Man bittet um Abstellung dieses Unfugs. 3. Daß die Oberoberwitzer schuldig, Kindtaufe zu machen und das Bier im Kretscham zu nehmen. Wer ein ganzes Viertel in der Stadt holen wolle, sei 8 Groschen zu entrichten verbunden. Mancher Oberoberwitzer sei wohl mit sechs bis sieben Kindtaufen rückständig. 4. Die Gäste des Bräutigams haben sich am ersten Hochzeittage im Kretscham zu versammeln. 5. Die Niederoberwitzer sind schuldig, sowohl bei Verlobungen und Hochzeiten alle Tage richtige Bierzüge in dem Kretscham zu halten. 6. Alle Käufe, Erbsonderungen und Verträge sollen nur im Kretscham im Beisein der Gerichten abgeschlossen und Erbegelder nur hier ausgezahlt werden.

Nach Verlesung dieser Rügen frug der Dingsrichter den Schöppen zur linken Hand:

„Ich frage Euch, Schöppe zur linken Hand, ob ich das Ebeding geheget und gehalten, wie billig und recht ist, und ob solches im Namen Gottes mag aufgehoben werden?"

Der Schöppe zur linken Hand antwortete:

„Dieweil ihr geboten das Recht und verboten das Unrecht, so habt ihr das Ehegebinge gehalten, was billig und recht ist, und kann in Gottes Namen aufgehoben werden."

Hierauf nahm der Dingsrichter den Stab und hielt ihn über den Tisch. Die Schöppen erhoben sich und berührten den Stab. Das Dingsgericht wurde vom Dingsrichter mit den Worten geschlossen:

„Weil ich denn solch Ehebing den Armen als den Reichen, den Einheimischen als den Fremdlingen zu Gute mit Urthel und Recht geheget und gehalten habe und nichts mehr zu klagen ist, als will ich solches wiederum aufgehoben haben, im Namen Gottes des Vaters, Gottes des Sohnes und Gottes des heiligen Geistes. Amen!"

Zuletzt wurde der Stab zerbrochen und die Stücke in die Stube geworfen.

Ein auf Kosten der Gemeinde veranstaltetes Mahl beschloß die Feierlichkeit. Die Kosten betrugen nicht weniger als 111 Thaler 8 Gr. Jede Hufe (40 im Ganzen) hatte 1½ Thaler, jeder Häusler 3 Gr. und jeder Hausmann 2 Gr. zu zahlen.

Ehedinge wurden in Niederoberwitz noch 1683 den 2. December und 1731 den 17. October abgehalten.

So lange als Mitteloberwitz ein Afterlehn der böhmischen Herrschaft Tollenstein war, standen der Richter und die Gerichtsschöppen von Mitteloberwitz in einem ähnlichen Verhältniß zur Gerichtsbank Niederoberwitz, wie der Zittauer Antheil von Oberoberwitz. Die Käufe und andere Verträge wurden ebenfalls im dortigen Kretscham abgeschlossen und ins dasige Schöppenbuch eingetragen. Erst von etwa 1618 an hatte Mitteloberwitz seine eigene Gerichtsbank, seinen Kretscham (den sogenannten kleinen Kretscham) und eigene Schöppenbücher. Ein Richter mit einer Anzahl Gerichtsschöppen und ein oder zwei Gemeindeältesten bildete seit den ältesten Zeiten in jedem Antheile, wie bereits angedeutet, die besondere obrigkeitliche Ortsbehörde. Das Richteramt wurde in Niederoberwitz, wo ein Erbgericht vorhanden war, als erblich betrachtet und war mit dem Besitze des Kretschams verbunden, weshalb auch die Besitzer desselben mit dem Namen „Erbrichter" bezeichnet wurden. Eignete sich ein solcher nicht zum Richteramte, so ließ er sich durch einen „Gerichtshalter" oder „Vicerichter" vertreten. Erst später, gegen Ende des 17. Jahrhunderts, wählten die Herrschaften der verschiedenen Antheile von Oberwitz Juristen als Gerichtsdirectoren zur Verwaltung der Patrimonialgerichte. Was die Zittauer Antheile betrifft, so waren dieselben in allen Verwaltungsangelegenheiten dem Stadtrathe daselbst, der zugleich Polizeibehörde war, untergeordnet. Ein Zittauer Rathsherr leitete als sogenannter Ortsinspector die Verwaltung. In allen Rechtssachen stand der betreffende Theil von Oberwitz unter dem Stadtgericht zu Zittau.

Die Schöppenbücher von Niederoberwitz beginnen erst mit dem Jahre 1600, da die beiden ältesten Schöppenbücher, sowie das Waisenbuch, am 11. November jenes Jahres beim Brande des Kretschams mit verbrannten. Der Rath zu

Zittau verordnete, ein neues Schöppenbuch anzulegen, in welches nach Blatt 1 „Erbkäufe, Erbsonderungen, Erbtausche, Verträge, Abhandlungen, Besichtigungen, Lossagen und dergleichen Fälle" einzutragen wären. Auf Blatt 2 sind die damaligen Rathsmitglieder zu Zittau und die Gerichten zu Niederoderwitz verzeichnet. Die Ortsgerichten bestanden damals aus dem Erbrichter Adam Förster, den Gerichtsschöppen Michael Weber, Christoph Wagner, Hans Biehain, Michael Stübner, Christoph Reichel, Peter Schmidt, Lorenz Neumann und Mathes Weber und den Gemeinschöppen (Gemeindeältesten) Christoph Bräuer, Hans Müßler und Georg Weidner. Blatt 3 und 4 enthalten die Gerichtstaxe und den Schöppeneid. Gleichzeitig mit Schöppenbuch I., welches 1361 Seiten enthält, wurde auch ein Waisenbuch angelegt. Bis 1849 fanden Verschreibungen 2c. von Oberoderwitz Zittauischen Antheils ebenfalls im Gerichtskretscham zu Niederoderwitz statt. Obwohl sie in das dasige Schöppenbuch eingetragen wurden, so hatte man doch in Oberoderwitz Duplicate. Noch 1785 producirte man ein solches Schöppenbuch, in dem der Kauf eines Gutes, welches der Pfarrer Zacharias Engelmann 1601 erkauft hatte, verzeichnet war. Gegenwärtig sind aber weder dieses noch andere ältere Schöppenbücher von Oberoderwitz Zittauer Antheils mehr vorhanden. Schöppenbuch II. beginnt mit dem Jahre 1657. Die Schöppenbücher von Mitteloderwitz fangen um das Jahr 1650 an. Das älteste Schöppenbuch von Oberoderwitz Hainewalder und Ruppersdorfer Antheil, in welches seit 1640 auch die Kaufhandlungen von Niederoderwitz Hainewaldischen Antheils eingetragen wurden, ist ein sehr starker Band mit Holzdeckeln; er enthält außer verschiedenen Registern und einer Anzahl unbeschriebener Blätter auf 680 Blättern die Käufe von 1580 bis 1718. Eine Anzahl Käufe aus der Zeit des 30jährigen Krieges, welche dem Buche nicht einverleibt worden sind, fanden sich noch außerdem, wie auch die neueren Schöppenbücher, im

Archive des Gerichtsamts Herrnhut vor. — Die Ortsgerichten bestanden 1580 aus dem Erbrichter Balthasar Werner, und den Gerichtsschöppen Martin Schmidt, Hans Grunewald, Christoph Kühnel, Andreas Rudolf, Peter Fröhlich, Caspar Thiele, Michael Clemens, Hans Koch, Michael Möller, Gregor Wünsche und Jacob Stübner.

Oft werden in den Schöppenbüchern der älteren Zeit die Kerbhölzer erwähnt. Man bediente sich derselben bis etwa zur Zeit des dreißigjährigen Krieges. Sie machten sich nothwendig, weil damals nur Wenige schreiben konnten und weil bei der Seltenheit des Geldes nur ein kleiner Theil der festgesetzten Kaufsumme baar erlegt und der Rest gewöhnlich in einer größeren Anzahl von Terminen bezahlt wurde. Die Anzahl der Termine kerbte man in einen Stock und schnitt bei jedem Termine von den Kerbhölzern der beiderseitigen Parteien einen Ring ab, was die Stelle der Quittung vertrat. — In Baiern, wo viele Leute heute noch nicht lesen können, sind die Kerbhölzer auch jetzt noch im Gebrauche. Es heißt dort im Art. 394 der neuen Proceßordnung: „Wenn feststeht, daß die Parteien für ihren Verkehr Kerb- oder Spanhölzer gebraucht haben, so beweisen solche, falls sie unverfälscht erscheinen und unter sich übereinstimmen. Weigert sich eine Partei ohne genügenden Grund, ihr Holz vorzulegen, so gilt das vorgelegte der andern Partei.

Ein alter Gebrauch bei Kaufhandlungen war das sogenannte Wissebier oder der Leihkauf. Es wurde in Oberwitz den dabei betheiligten Personen, sowie der ganzen Gemeinde im Kretscham vor der Verschreibung des Grundstücks nach Höhe von 2, 4 und 6 Thalern verabreicht. In Oberwitz fand dieser Gebrauch noch am Anfange dieses Jahrhunderts statt. Als im Jahre 1808 der langjährige Proceß zwischen dem Stadtrath zu Zittau und der Ziegler'schen Schutzgemeinde beendigt wurde, heißt es hinsichtlich des Leihkaufes, „daß der Magistrat von dieser Forderung künftig absehen wolle, da derselbe ohnedem nur das Interesse des Erbrichters berühre." Von Seiten der Gemeinde wurde versichert, man wolle auch später dieser Bestimmung der Gerichtsordnung nachkommen, nur wolle man den Zwang dazu nicht anerkennen. Noch heute ist diese Sitte nicht ganz erloschen.

Die Gebühren der Dorfgerichten wurden nach der commissarischen Dorfgerichtsgebührentaxe für alle Dorfschaften Zittaus vom 24. August 1730 und für die beiden Landkreise nach der Sporteltaxe vom Jahre 1768 erhoben.

Mehrfach kam es auch in Oberwitz vor, daß bei Streitigkeiten und Processen von Bedeutung und zwar schon in früherer Zeit Ausschußpersonen gewählt wurden, welche die Gemeinde in diesen besonderen Veranlassungen zu vertreten hatten. Man nannte sie Synxe, eine Zusammenziehung des Wortes Syndici. Mitunter kam es aber vor, daß sie mit den Ortsgerichten in Gegensatz traten und Streitigkeiten veranlaßten.

Die Vereidung der Unterthanen Zittaus, das sogenannte „Schwören zur Unterthänigkeit" ist seit dem 16. Juni 1659 üblich. Veranlassung dazu waren wahrscheinlich Widersetzlichkeiten der Gemeinden Oberwitz und Herwigsdorf gegen den Rath zu Zittau, welche in jenem Jahre Untersuchungen durch eine landesherrliche Commission und Strafurtheile zur Folge hatten. Dieser Eid wurde von jedem Einheimischen, der einen Hausstand gründen und von jedem Fremden, der sich in der Gemeinde niederlassen wollte, geleistet. Später, um 1700, verschärfte man die Eidesformel und versah sie mit dem Zusatze: „Ich will auch nicht dabei sein, daß einige Verbündniß oder Meuterei wider E. E. Rath gemacht werde."

Losmachung von der Erbunterthänigkeit machte sich nothwendig, wenn Frauenspersonen von Oberwitz wegheiratheten, oder wenn Knaben ein bürgerliches Handwerk erlernen wollten. In Oberwitz war in solchen Fällen ein Speciesbucaten und von Frauenspersonen zwei Thaler zu zahlen. Als Gottfried Glathe 1752 und David Christoph 1759, ersterer das Rittergut Niederzobel und letzterer Mittel=oberwitz kauften, so mußten sie ebenfalls erst vorher Gesuche an den Kammerherrn von Canitz auf Hainewalde und an den Stadtrath zu Zittau um Entlassung von der Unter=thänigkeit richten. Laut Gesetz vom 17. März 1832 wurde die Erbunterthänigkeit gänzlich aufgehoben.

Hinsichtlich der **Feuerlöschanstalten** hatte der Rath zu Zittau bereits durch die am 13. April 1703 publicirte und auch für die Zittauischen Antheile von Oberwitz geltende Feuerordnung zweckmäßige Veranstaltungen getroffen. Das in früherer Zeit übliche Leuchten mit Holzspänen war schon am 15. September 1732 verboten worden. Ein neues Spritzenhaus wurde in Oberoberwitz, wo drei der Gemeinde gehörige Spritzen und drei Spritzen, welche Privatleuten ge=hören, vorhanden sind, im Jahre 1822 gebaut. Die Zu=bringerspritze kostete nebst den dazu gehörigen Schläuchen 596 Thaler. Die Gemeinden Nieder= und Mitteloberwitz be=sitzen vier Spritzen, von denen zwei in dem Spritzenhause bei der Kirche sich befinden; eine steht in dem Spritzenhause bei dem Wendlerschen Gute und eine in dem Schuppen des Bauergutsbesitzer Zöllner. Hierzu kommt noch eine Spritze der Turnfeuerwehr bei dem Schmiedemeister Wünsche. Die Spritze des Rittergutes Mitteloberwitz verbrannte, als 1866 die Scheune des Gutes in Flammen aufging. Außerdem be=sitzen noch einige Gemeindeglieder kleinere Spritzen, welche leicht zu transportiren sind. Die Spritze, welche die Ge=meinde 1864 für 660 Thaler kaufte, wurde von Friedrich Vogt in Kemnitz erbaut und dürfte wohl eine der bessern in der Umgegend sein, da sie mit Zubringerschlauch versehen ist und gleichzeitig mit drei Schläuchen ihr Wasser nach verschiedenen Richtungen ergießt.

Was die Gemeinde- und Armenhäuser betrifft, so verkauften 1638 den 7. Februar die Schmidtschen Erben das Haus, welches auf dem von ihrem Vater hinterlassenen Gute steht, der Gemeinde Niederoberwitz zu einem Gemein- und Todtenhause um 10 Zittauer Mark. Am 11. Mai 1801 wurde das Todtengräberhaus aus dem Gemeindegarten an Christian Friedrich Goldberg verkauft. 1771 den 1. Mai überließ die Gemeinde zu Mitteloberwitz das Gemein- oder Viebighaus, welches ohnehin auf herrschaftlichem Grund und Boden stand, der Herrschaft, die der Gemeinde dagegen das neuerbaute Haus auf dem eigentlichen Viehwege einräumte, damit es künftig als Gemeindehaus diene. Gegenwärtig besitzt Oberoberwitz zwei Gemeinde- und Armenhäuser, Mittel- und Niederoberwitz je eins. Das Vermögen der Armenkasse beträgt in Oberoberwitz ca. 1462 Thaler, in Mitteloberwitz ca. 1500 und in Niederoberwitz gegen 2250 Thaler. Laut Beschluß des Gemeinderathes zu Niederoberwitz vom 6. December 1857 werden bei Erwerbung von Grundstücken für Schul- und Armenkasse vom Thaler der Kaufsumme zwei Pfennige und von jeder Theilungsmasse ein Pfennig erhoben. Früher geschah dies in dieser Höhe nur von Auswärtigen.

Erst nach Einführung der Landgemeindeordnung kann von einer selbstständigen Leitung des Gemeindewesens durch Gemeindevertreter die Rede sein, da die früheren Gemeindeältesten zu abhängig von der Herrschaft und dem Ortsrichter waren. Als erster Vorstand des Gemeinderathes in Oberoberwitz wurde 1839 Gottlieb Schröter gewählt. Von 1845 bis 1851 bekleidete das Amt Christian Weimark, von 1851 bis 1863 abermals Gottlieb Schröter und von 1863 bis 1869 Christian Friedrich Bartsch. Gegenwärtig ist seit Anfang des Jahres Christian August Gäbler Gemeindevorstand. Der Gemeinderath besteht außerdem gegenwärtig aus folgenden Mitgliedern: August Steudtner, Karl Hamann, Gottlieb Deckert und Gottlob Bundesmann, Gemeindeältesten;

Friedrich Kießling, Gabriel Zschuppe, August Müller, Wilhelm Bernhardt, Gottlieb Schwär, Chr. Friedrich Berndt, Chr. Gottlieb Reichel, Chr. Friedrich Eichler, Ernst Bartsch, Gottlob Biehan, Chr. Friedrich Steudtner, Chr. Friedrich Nöthig, Karl Ernst Rönsch, Chr. Friedrich Tietze, Chr. Friedrich Tempel und Traugott Hänsch.

Gemeindevorstände in **Mitteloberwitz** waren: Johann Gottlieb Weber, Grundstücksbesitzer und Bezirksthierarzt, von 1839 bis 1845, Gottlob Härtig, Kretschamsbesitzer, von 1845 bis 1851, Ehrenfried Weber, Mühlenbesitzer von 1851 bis 1857, Johann Gottfried Wiedner, Gartenbesitzer und Postverwalter, von 1857 bis 1863, und gegenwärtig Karl August Probst, Schankwirth und Kramer, von 1863 an. Außerdem besteht jetzt der Gemeinderath aus folgenden Mitgliedern: Gottfried Zöllner, Bauergutsbesitzer, Johann Gottlieb Schnitter, Gartenbesitzer, Christian Gottlieb Jähne, Kirchvater und Gemeindeältester, Gustav Engler, Hausbesitzer und Stellmacher, Ernst Wagner, desgleichen, und Gottlob Härtig, Inwohner.

In **Niederoberwitz** fungirten als Gemeindevorstände: Christian Gottlieb Gocht, Hausbesitzer, von 1839 bis 1851, Christian Gottlieb Ludwig, Hausbesitzer und Handelsmann, von 1851 bis 1857, Christian Gottlieb Gocht, von 1857 bis 1863, und seitdem Johann Gottlieb Zöllner, Gartenbesitzer. Mitglieder des Gemeinderaths sind gegenwärtig: Karl Ernst Härtelt, Bauergutsbesitzer, Christian Gottlieb Förster, Hausbesitzer, Weber und Hochzeitbitter, und Christian Friedrich Gaubsch, Häusler, Weber und Kirchvater, als Gemeindeältesten; Karl Gotthelf Augustin, Ferdinand Julius Mönch und Karl August Ernst Glathe, als Bauergutsbesitzer; Karl Ernst Glathe, Factor, Johann Benjamin Glathe, Ernst Heinrich Glathe und Christian Friedrich Anders, als Gartenbesitzer; Christian Friedrich Clemens, Christian Friedrich Thiel, Christian Friedrich Hauptfleisch und Johann August Glathe als Hausbesitzer; Johann Traugott Christoph (seit 1839 ohne Unterbrechung Mitglied des Gemeinderathes und gegenwärtig auf sechs weitere Jahre gewählt, war schon vorher in Gemeindeämtern thätig), Karl August Schneider und Johann Karl Förster, als Inwohner.

Als Richter amtiren gegenwärtig in Oberoberwitz: Christian Samuel Wenzel im Hainewalder Antheile, Samuel Wenzel im Ruppersdorfer und Karl Gottlieb Steudtner im Zittauischen und als Gerichtsälteste Bauergutsbesitzer Chr. Friedrich Schnitter, Johann Gottlieb Tietze und Hausbesitzer Johann Gottfried Glathe im Hainewalder, Gottfried Berndt und Karl Schnitter im Ruppersdorfer und Chr. Friedrich Tempel und Johann Gottlieb Hempel im Zittauischen Antheile.

Die Gerichtspersonen in Mitteloberwitz sind: Karl August Gärtner, Gartenbesitzer, als Ortsrichter und Ernst Heinrich August Großer, Bauerguts- und Brennereibesitzer, Karl August Wiedemuth, Hausbesitzer und Kramer und Karl Wilhelm Gampe, Hausbesitzer und Weber, als Gerichtsschöppen.

Die gegenwärtige Ordnung der Nieberoberwitzer Gerichtsschöppenbank ist folgende: Christian Gottlieb Ludwig, Hausbesitzer und Handelsmann, Richter; Johann Gottfried Herberg, Gedingebauer, Johann August Glathe, Hausbesitzer und Factor, Karl Am-Ende, Hausbesitzer und Destillateur, Friedrich Benjamin Förster, Hausbesitzer und Gerichtsschreiber, Wilhelm Benjamin Glathe, Kretschambesitzer, und Johann Gottlieb Glathe, Grundstücksbesitzer und Leinwandfabrikant, Gerichtsschöppen.

Verzeichniß der Ortsrichter in Oberoberwitz.*)

Balthasar Werner, 1580.
Martin Koch, 1583.
Michael Clemens, 1589.
Caspar Glathe, 1590 bis 1615.

---

*) Schon in den ältesten Zeiten finden sich für den Hainewalder und Ruppersdorfer Antheil besondere Richter.

Michael Möller, 1614.
Georg Gruhl, 1618.
Martin Koch, 1620.
Christoph Neumann, 1622.
Christoph Peuckert, 1623.
Martin Clemens, 1624.
Johann Zöckel, 1627 bis 1652.
Michael Clemens, 1634.
Michael Wünsche, 1639.
Balthasar Werner, 1649.
Michael Voigt, 1649 bis 1681.
Hans Fischer, 1651.
Christoph Zöllner, 1654.
Christoph Thiele, 1681.
Andreas Schubert, 1693.
Andreas Kühnel, 1709.
Martin Linke, 1712.
David Wünsche, 1714.
Fiebiger, 1731.
Johann Christian Stolle, 1761.
Johann Christoph Steudtner, 1766.
Bundesmann, 1773.
Johann Gottlieb Köhler, 1775.
Johann Friedrich Wenzel, 1789.
Johann Christoph Porsche, 1791.
David Neumann, 1814.
Christian Reichel, 1823.
Johann Gottlieb Krause, 1835.
Johann Gottlob Pietschmann, 1845.
Johann Siegmund Vogt, 1846.
Christian Friedrich Bartsch, 1858.
Johann Friedrich Ernst Zücker, 1861.
Karl Gottfried Vogt, 1862.
Christian Samuel Wenzel, 1863.

Karl Gottlieb Steubtner, 1865.
Samuel Wenzel, 1869.

Verzeichniß der Ortsrichter in Mitteloberwitz.
Michael Gärtner, 1599.
Möller, 1601.
Georg Weber, 1604.
Christoph Jähne, 1609 (ermordet 1636).
Hans Priebs, 1636 (ermordet 1651).
Hans Zöllner, 1651.
Christoph Anders, 1690.
Christian Goldberg, 1692.
Johann Christoph Goldberg, 1724.
Johann Christian Goldberg, 1740.
Johann Gottfried Müller, 1754.
Johann Christoph Zöllner, 1762.
Johann Friedrich Pohlisch, 1785.
Johann Ehrenfried Menzel, 1790.
Gottlieb Großer, 1796.
Johann Christian Schwär, 1812.
Johann Christoph Hennig, 1813.
Johann Christian Schulze, 1816.
Johann Christoph Gärtner, 1820.
Johann Gottlieb Näfelt, 1852.
Karl August Gärtner, 1856.

Verzeichniß der Ortsrichter in Nieberoberwitz.
Matthäus Weber, 1584.
Adam Förster, 1586.
Für ihn bis 1601 als Vicerichter Michael Weber.
David Förster sen., 1630.
Für ihn als Vicerichter Georg Wagner, bis 1634.
David Förster jun., 1656.
Für ihn als Vicerichter Georg Wagner, 1657.
Hans Georg Göhle, 1683.
Hans Christoph Göhle, 1700 bis 1730.

Als Vicerichter von 1730 bis 1756:
Johann Christian Krocker,
Adam Anders,
Adam Engelmann und
Friedrich Steubner, von 1756 an.
Michael Albrecht, 1761.
Samuel Ehrenfried Göhle, 1762.
Für ihn als Vicerichter Christian Gottlieb Wagner, 1792 und
Johann Georg Christoph, 1794.
Johann Gottfried Glathe, 1802.
Johann Christian Hüttig, 1837.
Christian Gottlieb Ludwig, seit 1854.

Kretscham.

Der Kretscham oder das Erbgericht zu Niederoberwitz brannte, wie schon erwähnt, am 11. November 1600 ab. Er war von 1586 bis jetzt im Besitz der Familien Förster, Göhle und Glathe. Im Jahre 1635 den 10. Juli kaufte ihn David Förster nebst Inventar und ½ Hufe Ackers aus dem Erbe um 900 Mark. Sein Sohn, David Förster jun., übernahm ihn nach des Vaters Tode 1659 den 10. März nebst Ackerstücken von 6 und 7 Ruthen um 1100 Mark und außerdem ein wüstes Gut um 60 und ein anderes in Oberoberwitz ohne Gebäude um 50 Zittauer Mark. Als nach seinem Tode hinsichtlich seiner Hinterlassenschaft Concurs ausbrach, kaufte Hans Georg Göhle von Großschönau 1683 den Kretscham und baute ihn 1690 neu auf. Mit Anfang dieses Jahrhunderts ging der Kretscham in den Besitz der Familie Glathe über, welche ihn noch jetzt besitzt. Mit dem Besitze desselben war das Recht eines freien Bierschanks, Salzschank, Backen, Schlachten, Branntweinbrennen u. s. w. verbunden, doch durfte nur Zittauer Bier verschenkt werden. Die sogenannten Bierzüge, bei denen man an Hochzeiten, Verlobungen und Taufen mit Musikbegleitung in den Kretscham zog, wo, der Berechtigung des Besitzers gemäß, das Taufessen ausgerichtet und eine bestimmte Anzahl Kannen Bier getrunken werden mußten, gaben schon 1729 Veranlassung zu einer Beschwerde bei der landesherrlichen Commission. Auch in Oberoderwitz Zittauischen Antheils hatte man die Verpflichtung, Bierzüge in den Kretscham von Niederoderwitz zu veranstalten. So viele Tage die Hochzeitsfeier dauerte, so viele Bierzüge mußten auch stattfinden. Das Mißvergnügen über diesen Zwang führte zu immer neuen Beschwerden. Laut einer Verordnung vom 2. Mai 1771 mußten unterlassene Bierzüge nachgeholt werden, auch durfte der Richter für unterlassene Bierzüge keine Geldentschädigung annehmen. Aufs neue wurde eingeschärft, Bier und Branntwein nur im Kretscham zu holen. Als um 1782 die Kindtauffeste seltener in dem Kretscham ausgerichtet wurden, beschwerte sich der Richter. Er sagt in seinem Schreiben „es sei besser, wenn es in einer Gemeinde bei unschuldigen Gewohnheiten verbleibe." Der Zittauer Rath schützte diese Berechtigung im Interesse des Zittauer Brauurbariums und der Biersteuern. Doch schon am Anfange dieses Jahrhunderts konnten diese Befugnisse nicht mehr in ihrer ganzen Ausdehnung geltend gemacht werden und in der Neuzeit sind sie gänzlich geschwunden. — Gegenwärtig — 1869 — wird der Kretscham neu aufgebaut.

Der sogenannte kleine Kretscham zu Mitteloderwitz war schon 1619 vorhanden. In dem in jenem Jahre abgehaltenen Dingsgerichte rügt der Richter Adam Förster, „daß ihm aus Neid ein Bierschank vor der Thür aufgerichtet worden sei, daß dort gerichtliche Verschreibungen stattfänden, ihm Bierzüge an Hochzeiten und Taufen entzogen würden und daß man daselbst die ganze Nacht hindurch zeche und Ueppigkeiten treibe."

Der Kretscham zu Oberoderwitz, auch der weiße Kretscham genannt, welcher früher zum Ruppersdorfer Antheile gehörte, wurde am 24. März 1626 mit freiem Bierschank rc. von Christoph von Nostitz auf Oberoberwitz und Oberruppersdorf an Christoph von Gersdorf auf Hainewalde verkauft. Auch hier führten 1797 die Gerechtsame des Kretschams zu Streitigkeiten mit den Bewohnern des Ruppersdorff'schen Antheils wegen Nichtabhaltung der Bierzüge und wegen des Gebrauchs von frembem Biere.

### VIII. Dienste, herrschaftliche Abgaben, Steuern.

Die Dienste und Abgaben, welche jetzt zur Besprechung kommen sollen, waren eine Folge der Erbunterthänigkeit. Ursprünglich hatten die ersten Ansiedler den ihnen überwiesenen Grund und Boden als völlig freies Eigenthum inne gehabt. Erst seit dem 14. Jahrhunderte wurden die Güter von den Grundherren gegen Erbzins ausgethan. In Kriegszeiten mußten die Erbunterthanen denselben als Kriegsknechte begleiten. Wahrscheinlich erhielten sie von ihm die Waffen; denn noch 1613 heißt es in Käufen: „ein Spieß zur Hauswehr" verbleibt beim Grundstück. Der Rechte wurden immer weniger. In Folge der Uebergriffe der Grundherren traten bald mancherlei Leistungen und Abgaben hinzu, die sich im 15. und 16. Jahrhunderte zu fast unerschwinglichen Lasten steigerten. Der Bauer war dem übermüthigen Adel gegenüber völlig rechtlos und gänzlich von seinem Gutsherrn abhängig. Kann man sich wundern, wenn dieser unsägliche Druck mitunter zu Aufruhr und Widersetzlichkeiten führte*), oder daß Besitzer von Bauergütern und Gärten flüchtig wurden? Obwohl streng und blutig gestraft, hatten diese Bauernaufstände wenigstens das Gute, daß sie mitunter zu Verträgen und Recessen führten, in denen die ärgsten Willkührlichkeiten abgestellt wurden.

Der Theil von Oberwitz, welcher dem Cölestinerkloster Oybin gehörte und später in den Besitz von Zittau überging, mochte jedenfalls weniger Ursache zu klagen haben, da

---

*) Vergl. Korschelts Gesch. von Berthelsdorf, S. 14 und 15.

das Kloster ein mildes Regiment führte. Die Bewohner von Oberwitz und der anderen Klosterdörfer erfreuten sich mancher Freiheiten, welche Nachbardörfer entbehrten. Schützende Privilegien, wie z. B. das von 1491, durch welches König Wladislaw dem Klostergebiete Einquartierungsfreiheit gewährte, erstreckten sich oft auch auf die Unterthanen des Klosters. Ferner wurde von Seiten des Klosters kein Abzugsgeld bei Käufen verlangt. Auch hinsichtlich des Betriebes von Handwerken, z. B. der Weberei, erfreute man sich hier größerer Freiheiten.

Gelder, welche Zittau in Folge des Kaufes der Oybinischen Güter an die Jesuiten in Prag zu zahlen hatte, wurden 1658 eine Veranlassung zur Widersetzlichkeit. Laut Verordnung des Rathes zu Zittau vom 30. April jenes Jahres sollten die zum ehemaligen Stift Oybin gehörenden Gemeinden, weil die Bezahlung jener Gelder, sowie der laufenden jährlichen Pensionen der Stadt allein unmöglich sei, sieben Jahre lang einen Beitrag, jedes Jahr von der Hufe zwei Thaler, in zwei Terminen zahlen. Obwohl den Gemeinden zugleich die Versicherung ertheilt wurde, daß nach Verlauf der sieben Jahre dieselben zu keiner weiteren Zahlung angehalten werden sollten, so verweigerten doch Oberwitz und Herwigsdorf jede derartige Zahlung. Da dabei auch noch andere Differenzpunkte, z. B. das Abzugsgeld und Entrichtung des Stuhlzinses, zur Sprache kamen, so erschien Anfang Januar 1659 eine landesherrliche Commission. Die Verhandlungen dauerten auf dem Rathhause in Zittau drei Tage hindurch. Die Wortführer der Oberwitzer, sowie der Richter von Herwigsdorf mußten zur Strafe von der Klosterkirche über den Markt und zur Mandauer Pforte hinaus Ziegeln fahren. Wahrscheinlich waren diese Differenzen die Veranlassung zu dem commissarischen Receß vom 17. Mai 1659, in welchem die Dienste und Abgaben festgestellt und die Dienste der Gärtner in Oberwitz auf jährlich 14 und die der Häusler auf 7 Tage festgesetzt wurden. Die „Urbarialnachricht" von 1741 führte nur wenige Veränderungen herbei. Gegen Zahlung des Robottgeldes wurden die Dienste der Gärtner auf 12 und die der Häusler auf 5 Tage herabgesetzt.

Als 1790 die stadtmitleidenden Dorfschaften vielfach Dienstbeschwerden gegen den Stadtrath erhoben, wandte sich dieser an das Oberamt zu Budissin mit der Bitte, diese Streitigkeiten beizulegen. Der Finanzrath von Nostitz und Jänkendorf und der Vicekanzler Hermann wurden beauftragt, diese Beschwerden zu untersuchen. In dem Gerichtskretscham zu Niederoberwitz wurden den 23. und 26. September, sowie den 6. October 1791 zwischen der Commission, den Rathsdeputirten und den gewählten Wortführern der Gemeinde (im Volksmunde Synze genannt) die nöthigen Unterhandlungen gepflogen. Zwischen den 137 Grundbesitzern in Oberoberwitz (14 Bauern, 33 Nuthner, 3 Gärtner und 87 Häusler incl. 3 Mühlenbesitzer) und 234 in Niederoberwitz Zittauischen Antheils (24 Bauern, 17 Nuthner, 24 Gärtner und 169 Häusler) kam ein Vergleich zu Stande, in welchem die Dienste der Unterthanen durch ein Diensturbarium, welches den 1. Januar 1792 in Kraft treten sollte, festgestellt wurden.*)

Diese Dienste waren entweder Spann= oder Handdienste. Während erstere von den Bauern zu leisten waren, wurden die letzteren von den Gärtnern und Häuslern gefordert.

Die Bauern zu Ober= und Niederoberwitz standen bei Leistung der Dienste schon von früher her zu einander in dem Verhältnisse, daß die Oberoberwitzer jederzeit ¼ und die Niederoberwitzer ¾ zu leisten hatten. Nach diesem Verhältnisse hatten sie nach dem Urbarium aus dem Königsholze 73 Klaftern Deputatholz anzufahren. Die dem Ortsinspector

---

*) Seite 87 bis 97 des „Diensturbarium derer zur Mitleidenheit der Stadt Zittau gehörigen Dorfschaften", gedruckt in 8, bezieht sich auf Oberwitz.

zur Heizung bei der Einnahme angewiesenen zwei Klaftern Holz holte derjenige Wirth herbei, in dessen Hause die Einnahmen eben gehalten wurden. Den Ueberrest behielt er für sich. 45 vierspännige Zimmerholz- und Baufuhren, sowie 25 vierspännige Röhrkieferfuhren waren sämmtlich abwechselnd mit den in gleicher Verbindlichkeit stehenden Dorfschaften zu leisten. Außerdem waren die Bauern noch zu Teich- und Fischfuhren verpflichtet. Aus dem großen Seifhennersdorfer Teiche hatten sie 28 Faß Fische in die Hälter und die leeren Fässer aus den Hältern zu fahren. Von jedem Fasse erhielten sie, außer der gewöhnlichen Mahlzeit, zwei Karpfen. Ebenso hatten sie auch bei den vier Teichen im Königsholze die Fässer und die Samenfische anzufahren. Bei Reparaturen dieser Teiche hatten sie das Nöthige herbeizuholen. Das Aufackern derselben und das Abfahren des Schlammes wurde ihnen an den sogenannten Schütttagen abgerechnet. Hinsichtlich der Jagddienstfuhren hatten sie die Jagdnetze von Oberwitz nach Wittgendorf und die bei der Jagd erlegten Hasen nach Zittau zu fahren. Von Dienst- oder Schütttagen bei der Stadt kamen auf jeden Bauer jährlich drei. Die Dienstleistung dauerte hier, sowie bei den leichten Baufuhren, vom St. Georgentage bis St. Galli, der größeren Entfernung von Zittau wegen, blos von früh 1/28 bis 12 und Nachmittags bis 1/25 Uhr, in der übrigen Zeit des Jahres Vormittags von 1/29 bis 12, Nachmittags bis 1/24 Uhr. Nebendienstfuhren hatten die Oberwitzer Bauern bei Reparaturen der Niederoberwitzer kleinen Mühle zu verrichten, bei der Scheibemühle in Herwigsdorf aber nur die leichten Fuhren, während die schweren den Herwigsdorfern zufielen. Die Mühlsteine waren blos bei der erstgenannten Mühle anzufahren. Straßenbaufuhren waren zu leisten bei der von Herwigsdorf nach Eibau führenden Straße, aber nur innerhalb der Dorfflur, ferner bei Reparirung der Landbrücke in Gemeinschaft mit den übrigen betreffenden Ortschaften und bei Anrichtung des Viehbigweges durchs Königsholz gemeinschaftlich mit den Herwigsdorfern. Bei den jährlich an Walpurgis und Michaelis stattfindenden Einnahmen war ferner der Ortsinspector vierspännig von Zittau abzuholen. Miliztransport-, Inquisitentransport-, Landfuhren und Vorgespann waren zu leisten so oft erforderlich, jedoch die zuletzt angeführten Fuhren abwechselnd mit den übrigen bespannten Dorfschaften. Der Kretschamsbesitzer von Niederoberwitz war von diesen Spanndiensten frei.

Die Gärtner in Ober- und Niederoberwitz hatten überhaupt 108 Hofetage. Sie konnten dabei zu jeder Arbeit in der Stadt, bei Bauten und Reparaturen der Scheibemühle, bei Räumung des dortigen Mühlgrabens und beim Roden, zur Holzsaat und beim Pflanzen im Königsholze verwendet werden. Außerdem hatte jeder noch einen Jagdtag zu verrichten. Die Dienstzeit in der Stadt war die oben angegebene. Wurden sie in Oberwitz selbst verwendet, so hatten sie die Arbeit ½ Stunde früher zu beginnen und ½ Stunde später zu beendigen.

Von den Häuslern hatte jeder jährlich fünf Tage Handdienste zu leisten. Sie wurden namentlich bei Bauten und Reparaturen der Oberwitzer kleinen Mühle und bei Räumung des Mühlgrabens daselbst, bei Teicharbeit im Königsholze, bei Jagden auf Oberwitzer Revier, beim Roden, Säen, Pflanzen und Wegebau im Königsholze und bei Bauten und Reparaturen der Landbrücke verwendet. Außerdem lag den Gärtnern und Häuslern die Instandhaltung des Viehbigweges und im Winter das Schneeaufwerfen daselbst ob. Den Weg durch das Dorf und hinter demselben hatten die Niederoberwitzer Bauern in baulichem Stande zu erhalten.

Von den aus Bauergütern ausgebauten Gärten und Häusern waren keine Handdienste zu verrichten, jedoch hatten die Besitzer bei der Gemeinde vorkommende Handarbeiten abwechselnd mit zu übernehmen. Fünf Häusler, welche besonders dazu bestimmt waren, Eis bei der Herwigsdorfer Landbrücke zu zerstoßen und den Schnee daselbst auszuwerfen und acht Gärtner und Häusler, welche bei der Gemeindespritze Dienste zu leisten hatten, waren von allen anderen Leistungen befreit.

Drückender waren die Frohnhanddienste, welche die Bewohner von Mitteloberwitz an die Rittergutsherrschaft gegen Beköstigung und Drescherhebe zu leisten hatten.

Als sich die Gärtner beschwerten, daß sie auch in Krankheitsfällen oder in Kriegszeiten, wenn sie durch Schanzen und andere Arbeiten an Verrichtung ihrer gewöhnlichen Hofedienste ohne ihr Verschulden gehindert würden, sich durch eine andere männliche Person vertreten lassen müßten, so kam es am 19. December 1798 beim Amte Görlitz zu einem Vergleiche mit der Gutsherrschaft. Bei schweren Krankheiten, wenn die Krankheit zwei Wochen und darüber dauert, wurden ihnen drei Tage und bei vier Wochen sechs Tage Dienstbefreiung gestattet. Im Fall die Krankheit aber kürzere Zeit als zwei Wochen oder länger als vier Wochen währt, oder wenn sie in Kriegszeiten behindert wurden, so waren sie verbunden, sich entweder durch ihre Frauen oder eines ihrer zur Arbeit sich eignenden Kinder vertreten zu lassen.

Die zwei Bauern waren wöchentlich zu drei Spann- und drei Handtagen verpflichtet und die Zahl der Arbeitstage war auf jährlich 285 festgestellt. Beim Getreideeinfahren, sowie bei Heu- und Grummetfuhren, hatten sie auch noch einen Handarbeiter zu stellen. Bei Handdiensten erhielten sie dieselbe Kost, wie die Gärtner.

Auf jeden der sieben Gärtner kamen nach Abzug der Dienstbefreiung an Feiertagen laut jenes Vergleiches von 1798 jährlich 284½ und nach späterem Abkommen 275 Arbeitstage.

Die zehn Erbhäusler hatten ein jeder jährlich 46½,

sieben Häusler ein jeder 40, ein Häusler jährlich zwanzig Mäder- und zwanzig Rechtage, ein anderer Häusler zwanzig Tage und vier ein jeder jährlich neun Tage Frohndienst, welche sämmtlich mit Ausnahme der zwanzig Mädertage zu Arbeiten mit dem Rechen oder anderen weiblichen Dienstverrichtungen verwendet wurden. Die Arbeitszeit belief sich während der Getreideernte auf täglich 10½, während der Heuernte auf täglich 11, bei anderen Arbeiten von Lichtmesse bis Martini auf täglich 8 und von Martini bis Lichtmesse auf täglich 4 Stunden. Die Hebe beim Dreschen bestand in dem 15. Scheffel des ausgedroschenen Getreides.

Was nun endlich Oberoberwitz betrifft, so wurde in dem schon früher zur Besprechung gelangten Zittauer Antheile der Druck der Erbunterthänigkeit weniger schwer als in den Hainewalder und Ruppersdorfer Antheilen empfunden, wo die Summe der verlangten Frohndienste der in Mitteloberwitz ähnlich war. Außer den Spann- und Handdiensten und Hutungsbefugnissen der Herrschaften auf den Fluren der Unterthanen, waren die Bauern auch zum Spinnen einer vorgeschriebenen Quantität Garn und zum Halten eines Jagdhundes für die Herrschaft verpflichtet. Jedoch konnte die letztere dafür auch eine bestimmte Geldzahlung beanspruchen. In neuerer Zeit war man gegen Zahlung von „Hundegeld" von der letztgenannten Verpflichtung befreit. Den Bauern stand übrigens das Gegenhutungsrecht auf den herrschaftlichen Feldern zu. Gärtner, Häusler und Hausgenossen hatten Handfrohndienste jeder Art zu leisten. Als härteste Pflicht der Erbunterthänigen erscheint hier wie in Mitteloberwitz der Gesindezwang, dem zufolge alle dienstfähigen jungen Leute sich zu bestimmten Zeiten auf dem Gutshofe zur Gesindeschau einstellen mußten; die von der Herrschaft Ausgewählten hatten zwei Jahre lang auf dem Hofe als Dienstboten zu bleiben und mußten, wenn sie ledig blieben und wieder aufgefordert wurden, nach zwei Jahren wieder eintreten.

Unter den herrschaftlichen Abgaben sind zunächst die Erbzinsen zu nennen. Sie waren in Oberwitz wie anderwärts die ältesten und ursprünglich einzigen Abgaben. Seit dem 14. Jahrhunderte wurden die Hufen den Unterthanen gegen einen erblichen Zins überlassen. Bei Verkäufen behielt sich der Grundherr das Vorkaufsrecht vor. Erst später wurden bei Gutsverleihungen Abgaben an Feldfrüchten, Geflügel, Eier, Käse ꝛc. ausbedungen. Botengeld als Rente für früher zu leistende Botengänge kam in Oberwitz nur in wenigen Fällen vor. Bei eintretenden Veräußerungsfällen wurde von Seiten der Rittergutsherrschaften ein Abzugsgeld, auch Laudemium oder Lehngeld genannt, welches sich nach der Höhe der Kaufsumme richtete, verlangt. In den Zittauer Antheilen von Oberwitz betrug es 3 p. C. Der Theilschilling wurde bei Erbfällen beansprucht. Außerdem waren Erbunterthänigkeitsrente, Spinn-, Wach-, Hofegeld und in einigen Fällen auch Baustellenzins und Zapfengeld zu entrichten. Im Zittauischen Antheile von Oberwitz, wo die Hofedienste gering waren, erhob der Rath von jedem Webstuhle zwei Thaler Concessionsgeld und jährlich einen Thaler Stuhlzins. Für Benutzung der Dorfaue hatten die Zittauer Unterthanen sogenanntes „Schweinegeld" und die Gärtner und Häusler seit dem vorigen Jahrhunderte für eine Verminderung der Frohndiensttage Robottzins zu zahlen. Im Zieglerschen Antheile, wo man von Zahlung der Erbunterthänigkeitsrente befreit war, hatte man dagegen, wie auch die übrigen Schutzunterthanen, Schutzgeld zu zahlen. Im Jahre 1831 verglich sich der Hauptmann von Linnenfeld mit dem Stadtrathe von Zittau dahin, gegenseitig ihre Schutzunterthanen vom Schutzgelde frei zu lassen. An die Rittergutsbesitzer von Oberoberwitz Hainewaldschen und Ruppersdorfschen Antheils waren von 122 Grundstücksbesitzern (25 in Oberoberwitz Hainewalder Antheil, 13 im Ruppersdorfer, 22 i  Zittauer, 9 in Mitteloberwitz, 1 in Nieberoberwitz Hainewalder und 52 in Niederoberwitz Zittauer Antheil) schon seit alten Zeiten Getreidezinsen nebst Zahlung eines Löschgeldes zu entrichten. Diese sogenannte Landgabe findet sich schon erwähnt, als die Gebrüder von Mauschwitz 1516 den jetzt Ruppersdorf=schen Antheil von Oberoberwitz an Zittau verkauften. Das Getreide wurde im weißen Kretscham in Empfang genommen. An Zinsgetreide hatte der Zittauer Antheil als ehemaliges Klostergut 3 Viertel 8 Metzen Korn und 2 Scheffel 3 Viertel 8 Metzen Hafer zu entrichten.

Den in die Gemeindekasse fließenden sogenannten Gärtelzins zahlte man für die Bauplätze auf der Dorfaue, welche abgelassen wurden, um darauf Häuser zu erbauen. Früher wurde aus der Gärtelzinskasse zu Niederoberwitz der Todtengräber besoldet; ebenso erhielt der Schulmeister aus ihr eine Entschädigung für das Stellen der Kirchuhr. Außer=dem wurden aus derselben die Reparaturen an den beiden Todtengräberhäusern, die Reparatur einer Brücke und die Kosten für die Gemeinderechnung bestritten. Im Jahre 1736 betrug in Niederoberwitz die Einnahme an Gärtelzins und Viehweg= und Auepacht ca. 25 Thaler, gegenwärtig fast 100 Thaler. In Mitteloberwitz, wo der Gärtelzins theils früher, theils 1863 abgelöst worden ist, beläuft sich jetzt der Viehweg= und Auepacht auf ca. 40 Thaler. Die Viehwege schreiben sich noch aus der Zeit her, wo jede Gemeinde für sich einen Hirten hielt, welcher das Vieh auf dem Viehwege, auch Viehbig genannt, zu hüten hatte. Das zu diesen Vieh=wegen gehörige Feld war Gemeindeeigenthum und blieb stets unbebaut liegen. Die Pachtgelder für die Gemein=schmiede und die Freischmiede wurden in Niederoberwitz früher ebenfalls der Gemeindekasse überwiesen. Gemeinde=vermögen ist weder in Ober=, Mittel= und Niederoberwitz vorhanden. In Oberoberwitz betrugen die Gemeinde=ausgaben im Jahre 1868 1962 Thaler 9 Gr. 6 Pf.

Alle die erwähnten Spann- und Handdienste, Getreidezinsen, Hutungsberechtigungen und herrschaftlichen Geldgefälle wurden, dem Ablösungsgesetze vom 17. März 1832 gemäß, in den letzten Jahrzehnten nach und nach mit dem 25fachen Betrage größtentheils abgelöst.

Zunächst erfolgte nach vielen, sich babei ergebenden Schwierigkeiten die Ablösung im Zittauischen Antheile von Oberwitz. Bereits am 30. November 1837 war mit den Bauern zu Oberoberwitz, welche ¼ der Spannfuhren zu verrichten hatten, während auf die zu Nieberoberwitz ¾ kam, sowie am 12. Februar 1839 hinsichtlich der Handdienste mit den Gärtnern und Häuslern zu Ober- und Nieberoberwitz ein Vergleich zu Stande gekommen, bei welcher Gelegenheit man sich auch hinsichtlich der für den Wegfall der Erbunterthänigkeit festgesetzten Entschädigung, sowie hinsichtlich der Ablösung der Getreidezinsen geeinigt hatte. Während dieser Receß schon am 3. und 4. Juni 1841 vollzogen wurde, konnte dies in Betreff der Spanndienstablösung der Bauern zu Nieberoberwitz erst am 30. August 1841 und hinsichtlich einer Anzahl Grundstücksbesitzer, welche anfangs als angeblich Befreite nicht mit concurrirt hatten, wegen Erörterungen über die Frohn- und Erbunterthänigkeitsrente, gar erst am 28. December 1843 geschehen. Die von den Oberoberwitzer Spannpflichtigen zu zahlende Rente betrug 43 Thaler 18 Ngr., die der Nieberoberwitzer 162 Thaler. An Schweinegeldrente war 8 Thaler 11 Ngr. 8 Pf. zu entrichten. Während Oberoberwitz seinen Antheil von 2 Thlr. 12 Ngr. 5 Pf. durch Kapitalzahlung von 60 Thlr. 5 Ngr. 1846 tilgte, zahlt Nieberoberwitz die letztgenannte Rente fort. Eine Einigung in Betreff der Geldgefälle (Robottgeld) zwischen der Stadtgemeinde zu Zittau und den Grundstücksbesitzern zu Oberoberwitz erfolgte am 12. Februar 1856. Nach der am 3. Februar 1857 erfolgten Bestätigung durch die Generalcommission für Ablösungen und Gemeinheitstheilungen wurde der Rentenbetrag von ca. 117 Thalern an die Landrentenbank überwiesen.

Der Receß über die Ablösung der Dienste und Frohnen in Mitteloberwitz, einschließlich der Naturalzinsen und Erbunterthänigkeitsrente, wurde am 22. Juli 1839 vollzogen und am 9. August d. J. von der Generalcommission bestätigt. Die Entschädigung für eine Stunde Männerarbeit wurde dabei zu 6 Pfennigen und für eine Stunde Weiberarbeit zu 4 Pfennigen angenommen. Die herrschaftliche Schafhutungsbefugniß und die baaren Geldgefälle — Spinnentschädigung, Erbzins, Wachegeld, Schutzgeld und Hofegeld — wurden erst später abgelöst. Eine nachträgliche Ablösung des Hofegeldes erfolgte z. B. am 18. März 1853.

In Oberoberwitz Ruppersdorfer Antheil, wo schon im Jahre 1838 Unterhandlungen wegen Regulirung und Ueberweisung der Erbunterthänigkeitsrente und der Stuhlzinsen stattgefunden hatten, wurde der Ablösungsreceß zwischen der Gutsherrschaft und 136 Grundstücksbesitzern am 6. und 7. März 1843 vollzogen. Er bezog sich auf Frohndienste, herrschaftliche Gegenleistungen, Hutungsbefugnisse, Garnspinnen, Halten eines Jagdhundes, Weberstuhlzinsen und Erbunterthänigkeitsrente. Letztere hatten 22 Besitzer zu zahlen. Die 70 Freihäusler, welche bisher nur von den Stühlen, welche sie über zwei Freistühle im Gange gehabt hatten, Stuhlgeld entrichteten, gaben für Wegfall des Zinses im Ganzen 175 Thaler. Auf die Hausgenossen kam für Wegfall der Handfrohntage eine jährliche Rente von 7 Ngr. 7 Pf. Diese Rente, sowie die Weberstuhlzinsen — 4 Gr. 8 Pf. vom Stuhl — wurden auch ferner direct an die Herrschaft entrichtet. Die Bestätigung des Recesses erfolgte am 31. März 1843. Nach Ablösung des Lehngeldes am 12. Juli 1848 in Höhe von 278 Thlr. 10 Ngr. kam es auch in der Verhandlung am 3. Juni 1853 zwischen der Gutsherrschaft und 138 Grundstücksbesitzern wegen der baaren Geldgefälle, als: altes Hofegeld, Erbzins, altes und neues Spinngeld, Concessionsgeld, Wachegeld, Schutzgeld und Rente für Befreiung vom Mühlenzwange, welches letztere beides die Freihäusler zu zahlen hatten, sowie hinsichtlich der Verwandlung der Erbpachtgrundstücke in freies Eigenthum, ohne commissarische Mitwirkung zu einer Einigung. Der Betrag der abzulösenden Gefälle belief sich auf 426 Thlr. 23 Ngr. 6 Pf. Die Bestätigung des Recesses erfolgte am 27. November 1854.

Hinsichtlich der oben erwähnten sogenannten Landgabe belief sich die Gesammtsumme der jährlichen Renten auf 62 Thlr. 24 Ngr. 1 Pf., von welcher Summe 32 Thlr. 15 Ngr. 8 Pf. auf die Gutsherrschaft zu Oberoderwitz Hainewaldischen Antheils und 30 Thlr. 8 Ngr. 3 Pf. auf die Ruppersdorfischen Antheils kamen. Das Ablösungscapital betrug demnach 1570 Thlr. 2 Ngr. 5 Pf. Der Receß wurde am 19. und 20. Februar 1846 vollzogen und am 31. März d. J. bestätigt.

Da der Besitzer des Rittergutes Oberoderwitz Hainewaldischen Antheils und 49 Rusticalgrundstücksbesitzer aller drei Antheile daselbst zu Spannfrohnen hinsichtlich der Bestellung der Pfarrwiedemuth und zum Anfahren von 16 Klaftern Holz verpflichtet waren, und da ferner 64 Grundstücksbesitzer daselbst Natural- und Geldgefälle an den Pfarrer, die Kirche und die betreffenden Lehrer zu leisten hatten, so führte dies zu Ablösungsrecessen am 30. Januar 1846 und 28. Juni 1856, deren Bestätigung am 16. März und 29. October in den genannten Jahren erfolgte. Nach dem letztgenannten Recesse erhielt an Rente

  das Pfarrlehn  149 Thlr. 23 Ngr. 9 Pf.,
  das Kirchlehn   3 = 23 = 1 =
  das Kirchschullehn 30 = 16 = 4 =
  das Nebenschullehn 15 = — = — =

Eine 1852 erst beabsichtigte Entschädigung für Wegfall

des Erntegroschen, welchen die Hausleute anstatt ½ Tag Handarbeit in Höhe von 1 Ngr. 3 Pf. an den Pfarrer zu zahlen hatten, erledigte sich, da derselbe fortgezahlt wird.

In Oberoberwitz Hainewaldschen Antheil erfolgte die Ablösung Michael 1853. Bei 49 Grundstücksbesitzern daselbst sowie 5 in Niederoberwitz Hainewaldschen Antheil belief sich der Jahresbetrag des Erbzinses auf 110 Thaler 15 Ngr. 7 Pf. Inbegriffen in dieser Summe ist jedoch der Grundzins, den einige Besitzer und der Wasserzins von 80 Thalern, welchen der Besitzer der Obermühle zu Niederoberwitz zu zahlen hatte.

Die Ablösung des Decemgetreides, welches 40 Grundstücksbesitzer in Oberoberwitz Zittauischen Antheils an das Pfarramt in Niederoberwitz abzuliefern hatten, erfolgte am 17. September 1856. Die Rente betrug 53 Thaler 5 Neugroschen 5 Pfennige. Die Bestätigung des Recesses erfolgte am 24. October d. J.

In Niederoberwitz kam es erst am 2. März 1859 zur Ablösung mit dem Pfarr- und Schullehn. Der Besitzer des Rittergutes Mitteloberwitz und 93 Grundstücksbesitzer zahlen für Naturalleistungen, Gespanne, Fuhren und Erbzins an das Pfarrlehn eine Gesammtsumme von 258 Thlr. 6 Ngr. 7 Pf. Rente, an das Schullehn für Wettergarben und Brote 42 Thlr. 22 Ngr. 8 Pf. Am 15. April 1859 erlangte der Receß die Bestätigung der Generalcommission.

Da die Gemeinde und 27 Grundstücksbesitzer in Niederoberwitz verpflichtet waren, den Schulgartenzaun in gutem Stande zu erhalten, so wünschte man sich im April 1853 dieser Verpflichtung durch Ablösung zu entledigen. Durch Ministerialbescheid wurde man aber abfällig beschieden, da sich dies zur Ablösung nicht eigne.

Die Ablösungs- und Lehngeldrenten betrugen im Jahre 1868 in Oberoberwitz 3161 Thlr. 14 Ngr., in Nieder- und Mitteloberwitz 1991 Thlr. 16 Ngr.

Den besten Ueberblick über die Dienste und Abgaben, welche damals auf den bäuerlichen Grundstücken hafteten, giebt ein Auszug aus einer Kaufsurkunde. Als nach dem Tode des Erbrichters David Förster die Hinterlassenschaft desselben in Concurs kam, übernahm der Rath zu Zittau aus dem Nachlasse ein unter die Zieglersche Schutzgemeinde gehöriges Gut von 15 Ruthen. $^3/_5$ des Gutes oder 9 Ruthen mit dem Wohngebäude verkaufte er am 20. December 1688 in völliger Erbunterthänigkeit mit gänzlicher Aufhebung der Schutzverwandtschaft um 700 Thaler an Andreas Clemens. Die üblichen Dienste wollte der Rath zwar gegen ein jährliches Dienstgeld von 6 Thalern erlassen. Unbeschadet dieses Dienstgeldes war der Käufer aber schuldig 1. die Gemeindedienste zu leisten, 2. in das Görlitzsche Amt auf jede Rauchsteuer von diesen 9 Ruthen 21 Gr. und auf eine Mundsteuer 10 Gr. 6 Pf. zu zahlen, 3. die Landgabe an jährlich 1 Viertel Korn und 1 Viertel Hafer zu entrichten, 4. dem Pfarrer an Decem 3 Viertel Korn und 3 Viertel Hafer zu geben und die gewöhnlichen Wiedemuthsgespanne und Fuhren zu leisten, 5. dem Schulmeister jährlich an Michael 3 Garben und die üblichen Brote und Käse abzuliefern, 6. die Lehn- und Ritterdienste, so hoch als dieselben den Nageln nach auf diesen 9 Ruthen haften, nämlich $7^1/_{15}$ Nagel, zu verrichten, 7. den Besitzern der übrigen 6 Ruthen einen freien Weg durch seinen Hof zu gestatten und 8. den vordern Häuslern den Gebrauch des Röhrwassers zu erlauben; doch mußten diese bei vorkommenden Bauten mit beisteuern.

Mehrfach kaufte man sich aber auch von der Erbunterthänigkeit frei. So verkaufte z. B. 1649 Hans Ullrich von Nostitz auf Ruppersdorf und Oberoberwitz an Christoph Neumann von Eibau, das von Peter Fröhlich zu Oberoberwitz hinterlassene Gut, $^1/_2$ Hufe Ackers, zwischen Georg Neumanns Garten und Adam Sauermanns Gute gelegen, für 160 Thaler, ganz frei, ohne Beschwerung, Hofedienst, Zinsen, Pflichten, Unterthänigkeit u. dgl. Servituten am 23. Januar in den Oberoberwitzer Gerichten. Nachdem noch Christoph Ernst von Nostitz auf Ruppersdorf als Lehnsvetter seine Bewilligung dazu gegeben hatte, wurde der Kauf am 8. Mai 1649 auf dem Schlosse zu Budissin durch den Landvogt von Callenberg confirmirt.

Außerdem kamen in Oberoberwitz um diese Zeit noch eine Anzahl Freikäufe von Bauergütern und Häusern vor, ebenso in Mitteloberwitz, wie schon erwähnt, in den Jahren 1712 bis 1714.

Was nun die **landesherrlichen Steuern** betrifft, so waren dieselben anfänglich unbekannt. Vor dem 14. Jahrhunderte bestanden die Einkünfte der Fürsten, von welchen sie den Hof- und Staatshaushalt bestritten, im Ertrage der Kammergüter, der Zoll- und Geleitsabgaben, der Regalien, in dem Schutzgelde der Juden und in Jahresrenten, welche von einzelnen Städten entrichtet wurden. Erst später wurden außerordentliche Steuern, welche man Bede nannte (von petitio, Bitte), gewöhnlich. In solchen Fällen außerordentlichen Bedarfs mußte sich der Landesherr wegen Bewilligung erst an seine Vasallen oder an die Städte wenden. Später wurde bei Aufbringung der Steuern das Hufen- und Ruthenverhältniß zu Grunde gelegt. Der Zittauer Antheil von Niederoberwitz wurde 1581 zu 40 Hufen 11 Ruthen, der von Oberoberwitz zu 13 Hufen 3 Ruthen angenommen. Oberwitz war hinsichtlich der Zahlung seiner Steuern, soweit als es unter Zittau gehörte, **stadtmitleidend**, d. h. es mußte zu den Steuern der Stadt beitragen und dieselben nach Zittau abliefern; in Betreff seiner Rittergüter war es dagegen **landmitleidend**, d. h. die Steuern wurden an die Steuerkasse des Landkreises nach Görlitz und später nach Bautzen abgeliefert. Die Landschaft rechnete nach Rauchen, daher der Name Rauchsteuern. Man zählte nämlich die

Rauchfänge oder die auf steuerbarem Grund und Boden stehenden Häuser. Diese Steuer wurde 1567 eingeführt. Der Antheil von Oberwitz, welcher später der Zieglersche genannt wurde, war ebenfalls landmitleidend. Zur Aufbringung der Steuern hatten die Landstände der Oberlausitz die Dörfer Großschönau, Bertsdorf, Rosenthal, Türchau, Althörnitz und den genannten Theil von Oberwitz zusammengeschlagen. Dieser Antheil war zu 12 Rauchen angenommen und mußte die Steuern nach Großschönau abliefern. Oberoberwitz war mit 73 Rauchen registrirt. Die Beiträge der Rittergüter hießen Mundgutsteuern; sie wurden seit dem 30jährigen Kriege gezahlt. Im Jahre 1653 zahlten die Rittergüter Hainewaldschen und Ruppersdorfschen Antheils jedes 6 Thaler und das des Haugwitzschen (später Zieglerschen) 2 Thlr. 22 Gr. Mundgutsteuer. Zu jeder Rauchsteuer gab der Hainewaldsche Antheil von Oberwitz 17 Thlr. 1 Gr. 6 Pf., der Ruppersdorfer 9 Thlr. 17 Gr. 4 Pf. und der Haugwitzsche 5 Thlr. 20 Gr.*) Während früher die Städte die Verpflegung der Infanterie und das Land die der Cavallerie in Natur leisteten, hatte das Land seit 1764 Cavallerieverpflegungsgelder, auch Nations- und Portionsgelder genannt, zu zahlen. Die 1706 eingeführte Generalaccise, welche 1834 durch den Zollverband in Wegfall kam und an deren Stelle indirecte Steuern traten, wurde in Oberwitz von den Schullehrern eingenommen. Außerdem gab es früher auch Vermögenssteuer, 3 Procent von dem jährlichen Einkommen, und Kopfsteuer, Hauptgeld genannt, zu entrichten. Das Verhältniß der stadtmitleidenden Dorfschaften zur Stadt Zittau war das von 23 zu 21. In Folge von Beschwerden der Dorfschaften erschien im Februar 1787 eine aus dem Landesältesten von Zezschwitz und dem Oberamtsvicekanzler Petschke bestehende Commission

---

*) S. Weinart: Rechte und Gewohnh. III. 64 ff.

in Zittau. Die sämmtlichen Dorfschaften waren dabei durch Syndicis vertreten, Niederoberwitz durch Gottfried Michel und David Anders und Oberoberwitz durch Christian Benjamin Michel. Es erfolgte ein Vergleich. Die Dorfschaften erlangten insbesondere das Recht, daß etwaige Steuerüberschüsse ihnen, ebenso wie der Stadt, nach Verhältniß gut geschrieben werden mußten. Die verschiedenen Kriegssteuern werden später, bei Besprechung der auf Oberwitz so beklagenswerth einwirkenden Kriegsleiden, erwähnt werden.

Nachdem die nöthigen Vermessungen und Bonitirungen vorgenommen worden waren, trat im Jahre 1844 ein neues Steuersystem in Kraft. Nach ihm wurden die Grundsteuern in Oberoberwitz 1869 nach 55202,93 (4380,63 fallen auf das Rittergut Ruppersdorfer Antheil) und in Nieder- und Mitteloberwitz nach 53517,95 Steuereinheiten (4590,36 kommen davon auf das Rittergut Mitteloberwitz und 8350,71 auf das Königsholz) erhoben. Der Versicherungswerth der Gebäude beträgt in Nieder- und Mitteloberwitz ca. 395,700 Thaler. An Grundsteuern zahlten Nieder- und Mitteloberwitz im Jahre 1868 1783 Thlr. 28 Ngr., Oberoberwitz dagegen 1811 Thlr. 25 Ngr. 7 Pf., an Gewerbe- und Personalsteuer jene 1108 Thlr. 5 Ngr. 2 Pf., dieses 1019 Thlr. 25 Ngr. und an Brandversicherungssteuer erstere 1243 Thlr. 3 Ngr. 8 Pf., letzteres, und zwar nach 180,824 1/2 Brandsteuereinheiten, 1805 Thlr. 4 Ngr. 9 Pf.

### IX. Einige Beiträge zur Sitten- und Culturgeschichte.*)

Obschon uns über das häusliche Leben und die Sitten und Gebräuche der Bewohner von Oberwitz aus früheren Zeiten nur Weniges bekannt ist, so dürfte es doch nicht überflüssig sein, wenigstens durch einige Beiträge die Cha-

---

*) Zum Theil aus des Verfassers Geschichte von Olbersdorf entnommen, welches Dorf ebenfalls den Cölestinern des Oybins gehörte. Das, was dort gesagt ist, findet größtentheils auch auf Oberwitz Anwendung.

racteristik der ländlichen Bevölkerung unserer Gegend zu vervollständigen.

Während in neuerer Zeit sich kein Stand so gehoben und immer wachsendere Geltung erlangt hat, als der Bauernstand, existirte er früher in staatlicher Beziehung in der Lausitz so gut wie gar nicht. Durch den Jahrhunderte langen Druck der Leibeigenschaft war der Bauer in Stumpfsinn und Rohheit versunken, wie wir es z. B. noch heute in Rußland sehen. Er ließ entweder in dumpfer Resignation Alles über sich ergehen, oder suchte sich in roher Selbsthülfe Recht zu verschaffen, wie die Bauernaufstände 1540 in Berthelsdorf und 1566 und 1575 in der Görlitzer und Löbauer Gegend zeigen. Fehlte es ihm dazu an Kraft und Muth, so verließ er auch wohl sein Besitzthum und wurde flüchtig.

Das Loos des Landbewohners war bis ins 17. Jahrhundert wahrhaft bejammernswerth. Die Gutsherren behandelten ihre Leibeigenen wie Lastthiere. Jede Mißhandlung, jede Ungerechtigkeit, von jenen verübt, blieb ungestraft. Für die Armen gab es keinen Feiertag. Hatten sie sechs Tage der Woche hindurch auf den Höfen und Fluren der Herrschaft von Sonnenaufgang bis Sonnenuntergang alle vorkommenden Arbeiten verrichtet, angetrieben von den Stock- und Peitschenhieben eines rohen Vogtes, so mußten sie Sonntags auch noch Botengänge und Wachdienste verrichten. Erst Abends spät konnten sie, bereits ermüdet von der Arbeit des Tages, den ihnen überlassenen Acker nothdürftig bestellen, von dem sie außerdem auch noch Getreidezinsen und andere Abgaben, die schonungslos eingetrieben wurden, zu entrichten hatten. Etwas besser wurden die Zustände, als in der Lausitz die Leibeigenschaft von den sächsischen Fürsten in Erbunterthänigkeit verwandelt wurde. Der Landmann war wenigstens nicht mehr Sclave seines Gebieters.

Hierzu kam noch bei verheerenden ansteckenden Krankheiten der gänzliche Mangel an Aerzten. Die Priester vertraten damals deren Stelle. Da sie aber kein vernünftiges Heilverfahren beobachteten, sondern nur durch Hersagen von Sprüchen und Gebeten, durch Handauflegen, durch Schlagen des Kreuzes oder Umhängen von Amuleten, durch Besprengen mit Weihwasser u. s. w. die Krankheiten heilen wollten, so ist es nicht zu verwundern, wenn die Pest damals Jahrhunderte hindurch wüthete, fast nie ganz zum Verlöschen kam und die schrecklichsten Verheerungen anrichtete. Auf die Pest folgte gewöhnlich Hungersnoth, da in den entvölkerten Gegenden der Ackerbau vernachlässigt wurde. Der Hunger, sowie der Genuß ungewöhnlicher Nahrungsmittel hatten dann abermals ansteckende Krankheiten zur Folge. Auch auf jede Mißernte folgte Hungersnoth, weil bei dem völligen Mangel der heutigen Verkehrsmittel die fehlenden Lebensbedürfnisse nicht wie gegenwärtig aus fernen Gegenden herbeigeführt werden konnten. Lesen wir jetzt Schilderungen über das Elend, welches in jener Zeit mitunter herrschte, so kommt es uns kaum glaublich vor.

Hierzu kam noch die allgemeine Unsicherheit für die Dorfbewohner. Die Fehden zwischen den stolzen Burgherren nahmen fast kein Ende. Adelige und nichtadelige Räuber raubten ungescheut. Während in Kriegszeiten die Städter hinter ihren hohen festen Mauern oft tapfer alle Angriffe zurückschlugen, wurden ganze Dörfer in Brand gesteckt und ausgeplündert. Wochenlang mußten die Unglücklichen in Wäldern ihre Zuflucht suchen. Wie ganz anders sind dagegen die Zustände der Gegenwart!

Ein Uebelstand der früheren Jahrhunderte war auch der gänzliche Mangel einer geregelten Armenpflege. Das Bettelwesen herrschte allgemein. Häufiger fast als die wirkliche Bedürftigkeit, war es die Unlust am Arbeiten und die Gewohnheit des Müßigganges, welche die Freigebigkeit, auch wohl die Furcht der Besitzenden in Contribution setzte. Schaarenweise zogen gesunde, starke Leute von Ort zu Ort,

Musik machend, Almosen heischend, nach Befinden auch stehlend und raubend. Ganze Familien mit all ihrem Hausrath waren so auf einer beständigen Wanderschaft. Erst die neuere Zeit hat Derartiges unmöglich gemacht. Mehrmals kam es noch in dem letzten Viertel des vorigen Jahrhunderts in Oberwitz vor, daß wegen herumschweifender Bettler und wegen Diebsgesindels, welches die Gegend unsicher machte, Nachts unvermuthet von den Ortsgerichten mit Hinzuziehung der Förster verdächtige Häuser und die Wälder, besonders das Königsholz, untersucht wurden.

In Bezug auf die eben geschilderten Nothstände der Vergangenheit ist jedoch das Loos eines Theiles der Bewohner von Oberwitz in vielen Beziehungen ein günstigeres gewesen, da sich auch an ihnen als Unterthanen des Oybiner Cölestinerklosters die Wahrheit des Sprüchwortes bestätigte: unter dem Krummstabe ist gut wohnen. Sie genossen, wie schon früher erwähnt, manche Begünstigung, welche die Bewohner anderer Dörfer entbehrten. Auch später, als das Dorf von Zittau erworben wurde, waren die Bewohner besser daran, als die von Dörfern, welche im Besitze des Adels waren.

Manchen interessanten Hinweis auf die Sitten früherer Zeit boten auch die oben bereits besprochenen Ehedinge oder Rügengerichte. Da besonders die Polizeiordnung, welche auf einem derartigen 1518 zu Oberwitz abgehaltenen Ehedinge den Bewohnern des Dorfes von den Cölestinern ertheilt wurde, manchen Einblick in das häusliche und sittliche Leben gewährt, so sei hiermit Einiges aus derselben mitgetheilt.\*) Sie bezieht sich auf Feuerstätte, Wege, Stege und Abgaben und befiehlt, „daß niemand einige mörbliche wehre, als schwerd, messer, barten, beile, spiesse oder lange

---
\*) Nach Schnürers Annalen und wörtlich abgedruckt im Anhange zu dieser Schrift.

brotmeſſer mit ſich nemen und legen ſol, ſondern wen er in die Gerichten kompt, ſolches dem Richter in ſeine verwah=
rung vberantworten, vnd wen er hinweg gehet, ſolches wie=
derumb zu fodern macht haben ſolle — da einer aber ſolche
waffen foderte, der meinung heimzugehn, bliebe aber noch
in den Gerichten vnd triebe muttwillen dermit, ſol er ſtracks
vom Richter eingezogen geſetzet vnd nicht losgelaſſen werden,
bis er 1 ſchock*) zur Straffe lege. Auch wird ferner gebot=
ten, daß niemand im kretſcham ſitzen ſol lenger alß bis umb
3 in die Nacht (9 Uhr nach jetziger Zeitrechnung) bei der
Straff 1 ſchock. Der Richter ſol auch keinen tanz lenger alß
bis an den abendt hegen laſſen bei der Straff 1 ſchock.
Auch ſol kein karten oder wirfel ſpiel in Gerichten zugelaſ=
ſen werden bei Straff 1 ſchock. Vnd da es der Richter zu=
laſſen und erfahren wird, ſol er der Herrſchaft 2 ſchock
Straffe geben. Auch da etwan einer dem Richter kannen,
ſie weren zinnern oder hilzen (hölzern), zerſchlüge oder
zerhiebe, ſol ſeiner Straffe nach klage des Richters ge=
wertig ſein."

Man ſieht aus dieſen Verboten, daß die in jener Zeit
herrſchende Gewohnheit, ſtets bewaffnet zu erſcheinen und
übermäßig zu trinken, bei den damaligen rohen Sitten oft
zu blutigen Raufereien und anderen Exceſſen Gelegenheit
gab. Wie konnte es aber auch anders ſein, da von Bildung
des Volkes faſt gar nicht die Rede war? Das Schulweſen
auf dem Lande, wenn man überhaupt von einem Schulweſen
in unſerm Sinne ſprechen kann, befand ſich auf der unter=
ſten Stufe der Ausbildung. Man hielt es nicht der Mühe
werth, für die Erziehung eines Standes etwas zu thun, bei

---

*) Ein Schock iſt gleich 23 Gr. 4 Pf. Die Benennung Schock war
ſeit 1296 üblich, wo König Wenzel aus einer kölniſchen Mark Silber
60 Groſchen prägen ließ. In Zittau und ſeinen Dörfern rechnete man
aber auch gleichzeitig, wie noch vor 1296, nach „Mark" zu 56 kleinen
Groſchen. Eine ſolche Zittauer Mark war gleich 21 Gr. 9½ Pf.

dem man Kenntnisse außer den zu den Geschäften der Dienstbarkeit nothwendigen für einen überflüssigen Luxus ansah. Der ganze Unterricht bestand in Mittheilung von Legenden und Wundern der Heiligen, sowie in Unterweisung in den vielfachen Ceremonien und Gebräuchen der katholischen Kirche. Wer die religiösen Ceremonien beobachtete, Freitags und in der Fastenzeit kein Fleisch aß, die Messe besuchte, Wallfahrten nach besonders wunderthätigen Heiligenbildern unternahm, Kirchen und Klöster beschenkte, der galt, mochte sein Leben übrigens noch so anstößig sein, in damaliger Zeit für einen rechtgläubigen, vortrefflichen Christen.

Was die Bauart der Häuser betrifft, so wurden sie früher nur von Holz und Lehm gebaut; es waren niedrige, einstöckige Hütten, mit Stroh gedeckt. Anstatt der Fenster hatten sie nur Licht- und Luftlöcher, welche Nachts und bei unfreundlichem Wetter durch Läden geschlossen wurden. Die Gehöfte waren ehemals eng. Die hiesigen Bauernhöfe bilden noch jetzt in der Regel geschlossene Vierecke. Während sich auf einer Seite das Wohnhaus befindet, sind auf den andern die Stallungen und die Scheunen. Die Höfe stehen selten dicht an der Straße. Da die Wohnhäuser derselben meist die Hinterseite oder den Giebel zukehren, so liegt die Wohnstube gewöhnlich nach dem Hofraume zu. Früher gehörte zu jedem Gehöfte ein sogenanntes Gedingehaus, welches der Besitzer bezog, wenn er das Gut verkauft oder einem seiner Kinder übergeben hatte. In hölzernen Feueressen ging der Rauch aus den Oefen, die aus Mauerziegeln bestanden. Der Werth der Häuser war nur gering und betrug mitunter bloß wenige Thaler, die aber trotzdem beim Verkauf des Hauses, da baares Geld in jener Zeit selten war, in so kleinen Terminzahlungen abgeführt wurden, daß die auf dem Hause haftenden Schulden mitunter noch auf spätere Besitzer übergingen. Noch am Anfange des 17. Jahrhunderts wurden in Oderwitz Häuser um 20 bis 30 Zittauer

Mark verkauft. Im Jahre 1614 verkaufte Georg Pannewitz in Oberoberwitz ein Gut (1 Hufe groß) um 1150 Mark, Hans Anders zwei Jahre später sein Gut am Niederende des Dorfes an Christoph Reichel um 400 Mark; Mühlen in Oberoberwitz gingen zu derselben Zeit um 220 und 230 Mark an andere Besitzer über. Noch geringer waren die Kaufsummen in und nach dem 30jährigen Kriege. So kaufte z. B. Christian Dreißigmark, ein Lieutenant von Sorau, 1635 das Webersche Gut in Oberoberwitz (1½ Hufe groß) um den geringen Preis von 435 Mark „alt gut Gelb", Adam Hennig 1640 eine Mühle daselbst von den Clemensschen Erben um 100 Thaler und ein Jahr später Siegmund Kaiser gewesener Schösser zu Unwürde, eins der größten Güter (21 Ruthen) von Matthes Weber um 950 Mark, der es 6041 von seinem Vater um 1500 Mark übernommen hatte. Das Gut lag auf das Königsholz zu und hatte drei kleine Teiche. Es ist jedenfalls nicht zu viel behauptet, wenn man annimmt, daß jetzt der Preis dieser Grundstücke ein 12 bis 15 Mal höherer ist, als damals.

Wie gänzlich verschieden ist jetzt das Aussehen des Dorfes im Vergleich mit jener Zeit! Anstatt der ärmlichen Hütten erblickt man vielfach massiv gebaute Häuser mit rothen Ziegeldächern. Umgeben von wohlgepflegten Gärtchen und freundlichen grünen Grasplätzen ziehen sich in langen Reihen die einzeln stehenden Gebäude hin, deren Giebel oft aus einem Kranze von Obstbäumen hervorragen. Während auf anderen Dörfern der Gutshof besonders ins Auge fällt, ist dies hier bei den stattlichen, an städtische Bauart erinnernden Häusern der Fabrikanten der Fall. Besonders findet dies auf die schöne, an der Chaussee gelegene Häusergruppe in der Nähe der Kirche zu Niederoberwitz Anwendung, welche erst in neuerer Zeit entstanden ist und wo gegenwärtig abermals Neubauten projectirt sind. Schon die ansprechende Außenseite vieler Weberhäuser zeigt, daß ihre Bewohner mehr auf das Schöne bedacht sind, als die Ackerbau treibende Bevölkerung.

Was die Kleidung betrifft, so trug der Landmann in alter Zeit nur wollene und leinene Kleider und im Winter unüberzogene Pelze. Hemden sind erst seit dem 16. Jahrhunderte üblich. Alte volksthümliche Trachten kommen in Oderwitz, ebenso wie in anderen Industrieorten, schon längst nicht mehr vor. Die noch im ersten Viertel dieses Jahrhunderts allgemein üblichen Räder= oder Tellerhauben sind jetzt ebenfalls gänzlich verschwunden.

Ungeachtet man jedoch in der Vorzeit weniger Bedürfnisse kannte und in vielen Beziehungen einfacheren Gewohnheiten als gegenwärtig huldigte, so muß es doch keineswegs an übermäßigem Aufwande, besonders in der Kleidertracht, gefehlt haben, da schon 1538 die Oberlausitzer Stände den Kleiderluxus der Landleute verbieten mußten. Wahrscheinlich bezog sich die Verordnung mehr auf Orte wie Oderwitz, wo damals schon in Folge der Weberei der Wohlstand größer als anderwärts sein mochte. Die Kleidung der Männer bestand aus Hemden mit gestickten oder ausgenähten Kragen, kalbledernen Beinkleidern, dergleichen Wämmsen, mit Leinewand gefüttert, und Tuchröcken mit großen Taschen und Knöpfen, Stiefeln und Hüten. Die langen Haare wurden nach hinten zurückgestrichen und mit einem Kamm von Messing zusammengehalten. Mannigfaltiger war die weibliche Kleidung. Sie war es vorzüglich, gegen welche die oft wiederholten Luxusgesetze, von denen die Chroniken sagen: „man hat sie nicht gehalten", eiferten. Noch 1773 wurden die Dorfrichter angewiesen, darauf zu halten, daß die Kleiderpracht, „woran besonders das Weibsvolk auf dem Lande sich gewöhnen will", nicht überhandnehme. Bei der Tracht der Frauen finden sich Hemden, Kittelchen, Leibchen, Röcke, Schürzen, Schauben (eine Art Mantel), sogenannte Gestalten, Tücher, Umnehmetücher (gewöhnlich von den

Trauerweibern bei Begräbnissen getragen) erwähnt. Der Stoff bestand aus Leinewand, Tuch und wollenen Zeugen, z. B. Grobgrün, Vorstatt, Macheier u. s. w.

Interessante Hindeutungen giebt in dieser Beziehung hauptsächlich die Zittauer Polizeiordnung vom Jahre 1616, die sich besonders auf Kleidung, Hochzeiten, Tauffeste und Begräbnisse bezog.*) Da sie auch für Oberwitz Geltung hatte, insofern, als damals schon ein Theil von Oberwitz unter Zittau gehörte, so sei Folgendes aus derselben mitgetheilt:

„Die Bauern, welche eigene Güter haben, Roß und Gesinde halten, sollen sich aller neuen Trachten, Zeuge und Muster gänzlich äußern, sondern sich der alten Manier, mit Hüten, Röcken, Beingewand und Stiefeln halten, kein ander Zeug, als Zittauisch Tuch, Leder und Leinwand, keinen höhern Zeug zu Röcken, ohne alle Glättung, mit hiesigem Tuch gebrämet, gebrauchen. Keine Schäubchen sollen sie tragen, als von Leinwand oder halbwollenen, oder zum höchsten Macheier, auch keine bessere Mütze als von Grobgrün mit Ottern gebrämt. Den Dorfrichtern soll ein gemeiner schwarzer Hut oder fuchsene Mütze, auch semische Strümpfe und lederne Schuhe, desgleichen ihren Weibern und Töchtern eine vorstattene Mütze und Leibchen, außer allem seidenen Hauptschmucke und ein Parchent oder zum höchsten vorstatten oder harasses Schäubel ohne Brämung vergönnt sein. — Welcher Bauer oder sein Weib und Kind dawider handelt, oder welcher sich eines Mantels (Staatsmantels) gebraucht, soll in den Gehorsam (Gefängniß) gehen und vier Mark zur Strafe geben. — Das Gesinde soll sich keiner mehren Tracht anmaßen und sich mit Tuch, Leder und Leinwand behelfen. Allen Ornat auf dem Haupte sollen die Mägde durchaus meiden; eine wollene Schnur zu

---

*) Corpgovs Anal. IV. 177 ff., Pescheck's Gesch. v. Zittau II. 138 ff. und Chron. Haupt A. II. 916 ff.

den Zöpfen mögen sie gebrauchen. So auch Eine eine Braut wäre, soll sie keinen anderen Verlobekranz als von natürlichen Blumen tragen. Am Sonntage aber zur Kirchen, und nicht weiter, mag ihnen ein Schäubchen von gemeinem Zeuge, als Grobgrün und was darunter ist, geliehen werden. Die weißen Schuh und Stiefel, sowohl die weit ärmeligen Kittelchen und ausgenähte, verzänkelte Schürzen, weil dieselben, wie dem Bauernvolk, also auch dem Gesinde, ihrem Dienst und Arbeit nach zu tragen sich nicht geziemen, soll ihnen durchaus verboten sein. Vielweniger sollen die Häusler, Handarbeiter, Tagelöhner und andere unangesessene Leute oder das Gesinde auf den Dorfschaften einiger Neuerung über vorerzählte Stücke sich anmaßen, sondern daran neben einem Schafpelz und Mütze sich begnügen lassen. Wer hierwider handelt und betreten wird, soll so oft es geschieht, zwei Mark zur Strafe niederlegen oder acht Tage lang in gefängliche Haft genommen werden. Jedoch da eine Dienstmagd eines ehrlichen Handwerksmannes Tochter wäre, derselben soll, ihres Dienstes halben unbenommen sein, sich der Kleidung, so den Handwerksleuten nachgelassen, zu gebrauchen." Auch wurden Schneider, Kürschner, Tuchmacher und Schuhmacher bei Strafe verantwortlich gemacht, sich nach dieser Ordnung zu richten und bei Verlust des Handwerks Niemand andere Kleidung, als vorgeschrieben, zu fertigen.

Im Jahre 1655 erließen die Landstände der Lausitz abermals eine Verordnung gegen „die Pracht und Hoffarth bei dem Bauernvolke, als: die Federn auf den Hüten, die Schuhe mit Absätzen und Pfundsohlen, Corallenhalsbänder, die Bänder um die Häupter, das Tragen von Degen und langem Haar." Am 25. Januar wurde diese Verordnung auch in Oberwitz bekannt gemacht. Außer in Oberwitz scheinen besonders viel Uebertreter dieser Verordnung in Ebersbach, Eibau und Seifhennersdorf zur Strafe gezogen worden zu sein. In Ebersbach fanden sich allein 32 Uebertreter dieses Verbotes, die wegen des Tragens von langem Haupthaar — ein Vorrecht des Adels — am 3. Mai gefänglich eingezogen und mit Geld gestraft werden sollten. Man weigerte sich, ebenso wie in Oberwitz und den anderen Orten. Ungeachtet sich aber von Ebersbach aus zwei Personen an das Oberamt nach Bautzen wandten, mußte man doch zahlen, da das Verfahren des Zittauer Rathes dort bestätigt wurde.

Häufig verführte der herrschende Wohlstand auch zu übermäßigem Trinken und zu hohem Spiel. Zank und Streit waren die Folgen. So z. B. als 1681 den 10. Juli des Richters David Förster zu Niederoberwitz Sohn mit zwei Edelleuten spielte. Nachdem er Alles verspielt hatte und nicht mehr zahlen konnte, hieben sie ihn mit dem Degen so über den Kopf, daß die Hirnschale spaltete. Er starb zwölf Tage später in Zittau bei dem Barbier Straupitz und wurde in Oberwitz begraben. Die Thäter entflohen und wurden endlich begnadigt, mußten aber zur Strafe gegen 700 Thaler zahlen. — Man suchte dem Unwesen durch Strafen zu steuern. So wurde der „reiche Priebs" aus Eibau gefänglich eingezogen, weil er mit einem schlesischen Garnhändler zu Gersdorf gespielt und ihm etliche 40 Ducaten und 600 Thaler auf Credit abgewonnen hatte. Er wurde um diesen Gewinn und um 200 Thaler gestraft.

In den Jahren 1702 und 1712 ließ der Zittauer Rath an Bußtagen Luxusmandate von den Kanzeln verlesen, in welchen den Factoren zu Oberwitz, Eibau, Ebersbach und Großschönau der Gebrauch von silbernen Bechern, goldenen Ketten, theuren Uhren, Spitzen, alle kostbare Kleidung von Sammt und Seide, Pistolen, ja sogar der Gebrauch von Reitpferden bei schwerer Strafe verboten wurde. Ungeachtet das Mandat wiederholt eingeschärft wurde, so richtete sich doch Niemand darnach. Am 5. und 8. Februar 1710 ließ der

Rath deshalb in den genannten Ortschaften alle diese Kostbarkeiten, wo sie sich vorfanden, wegnehmen.

Viel Luxus fand in Oberwitz, wie schon früher erwähnt, auch bei Hochzeiten, bei Leichenbegängnissen, bei denen große Geschenke an Trauerkleidern gegeben wurden, und bei Kindtaufen statt. Während früher nur bei Tauffesten des Adels die Zahl der Pathen eine große war, wurde das später auch anderwärts und besonders auf den Weberdörfern nachgeahmt. Kam doch 1685 in Niederoberwitz der Fall vor, daß nicht weniger als 38 Pathen zugegen waren. Noch um das Jahr 1729 wählte man in Oberwitz sehr oft neun Taufzeugen.

Da besonders die Gebräuche bei Hochzeiten früher in Oberwitz, wie überhaupt in hiesiger Gegend, manche Eigenthümlichkeiten boten, die aber im Laufe der Zeit fast gänzlich verschwunden sind, so dürfte es vielleicht nicht unangemessen sein, hier näher darauf einzugehen.

Vor Schließung des Ehebundes mußte der Bräutigam zunächst durch einen Brautwerber bei den Eltern der Braut feierlich um dieselbe anhalten lassen. Nach erhaltenem Jawort fand die Verlobung statt. Vom Kretscham aus begab sich der Bräutigam mit einer Anzahl von Verwandten in die Behausung der Braut, von wo aus nach geschehener Bewirthung der Gäste mit Speise und Trank in den Kretscham gezogen wurde. Vor der Hochzeit mußte der Bräutigam, wenn er unter Zittau gehörte, erst daselbst den Unterthänigkeitseid ablegen, worauf er dann den Erlaubnißschein zum kirchlichen Aufgebot bekam. Am Sonntage vor der Trauung ging die Braut, geschmückt mit dem Brautkranze, nebst den erbetenen sogenannten Züchtjungfern zur Kirche. Am ersten Hochzeittage zog der Bräutigam mit seinen Gästen wieder erst vom Kretscham aus nach der Wohnung der Braut und holte sie nebst ihren Gästen ab. Unter Begleitung von Musik wurde dann der Zug in die Kirche angetreten und nach der Trauung die Hochzeit im Hause der Braut an zwei bis sechs Tischen (an einem Tische gewöhnlich 16 bis 18 Personen) gefeiert. Den ersten Tag nahmen die Gäste des Bräutigams die Ehrenplätze ein. Während der Tafel war es üblich, wie es auch noch jetzt der Fall ist, Teller herumgehen zu lassen, auf welche Spenden für die Musikanten, den Koch, die Dienstpersonen, die Schul= und Armen= kasse gelegt wurden. Nachdem das Tischgebet vom Pfarrer und eine Danksagung vom Hochzeitsbitter gesprochen waren, begaben sich Bräutigam und Braut mit den Gästen des ersteren (die Gäste der Braut blieben zurück) abermals in den Kretscham, um den festlichen Tag mit Tanz zu beschlie= ßen. Am zweiten Tag versammelten sich die Gäste der Braut wieder im Hause der Eltern derselben zu einem so= genannten Frühstück. Unter Musik zogen sie dann nach der Wohnung des Bräutigams und beglückwünschten das junge Ehepaar. Auch jetzt fand wieder in derselben Weise, wie am Tage zuvor, ein Hochzeitsmahl statt, nur mit dem Unter= schiede, daß diesmal die Gäste der Braut die Ehrenplätze einnahmen. Nachdem die Braut von sämmtlichen Hochzeits= gästen beschenkt worden war, ordnete sich die ganze Gesell= schaft abermals zu einem Zuge nach dem Kretscham. Am dritten Hochzeitstage setzte die neben der Braut sitzende Frau — Salzmeste genannt — jener während des Essens eine Haube auf, als Zeichen, daß man sie nun als Frau be= trachte. Hierauf wieder Zug in den Kretscham. Bei größe= ren Hochzeiten erstreckte sich die Feier sogar noch auf den vierten Tag. Waren die Eltern der Braut vermögend, so richteten dieselben Sonntags darauf dem jungen Paare und den nächsten Verwandten einen Schmaus aus, das sogenannte Mutteressen. — Polizeiliche Verordnungen — wie eben 1616 — gegen die lange Dauer der Hochzeiten und den dabei stattfindenden Unfug durch Kinder und Gesinde halfen nicht viel. Die früher allgemein übliche Gewohnheit, daß bei

Hochzeiten und Taufen Kinder eine Schnur quer über die Straße hielten, das sogenannte „Verschnüren", um die Hochzeitsgäste und Pathen zu einer Gabe zu veranlassen, kommt auch jetzt noch mitunter vor.

Eine schon früher erwähnte Eigenthümlichkeit der Vorzeit war das sogenannte Osterreiten und Ostersingen. Sänger und Musikanten sammelten sich am Osterfeste nach dem Nachmittagsgottesdienste bei der Pfarre und Schule zu Pferde und ritten, begleitet von der Jugend des Ortes, unter Gesang und Musik im Dorfe herum. Da dies Gelegenheit zu manchem Unfuge wurde, so schaffte man 1725 das Osterreiten unter Androhung von Geld- und Gefängnißstrafen ab. Seit jener Zeit traten die Ostersänger an die Stelle. Sie gingen von Haus zu Haus und sangen gegen Verabreichung eines Geschenkes Osterlieder. Vielfach, z. B. 1775 (dem Häusler Wagner und seiner Gesellschaft) und 1802, wurde das Ostersingen verboten. Als Ostern 1822 abermals ein Verbot erfolgte, baten die Chorabjuvanten zu Oberoderwitz, ihnen das Ostersingen in Betracht ihrer zum Theil unentgeltlichen Verrichtungen bei kirchlichen Angelegenheiten, Leichenbegleitungen c. ferner zu gestatten. Da sich auch die beiden Pfarrer dafür verwendeten, wurde es auch ferner, aber nur den Chorabjuvanten erlaubt. Gegenwärtig ist das Ostersingen nicht mehr üblich.

Von sonstigen Sitten und manchen abergläubischen Gebräuchen, welche noch an die Vorzeit erinnern, finden sich in Oderwitz nur noch wenig Spuren. Jene Gebräuche sind mit der fortschreitenden Bildung immer mehr und mehr geschwunden.

Die schon in alter Zeit vor Weihnachten üblichen Vermummungen von Personen, welche in den Wohnungen erscheinen und als Christkind in Begleitung eines Engels den guten Kindern Geschenke von Aepfeln, Nüssen u. s. w. bringen, als Knecht Ruprecht aber die unartigen mit der

Ruthe bedrohen, finden noch gegenwärtig statt. Selten aber nur noch kommt das **Pantoffelwerfen**, **Bleigießen** u. s. w. vor, um sein Schicksal für das künftige Jahr zu erforschen, sowie das Binden der Obstbäume mit Strohseilen, um dieselben zu größerer Fruchtbarkeit zu veranlassen. Ebenfalls an die heidnische Vorzeit erinnert ferner das **Gründonnerstaggehen** der Kinder, welches jetzt aber in der Regel polizeilich verboten wird. Es stammt noch aus der Zeit her, in welcher die Kinder zur Feier des Frühlings einen Umzug hielten. Ungeachtet aller polizeilichen Verbote flammen aber jetzt noch am Johannisabend die Feuer von den Höhen, wie damals, als unsere Vorfahren ihren Göttern daselbst Opferfeuer anzündeten. Heute noch schwingt man lustig die brennenden Besen und schießt fleißig mit Pistolen und anderem Schießgewehr, doch ohne damit, wie früher in der Walpurgisnacht, die Hexen vertreiben zu wollen. Mit den **Zwölfnächten**, welche an die heidnischen Festlichkeiten zur Zeit der Wintersonnenwende erinnern, und die zwölf Tage hindurch währten, verbinden nur noch wenig ältere Personen abergläubische Vorstellungen. Die früher in Oberwitz oft vorkommenden sogenannten **Rocken- und Lichtengänge** werden ebenfalls immer seltener. — Auch die Gewohnheit, **Osterwasser** zu schöpfen, da dasselbe in der Osternacht schweigend geschöpft und schweigend nach Hause gebracht, die Kraft zu verjüngen und zu verschönen habe, kommt wohl jetzt in Oberwitz nur ausnahmsweise vor, während früher der weibliche Theil der Bevölkerung allgemein diesem abergläubischen Brauch huldigte.

Wir finden, daß viele Luxusgegenstände, deren Gebrauch damals den Bewohnern von Oberwitz verboten war, jetzt auch in dasigen Kaufläden anzutreffen sind. In Folge der Freiheiten, deren man sich jetzt erfreut, sind gegenwärtig in Oberwitz fast alle Handwerke vertreten. Schmuckgegenstände von Gold und Silber, gute Pianoforte, sind in den wohl-

habenderen Familien nicht selten. Die frühere ländliche Tracht
hat bei Frauen und Männern schon längst modischen, eleganteren
Kleidern, wie sie die Städter tragen, weichen müssen.
Die Unterschiede zwischen Stadt und Land treten in Oberwitz
auch im geselligen Leben von Jahr zu Jahr immer
weniger hervor. Die geselligen Freuden der hiesigen
Bevölkerung beschränkten sich ehemals nur auf die sogenannten
Bierzüge bei Hochzeiten und Kindtaufen, Gemeinbiere,
auf die Feier des Kirchweihfestes, den Besuch der Jahrmärkte
u. dergl. Tanz, Karten- und Würfelspiel gaben
dabei in Verbindung mit dem Zustande der Trunkenheit, in
dem man sich gewöhnlich befand, oft Veranlassung zu Streitigkeiten
und Verwundungen. Chroniken melden zuweilen
bei Hochzeiten als etwas Ungewöhnliches, daß es friedlich
zugegangen sei. Alle Versuche, der Unmäßigkeit im Trinken
durch Vermahnungen und Strafen zu steuern, erwiesen sich
als nutzlos. Zur Handhabung dieser Polizei, namentlich
wenn es Verhaftungen galt, war der sogenannte Cirkelmeister
in Zittau beauftragt. Vielfach Veranlassung zu mitunter
blutigen Schlägereien gaben auch die in ihrer Entstehung
schon sehr alten geselligen Verbindungen, welche
man Kameradschaften nannte. Die jungen Leute, welche
dazu gehörten, kamen gewöhnlich, um ungestörter zu sein,
an einem Orte zusammen und schlossen andere von ihrer
Gemeinschaft aus. Da es in Oberwitz mehrere solcher Verbindungen
gab, so war dies oft die Veranlassung zu Reibungen.
Mitunter riefen Geringfügigkeiten bei der Rohheit
einzelner Mitglieder noch in den dreißiger Jahren dieses Jahrhunderts
erbitterte Schlägereien hervor. Oft zeigte sich das
Einschreiten der Ortsgerichten als unzulänglich, da Strafgelder
gewöhnlich von der Gesammtheit aufgebracht wurden.

Wie ganz anders ist es dagegen jetzt! Blutige Raufereien,
übermäßiges Trinken kommen jetzt nur ausnahmsweise
vor. Die im Laufe der Zeit steigende Bildung zeigt

auch in der Wahl der Vergnügungen einen Fortschritt zum Bessern. Man findet Geschmack am Lesen unterhaltender Bücher und Zeitschriften. Von letzteren dürfte wohl in den meisten Häusern ein Exemplar anzutreffen sein. Den besten Beweis von der steigenden Bildung geben aber die vielen in Oberwitz bestehenden Vereine. Kaum wird es in dieser Beziehung ein anderes Dorf geben, welches man Oberwitz an die Seite stellen könnte.

Zunächst sind wohl die Gesangvereine zu erwähnen, die mitunter auch öffentliche Gesangaufführungen veranstalten und welche den musikalischen Sinn der Bewohner geweckt und gefördert haben. Der erste derartige Verein wurde bereits im Jahre 1845 in Niederoberwitz gegründet und vom Kirchschullehrer Nauze und Christian Friedrich Müller geleitet. Ein zweiter Gesangverein bildete sich im Jahre 1847 in Mitteloberwitz unter Leitung des Musikers Menzel, der auch zwei Jahre zuvor ein Musikchor ins Leben gerufen hatte. Nach Nauzes und Müllers Tode vereinigten sich die beiden Vereine unter Menzels Direction. Der Oberoberwitzer Männergesangverein besteht seit 1849. Er zählt gegenwärtig ca. 150 Mitglieder und wird von Benjamin Schönfelder und Friedrich Rückert geleitet. Am 24. November 1867 gab er ein Concert zum Besten der Abgebrannten in Johanngeorgenstadt. Seit 1864 besteht in Niederoberwitz noch ein zweiter Gesangverein, der „Liederkranz", unter Leitung des Musikers Rückert aus Oberoberwitz.

Von großem Einfluß auf die fortschreitende Bildung des Ackerbau treibenden Theiles der Bevölkerung, sowie auf einen rationelleren Betrieb der Landwirthschaft ist der seit 1855 bestehende landwirthschaftliche Verein, dessen ca. 90 Mitglieder den Ortschaften Oberwitz, Hainewalde, Spitzkunnersdorf, Seifhennersdorf, Eibau und Leutersdorf angehören. In jährlich sieben bis neun Versammlungen, welche man abwechselnd in Niederoberwitz und Leutersdorf abhält, werden die im landwirthschaftlichen Amtsblatte aufgestellten Fragen erörtert und Vorträge, theils von Mitgliedern, theils von anderen hierzu gewonnenen Personen über landwirthschaftliche Gegenstände gehalten, z. B. über möglichst zweckmäßige Anwendung der natürlichen und künstlichen Düngungsmittel, zweckmäßigere Bearbeitung des Bodens, bessere Zucht des Rindviehes, wofür besonders durch Ankauf von Bullenkälbern edler Race von Seiten des Vereins viel geschehen ist, Einführung guten Samengetreides u. s. w. Besonders haben sich durch ausgezeichnete Vorträge der frühere Director der landwirthschaftlichen Versuchsstation zu Pommritz, Prof. Dr. Lehmann, und sein Nachfolger, Dr. Heiden, verdient gemacht. Unter Leitung des Bezirksthierarztes Weber aus Mitteloberwitz und des unlängst verstorbenen Bauergutsbesitzers und Landtagsabgeordneten Tempel aus Oberoberwitz hat dieser Verein seit seinem Bestehen auch in weiteren Kreisen vielfach segensreich gewirkt. Zur Zeit steht demselben Rittergutspachter Heydrich in Mitteloberwitz vor. Am 1. Juli 1868 wurde dem Bezirksthierarzt Weber „in Anbetracht seiner pflichttreuen Amtsführung und ersprießlichen Wirksamkeit überhaupt" das Ehrenkreuz des Albrechtordens bei Gelegenheit seiner Emeritirung feierlich überreicht. Ein Dienstbotenprämiirungsverein ist seit 1866 damit verbunden. Als der Verein am 11. November 1868 das Stiftungsfest seines 13jährigen Bestehens feierte, mit dem eine geschmackvoll angeordnete Ausstellung landwirthschaftlicher Erzeugnisse verbunden war, erhielten zwei Dienstboten Prämien von 10 und 5 Thalern. — Seit 1867 besteht außerdem in Oberoberwitz ein Verein für Veredlung der Viehzucht.

Geistigen, namentlich naturwissenschaftlichen Zwecken dienen der Abendverein, welcher 1852 gegründet wurde, und der Humboldtverein, der gegenwärtig 65 Mitglieder umfaßt und seit dem 1. October 1861 besteht. Beide gehören Oberoberwitz an. Für Mittel- und Niederoberwitz wurde 1865 ein Fortschritts- und Leseverein ins Leben gerufen, welchem zur Zeit 60 Mitglieder angehören. Er hält seine Versammlungen in der niederen Bahnhofsrestauration ab und steht unter der Leitung der Lehrer des Ortes. Ein ähnlicher Verein bestand schon von 1848 an und wurde die Veranlassung zur Gründung des landwirthschaftlichen Vereins.

Ein Bienenverein, welcher auch in den Nachbardörfern Mitglieder zählte, trat 1840 in Oberwitz zusammen. Man versammelte sich an bestimmten Tagen und suchte durch Besprechung und Mittheilung des Erlebten oder Gelesenen seine Kenntnisse zu vermehren.

In demselben Jahre wurde ferner in Oberoberwitz eine Grabekassengesellschaft errichtet.

Nachdem in Oberoberwitz im Jahre 1861 ein Turnverein, dem C. E. Martini vorsteht, und welcher zur Zeit 60 Mitglieder zählt, gegründet worden war, geschah ein Gleiches ein Jahr später in Mittel- und Niederoberwitz. Letzterer ist zugleich Feuerwehrverein. Seine anfangs vielfach angefeindete Wirksamkeit fand in Folge der letzten beiden Brände, bei denen derselbe sich unleugbare Verdienste erwarb, lebhafte Anerkennung. Für seine aufopfernde Thätigkeit wurden ihm von Seiten der Brandversicherungskasse Prämien von 13 und 25 Thalern zuerkannt, desgleichen auch von der Gemeinde Oberherwigsdorf und der Elberfelder Feuerversicherungsgesellschaft. Die Turnfeuerwehr ist übrigens im Besitz einer eigenen Spritze.

Militärvereine, d. h. Vereine verabschiedeter Soldaten, bestehen in Niederoberwitz seit 1862 und in Oberoberwitz seit 1863. Der letztangeführte zählt gegen 83 Mitglieder.

Ein Consumverein hat sich in neuester Zeit in Oberwitz gebildet. Am 1. November 1868 wurde daselbst der Verbandstag der Consumvereine der Lausitz und des benachbarten Böhmens abgehalten. Bei diesem Verbande waren außer Oberwitz noch 15 Ortschaften vertreten.

Ende November 1869 wurde in einer im weißen Kretscham abgehaltenen Volksversammlung der Grund zu einem **Orts-Verein der Stuhlarbeiter** gelegt. Der Verein schloß sich dem Verbande deutscher Gewerkvereine an und zählt jetzt 175 Mitglieder. Im Februar 1870 entwickelte sich aus diesem Vereine eine **Productivgenossenschaft** zur Herstellung diverser Weberstoffe. Ortsrichter Samuel Wenzel und Gemeindevorstand Gäbler in Oberoberwitz stehen als Vorstände an der Spitze des Unternehmens. Am 2. Juni b. J. erfolgte der Eintrag dieser Genossenschaft.

Geselligen Zwecken dienen seit Mitte der fünfziger Jahre zwei Jugendvereine in Niederoberwitz, **Casino** und **Concordia**, welche ihre Vergnügungen in geschlossenen Gesellschaften abhalten. Außerdem ist noch ein **Theaterdilettantenverein** zu erwähnen, welcher erst seit Anfang 1868 besteht und der in der kurzen Zeit seines Bestehens schon anerkennenswerthe Fortschritte gemacht haben soll.

Nachdem sich schon am 29. Mai 1831 Mitglieder aus beiden Gemeinden zur Abhaltung eines gemeinschaftlichen Schießens „in den Eichen" vereinigt hatten und nachdem später die Oberoberwitzer auf Pohl's Wiese an der Leutersdorfer Grenze Schießen abgehalten hatten, bildeten sich in Ober- und Niederoberwitz zwei uniformirte **Schützengesellschaften**. Die letztere besteht seit 1862. Zur Zeit des Schießens vermag das hoch und schön gelegene Schießhaus daselbst kaum die vielen Anwesenden aus der Nähe und Ferne zu fassen. Das Oberoberwitzer Schießhaus wurde 1867 am Fuße des Spitzberges erbaut.

Endlich ist noch ein Verein, der **Vaterlandsverein**, zu erwähnen, den die politische Erregung im Jahre 1848 Anfang Mai zu Oberoberwitz ins Leben rief. Er schloß sich dem Leipziger Hauptvereine an und war die Veranlassung, daß man am 24. September genannten Jahres zu Oberwitz unter freiem Himmel eine Volksversammlung abhielt, bei der gegen 3000 Menschen zugegen waren. Nachdem die Theilnehmer, begünstigt vom schönsten Wetter, in festlichem Aufzuge vom weißen Kretscham aus mit fliegenden Fahnen und unter dem wechselnden Spiele zweier Musikchöre an dem Versammlungsorte am Fuße des malerisch gelegenen Spitzberges angelangt waren, bestieg der leitende Ausschuß sammt den Abgeordneten der anderen vertretenen Lausitzer Vaterlandsvereine die Tribüne. Die verschiedenen Redner verbreiteten sich über das den Kammern vorgelegte Wahl= gesetz und über die Stellung der Partheien zum Volke. — Den entscheidendsten Einfluß bei der Leitung des Vaterlands= vereins hatte der Baccalaur. jur. und Notar Hugo Schmidt, ein Sohn des Advokaten Dr. Schmidt in Zittau. Er war vorher beim Baue der Zittau=Löbauer Eisenbahn Bauschreiber in Oberwitz gewesen. Nach Beendigung des Baues blieb er noch hier, indem er 1848 den Vaterlandsverein nach außen vertrat, Volksversammlungen veranlaßte und überhaupt in jener aufgeregten Zeit die Aufregung noch mehren half. Männer wie er arbeiteten durch ihre extremen Auffassungen nur der folgenden Reaction in die Hände. Er stand mit den Leitern der sächsischen Bewegung in beständigem Ver= kehr, sowie er 1849 auch die Veranlassung war, daß von Oberoberwitz eine kleine Schaar nach Dresden zog und da= selbst auf den errichteten Barrikaden kämpfte. Ein Ober= witzer, Gottlob Tietze, blieb im Kampfe auf der Barrikade in der Scheffelgasse. Schmidt wurde hierauf flüchtig, ging nach Baden, dann mit den badenschen Kämpfern nach der Schweiz und von da nach Amerika, wo er im Irrenhause zu Delaware gestorben ist.

Diese Aufzählung der genannten Vereine dürfte wohl Zeugniß dafür ablegen, daß der Sinn für Fortschritt sich nicht mehr blos, wie früher, in den Städten geltend macht, sondern daß in der Gegenwart auch die Bevölkerung unserer Fabrikdörfer in reichem Maße an diesen Bestrebungen sich betheiligt. Welchen Contrast bilden nicht diese Bestrebungen, sich geistig und materiell zu heben, mit der Rohheit und Versunkenheit einer früheren Zeit!

### X. Nahrungszweige, Namen der Bewohner.

In alter Zeit war der Landbau der Hauptnahrungszweig der Bewohner von Oberwitz. Das Weideland, die Viehwege waren Gemeindeland, an dem jedes einzelne Gut seinen Antheil hatte. Obwohl die Flur des Dorfes über 6000 Acker umfaßt und die Zahl seiner Bauergüter und Gartennahrungen eine nicht unbedeutende ist, so war der Ertrag dem keineswegs entsprechend. Bei dem damaligen unvollkommenen Betriebe der Landwirthschaft und der schweren Last der Frohndienste und herrschaftlichen Abgaben war er kein sehr lohnender. In der Regel wurden, da es an Zeit und Arbeitskräften zur Bebauung des eigenen Feldes mangelte, nur die nah gelegenen Felder bestellt. Da das Vieh den Sommer über im Freien zubrachte, so fehlte es natürlich auch an den nöthigen Düngungsmitteln. Ganze Strecken Landes, welche jetzt die reichsten Ernten liefern, lagen unbebaut. Bei der damals üblichen Dreifelderwirthschaft blieb der dritte Theil der Felder als Brache liegen. Vorzugsweise wurden Roggen, Hafer, etwas Weizen und Flachs erbaut. Um 1614 baute man auch Hirse; nach dem Oberoberwitzer Schöppenbuche behielt sich ein Verkäufer ein Beet Hirse vor. Seit etwa 1300 fing man in der Lausitz an, das Malz zum Bierbrauen aus Gerste zu bereiten. Früher hatte man nur Weizen und Hafer dazu verwendet. Bier wurde viel gebraut und getrunken, da man den Branntwein noch nicht kannte. Die Kartoffeln werden erst seit der großen Theuerung von 1772, als man ihren hohen Werth und ihre Unentbehrlichkeit erkannte, in größerer Ausdehnung angebaut.

Wie ganz anders ist es im Laufe der letzten Jahrzehnte nach Aufhebung der Erbunterthänigkeit geworden! Die Ablösung jener drückenden Dienste, die Aufhebung der Hutungsgerechtsame der Herrschaften auf den Brachen der Unterthanen, sowie die Beseitigung des Gesindezwanges haben die landwirthschaftlichen Verhältnisse gehoben und einen höhern Aufschwung des Ackerbaues herbeigeführt. In Folge der erzwungenen Dienstleistungen wurden alle Feldarbeiten nur lässig betrieben. Was für einen Ertrag liefern dagegen jetzt die Rittergüter, nachdem freie Lohnarbeiter die Felder bestellen und zu welcher Höhe ist seitdem der Werth der Landgrundstücke gestiegen! Aber wie sorgfältig werden jetzt auch die Felder bearbeitet! Selbst in den Höfen schlichter Bauern sieht man verbesserte Ackergeräthschaften und zweckmäßige Maschinen. Wie schon bei der Bodenbeschaffenheit erwähnt, finden künstliche Düngungsmittel die ausgedehnteste Anwendung. Wie schon früher angeführt, hat sich durch Einführung rationeller Betriebsweisen ganz besonders der 1855 ins Leben gerufene landwirthschaftliche Verein große Verdienste erworben. Die Vereinsmitglieder gehen den kleineren Landwirthen stets mit aufmunterndem Beispiele voran. Man läßt vorzügliches Samengetreide kommen, verbreitet belehrende Schriften und spornt durch Belohnungen und Ausstellungen zum Wetteifer an.

Auch für Wiesenkultur ist ebenfalls viel geschehen. Eine Anzahl Teiche, welche sich früher in der Nähe der Rittergutsgebäude von Mitteloberwitz befanden, und noch einige außerhalb des Dorfes sind in Wiesen verwandelt worden, welche einen reichen Ertrag liefern.

Die Rindviehzucht war in den früheren Jahrhunderten bei nicht kultivirten und mangelnden Futterkräutern nur unbedeutend. Was auf sumpfigen Plätzen und dürren Lehden von selbst wuchs, war die ganze Viehfütterung. Unerheblich war in der Lausitz auch die Schweinezucht, ungleich bedeutender dagegen die Schafzucht, der Wolle, des Fleisches und der Milch wegen. Die Schafe wurden das ganze Sommerhalbjahr hindurch bis in den Spätherbst aufs Feld getrieben, wo es ihnen an geeigneter Nahrung nicht fehlte. Butter findet sich erst um 1350 erwähnt; häufiger wird dagegen des Käse gedacht, welchen man aus der Milch der Schafe fertigte, aber in viel größerer Form, als es jetzt gewöhnlich ist. Haferbrot mit Käse war damals hauptsächlich die Nahrung des Landmannes. Die Hühnerzucht war bedeutend. Zinshühner und Zinseier waren schon in frühester Zeit die üblichste Abgabe. Da man in der Fastenzeit Fische bedurfte, so legte man vielfach Teiche an. Auch in Oderwitz, besonders in Mitteloberwitz, gab es, wie eben erwähnt, zahlreiche Teiche. Ebenso betrieb man auch die Bienenzucht eifrig, da sich dieselbe in der Zeit, wo der Katholizismus in Oberwitz herrschte, bei dem starken Verbrauche an Honig als Fastenspeise und an Wachs zur Beleuchtung der Kirchen sehr einträglich erwies. Wachseinkauf in Oderwitz findet sich in einer alten Zittauer Kirchenrechnung vom Jahre 1663 erwähnt.

Der gegenwärtige Viehstand ist, der großen Zahl der ansehnlichen Güter entsprechend, ein bedeutender. Auch hier ist neuerdings durch Ankauf von Bullenkälbern edler Race von Seiten des landwirthschaftlichen Vereins viel geschehen. Besteht doch seit zwei Jahren sogar ein besonderer Verein zur Veredlung der Viehzucht. Während früher die Ackerarbeiten fast nur mit Rindvieh verrichtet wurden, sieht man jetzt durchgängig in den Ställen der Bauergutsbesitzer stattliche Pferde. Schafzucht blühte früher, als die Herrschaften das Hutungsrecht auf den Brachen ihrer Unterthanen hatten, mehr als jetzt.

Von geringerer Bedeutung ist der Obst-, Garten-

und Gemüsebau. Boden und Lage sind hierzu weniger günstig, als in den benachbarten Ortschaften Herwigsdorf und Hörnitz und dem fruchtbaren Zittauer Thalbecken. — Ein Weinberg, welcher Anfang dieses Jahrhunderts bei der Windmühle auf dem „rothen Gute" angelegt wurde, ging bald wieder ein, da der Ertrag zu wenig lohnend war.

Die Haupterwerbsquelle der Bewohner von Oberwitz aber ist schon seit Jahrhunderten die Weberei. Fast in jedem Hause hört man hier die Webstühle klappern; ja in manchen der niedrigen Stuben, in denen oft mehrere Familien zusammen wohnen, sind gewöhnlich vier und mehr Stühle im Gange.

Da schon die Slaven das Weben der Leinewand verstanden, welche bereits in sehr alter Zeit ihre vorzüglichste Kleidung bildete und welche auch als Abgabe, die sie zu entrichten hatten, im 10. Jahrhunderte erwähnt wird, so ist es sehr wahrscheinlich, daß in Oberwitz, als einem Wohnplatze der Slaven, bereits damals Leinwand gewebt wurde.

In Zittau und den anderen Städten der Lausitz wurde Leinweberei und Linnenhandel schon im 13. Jahrhunderte schwunghaft betrieben. Die vorzüglichste Absatzquelle war Nürnberg, wohin die Waaren über Böhmen gelangten. Von Nürnberg gingen sie weiter nach Italien. Später vermittelten Leipzig und Hamburg den Vertrieb nach Spanien und England.

Zunächst wurde die Weberei nur als städtisches Gewerbe zünftig betrieben. Die Städte thaten alles Mögliche, sich dies Vorrecht zu erhalten und scheuten selbst harte Maßregeln nicht, um die ihnen unterthänigen Dörfer von „städtischer Nahrung" fern zu halten.

Da in volkreichen Dörfern, wie Oberwitz, der Feldbau zum Lebensunterhalte sich nicht mehr ausreichend zeigte, so verbreitete sich die Weberei im 16. Jahrhunderte nach und nach auch hier, zumal da eben damals die Nachfrage nach

Lausitzer Leinewand sehr groß war. Die Landbewohner klagten, daß dieselbe aus den Städten in die Ferne ginge und ihr Bedarf nicht gedeckt werden könne. Sie meinten, sie müßten sich also selbst helfen und ebenfalls Weberei treiben.

Besonders zeitig scheinen in Oberwitz, Herwigsdorf und Olbersdorf unter dem milden Regiment der Oybiner Cölestinermönche, welche den Bewohnern ihrer Dörfer Rechte zukommen ließen, die den Bewohnern der zu den Städten gehörigen Dörfer versagt waren, Weber aufgekommen zu sein. Schon 1518 heißt es in der Polizeiordnung, welche die Cölestiner ihren Unterthanen in Oberwitz ertheilten: ut remanerent in antiqua libertate, qua huc usque usi fuissent, scitu ut liceret habere proprium fabrum, sartorem, lanifices etc. (daß sie bleiben in aller Freiheit, welche sie bisher genossen hätten, (ferner) sei zu wissen, daß es (ihnen) erlaubt sein sollte, einen eigenen Schmied, Schneider, Weber u. s. w. zu haben.)

Den Städten wurde es immer schwerer, ihre Gerechtsame dem platten Lande gegenüber zu behaupten. Der Landmann webte ungleich billiger, als die Bürger in den Städten. Ein Nürnberger, Procopius Barthold, wandte sich daher unmittelbar an die Weber der Dörfer. Auf eine Beschwerde der Zittauer Linnenhändler wurde dies verboten.

Obwohl nun zwar ein großer Theil von Oberwitz mit den anderen Oybinischen Gütern im Jahre 1574 in den Besitz von Zittau gekommen war, so blieben doch die alten Verträge in Kraft. In den Artikeln der Webermeister in Zittau heißt es 1586: „Soviel aber die altten Vortrege mit den Leinwebern auff den Oybinischen güttern anlanget, so sollen dieselben in ihrem Werth wie von alters stehet, vest und Unvorbrüchlich gehalten werden." Auch die adeligen Gutsherren der anderen Dorfantheile gestatteten ihren

Unterthanen das Weben gegen ein jährliches Stuhlgeld von einem Thaler.

Da das Weben auf dem Lande den zünftigen Meistern Zittau's natürlich bedeutenden Nachtheil verursachte, so kamen dieselben beim Rathe darum ein, die Weberei auf dem Lande gänzlich zu verwehren. Einigemale kam es vor, z. B. 1627 vom 25. bis 27. Februar, daß die städtischen Meister, begleitet von Rathsknechten, auf den Dörfern umhergingen und den Dorfwebern die Stühle zerschlugen und das Garn wegnahmen. Indeß war dies nicht lange durchzusetzen. Als es nach den Drangsalen des 30jährigen Krieges in Zittau an Meistern und Gesellen fehlte, um den großen Bestellungen, welche Nürnberger Handelshäuser gemacht hatten, zu genügen, so erlaubte man auch den Bewohnern auf den zur Stadt gehörigen Dorfschaften das Weben. Doch gab das zu zahlende Stuhlgeld oft, z. B. 1646, Veranlassung zu Streitigkeiten.

Aber immer noch wurde der selbstständige Leinwandhandel den Dorfbewohnern verboten; nur im Leinwandhause zu Zittau durften sie ihre Waaren verkaufen, wobei sich die Städter bis um 10 Uhr den Vorkauf vorbehielten. Auf- und Verkauf auf den Dörfern war verboten. Auch Flachs und Garn sollte blos im Leinwandhause feil geboten werden dürfen. Man brachte rohe und weiße, blaue und mehrfarbige, breite und schmale Leinwand zum Verkauf.

Theils in Folge der eben erwähnten Bestimmung, welche vom 4. October 1658 an Geltung hatte und nach welcher Auswärtige auch doppelt so viel Meßgeld zahlen mußten als Einheimische, theils in Folge der gleichzeitigen Verordnung: „daß ein jeder auf den Zittauischen Dörfern, welcher das Leinwandwirken lernen wollte, sich zuvor beim Herrn Verwalter melden und darüber erst Vergünstigung erhalten und dabei einen Ducaten oder zwei Thaler Schreiber=

gebühr geben sollte", zeigte sich auf jenen Dörfern große Unzufriedenheit. Man weigerte sich außerdem noch den Stuhlzins zu zahlen oder wünschte ihn doch verringert. Am größten war die Unzufriedenheit in Oberwitz und Herwigsdorf, wahrscheinlich, weil man hier auf frühere Vergünstigungen sich beziehen konnte. Man wandte sich wegen Befreiung von jenen Abgaben an die Oberbehörde. Am 7. Januar 1659 erschienen deshalb der Landeshauptmann A. v. Haugwitz und B. Leuber als kurfürstliche Commissare. Die Verhandlungen dauerten bis zum 11. Januar. Als keine Einigung erzielt werden konnte, ließ der Landeshauptmann die Wortführer der Gemeinden nebst ihrem Procurator Wagner in den Stock führen. Der Herwigsdorfer Richter, welcher, wie schon erwähnt, zur Strafe Ziegeln hatte fahren müssen, wurde erst den 3. Mai aus dem Gefängniß entlassen. Jedoch gewährte man den Webern von den ehemaligen Oybinischen Gütern, nachdem sie sich mit den zünftigen Meistern in Zittau verglichen hatten, das Meisterrecht und mehrere Vergünstigungen, die sie bisher entbehrten. Auch 1712 und 1714 machten sich wieder besondere Commissionen nothwendig, um die wegen Zahlung des Stuhlgeldes entstandenen Streitigkeiten zwischen Stadt und Land zu schlichten. Hatte man doch sogar im Jahre 1705 eine Verordnung erwirkt, welche Dorfwebern den Besuch der Messen verbot.

Einen bedeutenden Aufschwung der Leinenindustrie verdankte die südliche Oberlausitz dem Umstande, daß im Jahre 1684 die französischen Reformirten von Ludwig XIV. ihres Glaubens wegen aus Frankreich vertrieben worden waren. Durch sie war England bisher mit Linnenstoffen versorgt worden. Von England aus fragte man nun durch Hamburger Kaufleute in Zittau an, ob man sich vielleicht hier jene französische weißgarnige Leinwand zu liefern getraue. Obwohl man bis dahin nur stärkere und rohgarnige Leinwand gewebt hatte, gelangen doch die Versuche. Namentlich wurde dieser Umstand für Oberwitz und die Orte Eibau, Ebersbach und Oybin eine reiche Erwerbsquelle.

Die Weberei breitete sich in Folge dessen auf dem Lande so sehr aus, daß sogar ein landesherrliches Rescript dem „Weibsvolke" das Leinwandweben verbot, weil es an Dienstboten fehle. Bald ließen sich in Oberwitz und den anderen Weberdörfern sogenannte „Factors" nieder, die selbstständig Handel trieben, viele Hunderte beschäftigten und reichen Gewinn erlangten. Sie bezogen mit ihren weißen, gestreiften und bunten Waaren die Messen von Leipzig, Naumburg, Braunschweig, Frankfurt a. d. O. und sandten dieselben auch wohl in weitere Ferne.

Auch die Flachsspinnerei, welche früher mit der Spille und erst seit der Mitte des vorigen Jahrhunderts mit dem Spinnrade betrieben wird, war in dieser Zeit, in welcher der Garnhandel blühte, für viele Bewohner des Dorfes eine lohnende Erwerbsquelle. Oft kommt in jenen Jahren in Oberwitz die Bezeichnung „Handelsmann" vor und oft werden Zittauer Bleicher als Taufzeugen genannt. Ein Blattsetzer findet sich zuerst im Jahre 1664 erwähnt.

Seinen Höhepunkt erreichte das Linnengeschäft zu Anfang des vorigen Jahrhunderts. Der siebenjährige Krieg, welcher für Handel und Gewerbe so verderblich gewesen war, veranlaßte jedoch um 1759 aus Mangel an Verdienst eine Anzahl Weber — nach und nach gegen 43 — sich nach Berlin zu wenden. Wie aus einem Berichte des Zittauer Raths an die Regierung zu ersehen ist, waren sie jedoch größtentheils wieder zurückgekehrt, nachdem sie sich eine Summe Geldes erspart hatten. Derselbe Fall kam auch 1769 in Oberoberwitz vor. Bald stand jedoch das Geschäft abermals in solcher Blüthe, daß der erschütterte Wohlstand bald wieder hergestellt wurde. Einen großen Antheil an diesem Aufschwunge hatte Abraham Dürninger in Herrnhut. Er war es, welcher zuerst die unmittelbare Leinwandausfuhr nach spanischen Handelsplätzen vermittelte, durch welche die Oberlausitzer Leinwandmanufactur neues Leben erhielt. Von den 84,040 Stück Leinwand, welche im Jahre 1777 von dem Zittauer Gebiete geliefert wurden, kamen auf Oberwitz Zittauer Antheil allein 8507 Stück (Niederoberwitz lieferte 5542 und Oberoberwitz 2965 Stück). Bereits im Jahre 1729, als eine landesherrliche Commission durch ihre Offizianten die Webstühle auf dem Lande zählen ließ, kamen auf Oberwitz 680. Die Commission schützte damals die Stadt Zittau hinsichtlich der Erhebung der jährlichen Stuhlzinsen. Das Concessionsgeld wurde bei einem gewöhnlichen Webstuhle auf zwei Thaler festgesetzt. Erst durch Rescript vom 7. August 1833 wurde der Stuhlzins, welcher damals jährlich einen Thaler betrug, um die Hälfte vermindert. Anstatt des Concessionsgeldes war fortan blos einige Groschen an Schreibegebühren zu zahlen. Später kam der Stuhlzins gänzlich in Wegfall.

Wenn bis zu Anfang dieses Jahrhunderts der Spinnrocken und der Webstuhl für viele fleißige Hände in Oberwitz die Quellen des Wohlstandes gewesen waren, so zeigte sich von da an eine erschreckende Abnahme dieses bisher so blühenden Industriezweiges. Mehrere Umstände trugen zu diesem plötzlichen Sinken bei. Zunächst waren es die in England um diese Zeit erfundenen Flachsspinnmaschinen, welche in verhältnißmäßig kurzer Zeit den Weltruf der deutschen Handspinnerei untergruben. In Folge der mit Hilfe des Maschinengarnes erlangten Gleichheit des Gewebes und der reinen schönen Bleiche und Appretur konnte unsere Gegend mit England nicht mehr concurriren. In den 20er und 30er Jahren wurde Deutschland der Export nach Amerika, Spanien ec. größtentheils entrissen. Außerdem war auch die während der französischen Kriege durch Napoleon herbeigeführte Ländersperrung für die Leinenmanufactur von großem Nachtheile. Die erdrückende Concurrenz Englands hatte übrigens zur Folge, daß die Leinewand mit Baumwolle gemischt wurde. Obwohl anfangs einzelne Fabrikanten, worunter auch mehrere Oberwitzer, dadurch reichen Gewinn ernteten, so wirkte dies Verfahren doch höchst nachtheilig auf den Ruf des Lausitzer Fabrikats ein und Verarmung und Noth der Weber waren schließlich die Folge.

Im Jahre 1832 gab es in Niederoberwitz 800 Stühle und von 2500 Webern waren blos, weil damals diese Erwerbsquelle stockte, 1600 beschäftigt. Jährlich wurden hier etwa 16000 Stück weiße Leinwand oder Creas zu 107 Ellen Länge und 4 bis 6 Viertel Breite geliefert. In Oberoberwitz dagegen 14000 Stück weißgarnige Leinewand auf 700 bis 750 Stühlen von 1800 bis 1900 Personen; 200 bis 250 Stühle lieferten Wollenwaaren.

Auf der im Jahre 1845 in Dresden stattgefundenen sächsischen Gewerbeausstellung war auch Oberwitz vertreten. Die Firma Rudolphs Erben in Oberoberwitz erhielt durch das Ministerium des Innern für verdienstliche Leistungen in der Leinenfabrikation die kleine silberne Preismedaille.

Im Jahre 1848 standen in Oberwitz in Folge betrübender Gewerbsstockungen eine Menge von Webstühlen still. Viele der armen Weber wußten kaum, wovon sie ihren Hunger stillen sollten.

Ueberhaupt bringt neuerdings, wo die alte Flachsgarnspinnerei fast ganz aufgehört hat und wo in den letzten Jahren zur Zeit des lange dauernden amerikanischen Krieges aus Mangel an Baumwolle Linnengewebe wieder mehr in Aufnahme kamen, die Weberei anstatt des früheren reichlichen Gewinns nur kärglichen. Oft war bei ungünstigen Zeitverhältnissen, wie z. B. in Folge der politischen Ereignisse vor und nach 1848, die Noth so groß, daß der arme Weber auch bei größtem Fleiße nur kümmerlich sich und seine Familie ernähren konnte. An die Stelle der Linnengewebe sind jetzt fast nur gemischte oder reine Baumwollengewebe getreten. Die Handspinnerei hat man mit Maschinenspinnerei vertauscht, da die Maschinen rascher, billiger und gleichmäßiger arbeiten, als die Menschenhand.

Ueber den gegenwärtigen Stand der Webindustrie geben die interessanten Jahresberichte der Handels- und Gewerbekammer zu Zittau erwünschten Aufschluß. Man ersieht aus ihnen, daß jetzt in der Lausitz leinene und halbleinene Stoffe auf ca. 10,000 Stühlen gefertigt werden. Ungefähr die Hälfte der Stühle arbeitet für die Ausfuhr nach Westindien, Venezuela und Mexiko, die andere Hälfte für den Verbrauch im Zollverein. Nach Leinengarnschocken gerechnet verarbeiten die 10,000 Stühle jährlich an 70,000 Schock im Werthe von drei Millionen Thalern. Sie liefern daraus 350,000 Stück Waaren, wofür 525,000 Thaler auf Weberlohn und 115,000 Thaler auf Appreturkosten kommen. Ober- und Niederoberwitz, welches für den Export und den Zollverein zugleich arbeitet, fabricirt hauptsächlich leichte weiße Leinewand, bunte Leinewand und bunte Kleider- und Bettzeuge. Der Wochenverdienst der Weber beläuft sich auf ein bis zwei Thaler.

Durch die Einfuhrzölle für Leinengarn ist in neuester Zeit unserer Leinwebeindustrie viel Nachtheil zugefügt worden. Dieser Zoll von 2 Thaler pro Centner (also eine Steigerung um 300 Procent gegen den früheren Tarifsatz) trat mit dem 1. Juli 1865 ins Leben und wirkte durch das billige Maschinengespinnst, welches Oesterreich liefert, um so nachtheiliger. Eine große Anzahl Lohnweber suchten daher bei der Erleichterung des Grenzverkehrs Beschäftigung im benachbarten Böhmen, sowohl bei den Fabrikanten als Weber, als auch bei den dortigen Eisenbahnbauten als Tagelöhner. Im Herbste 1867 überreichte deshalb die Handelskammer höhern Orts ein Memorandum. Zu dem erwähnten

Uebelstande kommt das Nachwirken der politischen Ereignisse von 1866; denn zu dem Drucke, den hohe Lebensmittelpreise und das Sinken der Baumwoll- und Wollpreise ausübten, gesellten sich immer noch Verkehrsstockungen und politische Unsicherheit. Glücklicherweise ist der damalige Nothstand, gegenwärtig wieder günstigeren Zuständen gewichen.

Während früher nur die für die Bedürfnisse des täglichen Lebens unentbehrlichsten Handwerker in Oberwitz erwähnt werden, sind gegenwärtig mit wenig Ausnahmen fast alle Handwerke, auch solche, welche sonst ausschließlich blos in Städten vorkamen, vertreten. In alter Zeit war das Betreiben der Handwerke den Dorfbewohnern gänzlich untersagt. Schon König Wenzel hatte 1411 dem Rathe zu Zittau geboten, es nicht zu gestatten, daß „unter der Meile um die Stadt weder Brot auf den Kauf gebacken, Bier gebrauen, Fleisch verkauft, noch ein Handwerk solle getrieben werden. Blos Schmiede, welche die Pflugschaar schärfen, auch Leinweber, jedoch daß sie damit nicht handthieren, die mögen in der Meile bleiben und die von Adel mögen sich ihre Hofschneider halten." Nur das Flicken der Schuhe war auf den Dörfern erlaubt. Was Oberwitz betrifft, so werden in der von den Cölestinern ertheilten Polizeiordnung von 1518 ausdrücklich Schmiede, Schneider und Weber erwähnt. Klagen, daß es nicht möglich sei, auf volkreichen Dörfern wie Oberwitz jene Rechte zu behaupten, kommen schon zeitig vor. Bereits 1637 beklagte sich Zittau beim Kurfürsten, daß „die Pfuscherei und das Stören wider allerlei Handwerke und Zünfte fast auf allen benachbarten Dörfern des Zittauischen Weichbildes zum Verderben der Stadt überhand nehme, ebenso daß vom Bauernvolke Handel mit Seidenzeug, Bleichen, Leinwandhandel, Würze u. dgl. getrieben würde."

Zwei der Gemeinde gehörige Schmieden, die Gemein- und die Pachtschmiede, eine Anzahl Mühlen, Bäcker, ein Branntweinbrenner (1640 unter dem Namen „der Branntweinmann") werben in Oberwitz schon zeitig erwähnt. 1649 finden sich daselbst Bäcker, Schuhmacher und Fleischer, 1682 ein Destillateur, mitunter „Doctor" genannt, und 1707 ein Zahnarzt angeführt. In neuerer Zeit lebten als Aerzte in Oberwitz: Berthold, Kästner und einige Jahre hindurch der spätere Stadtphysikus Dr. Pescheck in Zittau und gegenwärtig med. pract. Schniebs. Der in Oberwitz in Folge des Blühens der Weberei herrschende Wohlstand mag überhaupt hier zeitiger als anderwärts Handwerker herbeigezogen haben. Jedoch waren für Bewilligung eines den Unterthanen auf dem Lande in der Regel nicht nachgelassenem Gewerbe ein Concessionsgeld von zwei Thalern und ein jährlicher Zins von einem Thaler zu entrichten. Concessionirte Handwerker durften aber weder Gesellen noch Lehrlinge halten. Eine noch 1830 von Oberoberwitz Zittauischen Antheils bei der Oberamtsregierung beantragte Aufhebung oder Herabsetzung jener Abgaben wurde abschläglich beschieden, doch eine Ermäßigung in Aussicht gestellt. Auch Errichtung von Kramläden, Branntweinbrennereien bedurften der Concession. Die in Sachsen ins Leben getretene Gewerbeordnung hat gegenwärtig in dieser Beziehung den Unterschied zwischen Stadt und Land aufgehoben. — Windmühlen zählt Oberoberwitz gegenwärtig sechs.

Unter den Fabrikationszweigen, welche neuerdings in Oberwitz zur Geltung gekommen sind, ist auch die mit Hilfe eines Dampfschneidewerks betriebene Fabrikation von Kinderwagen und neuerdings von Velocipeden zu nennen. Da sich die Wagen durch Billigkeit auszeichnen, so erzielt das Spaziersche Etablissement einen bedeutenden Absatz, auch ins Ausland, besonders nach Schlesien, Prag u. s. w. Von Bedeutung sind ferner die in neuerer Zeit eingerichteten Ziegeleien, namentlich die des Bauergutsbesitzer Palme in Oberoberwitz, mit welcher ein Kalkofen verbunden ist. Erwähnung verdienen außerdem noch das Höhnesche Destillationsgeschäft, das Heldsche Kleidermagazin mit zwei Nähmaschinen und die Bildhauerei von Menzel. Den vorzüglichsten Aufschwung aber verdankt Oberwitz unstreitig der das Dorf in seiner Länge durchschneidenden Löbau=Zittauer Eisenbahn. Von großer Bedeutung ist das Bahnhofsspeditionsgeschäft in Oberoberwitz, wo sich auch große Kohlen= und Kalkniederlagen befinden. Eine kleinere Restauration ist in neuerer Zeit bei dem Haltepunkte Mitteloberwitz gebaut worden.

Den besten Maßstab für den hiesigen Verkehr geben folgende, dem neuesten Berichte der Zittauer Handels= und Gewerbekammer entnommene Angaben:

Auf dem Bahnhofe Oberoberwitz langten im Jahre 1867 von Bodenbach 328090 Centner böhmische Braunkohlen und von Görlitz 239472 Ctr. Steinkohlen an. Ab gingen von hier 661,996 Ctr. Braunkohlen.*) Ferner langten an: Brenn=, Nutz= und Langholz 13210 Ctr. (Ausgang ganz unbedeutend), Kalksteine von Reichenberg für den hiesigen Kalkofen 26125 Ctr., Kalk 6923 Ctr., Dachschiefer, größtentheils von Reichenberg, 10101 Ctr. Ausgeführt wurden dagegen aus den hiesigen Ziegeleien 3070 Ctr. Ziegeln. Der Eingang betrug außerdem an Baumwolle 515, Flachs 244, Twist 7952, wollenen Garn 1593, leinenen Garn 3796, Farbehölzern 739, Maschinentheilen 303 und Salz 77 Centner. An Ausgang sind anzuführen: baumwollene Garne 510, baumwollene Waaren 7691, wollene Garne 16, wollene Waaren 24, Leinengarn 457, leinene Waaren 15398, Manufacturwaaren 17650, Glaswaaren 22, Kurzwaaren 29 und Bier 884 Centner.

---

*) Die böhmische Kohle macht nicht nur jetzt schon den Kohlenwerken der Zittauer Gegend und auch den Steinkohlen starke Concurrenz, sondern das wird noch mehr hervortreten, sobald die in nächster Zeit in Aussicht stehende Bahnverbindung mit der Elbe hergestellt sein wird. Man nimmt das Verhältniß der Heizkraft der hiesigen zur Teplitzer Braunkohle wie 2 zu 5 an.

Befördert wurden auf der Strecke Herrnhut=Oberoderwitz (1 Meile)

|  | Personen | Güter |  |
|---|---|---|---|
| 1859 | 80689 | 1058611 | Centner |
| 1860 | 89328 | 1559822 | = |
| 1861 | 95864 | 1953356 | = |
| 1862 | 103141 | 2015480 | = |
| 1863 | 106778 | 2066483 | = |
| 1864 | 126212 | 2502920 | = |
| 1865 | 125196 | 2904318 | = |

Oberoderwitz=Zittau (1,5 Meile)

|  | Personen | Güter |  |
|---|---|---|---|
| 1859 | 81456 | 1095577 | Centner |
| 1860 | 92563 | 1455225 | = |
| 1861 | 101321 | 1782587 | = |
| 1862 | 109291 | 1784305 | = |
| 1863 | 115365 | 1889455 | = |
| 1864 | 135259 | 2192274 | = |
| 1865 | 136111 | 2513718 | = |

Die Gesammtzahl der in Nieberoderwitz angekommenen Postsendungen betrug 19734, worunter 17082 Briefe und Kreuzbandsendungen und 1209 Werthsendungen im Betrage von 175266 Thalern, in Oberoderwitz 22386, unter denen sich 18850 Briefe und Kreuzbandsendungen und 1755 Werthsendungen im Betrage von 139139 Thalern befanden. — Mit der Post wurden in Oberoderwitz 2371 Reisende befördert.

Als aus Oderwitz hervorgegangen sind folgende Gelehrte, Künstler ꝛc. zu erwähnen:

Der erste Mann von Bedeutung der aus Oderwitz stammte, ist wahrscheinlich Peter Schröter. Er lebte im Jahre 1410 als Rathsherr in Zittau.

Balthasar Fischer kaufte 1581 den 24. April das ehemalige herrschaftliche Obervorwerk zu Großschönau. Die

Geschichte von Oderwitz. 14

von Oberwitz stammende Familie Fischer lebte von 1571 bis 1701 in Großschönau.

Kaspar Wenzel aus Oberoberwitz wird 1574 Stammvater der gleichnamigen Familie in Großschönau.

Friedrich Klette, ein Sohn des Pfarrers Georg Klette zu Oberoberwitz, wird von 1593 an als Schösser zu Hainewalde erwähnt.

Zacharias Engelmann, geboren 1595 den 19. December, Sohn des Pfarrers Daniel Engelmann zu Niederoberwitz, war 1625 „Kirchen- und Schuldiener" zu Sohland bei Reichenbach.

David Engelmann sen., Sohn von Zacharias Engelmann, Pfarrer in Oberoberwitz, lebte 1623 als Pfarrer in Strawalde, wurde 1633 der Nachfolger seines Onkels in Nieberoberwitz und 1655 seines Vaters in Oberoberwitz. Er starb im Jahre 1663. Ein Bruder von ihm:

Friedrich Engelmann, welcher 1647 als Kirchenschreiber zu Oberoberwitz angeführt wird, starb daselbst 1677.

David Engelmann jun. wurde seinem eben erwähnten Vater, David E. sen., dessen Nachfolger er 1655 wurde, 1635 den 5. August zu Niederoberwitz geboren. Er starb 1689 den 7. Februar.

M. Georg Hennig, geboren 1643 zu Oberoberwitz, wurde 1671 Diaconus in Seidenberg, 1692 Oberpfarrer daselbst und starb den 3. November 1709.

Johann Christoph Voigt von Oberoberwitz wird 1669 als Gymnasiast in Zittau und 1675 als Student erwähnt.

Johann George Netsch, geboren 1673 zu Oberoberwitz, besuchte 1694 das Gymnasium zu Zittau, studirte in Leipzig Theologie, war hierauf Lehrer in Oberleutersdorf und von 1722 an Lehrer in seinem Geburtsorte. Er starb 1743.

M. David Zöllner von Oberoberwitz, war von

1713 bis 1735, in welchem Jahre er starb, Pfarrer in Reibersdorf.

Samuel Ehrenfried Manitius, gebürtig von Niederoberwitz, wo sein Vater von 1693 an Pfarrer war, studirte bis 1719 und starb als Arzt in Bernstadt.

Georg Köhler, geboren 1686 den 5. Februar zu Nieberoberwitz, wo sein Vater Lehrer war, wurde dessen Amtsnachfolger und starb 1716 den 22. Mai.

Johann Samuel Pelz, Sohn des M. Samuel Pelz, Pfarrers zu Nieberoberwitz, studirte erst in Leipzig und von 1712 an in Jena.

Gottfried Glathe, geboren 1700 den 8. October in Nieberoberwitz, wo sein Vater, Adam Glathe, ein böhmischer Exulant, als Leinwandfactor lebte, erwarb sich durch Leinwandhandel ein bedeutendes Vermögen, kaufte 1751 das Rittergut Niederzodel bei Görlitz und starb 1775 den 23. October.

M. Johann Adam Schön, geboren 1711 den 17. Juli zu Oberoberwitz, ein Sohn des basigen Pfarrers, wurde 1734 Pfarrer in Leschwitz und Posottendorf und 1758 in seinem Geburtsorte, wo er am 29. December 1767 starb.

Adam Christlieb Schön, ein Bruder des Vorigen, geboren in Oberoberwitz 1713 den 9. Mai, lebte als Advocat in Görlitz und starb 1777 den 17. Januar.

Auch ein 3. Bruder, Adam Gottwart Schön, später Archidiaconus in Lauban, war in Oderwitz geboren.

Johann Christian Göhle, Sohn des Kretschamsbesitzers zu Nieberoberwitz, lebte um 1753 als Advocat in Zittau und wurde 1771 daselbst Senator.

Johann Christian Friedrich Maschke wurde in Oberoberwitz geboren. Sein Vater war 1710 Pachter des Ruppersdorfschen herrschaftlichen Vorwerks daselbst. Er studirte bis 1759 in Wittenberg, wird 1760 als Advocat in

Zittau und 1768 als Besitzer eines Bauergutes in Eckarts=
berg erwähnt.

Karl Gottfried Netsch, ein Sohn des Schullehrers
Netsch in Oberoberwitz, studirte Theologie und starb nach
längerem Leiden zu Oberoberwitz am 24. November 1744.
Das noch vorhandene Trauergedicht eines Freundes ist sei=
ner Mutter und seinen Brüdern gewidmet.

Johann Philipp Netsch, geboren 1725 den 31. August
zu Oberoberwitz, ein Bruder des Vorerwähnten, war von 1749
an Schullehrer in Eibau und starb den 4. October 1792.

Friedrich Conrad Bergmann wurde seinem Vater,
welcher Pfarrer in Oberoberwitz war, 1731 geboren. Er
studirte bis 1756 in Leipzig und starb 1794 den 25. De=
cember als Landphysikus in Bautzen.

Gottlieb Schönfelder, geboren in Oberoberwitz 1737
den 3. November, besuchte sechs Jahre hindurch das Gymna=
sium zu Zittau, verlor beim Bombardement der Stadt seine
sämmtlichen Habseligkeiten und kam in Folge der Empfehl=
ungen des Kantor Doles nach Freiberg. Im Mai 1758
wurde er Schullehrer in Jänkendorf und Mich. 1762 in
Kemnitz. Er starb 1795 den 23. Juni. Sein ältester Sohn,
Johann Gottlieb, wurde Kantor in Zittau.

Johann Gottlieb Netsch, geboren 1738 den 9. De=
cember zu Niederoberwitz, wo sein Vater Kirchschullehrer war,
wurde 1768 dessen Nachfolger und starb 1780 den 6. Juli.
Ein Bruder,

Johann Georg Netsch, war 1748 Gymnasiast in
Zittau und noch 1768 Student der Theologie in Leipzig.
Der jüngste Bruder,

Johann Samuel Netsch, war 1768 Gymnasiast und
später Advocat in Zittau. Er starb in Oberwitz am 6. August
1776 im 31. Lebensjahre.

Johann Gottfried Glathe auf Niederzobel, kaufte
1776 das Rittergut Oberleutersdorf I. In der Nacht vom

31. Juli zum 1. August 1800 hatte er das Unglück, durch gewaltsamen Einbruch der weithin berüchtigten Karaseckschen Räuberbande beraubt und nebst seiner einzigen Tochter, Gottliebe Tugendreich, genußhandelt zu werden. Der Verlust an Geld und Werthsachen soll sich auf 70 bis 80,000 Thaler belaufen haben. Er starb 1810.

Gottlob Neumann von Oberoberwitz wurde 1741 Lehrer in Oberherwigsdorf, vertauschte aber bereits im folgenden Jahre diese Schulstelle mit einer anderen in Schlesien.

Johann Gottlieb Goldberg, gebürtig von Mitteloberwitz, war von 1743 bis 1794 Schullehrer in Rennersdorf.

M. Friedrich Traugott Gärtner, geboren den 5. August 1747 in Nieberoberwitz, wo sein Vater damals Schullehrer war. Er studirte in Zittau und Leipzig, wurde 1778 sächsischer Feldprediger und 1780 Pfarrer in Ruppersdorf, wo er 1830 am 1. Juni starb.

Christian Gottlob Katusch aus Oberoberwitz, war 1769 Gymnasiast in Zittau und später Pfarrer in Blumrobe.

Johann Christian Augustin aus Nieberoberwitz lebte noch 1789 als Schullehrer in Herwigsdorf bei Zittau, in welches Amt er 1752 den 21. April als Schulmeisteradjunct eingewiesen worden war.

Johann Gottlob Wiedner, gebürtig von Oberoberwitz, studirte in Zittau und Leipzig. Er war der einzige Sohn seiner Eltern und starb als Cand. jur. den 10. October 1774 im elterlichen Hause, erst 29 Jahre alt.

Christian Friedrich von Göttlich wurde in Oberoberwitz den 28. September 1774 geboren. Sein Vater war Hausbesitzer und Weber daselbst. Nach seiner Entlassung aus der Ortsschule erlernte er bei einem älteren Bruder, welcher schon seit einer Reihe von Jahren als Brauer in Berthelsdorf lebte, die Brauerei. Nachdem er später von hier aus unter der Oberaufsicht seines Bruders die Brauerei in Oberrennersdorf geleitet hatte, übernahm er nach seines

Bruders Tode, welcher im Jahre 1795 erfolgte, die zu Berthelsdorf und verehelichte sich im folgenden Jahre mit der Tochter des Oeconomieverwalters Glathe zu Nieder=strawalde. Durch den im Jahre 1806 erfolgten Bau eines neuen Brauereigebäudes wurde seine volle Thätigkeit in Anspruch genommen. Als er 1818 das Rittergut Nieder=strawalde erkaufte, bei welcher Gelegenheit er sich in den Adelsstand hatte erheben lassen, um in dem Besitze des Gutes gesichert zu sein, da nach damaligem Provinzialstatut jeder Abelige das Vorkaufs= oder Einstandsrecht geltend ma=chen konnte, verkaufte er das ehemalige von Schuhmachersche Freigut in Rennersdorf, in dessen Besitz er einige Jahre zu=vor gelangt war. Nachdem im Jahre 1820 die Gutsgebäude durch einen Bewohner von Strawalde, Namens Lorenz, in Brand gesteckt worden waren (im folgenden Jahre wurde an dem Verbrecher das Todesurtheil vollzogen), baute er diesel=ben neu auf. Christian Friedrich von Göttlich starb am 9. August 1847. Sein einziger Sohn Johann Friedrich v. G. ist jetzt noch im Besitze von Niederstrawalde.

M. Karl Adolph Ferdinand Jentsch, geboren 1778 zu Niederoderwitz, wo sein Vater Pfarrer war. Er wurde 1806 Pfarrer in Lückendorf und Oybin, 1816 Katechet in Zittau und starb daselbst als Archidiaconus im Jahre 1854.

Christian Gottlieb Reichel, gebürtig von Oderwitz, verließ 1799 das Gymnasium zu Zittau.

Johann Gottlob Wauer, geboren in Oberoderwitz den 18. April 1783, war der Sohn eines Hausbesitzers und Maurers daselbst. Sein Vater, welcher bei dem Baue mehrerer Häuser in Herrnhut thätig gewesen war, und die Brüdergemeinde lieb gewonnen hatte, nahm den Knaben Sonntags oft mit dahin. Sehr erwünscht war es dem jungen Wauer daher, welcher keinen größeren Wunsch kannte, als in Herrnhut seine dauernde Wohnstätte aufschlagen zu können, daß ihm die Gelegenheit geboten wurde im Jahre

1800 in das Reicheltsche Leinenfabrikationsgeschäft eintreten zu können. Im Jahre 1811 begann er ein eigenes Garn- und Leinengeschäft. Seine rastlose Thätigkeit, sein rechtlicher Sinn und die erlangte Geschäftskenntniß brachten es bald dahin, daß das von ihm gegründete kaufmännische Geschäft zu den renommirtesten der Gegend zählte. Er starb am 4. Mai 1861. Daß er stets mit Anhänglichkeit seines Geburtsortes gedachte, bewies er auch durch ein Legat von 200 Thalern, deren Zinsen bei der Christbescheerung armer Schulkinder des Ortes mit verwendet werden sollen. — Während einer seiner Söhne gegenwärtig Präsident der Handels- und Gewerbekammer zu Zittau ist, wurde ein zweiter Sohn 1870 zum Gerichtsamtmann in Herrnhut ernannt.

M. Christian Friedrich Rhäsa, geboren in Oberoberwitz den 12. Mai 1784, studirte in Zittau und Wittenberg und wurde 1806 seinem Vater substituirt. Er starb als Pfarrer zu Oberoberwitz 1834 den 1. September.

Ernst Gustav Eduard Kießling, geboren den 30. December 1799 zu Niederoberwitz, wo sein Vater das Pfarramt bekleidete, wurde 1824 Hilfslehrer an der Stadtschule in Zittau und 1827 Pfarrer in Jonsdorf. Er starb als Emeritus in Zittau.

Christian Gottlieb Müller, geboren in Niederoberwitz den 6. Februar 1800, erlernte Musik beim Zittauer Stadtmusikdirector, conditionirte in Dresden, Leipzig, Göttingen und starb als Stadtmusikdirector in Altenburg den 29. Juni 1863. Er komponirte die Oper „Rübezahl". Die erste Aufführung derselben in Altenburg erfolgte den 24. März 1840.

Johann Christian Friedrich Eckart, geboren 1800 den 6. December zu Niederoberwitz, wurde 1820 Hilfslehrer in Weigsdorf und ist seit 1821 Kirchschullehrer in Oberseifersdorf.

Johann Karl Gottlieb Höhne, geboren 1801 zu Oberoberwitz, seit 1833 Pfarrer in Delzschau (Inspect. Leipzig), wurde 1842 Pfarrer in Knauthain.

Ernst Benjamin Moritz Schubert, geboren 1802 zu Mitteloberwitz, besuchte das Seminar in Zittau, wurde 1823 Collaborator in Reibersdorf und für die Schule in Wald, 1826 Schullehrer in Gießmannsdorf und 1834 Kirchschullehrer in Sohland an der Spree.

Dr. Johann Gottlieb Halang, geboren den 26. Juli 1807 in Oberoberwitz, besuchte das Zittauer Gymnasium und die chirurgisch-medicinische Akademie in Dresden. Nachdem er sich 1829 in seinem Geburtsorte und später in Oberleutersdorf als Arzt niedergelassen hatte, besuchte er noch im Jahre 1841 die Universität Jena und erhielt daselbst die Doctorwürde, starb jedoch bald nachher zu Mittelleutersdorf den 11. Juli 1842.

Wünsche und Donath, beide gebürtig von Oberwitz, waren am Anfange dieses Jahrhunderts Schüler des Zittauer Gymnasiums. Der letztgenannte soll Theologie studirt haben und Hauslehrer in Hainewalde gewesen sein.

Friedrich August Glathe, geboren im December 1809 zu Oberoberwitz, besuchte das Gymnasium zu Zittau und studirte von 1831 an Theologie in Leipzig. Nachdem er vier Jahre als Hauslehrer, zuletzt in der Familie M. Herrmanns, des Pfarrers seines Geburtsortes, thätig gewesen war, privatisirte er bis 1845 in Zittau und wurde dann an die dasige Stadtschule als Hilfslehrer gewählt. Schwerhörigkeit nöthigte ihn drei Jahre später dieses Amt niederzulegen und sich nach seinem Geburtsorte zurückzuziehen.

Werner, gebürtig von Oberoberwitz, war oder ist noch Pfarrer in der Niederlausitz.

Christian Gottlieb Benjamin Hüttig, geboren den 28. September 1810 zu Nieberoberwitz, wo sein Vater Ortsrichter war, besuchte das Gymnasium zu Zittau und

stubirte in Leipzig. Im Jahre 1841 wurde er Advocat und practicirte seitdem zuerst in Zittau und später in Groß=
schönau. Er starb am 21. Juli 1863.

Döring erkaufte im Jahre 1814 das Rittergut Niethen.

Karl August von Linnenfeld, geboren am 23. No=
vember 1814 zu Mitteloberwitz, war von 1828 an Schüler des Gymnasiums in Zittau und bezog Ostern 1836 die Uni=
versität Leipzig, um die Rechte zu studiren. Früher Ritter=
gutsbesitzer auf Mitteloberwitz, starb er in Dresden am 26. September 1868 nach langem, qualvollem Siechthume. Seiner Stiftung ist bereits früher gedacht.

Dr. Gottlieb Benjamin Weber, Sohn des späteren Bezirksthierarztes Weber zu Mitteloberwitz, wurde daselbst geboren den 7. September 1815 und besuchte von 1829 an das Zittauer Gymnasium, von wo aus er 1834 zur chirur=
gisch=medicinischen Akademie in Dresden überging. Im Jahre 1848 wurde er Oberwundarzt daselbst, später Ba=
taillonsarzt zweiter Klasse, dann Stabsarzt und zuletzt lebte er als Oberstabsarzt des sächsischen 1. Reiterregiments Kronprinz und Ritter des Verdienstordens in Großenhain. Er starb am 7. Februar 1868.

Gustav Adolph Berthold wurde geboren 1819 den 9. Februar zu Oberoberwitz, wo sein Vater als Arzt lebte. Vom Jahre 1828 an besuchte er die Bürgerschule und später das Gymnasium in Zittau. In Folge einer starken Erkält=
ung bekam er Scharlach und Bräune und verlor leider das Gehör. Nachdem er von 1836 an Unterricht beim Zeichen=
lehrer Müller in Zittau erhalten hatte, war er von 1840 bis 1844 Schüler der Kunstakademie in Dresden und lebte hierauf in seinem Geburtsorte. In den Jahren 1853 bis 1861 lieferte er für das Album der Schlösser und Ritter=
güter Sachsens und für das Album der sächsischen Industrie die Zeichnungen und hatte dabei Gelegenheit, Sachsen in allen Richtungen genau kennen zu lernen. Gegenwärtig be=

schäftigt er sich literarisch und ist als Lehrer für freies Handzeichnen und Architektur bei den Sonntagsschulen in Nieder= und Oberoderwitz wirksam.

August Herrmann Mättig, geboren am 9. Februar 1819 zu Niederoderwitz, Sohn des dasigen Pfarrers, besuchte das Gymnasium zu Zittau und studirte in Leipzig die Rechte. Er lebt in Leipzig als Advocat.

Karl August Eduard Rudolph, ward geboren 1820 in Oberoderwitz, besuchte von 1833 an das Gymnasium zu Zittau und 1842 die Universität Leipzig, um die Rechte zu studiren. 1845 wurde er Gerichtsdirector in Großpotitzsch, später Gerichtsamtsactuar in Reichenau und sodann Actuar bei dem Hauptsteueramte zu Chemnitz. Er starb im Jahre 1858 als Obergrenzcontroleur in Deutschneudorf bei Marienberg.

Gustav Wilhelm Weber, Bruder des Obengenannten, wurde geboren zu Mitteloberwitz 1821, besuchte 1833 die Schule in Zittau, 1837 die Thierarzneischule in Dresden, assistirte seinem Vater als Thierarzt von 1840 bis 1845, ging 1846 als Assistenzarzt an die Thierarzneischule zu Dresden und wirkt seit 1853 als Docent der Thierheilkunde an der Akademie zu Tharand.

Heinrich Alexander Mättig, geboren den 13. April 1823 zu Niederoderwitz, wurde 1851 Substitut seines Vaters und ist seit dem 1854 erfolgten Tode desselben, Pfarrer in Niederoderwitz.

Karl August Engler, geboren den 26. November 1824 in Mitteloberwitz. Derselbe erhielt seine Vorbildung für das Lehramt in den Jahren 1841 bis 1845 auf dem Schullehrerseminarium zu Zittau. Im letzgenannten Jahre wurde er Hilfslehrer in Strawalde und 1855 zweiter ständiger Lehrer in Großhennersdorf. Seit 1858 ist er Lehrer in Berthelsdorf.

Karl Eduard Mättig, jüngster Bruder der Obenerwähnten wurde geboren in Niederoderwitz den 19. August

1825. Nachdem er zuvor Bürgerschullehrer in Bautzen gewesen war, ist er seit 1853 als Pfarrer in Burkersdorf thätig.

Gustav Adolph Merkel, geboren den 12. November 1827 zu Oberoderwitz, wo sein Vater Kirchschullehrer war, besuchte das Seminar zu Bautzen in den Jahren 1844 bis 1848, wurde im letztgenannten Jahre Lehrer an der IV. Armenschule in Dresden, von 1851 bis 1853 Lehrer an der IV. Bürgerschule, 1858 Organist an der Waisenhauskirche und 1860 an der Kreuzkirche daselbst. Seit 1864 ist er Organist an der katholischen Hofkirche. Durch seine Compositionen ist er auch in weiteren Kreisen bekannt.

Christian Friedrich Reichel wurde in Oberoderwitz den 27. Januar 1833 geboren, erhielt seine Vorbildung auf dem Seminar zu Bautzen von Ostern 1850 bis dahin 1854, wurde dann Vicar an der II. Bezirksschule zu Dresden und später Institutslehrer daselbst. Seit 1856 widmete er sich der Musik und ist seit 1859 Musiklehrer und Director der Liedertafel in Dresden.

Dr. Emil Reinhold Bruno Schniebs, geboren den 6. Mai 1835 zu Niederoderwitz, wo sein Vater als Arzt lebt, war von 1846 an Schüler des Gymnasiums zu Bautzen und von 1856 an Student der Medicin an der Universität Leipzig. Seit 1862 lebt er als Arzt in Eibau.

Dr. Ernst Friedrich Wenzel wurde in Oberoderwitz am 14. September 1840 geboren. Nachdem er von Ostern 1857 an das Bautzner Seminar besucht hatte, verließ er dasselbe im folgenden Jahre, um in Leipzig Medicin zu studiren. Er setzte, nachdem er am 31. October 1865 einen Preis der medicinischen Facultät sowie ein Reisestipendium erhalten hatte, seine Studien in Marburg und Berlin fort und hat sich gegenwärtig als Docent an der Universität Leipzig habilitirt.

Karl Gotthelf Schiller, geboren den 10. November

1840 zu Oberwitz, besuchte erst das Seminar zu Zittau und von Michael 1857 an das zu Bautzen, war erst Hilfslehrer in Kunewalde, wurde 1862 Lehrer in Mettelwitz bei Lommatzsch und ist gegenwärtig Lehrer in ebengenannter Stadt.

Dr. Rudolph Herrmann Schnieb s, geboren in Nieberoberwitz den 8. October 1841, Bruder des Obenerwähnten, besuchte 1854 das Gymnasium in Bautzen, studirte seit 1863 in Leipzig Medicin und promovirte daselbst im Jahre 1869.

Bernhard Friedrich Kotte, geboren den 20. Januar 1844 in Oberoberwitz, Sohn des basigen Kantors, studirte in Dresden Musik und lebt jetzt als Musiklehrer in Constanz am Bodensee.

Ernst Wilhelm Dittrich, geboren in Oberoberwitz den 2. April 1849, war von 1860 bis 1868 Schüler des Gymnasiums zu Zittau und besucht gegenwärtig die Universität Leipzig, um Medicin zu studiren.

Johann Gottfried Tempel, Bauergutsbesitzer in Oberoberwitz und als Landtagsabgeordneter in weiteren Kreisen bekannt, starb am 13. Februar 1869.

Ferner muß hier noch ein Mann angeführt werden, der, wenn auch nicht gebürtig von Oberwitz, doch diesem Orte 48 Jahre hindurch angehörte. Noch lange wird man sich daselbst seiner gemeinnützigen Thätigkeit erinnern. Es ist dies der homöopathische Arzt

Jonathan Christoph Berthold, geboren den 5. Mai 1787 in dem Pfarrhause zu Leutersdorf, als vierter Sohn des dortigen Pfarrers. Da ihm in seinem 10. Jahre sein Vater durch den Tod entrissen wurde, so nahm ihn sein ältester Bruder zu sich, der sich in Leutersdorf als Arzt niedergelassen hatte. Im Jahre 1805 kam er nach Berlin, wo zwei seiner Brüder als Kaufleute lebten, und studirte daselbst Medicin. 1808 besuchte er die chirurgische Akademie in Dresden. Gänzlich ohne Mittel, entschloß er sich 1809 nach dem Orient zu gehen und dort sein Glück zu suchen. Doch bereits in Prag wurde ihm angetragen, als Arzt in die österreichische Armee einzutreten, in welcher Mangel an Aerzten herrschte, da viele derselben vom Lazarethfieber hingerafft worden waren. Er trat als Feldarzt ein. Schon im nächsten Jahre nahm er nach beendigtem Kriege seinen Abschied und begab sich nach Dresden, wo er am 16. August 1810 sein Staatsexamen machte. Er ließ sich zunächst in Spitzkunnersdorf nieder und siedelte 1816 nach Oberoberwitz über. Da er sich bereits 1819 der Lehre Hahnemanns zuwandte, war er somit der erste Arzt der Oberlausitz, welcher die Homöopathie ausübte und zwar mit großem Erfolge. Nachdem er am 16. August 1860 sein ärztliches Jubiläum gefeiert hatte, hatte er auch noch die seltene Freude, am 14. April 1864 seine goldene Hochzeit begehen zn können. Am 17. December genannten Jahres machte ein Schlaganfall seinem Leben ein Ende. — Erwähnung verdient schließlich noch, daß er auch in der Holzschnitzkunst nicht Gewöhnliches leistete.

Zuletzt möge noch ein kurzes Verzeichniß der Familiennamen hier Platz finden, welche bereits 1583 in einem Verzeichnisse der decempflichtigen Grundstücksbesitzer zu Niederoberwitz und gleichzeitig im ältesten Schöppenbuche von Oberoberwitz erwähnt worden.

In Nieder-Oderwitz lebten damals die Familien: Anders, Ay, Biehain, Birnbaum, Bräuer, Brockelt, Clemens, Fasold, Fischer, Förster, Fröhlich, Glathe, Goldberg, Günzel, Hänsch, Korschelt, Lobe, Lorenz, Miseler, Möller, Mönch, Nachtigall, Neumann, Nichterwitz, Reichel, Schmidt, Stübner, Thiele, Vetter, Wagner, Weber, Weber, Wenzel, Zeidler und Zöllner.

In Oberoberwitz finden sich folgende Familien erwähnt: Anders, Bartsch, Belger, Biehain, Brockelt, Bundesmann, Clemens, Döring, Eichler, Fröhlich, Glathe, Grillich,

Großer, Gruhl, Grunewald, Günzel, Halang, Hennig, Klette, Koch, Krause, Kühnel, Möller, Palme, Pannewitz, Penker, Reichel, Rohn, Rudolf, Sauermann, Schmidt, Schöbel, Scholze, Stübner, Tanzmann, Tempel, Tschuppe, Voigt, Weber, Weber, Wenzel, Werner und Wünsche.

## XI. Kriegsleiden.

Fast alle Kriege der letzten Jahrhunderte, welche in Deutschland ausgekämpft wurden, und in denen Sachsen fast stets der Kriegsschauplatz war, waren auch für Oberwitz mit den nachtheiligsten Folgen verbunden. Während Nachrichten aus der Fehdezeit des Mittelalters fehlen, findet sich Oberwitz mehrmals zur Zeit des schrecklichen

### Hussitenkrieges,

welcher ein Menschenalter hindurch über viele Länder namenloses Elend brachte, erwähnt.

Zur fürchterlichen Wiedervergeltung wegen der am 6. Juli 1415 auf dem Concil zu Costnitz erfolgten Verbrennung des Reformators der Böhmen, Johann Huß, verheerten die Hussiten fast alle Provinzen Deutschlands und namentlich die angrenzende Oberlausitz, weil dieselbe es mit dem Kaiser hielt. Leichenhügel, Brandstätten bezeichneten den Weg, den jene wilden Schaaren gezogen waren. Mehrmals wurde auch Oberwitz von den verheerenden Raubzügen der Hussiten berührt.

Zuerst im Jahre 1425, als sich die mächtige Familie der Herren von Wartenberg, die es bisher mit den Lausitzern gehalten hatte, sich mit den Hussiten verbündete und von ihren festen Schlössern Tollenstein, Tetschen, dem Schloßberge bei Kamnitz und Dewin aus der Oberlausitz viele Jahre hindurch großen Schaden zufügte. Bald nach Ostern genannten Jahres machte Johann von Wartenberg vom Tollenstein aus einen Einfall. Er zog mit einer zahlreichen Schaar über Warnsdorf, Spitzkunnersdorf, Oberwitz und Neundorf bis Schlegel und verwüstete und beraubte von hier aus namentlich die Güter des Klosters Marienthal. Nachdem man überall das Vieh geraubt hatte, woran in Böhmen der Kriegsumstände wegen großer Mangel war, ging Wartenberg ungestört mit der Beute zurück nach der Zittauer Gegend. Als er sich von Herwigsdorf nach Böhmen wenden wollte, erfuhr er, daß der damalige Hauptmann von Zittau, Nicol von Ponikau, der ausgezogen war, um den Räubereien Einhalt zu thun, im Gebüsch bei Spitzkunnersdorf im Hinterhalt läge. Johann von Wartenberg befahl seiner Reiterei, sich über Niederoderwitz nach Spitzkunnersdorf zu begeben. Zum Zeichen, daß sie dort angelangt seien, sollten sie einige Häuser in Brand stecken. Das geraubte Vieh ließ er über Oderwitz nach Rumburg treiben. Als die Häuser in Spitzkunnersdorf brannten, verließ Ponikau in Folge des Feuerlärmes seinen Hinterhalt und es kam zum Kampfe mit der weichenden Reiterei. Als nun Wartenberg mit seinem Fußvolke erschien und die Zittauer im Rücken angriff, kamen dieselben in Unordnung und Ponikau wurde mit vielen seiner Leute gefangen. Man brachte ihn nach Burg Tollenstein, wo er einige Zeit gefangen gehalten wurde.

Als im September 1425 Sigismund von Wartenberg auf Tetschen und Wilhelm von Ronow auf Leippa Löbau bedrohten, hatte auch Oderwitz wieder zu leiden. Johann von Wartenberg auf Tollenstein zog mit seiner Reiterei über Waltersdorf, Warnsdorf nach Oderwitz, Ruppersdorf, Strawalde und Ebersbach, das Fußvolk aber über Rumburg nach Ebersbach, Kottmarsdorf bis Wendisch-Kunnersdorf. Ueberall trieb man Pferde und Rindvieh zusammen und machte große Beute.

Auch das Jahr 1426 verlief für Oderwitz wieder unruhig. Johann von Wartenberg sammelte bei Tollenstein abermals seine Schaaren, um in der Lausitz wieder Schlachtvieh zu rauben. Sein Bruder Heinrich fiel am 28. August in den Eigenschen Kreis ein, und ließ, ohne nach Bernstadt zu kommen, den Bewohnern von Kiesdorf, Dittersbach, Altbernsdorf und Kunnersdorf das Rindvieh und in Rennersdorf die Schafe von der Weide abtreiben und nahm seinen Rückzug durch das Eulholz über Oberwitz und Rumburg. Daß man auch in Oberwitz, wenn es von diesen Raubzügen berührt wurde, viel Beute machte, läßt sich wohl als gewiß annehmen.

Verheert wurde das Dorf jedenfalls wieder im Jahre 1428, als eine Hussitenschaar vom Tollenstein und Waltersdorf her erschien, die Gegend von Löbau ausplünderte und besonders viel Vieh raubte. Als die Lausitzer Truppen nahten, zog sich der Feind aus der Gegend von Löbau über Ebersbach und Rumburg zurück. Die Oberlausitzer Reiterei verfolgte ihn bis Gersdorf. Von hier aus rückten die Hussiten den Lausitzern entgegen und warfen sie bis hinter Eibau und Oberwitz zurück. Auf der Anhöhe nördlich von Eibau blieben die Feinde dann beobachtend stehen und begaben sich hierauf am folgenden Tage nach Rumburg. Bei Kratzau wurden sie am Morgen des 16. November von den tapfer kämpfenden Oberlausitzern gänzlich in die Flucht geschlagen. Die Hussiten verloren 600 Todte, 400 Gefangene und den größten Theil der mit reicher Beute beladenen Wagen. Bei Machendorf fanden Einzelne, welche man in die Neiße gesprengt hatte, ihren Tod in den Fluthen. Andere, die man in die Scheunen trieb, wurden mit denselben verbrannt.

Am schrecklichsten gestaltete sich das Kriegsjahr 1429 für die Oberlausitz, in welchem die Hussiten dreimal Einfälle machten und Alles durch Mord und Brand verwüsteten. Viele Dörfer gingen damals in Flammen auf, da die Feinde besondere „Feuerschaaren oder Brandknechte" mit sich führten, die unter dem Befehle eines Brandmeisters standen. Unter Anführung Procop des Kleinen erschienen die Hussiten von Leippa her. Sie wütheten furchtbar in der Löbauer Gegend. Da sie Gersdorf niederbrannten und Ebersbach gänzlich verwüsteten, hat jedenfalls auch das unweit davon liegende Oberwitz gleiches Schicksal gehabt. Gersdorf blieb über 200 Jahre wüste liegen und Ebersbach bezeichnete man fortan längere Zeit mit dem Namen „Wüste-Ebersbach". Mittenoberwitz, dessen Oberlehnsherr Wartenberg war, blieb bei diesen Einfällen wahrscheinlich verschont.

Noch manchmal wurde in den folgenden Jahren Oberwitz und Umgegend beunruhigt, vorzugsweise wohl im Jahre 1431, als um Pfingsten Procop der Aeltere mit einer Schaar Taboriten und Waisen zwischen Zittau und Herwigsdorf ein Lager aufschlug. Er wagte damals zwar keinen Angriff auf Zittau, da sich daselbst viel Lausitzer Hilfsmannschaft befand, zündete aber die Webervorstadt an.

Erst nach und nach, mit oft wiederholten Unterbrechungen, nachdem die Oberlausitz größtentheils zur Wüste geworden und die Hussiten unter sich in Parteien zerfallen waren, kehrte einige Ruhe in unsere Gegend zurück.

Doch neue Hussitenkämpfe entspannen sich im Jahre 1467, als sich die Sechsstädte mit dem größten Theile Schlesiens gegen den König von Böhmen, Georg von Pobiebrad, verbanden und es mit seinem Gegner, dem König Mathias von Ungarn hielten.

Anfang September machten die Herren von Wartenberg und andere Utraquistenhäupter einen Einfall in die Oberlausitz. Sie verwüsteten die Gegend um Zittau. Im November erschienen sie wieder, raubten und plünderten und verbrannten Großhennersdorf und Oberseifersdorf. Die Hussiten zogen sich, verfolgt vom Landvogt Jaroslaw von Sternberg, von Großhennersdorf über Oberwitz, Spitzkunnersdorf nach Schluckenau zurück. Vielleicht, daß bei dieser Gelegenheit der Hof Nicols von Lottiz zu Mitteloberwitz von dem Hauptmanne des Landvogts, Polenzk, und den Zittauern niedergebrannt worden ist, weil Lottiz seinem Lehnsherrn Wartenberg Vorschub geleistet hatte; möglich aber auch, daß dies erst zwei Jahre später geschah, als der Landvogt 1469 den Tollenstein belagerte. Wie schon früher erwähnt, war dieser Vorfall die Veranlassung zu einer langjährigen Fehde, in welcher Nicol von Lottitz und sein Sohn Hans auf Schirgiswalde auf den Zittauer Dörfern gegen 1400 Stück Vieh raubten, weil die Zittauer den durch den Brand verursachten Schaden nicht ersetzen wollten. Noch 1481 wurden deshalb Zittauer Kaufleute bei Bautzen angefallen und beraubt.

Auch zu einem Kriegszuge in weitere Ferne mußte Oberwitz in jener Zeit Gewaffnete, Wagen 2c. stellen. Als nämlich 1488 im März König Mathias von Böhmen, Landesherr der Lausitz, den Herzog Hans in Glogau belagerte, hatte Oberwitz zwei Wagen, vier Knechte und vier Trabanten zur Heerfahrt zu stellen. Aehnliches hatten auch die Nachbardörfer zu leisten.

Mitunter fanden auch Durchmärsche und Einquartierungen von Truppen statt. Leider kamen in solchen Fällen vielfach Plünderungen und andere Gewaltthätigkeiten vor. So z. B. als vom 27. Juli bis 9. August 1597 drei Fähnlein Braunschweigischer Reiter — 1500 Mann — in Oberwitz und Umgegend einquartiert wurden. Der Befehlshaber, Herzog Franz von Lüneburg, hatte sein Quartier auf dem Scherffingschen Vorwerke zu Herwigsdorf.

Aehnliche, wenn nicht noch traurigere Folgen, als die Hussitenkämpfe, hatte auch

der dreißigjährige Krieg,

jener unselige Religionskrieg, welcher von 1618 bis 1648 unsere Lausitz, wie ganz Deutschland verwüstete und entvölkerte, für Oberwitz.

Nachdem im Jahre 1619 Kaiser Ferdinand II. der böhmischen Krone verlustig erklärt und in der Person des Kurfürsten Friedrich V. von der Pfalz ein neuer König gewählt worden war, mußte auch die Lausitz, die damals noch zu

Böhmen gehörte, diesem im folgenden Jahre huldigen. Am 6. Juni 1620 übertrug der Kaiser die Unterwerfung der Lausitzen dem Kurfürsten von Sachsen, Johann Georg I. Letzterem wurden dafür die Provinzen einstweilen verpfändet. Zur Vertheidigung derselben erschien im September der Markgraf von Brandenburg-Jägerndorf mit böhmischen Hilfsvölkern aus den mit der Lausitz grenzenden Kreisen Böhmens. Sie waren schlecht bewaffnet und ungeübt. Da ihre kriegerische Thätigkeit vorzugsweise in Brennen und Rauben bestand, so hat vermuthlich schon damals Oberwitz viel gelitten; denn ähnlich wie in den Nachbardörfern Ruppersdorf, Großhennersdorf und Eibau mag es auch in Oberwitz gewesen sein. Die erstgenannten plünderten sie am 26. und 28. November und letzteres zündeten sie am 27. an.

Am 8. November 1620 war Friedrich von der Pfalz in der Schlacht am weißen Berge bei Prag von den kaiserlichen Truppen geschlagen worden. Er floh und ward seiner Länder verlustig erklärt. Ganz Böhmen wurde mit Härte zu der österreichischen Herrschaft und der katholischen Religion zurückgebracht. Gleiches Schicksal würde unsere Lausitz getroffen haben, wenn nicht der günstige Umstand, die Verpfändung an den Kurfürsten von Sachsen, sie geschützt hätte. Gering sind dagegen die Beschwerden anzuschlagen, die man damals bei Durchmärschen mitunter zu erdulden hatte. So heißt es z. B., als am 6. Juni 1622 sächsisches Kriegsvolk auf dem Marsche von Schlesien nach Thüringen die Lausitz passirte und in Oberwitz und allen Nachbardörfern, sowie in der Umgegend von Zittau einquartiert wurde: „sie haben die Bauern ziemlich geschätzet."

Schlimmer wurden die Zustände, da man seit dem Jahre 1621 auch mit Hungersnoth und Theurung zu kämpfen hatte. In Folge der Münzwirren (Kipper und Wipper) hatten die Preise des Getreides und anderer Lebensbedürfnisse eine ungewöhnliche Höhe erreicht. Der Scheffel Weizen kostete

48 Gulden; gleichen Preis hatte ein Scheffel Korn; das Pfund Schweinefleisch kam 12 Groschen, ein Pfund Rindfleisch 8 Groschen, ein Pfund Butter 1 Gulden, eine Klafter Holz 32 Gulden und eine Kanne Bier 4 Groschen. In Oberwitz betrug z. B. das Fuhrlohn für eine Klafter Holz 6 bis 7 Thaler, während der Preis in altem Gelde 12 oder 14 Groschen betragen hätte. Später steigerten auch noch Mißwachs (in den Jahren 1625 und 1629) und die Bedürfnisse der Armeen, welche das Land ernähren mußte, die Theurung.

Vom Jahre 1628 an hatte man von Neuem drückende Kriegslasten zu tragen. Der Kaiser wies einer starken Abtheilung seines Kriegsvolkes, größtentheils Reiterei unter Don Balthasar Marabas, ungeachtet der Gegenvorstellungen des Kurfürsten, Quartiere in der Oberlausitz an. Oberwitz hatte, wie andere Dörfer, 22 Wochen hindurch bis Anfang October bedeutende Lieferungen an Getreide, Stroh, Schlachtvieh, Hühnern, Butter, Eiern und Käse zu leisten, Lieferungen, die bei der herrschenden Theurung doppelt schwer aufzubringen waren. Als am 8. September acht Cornets Wallensteinischer Reiter die Grenze Böhmens bei Lückendorf überschritten, wurden zwei Cornets über Nacht in Oberwitz einquartiert.

Noch war die Gegend von dem eigentlichen Kriegsgetümmel verschont geblieben. Als aber im Jahre 1631 der Kurfürst von Sachsen ein Bündniß mit Gustav Adolph, König von Schweden, einging, der am 24. Juni 1630 an der pommerschen Küste gelandet war, um den Protestanten Hilfe zu bringen, so überschwemmten, von Schlesien kommend, kaiserliche Truppen unter dem Feldmarschall Freiherrn von Tiefenbach — 16000 Mann stark — die südliche Lausitz. Die wilden Croatenschaaren erschienen in der zweiten Hälfte des Octobers plündernd auch in Oberwitz und der ganzen Umgegend. Allein um Zittau herum sollen 1195 Stück Vieh geraubt worden sein. Am 23. wurden die Kaiserlichen von der sächsischen Armee unter Arnheim verdrängt. Obwohl die letztere bald nach Görlitz aufbrach, so wurde doch Oberwitz wie alle Nachbarorte hinsichtlich des Unterhalts der in Zittau zurückgebliebenen starken Besatzung sehr in Anspruch genommen.

Eine Schreckenszeit brach wieder an, als am 13. Juni 1632 eine kaiserliche Armee unter dem Feldmarschall von Schaumburg bei Zittau erschien. Den ganzen Sommer hindurch blieb die Gegend von den Kaiserlichen besetzt. Ueberall plünderte man, trieb das Vieh hinweg, zog die Leute nackend aus und verübte die empörendsten Mißhandlungen. Die verwilderten Soldaten kannten kein Erbarmen. Kinder wurden eben so wenig verschont, als Frauen und Greise. Raub, Mord und Brand waren allgemein. Auf die Fliehenden schossen die Barbaren mit teuflischer Bosheit. Die unglücklichen Bewohner mußten in den Wäldern, wo sie Tag und Nacht in ihren Verstecken blieben, Zuflucht suchen. Mancher kam in dieser Zeit elend um, dessen Gebeine später durch Zufall aufgefunden wurden. Im August mußten auch die Bewohner von Oberwitz, welche nicht geflohen waren, in Zittau beim Schanzen- und Pallisadensetzen helfen.

Dabei graffirte die Pest in diesem und dem folgenden Jahre — 1633 —, welches noch keine Linderung der schwer drückenden Kriegslasten brachte, in erschreckender Weise in Oberwitz. Die von der Pest Befallenen erlagen gewöhnlich binnen zwei Tagen, oft aber auch schon binnen 24 Stunden der furchtbaren Krankheit. Fast in allen Häusern zählte man Pestkranke. Die Todesfälle mehrten sich außerordentlich. Manche Familien starben ganz aus. Namentlich soll in jener Schreckenszeit Niederoberwitz besonders hart betroffen und ganz entvölkert worden sein. Da an manchen Tagen viele Todesfälle vorkamen, so läutete man bei Beerdigungen nur selten die Glocken und zuletzt begrub ein Jeder seine Todten, wo er wollte. Die Lücken, welche das Kirchenbuch in Niederoberwitz in dieser Zeit zeigt, lassen auf die allgemeine Verwirrung und die trostlosen Zustände jener Tage schließen.

Am 14. Januar 1633 mußten die Bewohner von Oberwitz und anderen Dörfern abermals in Zittau schanzen und Hunderte von Obstbäumen in den Vorstädten fällen. Außerdem hatte man noch die Lasten zahlreicher Einquartierung zu tragen, erschwert durch den Mangel an Lebensmitteln, da blos noch Zufuhr aus Böhmen möglich war.

Auch im Jahre 1634 hatte man mehrmals in Oberwitz Einquartierungen und Durchmärsche feindlicher Truppen, wobei es nie ohne Erpressungen und Plünderung abging. Als vom October bis December sächsische und brandenburgische Truppen am Kummersberge zwischen Herwigsdorf und Zittau ein Lager inne hatten, wurden in den nächsten Dörfern wie Herwigsdorf, Niederoberwitz u. s. w. hölzerne Zäune, Breter und Stroh geholt und sogar Häuser demolirt, deren Holz man zu den Wachtfeuern verwandte. Gleichzeitig streiften überall Croaten herum und hausten in gewohnter Weise fürchterlich, „wie lebendige Teufel," sagen die Chroniken. Viele Bewohner der Dörfer suchten in den Städten Zuflucht. So hielt sich z. B. Christoph von Gersdorf auf Hainewalde und Oberwitz in jener Zeit in Löbau auf. Im December mußten sich die sächsischen Truppen vor den Croaten zurückziehen. Die ganze Gegend wurde hierauf von den wilden Horden in Angst und Schrecken gesetzt. Ueberall wurde geplündert; Männer, Weiber und Kinder führte man gefangen mit fort, um Lösegelder zu erpressen.

In Folge der fortwährenden Streifereien herrschte allgemeine Unsicherheit. Der Krieg wurde bei der immer mehr zunehmenden Verwilderung der Soldaten in der unmenschlichsten Weise geführt. Die Truppen glichen mehr Räuberbanden. Um die Unglücklichen, namentlich auf den Dörfern, zur Angabe verborgener Schätze zu nöthigen, band man ihnen

Hände und Füße, legte sie auf den Rücken und füllte ihnen Düngerjauche ein (Schwedentrunk genannt, weil diese Grausamkeit besonders von den Schweden verübt wurde), dann drehte man den Körper um, preßte die Flüssigkeit wieder aus und begann die Einfüllung aufs Neue, bis das gewünschte Bekenntniß erzwungen war. Mitunter goß man ihnen sogar siedendes Pech, Zinn und Blei in den Mund. Andere wurden niedergehauen, oder man schnitt ihnen die Zungen, Nasen und Ohren ab, stach ihnen die Augen aus und schlug Nägel in die Köpfe und Füße. Wieder Andere steckte man in Backöfen und ließ sie langsam braten; Manchen zerschnitt man die Fußsohlen, um Salz und Gerstenkörner in die Wunden zu streuen, oder zersägte die Kniescheiben, schraubte mitunter die Köpfe ein und schleifte Gefangene mit Pferden. Die Frauen schändete man und selbst die unschuldigen Kinder wurden nicht verschont. Man nagelte sie wohl gar an die Thorwege und schoß nach ihnen. Kurz, es giebt kaum eine Greuelthat, die in jenem unglückseligen Kriege nicht verübt worden wäre.

Als am 30. Mai 1635 zwischen dem Kaiser und dem Kurfürsten von Sachsen der Friede zu Prag abgeschlossen wurde, in Folge dessen die Lausitzen erblich an Letzteren gelangten, glaubte man den schrecklichen Krieg beendet und hoffte auf bessere Zustände. Doch die Zeit der Ruhe sollte nicht lange währen. Der Kurfürst hatte sich durch diesen Friedensschluß den Haß der Schweden, deren Bundesgenosse er bisher gewesen war, zugezogen. Mit neuer Erbitterung wurde der Krieg daher fortgesetzt. Doch erst das Jahr 1637 brachte Schlimmeres für unsere Gegend, als Banners grausame Schaaren rächend Sachsen durchstreiften. Brennen und Sengen, Schänden und Rauben ward wieder allgemein. Im Mai wurden Oderwitz, Herwigsdorf, Eibau, Ebersbach und andere benachbarte Orte von den Schweden ausgeplündert. Viele Landbewohner flohen wieder in die Städte. An sonntäglichen Gottesdienst und Communion war nicht zu denken.

Erst im folgenden Jahre — 1638 — wurden die Schweden durch sächsische, kaiserliche und baierische Truppen aus Sachsen vertrieben. Leider trieben es diese, obwohl befreundet, ebenso schlimm. Die verwilderten Soldaten waren schwer im Zaume zu halten, und obwohl viele, die es zu arg getrieben hatten, geköpft oder gehenkt wurden, so kamen doch Gewaltthätigkeiten immer wieder vor. Ein Oberwitzer, Christoph Gärtner, wurde von zwei Soldaten auf freier Straße erschlagen. Am 27. März 1639 wurde sein Leichnam von den Zittauer Stadtgerichten besichtigt. Besonders übte der Kurfürst von Sachsen große Strenge gegen die Excesse seiner Truppen. So wurde z. B. am 21. Februar 1637 ein Reiter, der beim Straßenraub überwunden, erschossen und von seinen Kameraden Schande halber schnell verscharrt worden war, auf kurfürstlichen Befehl wieder ausgegraben, nachträglich geköpft und, damit der Gerechtigkeit Genüge geschehe, aufs Rad geflochten. Später wurden in Dresden einmal sechs und ein andermal sieben Soldaten mit dem Schwerte hingerichtet.

Die Zustände in Oberwitz waren um diese Zeit fast unerträglich geworden. Man ersieht dies aus folgender Bemerkung, die sich beim Jahre 1638 im Schöppenbuche zu Oberoberwitz vorfindet. Es heißt dort: „Nachdem der treue Gott uns und unsere Benachbarten, unserer Sünde halber, mit zwei großen und schweren Strafen, als mit Pest und Krieg also heimgesucht, daß viel Häuser und Güter sich erlediget, die Gebäude eingefallen, die Aecker unbesäet und wüste liegen geblieben ꝛc., hat sich Niemand gefunden, der das Kunzesche Gut — 9 Ruthen — hat übernehmen wollen (ohne irgend eine Zahlung). Endlich wurde Adam Möller von Christoph von Gersdorf auf Hainewalde und Oberoberwitz unter Androhung von Gefängniß dazu genöthigt, damit es nicht vollends zu einer Wüstung und einem gemeinen Viehwege gleich werde."

Schon im Jahre 1639 erschienen die gefürchteten Schweden unter Banner und Torstenson abermals in Sachsen. Im Mai rückten sie in die südliche Lausitz ein. Sie hausten so, daß viele Bewohner die Flucht ergriffen. Die größten Excesse blieben ungestraft. Ueberall erhob man starke Brandschatzungen. Der Gottesdienst hörte ganz auf. Oberwitz Zittauer Antheils mußte damals, außer was es an Vieh, Fleisch, Bier und Wein zu liefern gehabt hatte, 52 Thaler Kriegssteuern nach Zittau zahlen.

Auch die folgenden Jahre waren Jahre der Unruhe und Qual. Immer wieder gab es in Oberwitz neue Einquartierungslasten, Contributionen und Lieferungen, die mit schonungsloser Härte eingetrieben wurden. 1640 und in der ersten Hälfte des Jahres 1641 hielten die Schweden die hiesige Gegend besetzt, und plagten die Bewohner in gewohnter Art auf die ärgste Weise. In Oberwitz wurden am 22. Januar 1640 drei Bauern von den Soldaten erschossen. Am 9. Mai wurden zwei Regimenter Reiter unter Oberst Goldacker daselbst einquartiert, die übrigen in Herwigsdorf. Im December beunruhigten wieder Croaten und andere kaiserliche Truppen die ganze Gegend. Sehr oft erzählen die Chroniken in diesem Jahre von vorüberziehenden Truppen: „Sie thaten auf dem Lande großen Schaden." Oft werden in dieser Zeit in den Oberwitzer Schöppenbüchern „verwüstete oder niedergebrannte Güter und Gärten" erwähnt. Schon 1635 heißt es von einem Hause, „es sei etliche Jahre wüste liegen geblieben." Oefterer noch findet man das in den späteren Jahren dieses Krieges. Nicht selten ersieht man auch in den Trau- und Taufnachrichten, daß Soldaten getraut oder Kinder derselben getauft wurden.

Sehr drückend waren 1641 für Oberwitz und die ganze südliche Lausitz die bedeutenden Lieferungen, welche zur Zeit der Belagerung von Görlitz in das dortige Lager zur Verpflegung der sächsischen Truppen sich nöthig machten. Außerdem hatte das Dorf auch Mannschaften nach Görlitz zu stellen, welche beim Schanzgraben verwendet wurden.

Im Jahre 1642 war die hiesige Gegend anfänglich zwar von den Sachsen besetzt, aber dessen ungeachtet mußte man sich auf den Dörfern zum Schutz vor einzelnen Plünderern Salvegarden erbitten. In den letzten Jahren des dreißigjährigen Krieges bestanden diese Plünderer gewöhnlich aus entlassenen und zu Banden vereinigten Soldatenhaufen, welche man „Marodebrüder" nannte. Sie waren eine der schlimmsten Geißeln dieses Krieges. Um sich vor ihnen zu sichern, hielt man an verschiedenen Orten Wächter, welche von hochgelegenen Punkten aus bei drohender Gefahr Feuerzeichen gaben, in Folge deren man das Vieh entweder in die Büsche oder auf die Kirchhöfe trieb, wo man sich zur Wehr setzte.

Ende September nahte Torstenson mit einem Heer aus Schlesien. Er lagerte zwischen dem Kummersberge und Herwigsdorf. Nach kurzer Beschießung ging Zittau am 3. October an die Schweden über. Aerger als je wurden jetzt die schwedischen Bedrückungen. Raub, Brand, Mord, Requisitionen an Getreide, Lieferung von Pferden waren gewöhnlich. Auf den nächsten Dörfern, wie Oberwitz u. s. w., wurden wieder Gebäude zerstört, das Holz im Lager verbrannt und die Getreidevorräthe weggenommen. Besonders lästig wurde die Einquartierung durch die vielen Soldatenfrauen. Viele Bewohner flüchteten nach Zittau und Löbau, an welchen Orten auch mehrere Kinder der Flüchtigen getauft wurden. Von einem Kinde in Oberoberwitz heißt es, es sei am 27. October „in dem Auflauf" getauft worden.

Als das von den Schweden besetzt gehaltene Zittau im Jahre 1643 von einer vereinigten kaiserlichen und sächsischen Armee den December hindurch hart belagert wurde, hatte auch Oberwitz viel zu leiden. Im Kirchenbuche zu Niederoberwitz wird gesagt: Ein Kind hätte damals „wegen der großen Unruhe" nicht getauft werden können. Oft fouragirten schwedische oder kaiserliche Reiter. Das Loos der Bewohner war entsetzlich. Allgemein herrschten Mangel und Theuerung; denn überall im weiten Umkreise waren die Ernten des Sommers vernichtet, die Scheunen und Ställe geplündert und geleert oder in Asche gelegt worden. Wenn die Zeit der Feldbestellung wieder kam, sah man mitunter sogar Pflüge mit Menschengespannen.

In Folge des am 27. August 1645 zwischen Sachsen und Schweden zu Kötzschenbroda abgeschlossenen Waffenstillstandes verflossen die letzten Jahre dieses namenlos schrecklichen Krieges für unsere Gegend friedlicher. Mehrmals wurde man aber noch durch vorüberziehende Truppen oder durch Einquartierungen daran erinnert, daß der längstersehnte Friede immer noch nicht abgeschlossen sei. Als z. B. am 6. Januar 1646 die Schweden unter dem Generalfeldzeugmeister Wrangel — 16 Regimenter — aus Böhmen wieder zurückkamen, erhielt auch Oberwitz am 7. zahlreiche Einquartierung. Die Lieferungen an Brot, Bier und vielen anderen Victualien waren sehr beträchtlich. Am 8. brachen die Truppen nach Leippa auf.

Nach jahrelangen Unterhandlungen wurde der Friede endlich den 6. August 1648 unterzeichnet. Sehr drückend war das Aufbringen von fünf Millionen Thalern, mit welcher Summe Schweden abgefunden wurde. Selbst die Dienstboten mußten zu dieser Steuer beitragen. Manche Bauern hatten im Ganzen über fünfzig Thaler zu zahlen. Für die Hufe waren beim ersten Zahltermine drei Thaler, für jedes Pferd und jedes Stück Rindvieh 8 Gr., für eine Kalbe 4 Gr., für ein Kalb oder eine Ziege 2 Gr., für ein Schwein oder Schaf 1 Gr. zu steuern. Für jeden Webstuhl waren 16 Gr. zu entrichten und jeder Dienstbote hatte 3 Gr. zu zahlen.

Lange dauerte es, ehe der gesunkene Wohlstand wieder hergestellt wurde. Deutschland war schrecklich verwüstet, ganze Strecken waren Einöden; Aschenhaufen und Trümmer zerstörter Städte, Flecken und Dörfer bedeckten sonst blühende Länder; die Felder waren verwüstet und oft standen die Häuser menschenleer. Schon 1640 war die Bevölkerung Sachsens um die Hälfte geschmolzen. Vielfach findet sich in den Oberwitzer Schöppenbüchern erwähnt, daß niedergebrannte Häuser nicht wieder aufgebaut worden waren und Güter jahrelang wüste lagen. Nur einige Beispiele. Oft werden um 1652 Baustellen verkauft, wo früher Häuser gestanden, welche von den Soldaten abgebrannt worden waren. 1649 wird „ein wüstes Häuslein, welches auf einem wüsten Gute steht", erwähnt. 1650 verkauft ein Bauer aus Noth, mit Erlaubniß der Herrschaft, ein Stück Acker aus seinem Gute, „weil er das ganze Kriegswesen ausgestanden." 1651 den 4. December kauft der Niederoberwitzer Richter, David Förster, aus Hans Zöckels, Richters in Oberoberwitz, wüste liegendem Gute vier Ruthen für 100 Zittauer Mark alt Geld. Ferner ersieht man, daß während des Krieges keine Zinsen zu zahlen gewesen waren. 1657 kauft Christoph Mentschel George Hamanns Gut — 15 Ruthen — „welches lange Zeit wüste gelegen", um 200 Zitt. Mark (noch nicht die Hälfte des früheren Kaufpreises). Gewöhnlich wurden die Häuser, welche in diesen Jahren wieder aufgebaut wurden, einige Jahre hindurch von den Abgaben befreit. Die Güter waren ganz entwerthet, viele ohne Gebäude; sie wurden mitunter um  50 bis 70 Zitt. Mark verkauft. Am 8. Juni 1662 kaufte z. B. Hans Christoph weil. Wenzel Webers lange Zeit wüste gelegenes Gut, eines der größten Güter — 17 Ruthen —, um 100 Zitt. Mark. Noch 1672 den 6. März kauft Heinrich Belger von Oberoberwitz weil. Michael Voigts alte Mühlstätte, die über 40 Jahre wüste gelegen, für 30 Mark. Eine neue Mühle konnte nicht eingerichtet werden, weil der alte Wassergraben ganz eingegangen war und in Folge von Neubauten nicht mehr zum Gebäude geleitet werden konnte.

Ruhe und Sicherheit kehrten erst nach und nach wieder. In den ersten Jahren nach dem Frieden mußte man sich vielfach mit Klagen an den Kurfürsten wenden über die harten Bedrückungen und Gewaltthätigkeiten, welche sich die durch den langen Krieg verwilderten und arbeitsentwöhnten Soldaten, die zum Theil nun entlassen wurden, erlaubten. Sie machten, in Banden vereinigt, die Straßen unsicher, griffen die Reisenden an, spannten die Pferde aus, raubten Waaren, verwundeten die Leute und beraubten selbst die Kirchen. Ebenso klagte man bitter über die Härte, mit welcher die Contribution eingetrieben wurde. Noch 1654 mußten in Oberwitz Grundstücke „aus Noth wegen der Contribution" verkauft werden. Dabei stockte der Handel und in allen Kassen war Mangel. Für die Dorfbewohner kam zu der durch den Krieg entstandenen Verödung noch die Ueberhandnahme des Wildes, vor welchem die Landleute kaum mehr ihre Aecker und Früchte zu schützen vermochten; ja sie sahen sogar ihr Leben durch Ueberfälle von Wölfen gefährdet.

Alles dies giebt das deutlichste Bild von der allgemeinen furchtbaren Zerrüttung und den schrecklichen Zuständen, welchen unsere Lausitz fast erlag. Mit welchen Gefühlen man daher auch in Oberwitz am 1. August 1650 das Dank- und Friedensfest gefeiert haben wird, kann man im Hinblick auf die langen Jahre des Jammers leicht ermessen. Der heiß ersehnte Friede hatte einen Krieg beendet, der ein volles Menschenalter hindurch ganz Deutschland mit Blut getränkt und mit Trümmern erfüllt hatte. Schonungslos hatten Freund und Feind das Mark der Länder ausgesaugt und verzehrt. Das größte Elend, allgemeine Verarmung, Entvölkerung und roheste Sittenverwilderung waren die traurigen Folgen. Nach langen Jahren waren die Spuren der Verwüstung dieses Krieges noch unverwischt.

### Der polnische Thronfolgekrieg.

Dieser Krieg wurde um den Besitz der polnischen Krone von 1697 an zwischen dem Kurfürsten von Sachsen, Friedrich August, den die Polen zum Unglück für Sachsen zu ihrem Könige gewählt hatten, und dem jungen, tapferen Schwedenkönige, Karl XII., geführt.

In den ersten Jahren dieses Krieges wurde Oberwitz nur wenig berührt. Doch wurden mitunter Lieferungen und Steuern ziemlich drückend. Bei Land= und Soldatenfuhren mußten nach einem am 9. December 1685 zwischen den Bauern und Gärtnern getroffenen Vergleiche die letzteren sowohl, als auch die Häusler, „wie vor Alters", die Bauern durch Geldbeiträge unterstützen. Im November 1704 kehrten sächsische Truppen aus Polen zurück. Auch Oberwitz wie die ganze Umgegend wurde jetzt mit Einquartierung belegt. Als vom 6. December genannten Jahres bis 18. Februar 1705 in Zittau Dragoner einquartiert waren, hatte das Dorf die Verpflegung von zehn Mann zu übernehmen. Sehr drückend war eine bedeutende Lieferung an Hafer, Heu, Stroh und Mehl, zu der auch Oberwitz beitragen mußte. Auf 74 vierspännigen Wagen gingen diese Vorräthe am 6. October 1705 nach Sorau ab, wo die sächsische Armee mit 8000 Mann Russen lagerte.

Der Ausgang des Krieges war für Sachsen unglücklich. Nach dem entscheidenden Treffen bei Fraustadt, wo die Sachsen und Russen unter Schulenburg am 13. Februar 1706 von den Schweden geschlagen wurden, näherten sich dieselben immer mehr Sachsens Grenzen. In drei Colonnen rückte Karl XII. siegreich über Schlesien in die Oberlausitz ein. Am 6. September hatte er sein Hauptquartier in Schönberg bei Görlitz. Er rückte immer weiter vor und bald war ganz Sachsen in seiner Gewalt. Die Furcht der Landleute vor den Schweden, die im dreißigjährigen Kriege so schrecklich gewüthet hatten, war groß; Viele flohen mit ihrem Vieh.

Einquartierungen, sehr starke Contributionen und Lieferungen von Lebensmitteln, sowie Stellung von Soldaten folgten nun rasch aufeinander. Ein Waffenstillstand zwischen Sachsen und Schweden war am 24. September zu Altranstädt bei Lützen, wo Karl XII. sein Lager aufgeschlagen hatte, auf zehn Wochen geschlossen worden. Zu den fortwährenden Fouragelieferungen kam vom 22. December 1706 bis zum 3. März 1707 schwedische Einquartierung, Dragoner vom Hjelmschen Regiment, welche blos in Niederoderwitz einen Kostenaufwand von über 748 Thalern verursachte. Ihr Abmarsch wurde mit Freuden begrüßt. Obwohl zwar die Mannszucht im Ganzen besser als zur Zeit des 30jährigen Krieges war, so gaben die Schweden doch zu mancherlei Klagen Veranlassung. Oft hatten die Offiziere, welche es an Strenge nicht fehlen ließen, Händel zu schlichten, welche die Mannschaften theils unter sich, theils mit ihren Hauswirthen gehabt hatten. Bei ihren Gastereien ging es lustig her. Im Uebermuth warfen die Soldaten die Trinkgläser an die Wand oder schossen mit den Pistolen zum Fenster hinaus. Sie mußten gut verpflegt und Jedem täglich bei jeder Mahlzeit ein Siebzehnkreuzerstück unter den Teller gelegt werden. Bald folgte neue Einquartierung. Vom 1. Mai bis 2. Juni 1707 hatte man in den gesammten Antheilen des Dorfes zwei Compagnien sächsischer Dragoner unter Major Schwarz und Capitain Büttner im Quartier. Ihre Unterhaltung erforderte ca. 1324 Thaler. Am 4. und 5. Juni wurde in Niederoderwitz eine Compagnie schwedischer Dragoner unter Graf Oxenstierna einquartiert (Kostenbetrag 36 Thaler). Am 6. brachen sie nach Herwigsdorf auf. Sächsische Einquartierung den 21. und 22. August, eine Compagnie Dragoner mit dem Generallieutenant von Brause verursachte einen Kostenaufwand von 165 Thalern. Den 8. September 1707 hatte man wieder schwedische Truppen — Finnländer — im Nachtquartier; ihre Beköstigung erforderte 52 Thaler. Sie befanden sich auf dem Rückmarsche nach Polen.

Die Nachwehen dieser schwedischen Invasion, welche Sachsen gegen 23 Millionen Thaler gekostet hatte, dauerten noch lange. Noch Jahre lang hatte man deshalb Steuern aufzubringen. Als 1709 der wieder ausgebrochene Krieg die gefürchteten Schweden nach Sachsen zurückzuführen drohte, wurden im October alle Mannspersonen im Alter von 20 bis 40 Jahren aufgezeichnet. Diejenigen, welche das Loos traf, mußten, bewaffnet mit Hellebarde, Grabscheit oder Heugabel, am 5. October mit dem sächsischen Heere bis an die Oder marschiren, um die polnische Grenze zu besetzen. Doch noch im Laufe des Monats kehrte diese Miliz zurück. — Einquartierung von sächsischen Truppen hatte Oderwitz ferner 1719 und im Mai 1738, als eine Compagnie Garde auf dem Durchmarsche die Nacht über hier blieb (Kostenaufwand 81 Thaler).

Nachdem Oderwitz schon im ersten und zweiten schlesischen Kriege mehrmals von Einquartierung, Stellung von Vorspann und Lieferungen betroffen worden war, namentlich als die Preußen Mitte April 1742 und im August 1744 unter Fürst Leopold von Dessau einfielen, so sollte doch der

### siebenjährige Krieg,

in welchem die Lausitz fast immer ein Schauplatz sich durchkreuzender Truppenzüge war, ungleich Schlimmeres bringen.

Da Maria Theresia den Verlust Schlesiens nicht verschmerzen konnte, so beschloß sie abermals dasselbe an Oesterreich zurückzubringen. In aller Stille schloß sie mit Sachsen, Rußland, Frankreich und Schweden gegen Friedrich II. einen Bund. Allein der König von Preußen wurde durch Verrath von dem drohenden Vorhaben seiner Feinde heimlich unterrichtet. Unvermuthet brach er Ende August 1756 mit einer Armee kampfgeübter Truppen an drei Punkten, über Halle, bei Wittenberg und durch die Oberlausitz, in Sachsen ein und besetzte dasselbe, nachdem er Dresden eingenommen, die sächsische Armee bei Pirna gefangen genommen und bei Lowositz in Böhmen über die Oesterreicher gesiegt hatte. Ruhig bezog sein Heer in Sachsen die Winterquartiere.

Schon am 31. August hörte man in Oberwitz von dem Einrücken der Preußen in Görlitz. Mit bangen Erwartungen sah man den bevorstehenden Ereignissen entgegen.

Bald sollten auch preußische Durchmärsche, massenhafte Einquartierungen, drückende Steuerzahlungen, Requisitionen von Lebensmitteln und Fourage, sowie gewaltsame Werbungen für Preußen die Bewohner der Gegend mit den Schrecknissen des Krieges bekannt machen.

Besonders drückend wurde die preußische Einquartierung, als Ende October gegen 9000 Mann die Zittauer Gegend besetzten, zumal da sie mit einigen Unterbrechungen bis Mitte Mai 1757 dauerte. In Oberwitz rückten am 25. October preußische Dragoner ein. Eigentliche Naturalverpflegung fand zwar nicht statt, aber trotzdem mußte viel gewährt werden. Da auf den Dörfern die zahlreiche Cavallerie bedeutende Vorräthe verbrauchte, Magazine angelegt wurden und in Böhmen die Ausfuhr verboten war, so stiegen die Preise des Getreides und anderer Lebensmittel bald zu einer ungewöhnlichen Höhe. Grimmige Kälte und bösartige Seuchen, die den Winter hindurch herrschten, machten die Zustände noch beklagenswerther und vermehrten die Sorgen. Das Betragen der Soldaten war jedoch im Ganzen genommen gut.

Da in dieser Zeit die Gegend oft durch österreichische Husaren und durch Kroaten, die schon von ferne an ihren rothen Mänteln zu erkennen waren, beunruhigt wurde, so mußten auch in und bei Oberwitz von Seiten der Gemeinde Verhaue angelegt, Pallisaden errichtet und Wachhäuschen erbaut werden. So wurde z. B. die Scheibebrücke mit großen Kosten förmlich verschanzt und das durch Oberwitz fließende Landwasser, namentlich auf Herwigsdorf zu, gesperrt. Wo jene feindlichen Truppen erschienen, hatte man Plünderung und die ärgsten Gewaltthätigkeiten zu fürchten.

Zweimal wurden die Preußen bei Herwigsdorf und Oderwitz von den Oesterreichern überfallen; zuerst am 16. Dec. 1756 von 300 Husaren. Sie wurden aber von dem Generallieutenant von Lestwitz, welcher in der Zittauer Gegend kommandirte und die Pässe gegen Böhmen besetzt hielt, zurückgeschlagen. Die Husaren verloren bei der Scheibebrücke fünf Todte, einige Verwundete und Gefangene. Ungünstiger verlief das zweite Gefecht, als in der Nacht des 20. Februar 1757 die Preußen von Husaren und Trenks Panduren abermals hier überfallen wurden. Diesmal blieben die Oesterreicher Sieger und machten fünfzig Gefangene, unter denen sich der Lieutenant Graf von Schwerin, ein Neffe des Feldmarschalls, befand. Die Panduren hatten ihn, ungeachtet seiner Wunden, schrecklich gemißhandelt und gänzlich ausgeplündert. Die Hoffnung, daß es den Winter über zum Frieden kommen möchte, wurde getäuscht.

Als sich am 26. Februar die sämmtlichen in hiesiger Gegend cantonnirenden Truppen nach der böhmischen Grenze zu in Bewegung zu setzen anfingen, glaubte man schon, die fremden Gäste auf längere Zeit los zu werden. Am 8. März besetzte man zwar Grottau, Friedland u. s. w., kehrte aber schon am 13. wieder zurück. Die Einquartierungslast war wieder dieselbe. Nach Oderwitz rückte bereits am 15. März ein Bataillon Grenadiere mit Kanonen. Auch durch Panduren, von denen einige gefangen genommen wurden, ward das Dorf wieder beunruhigt. Vom 20. April an, als das Corps des Prinzen von Braunschweig-Bevern — 20 Bataillons und 25 Escadrons — in Böhmen einrückte, athmete man endlich wieder freier. Nachts 2 Uhr überschritten die preußischen Truppen die Neiße. Bereits am 20. und 21. hörte man in Oderwitz starkes Schießen und Kanonendonner. Schon bei Kohliche hatte man die österreichische Vorhut angegriffen, einen Offizier und 38 Mann zu Gefangenen gemacht und den

Feind bis Reichenberg, wo es zu einem hitzigen Gefechte zwischen dem Prinzen und dem General Grafen von Königsegg kam, zurückgedrängt. Die Preußen siegten und besetzten Reichenberg. Die Oesterreicher verloren 1000 Mann an Todten und Verwundeten und 500 Gefangene. Auf preußischer Seite betrug der Verlust 100 Todte und 200 Verwundete. Der Armee mußten von Zittau aus, wo sie sich am Salzhause hatten versammeln müssen, 600 Landleute, unter denen sich auch viele aus Oberwitz befanden, folgen. Sie hatten sich mit Aexten und Schaufeln versehen müssen, um einen Verhau an der böhmischen Grenze zu eröffnen. Die Bauern, welche Vorspann leisten mußten, erschienen mit Pferden und Wagen erst nach vier Wochen in Oberwitz wieder.

Als Friedrich II. am 18. Juni die entscheidende Schlacht bei Kollin verloren hatte, war die Frucht aller früheren Siege dahin, er mußte den Rückzug nach Sachsen antreten. Während sich der König über Leitmeritz nach Pirna wandte, zog sich der andere Theil der preußischen Armee unter dem Bruder des Königs, dem Prinzen August Wilhelm, über Leippa in die Oberlausitz zurück, um das große Mehlmagazin in Zittau zu decken. Nach einem beschwerlichen Marsche über Kreibitz und Georgenthal, auf dem man viele Strapazen, bei großer Noth an Lebensmitteln zu erdulden gehabt hatte und oft von den Oesterreichern angegriffen worden war, erschienen die Preußen am 22. Juli von Seifhennersdorf her. Sie zogen sich am Oberwitzer Spitzberge herunter nach Spitzkunnersdorf zu, nachdem sie noch mit Kanonen auf die am Galgenberge und in Warnsdorf lagernden Kroaten gefeuert hatten. Verfolgt von Husaren und Kroaten erreichten die Preußen über Spitzkunnersdorf am Morgen des 22. mit vieler Mühe Niederoberwitz. Ein Commando Oesterreicher, welches zwischen Herwigsdorf und Zittau stand, rückte ihnen entgegen. Während die Vortruppen auf einander feuerten, marschirten die Preußen von Niederoberwitz nach Oberherwigsdorf und lagerten sich

hier auf den Höhen gegen Ruppersdorf und Großhenners=
dorf zu, vom Niederoberwitzer Hutberge, wo eine Schanze
angelegt wurde, auf den Feldern hinter Ober= und Mittel=
herwigsdorf bis zum Schülerbusche. Die Bagage=, Muni=
tions= und Proviantwagen waren am Königsholze aufge=
fahren. Die preußische Armee hatte auf diesem Zuge viele
Gefangene und den größten Theil der Kanonen und Munitions=
karren verloren. — Die Schanze auf den Pfarrfeldern zu
Niederoberwitz stammt ebenfalls aus dieser Zeit.

Schon am 17. und 18. Juli war die österreichische Haupt=
armee unter Dauns Oberbefehl durch die Lückendorfer Pässe
vor dem von preußischen Truppen besetzten Zittau angelangt.
Die Oesterreicher lagerten in einem weiten Halbkreise von
Grottau bis Oberseifersdorf.

Da die Preußen von zwei Seiten bedrängt wurden, da
ihnen das etwa 6000 Mann starke österreichische Corps über
Großschönau, Hainewalde und Bertsdorf nachgefolgt war,
so kam es am 22. und 23. Juli auf den Herwigsdorfer,
Hainewalder, Spitzkunnersdorfer und Oberwitzer Feldern zu
beständigen Gefechten. Drei preußische Cavallerieregimenter,
welche von den Oesterreichern eingeschlossen, in Gefahr waren,
gefangen genommen zu werden, wurden von dem General
Winterfeld, der ihnen mit einem Regimente Kürassiere und
drei Regimentern Infanterie zu Hilfe kam, befreit und die
Oesterreicher zurückgeworfen.

Da die Anträge zur Uebergabe Zittaus, welches anfäng=
lich von 10,000 Mann besetzt war, die sich später bis auf
800 Mann ins preußische Lager bei Herwigsdorf zurückzogen,
zurückgewiesen wurden, so begann am 22. das Bombardement
der unglücklichen Stadt, welches am 23. Juli ununterbrochen
fortgesetzt wurde. Von den Oberwitzer Höhen, von denen
man auch beide Lager deutlich übersehen konnte, erblickte
man die Stadt als wogendes Flammenmeer. Dichte Rauch=
wolken lagerten sich über die ganze Gegend. Das schreckliche

Schauspiel der von den Oesterreichern, den Verbündeten Sachsens, in deren Lager sogar zwei sächsische Prinzen weilten, ohne Noth in Brand geschossenen Stadt erfüllte die Bewohner aller umliegenden Ortschaften mit Entsetzen. Am Abend war die schöne und reiche Stadt nur noch ein rauchender und glimmender Schutthaufen.

Am 24. Juli, Abends, begann der Rückzug der preußischen Armee in der besten Ordnung von Herwigsdorf an den Oberwitzer Grenzen hin über Ruppersdorf und Herrnhut nach Löbau zu. Das auf dem Felde stehende Getreide wurde zertreten und in den Boden gefahren. Am 25. und 26. Juli zogen die österreichischen Truppen, welche beim Scheibebusche, bei Hainewalde und im Niederoberwitzer Busche auf Spitzkunnersdorf zu gelagert hatten, durch Oberwitz und begaben sich in das Lager, welches General Beck hinter Strawalde auf der Höhe „beim Todten" aufgeschlagen hatte.

In Bautzen vereinigte sich am 29. Juli der König mit der Armee des Prinzen von Preußen. Er kam mit einem kleinen Corps aus dem Lager bei Pirna. Beim Vorrücken der Armee soll Friedrich der Große auch durch Oberwitz gekommen sein und bei dieser Gelegenheit die Länge des Dorfes bewundert haben. Die Tradition erzählt, daß er damals nebst Ziethen eine Nacht über in der Scheune des 1830 abgebrannten Behnerschen — jetzt Palmschen — Bauergutes in Oberoberwitz zugebracht habe. — Der alte Hof daselbst wurde als Lazareth benutzt und die Todten auf der sogenannten Zungenwiese begraben.

Die österreichische Hauptarmee blieb bis zum 2. September im Lager bei Zittau stehen, dann folgte sie der preußischen in die Gegend von Görlitz. Sehr bedeutend waren die Lieferungen an Hafer, Heu, Brot u. s. w., welche in diesen Wochen auch von Oberwitz aufgebracht werden mußten. Da die Armeen gerade um die Erntezeit erschienen, so konnte vieles Getreide nicht eingeerntet werden. Besonders wurde

Niederoberwitz in dieser Beziehung hart betroffen. Mehrmals kam es auch vor, daß die Häusler von Oberwitz aufgeboten wurden, um Hafer und Heu auf Schubkarren nach Großhennersdorf und bis hinter Löbau zu fahren. Durch diese Lieferungen geriethen die armen Bauern in die größte Noth, da sie nicht wußten, wie sie ihr Vieh den Winter über durchbringen sollten.

Die erste Hälfte des Jahres 1758 verlief für Oberwitz ruhig. Unruhiger aber wurde es, als sich Mitte August eine österreichische Armee unter Daun über Reichenberg näherte. Am 16. August langte die Avantgarde derselben unter dem General Grafen von Esterhazy in der Nähe von Oberwitz an. Am Königsholze lagerten Husaren und 6 bis 7000 Croaten. Befürchtungen wegen Plünderung und Erpressungen gingen glücklicherweise nicht in Erfüllung, da Daun auf strenge Mannszucht hielt. Mit Ausnahme von bedeutenden Lieferungen und dem Transport Verwundeter nach dem Ueberfalle bei Hochkirch blieb Oberwitz in diesem Jahre verschont. Blos einmal hatte es Einquartierung und zwar vom 2. bis 7. October, als fünf Compagnien des Fürst-Lichtenstein'schen Feldartillerieregiments, zusammen 15 Offiziere und 552 Mann, von denen drei Compagnien nach Ober- und zwei nach Niederoberwitz zu stehen kamen, einrückten. Man hatte ihnen 324 Portionen Hafer, 482 Portionen Heu, 400 Gebund Stroh und 5 Klaftern Holz zu liefern.

Schwere Kriegslasten brachte auch das Jahr 1759 für Oberwitz. Die immerwährenden Lieferungen waren fast nicht mehr zu erschwingen. Kaum war mit Mühe eine Forderung befriedigt, so kam auch schon der Befehl zu einer neuen, ungeachtet fast alle Vorräthe bereits erschöpft waren. Schon im Januar und Februar hatten nur allein die Zittauischen Antheile von Ober- und Niederoberwitz an die österreichische Besatzung und sonstigen Truppen 3206 Rationen Hafer, 3250 Rationen Heu und 2923 Rationen Lagerstroh liefern müssen. Im Juli verlangte man wieder 125 Centner Mehl und 406 Scheffel Hafer. Die Bauern hatten bereits ihr Rindvieh schlachten und die Pferde mit Roggen füttern müssen. Es war daher fast unmöglich der Forderung, trotz allen Strafandrohungen und ungeachtet der erscheinenden Executionsmannschaften, nachzukommen. Dabei war noch Ende Juli das Behlaische Corps — Croaten — einquartiert und eine Viehseuche im Dorfe ausgebrochen. Wenige Tage später wurde abermals eine Lieferung von 1560 Portionen Heu ausgeschrieben, welche Oberwitz an zehn verschiedenen Tagen in die kaiserlichen Proviantmagazine zu Friedland, Schönberg und Poritzsch zu liefern hatte. Da es fast keine Pferde im Dorfe mehr gab, so mußte man Schubkarren benutzen. Diesmal kamen sogar auf jeden Häusler 16 Gebund Heu, jedes zu 10 Pfund. Noch in demselben Monate forderte man unter Androhung von Fouragirung von Oberwitz Hafer und Mehl für das Magazin in Görlitz. Auf die Zittauer Antheile kamen allein 156 Scheffel Hafer und 530 Centner Mehl. Da das Gewünschte nur langsam geschafft werden konnte, trat wieder Execution ein. Hierzu kamen am 30. August noch 300 Centner Heu und 3000 Gebund Futterstroh, die für das Lager in Gerlachsheim requirirt wurden. Außerdem hatten Ober-, Mittel- und Niederoberwitz incl. der Dominien durch Fouragiren der Truppen 8554 Hafergarben, 22 Strich Hafer, 3957 Portionen Heu und 3062 Portionen Futterstroh verloren. Auch der Herbst brachte neue Requisitionen. Ein vom Feldmarschall Daun am 8. August im Hauptquartier bei Lauban für die dem Domherrn von Nostitz gehörenden Güter Ruppersdorf und Oberwitz ausgestellter Salvegardenbrief befindet sich im Besitz des Dr. Tobias in Zittau. Im September gab es 366 Scheffel Hafer, zum Theil bis nach Pribus zu liefern, ferner 3640 Brotportionen für das Darmstädt'sche Dragonerregiment, nebst Wagen zum Transport derselben und 2970 Heu- und 760 Futterstrohportionen von

Mittel- und Niederoberwitz für das Leopold'sche Kürassierregiment. Auch der October brachte für Ober-, Mittel-, und Niederoberwitz mit Einschluß der herrschaftlichen Höfe mehrere starke Lieferungen; am 8. Lieferung von 3557 Portionen Heu und 3362 Portionen Stroh nach Görlitz; am 13., 14. und 16. d. M. auf 35 Wagen 218⁵/₇ Scheffel Hafer und 3063 Portionen Futterstroh für die bei Hartau beim Beck'schen Corps im Lager stehenden Descow'schen und Bethlen'schen Husarenregimenter.

Die Einquartierung von Reiterei — Kürassieren —, welche in Oberwitz den ganzen Winter von 1759 bis 1760 hindurch dauerte, wurde besonders dieser langen Dauer wegen, über zwanzig Wochen, sehr drückend, zumal da zuletzt in Niederoberwitz sechs bis sieben Reiter auf die Hufe kamen. Am 20. und 21. brachen die hier sowie überhaupt in der Zittauer Gegend im Winterquartiere gelegenen Oesterreicher, sowohl Cavallerie als Infanterie auf, um sich mit dem Laudon'schen Corps zu vereinigen. Am 13. Juli 1760 erschienen in Oberwitz auf dem Durchmarsche von Schlesien nach Zittau 800 Mann Husaren und 800 Mann Croaten vom Beck'schen Corps. Zu den Leiden des Krieges gesellte sich im September und October die Hornviehseuche, welche schon im vorigen Jahre viele Opfer gefordert hatte. Sie wüthete in der ganzen Gegend und namentlich in Oberwitz, wo z. B. der Richter zu Niederoberwitz, Friedrich Steubtner, sein sämmtliches Rindvieh einbüßte. Nachdem man schon früher mehrmals Heu und Hafer hatte liefern, sowie Vorspann und Leute zum Schanzen und Wachen hatte stellen müssen, wurde am 15. Nov. abermals eine Heulieferung an das Laudon'sche Corps ausgeschrieben. Am 20. marschirten Croaten durch Oberwitz.

·· Stärkere Einquartierung erhielt das Dorf abermals, als von den österreichischen Truppen in unserer Gegend die Winterquartiere wieder bezogen wurden. Am 30. November 1760 wurde in Ober- und Niederoberwitz das Palfy'sche Kürassierregiment einquartiert. Am 3. December legte man jedoch vier Compagnien desselben nach Herwigsdorf und Bertsdorf. Am 16. b. M. war Musterung in Niederoberwitz, wo der Oberst sein Quartier hatte. Die Reiter blieben bis zum 6. Mai 1761 hier und verursachten der Gemeinde Oberoberwitz einen Kostenaufwand von 540 Thalern. Die Lieferungen wurden drückender als je, da Sachsen gänzlich ausgesogen und von Lebensmitteln und Fourage fast nichts mehr aufzutreiben war. Der Preis des Getreides stieg in Folge des schlechten Geldes, welches Friedrich II. in Sachsen hatte schlagen lassen, auf eine ungewöhnliche Höhe. Als das Odonell'sche Corps in der Gegend zwischen Oberseifersdorf, Wittgendorf und Radgendorf ein Lager bezog, erhielt man auch in Oberwitz wieder Einquartierung von österreichischer Cavallerie. In Oberoberwitz waren vom 27. Mai bis 7. Juli 186 Mann vom Regiment Portugal und vom 27. bis 28. Mai noch außerdem 79 Mann vom Kürassierregiment Buckow einquartiert (Kostenaufwand ziemlich 400 Thaler). Oft kam es in dieser Zeit auch vor, daß man einzelne Commandos und Patrouillen zu beköstigen hatte. Der Gesammtaufwand wurde in Oberoberwitz auf die Zeit vom 30. Juni 1760 bis 30. October 1761 mit 1164 Thlr. 6 Gr. 10 Pf. berechnet. In Niederoberwitz war eine Feldbäckerei errichtet. — In der letzten Zeit des Krieges wurde der Ort glücklicherweise weniger berührt.

Erst im Jahre 1763 verwirklichten sich die schon längere Zeit gehegten Friedenshoffnungen. Der am 15. Februar zu Hubertusburg abgeschlossene Frieden beendete einen Krieg, der unserem Vaterlande nur allein 70 Millionen an Contributionen gekostet hatte. In Sachsen herrschte Verödung; Ackerbau und Gewerbe lagen darnieder; der Viehstand war durch Vorspannung und Seuchen beinahe zerstört; das Land hatte über 40 Millionen Schulden.

Unter allgemeiner Rührung, unter Gefühlen des lebhaftesten Dankes, feierte man auch in Oberwitz am 21. März das von der Regierung angeordnete Dank- und Friedensfest.

Gewiß klangen auch hier in jedem Herzen die Worte des Textes (Pf. 28, 6) zur Friedenspredigt wieder: „Gelobt sei der Herr, denn er hat erhöret die Stimme meines Flehens!"

Uebrigens entspann sich wegen den Militärleistungen bereits im Jahre 1760 in Oberoberwitz Zittauer Antheils ein Proceß zwischen den Bauern und Gärtnern einerseits und den Häuslern andererseits, der erst 1769 in der Hauptsache zu Gunsten der Letzteren entschieden wurde. Auch später tauchte diese Streitfrage wieder auf. Man verglich sich endlich am 13. September 1791 dahin: Die Bauern und Rüthner verrichten fortan in Kriegszeiten alle Fuhren, liefern mit den Gärtnern das nöthige Brot, Mehl, Hafer, Heu und Stroh und übernehmen die gesammten Einquartierungen. Die Häusler dagegen geben 3 Gr. Beihilfe und übernehmen nach Höhe von ³/₄ Ruthen, im Fall die Last zu groß wird, ebenfalls Einquartierung; ferner übernehmen Gärtner und Häusler die Handdienste und Botengänge. — An Fouragegeldern erhielt Niederoberwitz laut Verordnung vom 8. Februar 1776 noch vom siebenjährigen Kriege her 279 Thlr. 4 Gr. 10 Pf. — 1773 den 6. Juni wurden in Oberwitz drei Compagnien des Thiele'schen Regiments die Nacht über einquartiert.

### Der baierische Erbfolgekrieg.

Im Allgemeinen war dieser Krieg, von seiner Dauer auch der **einjährige** genannt, zwar nur von geringer Bedeutung, dessen ungeachtet lähmte aber gerade er durch eine große Contribution von 200,000 Gulden und durch bedeutende Requisitionen von Lebensmitteln die Kräfte Zittaus und seiner Dorfschaften, also auch eines großen Theiles von Oberwitz, auf lange Zeit. Namentlich die südliche Lausitz war ein Hauptschauplatz dieses Krieges, in welchem es allerdings zu keiner Schlacht gekommen ist.

Bereits im Mai 1778 kamen nach Niederoberwitz dreißig Mann von dem in die Lausitz verlegten Sachsenschen Dragonerregimente ins Quartier. Am 6. Juli rückte der linke Flügel der Oesterreicher unter dem Feldmarschall-Lieutenant Giulay über Lückendorf in die südliche Lausitz ein und beunruhigte die Gegend durch Brandschatzungen und Plünderungen. Wenn auch Oberwitz nur unbedeutend durch Einquartierung (es findet sich nur ein Commando Husaren erwähnt, welches am 26. September in Niederoberwitz erschien) in Anspruch genommen wurde, so hatte es doch viele Spannfuhren und Lieferungen zu leisten. Im October mußte das Dorf für die Bedürfnisse der Armee von jeder Hufe 1 Scheffel Korn liefern, im November alle entbehrlichen Betten für kranke Soldaten, im März 1779 zur Verpflegung der sächsischen Regimenter von jeder Hufe 2 Scheffel Hafer und 1 Centner Heu. Die Beiträge, welche die Zittauer Antheile von Oberwitz zu der erwähnten Contribution von 200,000 Gulden aufzubringen hatten, beschloß man in 9½ Jahren zu tilgen. Sie betrugen 1460 Thlr. 15 Gr. 5 Pf. — Der am 13. Mai d. J. zu Teschen abgeschlossene Friede beendete diesen Krieg, der anfänglich große Befürchtungen hervorgerufen hatte.

Zu erwähnen ist noch eine Einquartierung sächsischer Truppen vom 11. Dec. 1789 bis 10. Sept. 1790 und im letztgenannten Jahre ein Commando Grenzwache in Oberoberwitz.

### Der französische Krieg 1813 bis 1815.

In den ersten Jahren jener verheerenden Kriege wurde Oberwitz nur selten unmittelbar berührt. Der Kriegsschauplatz lag unserer Gegend noch fern. Doch ließen die von Napoleon geforderte bedeutende Contribution, zu welcher auch Oberwitz eine beträchtliche Summe im Jahre 1807 beizusteuern hatte, sowie öftere Lieferungen — z. B. 1809 den 26. November von Korn und Hafer in die Magazine von Dresden und Bautzen — und die Beihülfe für die von den häufigen Durchmärschen besonders leidenden oberlausitzischen Ortschaften, die Noth wenigstens ahnen, welche in anderen Theilen des Vaterlandes herrschte.

Bald sollten jedoch die Schrecken des Krieges auch der

hiesigen Gegend nahen. Im Jahre 1812 war Napoleon mit einem ungeheuern Heere nach Rußland gezogen, um auch dieses zu besiegen und dann ganz Europa von sich abhängig zu machen. Doch es kam anders. Eine furchtbare Kälte, Mangel, im Verein mit den russischen Waffen, vernichtete das gewaltige Heer; nur wenige Trümmer desselben kamen im beklagenswertheften Zustande zurück. Die russischen Heeresmassen folgten ihnen. Vom Vortrab der verbündeten russischen und preußischen Armeen kamen am 6. März 1813 die ersten Kosaken in Görlitz an. Dem Heranrücken dieser Armeen gingen starke Lieferungsausschreibungen voran. Mehrmals mußte Oderwitz von Ende Februar an zur Unterstützung des Görlitzer Landkreises an jene Truppen Hafer, Mehl, Korn, Heu, Stroh u. s. w. liefern.

Indessen hatte Napoleon neue Streitmassen gesammelt. Im Mai begann der erneute Kampf. Wieder leuchtete bei Lützen Napoleons Glücksstern; er erkämpfte hier am 2. Mai gegen die vereinte russisch-preußische Macht einen blutigen Sieg. Die Verbündeten zogen sich über Dresden nach der Lausitz zurück. Sachsen wurde wieder von den Franzosen besetzt. Die Armeen kamen immer näher. Der mehrere Tage nach einander aus der Ferne gehörte Kanonendonner wurde immer deutlicher vernommen; besonders am 12. Mai, an welchem Tage man den Himmel vom Brande des unglücklichen Bischofswerda geröthet sah.

Schon sehr erschöpft durch die vom Landescommissariat ausgeschriebenen Lieferungen für die Magazine erfolgten nun auch in Oderwitz, da die allgemeine Verpflegung aus Magazinen dennoch nicht möglich war, von jeder einzelnen Abtheilung, bald Russen, bald Preußen eine Requisition nach der andern. Oft war kaum mit Mühe und Noth die eine Partei befriedigt, so erschien schon, mitunter an demselben Tage, eine zweite und dritte mit neuen, unerschwinglichen, willkürlichen Forderungen. Am schlimmsten war es am 18. Mai. Ueberall wurden an diesem Tage in Oberwitz die Getreideböden und Scheunen ausgeplündert. Ein Trupp Russen griff in Ober=oberwitz einen gewissen Halangk auf, indem sie ihm zurufen: „Schulz! Schulz!" Anstatt sie zum Ortsrichter zu führen, glaubt dieser, sie wollen auf die Schule und führt sie dahin. Der Lehrer Merkel hält eben Schule und tritt bei dem Er=scheinen der Russen aus dem Hause. Merkel, von sehr wür=diger Gestalt, der sich stets ganz schwarz trug, wird von den Russen für den „Popen" (Geistlichen) angesehen. Sie beugen das Knie, schlagen Kreuze und laufen davon. Halangk hatte schon früher die Gelegenheit benutzt und sich aus dem Staube gemacht.

Am 20. Mai hörte man den furchtbaren Kanonen=donner der Schlacht bei Bautzen. Immer näher kam der Donner der Geschütze, brennende Dörfer rötheten des Nachts den Himmel und bezeichneten die Gegend, deren Schicksal Verheerung war; Alles war mit den bängsten Erwartungen erfüllt, zumal da man zuverlässige Nachrichten über die Schlacht in Oberwitz erst später zu hören bekam. Schauerlich war die Nacht vom 22. zum 23. Der Himmel war in der Richtung nach Löbau zu vom Wiederschein brennender Dörfer blutroth gefärbt; dabei Kanonendonner; Gewitter ringsum, Blitze durchkreuzten die finstere Nacht. Am 27. und in den folgen=den Tagen mußten von Oberwitz und allen Nachbarorten Mannschaften nach Görlitz zum Schanzen und zum Begraben der Todten und um die Brücke über die Neiße, welche auf dem Rückzuge der Russen und Preußen angezündet worden war, wieder herzustellen.

Sehr drückend war nach so vielen vorausgegangenen Lieferungen eine am 28. Mai vom Brigadegeneral Gruyère ausgeschriebene starke Requisition an Lebensmitteln, Schlacht=vieh u. s. w., welche an die in und um Bautzen zurückge=bliebenen französischen Truppen abgeliefert werden mußte. Wenige Tage nachher erschienen auch in Oberwitz sächsische Commissarien unter Bedeckung von dreißig Mann französischer und würtembergischer Infanterie und zehn Mann Görlitzer Bürgergarde, um in der ganzen Gegend die Böden zu untersuchen und die vorhandenen Vorräthe an Getreide und Heu festzustellen. Eine Quantität Heu und Brot mußte sofort geliefert werden. In Ermangelung von Pferden und Wagen mußte man die Lieferung auf Schubkarren zur Armee fahren. Sieben Niederoberwitzer, die sich geweigert hatten, dies zu thun, wurden nach Zittau ins Gefängniß gebracht und erst, als sie sich willig zeigten, entlassen. Außerdem hatte man auch noch an ein Kommando Franzosen am 31. Korn und Hafer zu liefern.

Ein mit Freuden begrüßter Waffenstillstand vom 4. Juni bis 10. August beendete leider nur auf kurze Zeit die blutigen Kämpfe. Man hatte anfänglich gehofft, er würde baldigen Frieden oder doch wenigstens geringeren Druck bringen. Aber leider sollte es sich schon nach einigen Tagen ganz anders gestalten. Vom 14. Juni an rückten in fünf Colonnen das 17000 Mann starke polnische Armeecorps unter Fürst Poniatowsky und eine französische Division unter General Kellermann in die südliche Lausitz ein. Die Truppen hatten die ganze Zeit des Waffenstillstandes über hier ihr Standquartier. Sie verursachten den Orten, wo sie einquartiert wurden, ungeheuere Ausgaben.

In Oberwitz erschien von Zittau her am 18. Juni ein Bataillon Franzosen. Sie blieben zwei Tage hier. Ihnen folgte am 22. ein Bataillon polnischer Infanterie, welche bis zum 30. hier Quartier nahmen und außerdem am 24. polnische Ulanen auf zwei Tage. Am 30. Juni und 5. Juli wurden Gefangene in Mitteloberwitz einquartiert. Vom 6. Juli an, an welchem Tage das 12. polnische Infanterieregiment in Nieder= und Mitteloberwitz einrückte, welches bis zum 15. Aug. hier cantonnirte, herrschte ein reges kriegerisches Leben, wenn die Trommeln wirbelten und Abends der Zapfenstreich im Dorfe zu hören war. In Oberoberwitz waren ebenfalls länger als sechs Wochen hindurch polnische Infanterie einquartiert. Schwer lastete diese starke Einquartierung auf den Bewohnern, da vorher schon drückender Mangel herrschte. Jeder Soldat mußte täglich Fleisch, Brot, Branntwein und Bier, und am Geburtstage des Kaisers doppelte Portionen erhalten.

Doch kaum hatten diese Polen am 15. August Oberwitz verlassen, so erschien noch an demselben Tage ein Regiment polnischer Ulanen, welche aber glücklicherweise nur zwei Tage da blieben. Gleichzeitig lagerte am 16. preußische Cavallerie auf der Wiese beim Zittauer Kretscham. Ein General war bis zum 18. nebst dem Stabe und Dienerschaft, zusammen 52 Mann, in der Pfarrwohnung einquartiert. Die Wache befand sich auf dem Kirchhofe. Außerdem langte noch am 17. ein Regiment polnischer Chasseurs an, die ebenfalls auf zwei Tage untergebracht werden mußten. Nur schwer waren die verlangten Quantitäten Hafer, Heu und Stroh aufzubringen. Die geschärftesten Verordnungen ergingen, mit dem Ausdreschen des Getreides zu eilen. Die Ernte war durch die ungewöhnlich kalte Witterung im Juni verzögert worden. Aus Mangel an Arbeitskräften und Zugvieh stand das nun gereifte Getreide größtentheils noch auf dem Felde. Der Mangel an Arbeitern wurde auch dadurch noch vermehrt, daß man Leute zum Schanzen nach dem Hasenberge und den Anhöhen zwischen Herwigsdorf und Oberwitz senden mußte.

Der Kampf sollte aufs Neue beginnen. Auch Oesterreichs Kriegserklärung erfolgte. Das Victor'sche und polnische Armeecorps rückten in Böhmen ein. Napoleon befand sich selbst am 19. in Zittau. Es schien in unserer Gegend zu blutigen Kämpfen kommen zu wollen. Nach einem am 16. August von Napoleon aus Bautzen an Berthier geschriebenen Briefe, sollte die Centralstellung der französischen Armee und das Schlachtfeld bei Eckartsberg sein. Doch es kam anders. Während seine Feldherrn von den entschiedensten Unfällen betroffen wurden und Schlesien räumen mußten, kämpfte Napoleon noch einmal siegreich in der Schlacht bei Dresden.

In große Bestürzung wurde man auch in Oberwitz versetzt, als die französischen Oberbehörden von der Oberlausitz 60,000 Centner Roggen und 60,000 Schock Stroh forderten und Ablieferung nach Görlitz verlangten. Bei den erschöpften Kräften war es geradezu unmöglich, diesen Forderungen nachzukommen. Jedoch alle gemachten Versuche, um Milderung oder wenigstens Aufschub zu erlangen, hatten nur erneute und mit Drohungen begleitete Befehle zur Folge. Glücklicherweise kam durch die Ereignisse der nächsten Tage diese große Magazinlieferung von selbst in Wegfall.

Verstärkt rückten die Verbündeten aus Schlesien mit Macht vor. Bereits am 1. September zeigten sich die ersten, zum Vortrab der verbündeten Armeen gehörenden Kosaken in hiesiger Gegend. Am 8., 9. und 11. wurde in Mitteloberwitz russische Cavallerie einquartiert. Am 10. kam Blüchers Hauptquartier nach Herrnhut. Zwei Tage später bivouakirten 4000 Mann Preußen auf den Feldern von Oberwitz. Vieles mußte ihnen geliefert werden. Immer drückender, fast unerschwingbar wurden jetzt wieder die Lieferungen aller Art. Mitunter wurde das Dorf sogar an e i n e m Tage von mehreren Orten her unter den strengsten Androhungen von Execution in Anspruch genommen, ungeachtet man oft kaum die Bedürfnisse für das im Orte anwesende Militair erschwingen konnte. Zu der Mitte September aufzubringenden preußischen Contribution hatte auch Oberwitz eine bedeutende Summe zu zahlen. Durch eine preußische Schutzwache, welche am 18. in Mitteloberwitz Quartier nahm, wurde das Dorf in vielen Fällen vor Plünderungsversuchen und anderen Unordnungen geschützt, doch konnte dieselbe nicht immer dem Ungestüm soldatischer Forderungen wehren. Am schlimmsten war es Mitte des Monats gewesen, wo viele österreichische und preußische Marodeurs von Löbau her in Oberwitz erschienen und die Bewohner arg plagten. Neue Einquartierungen folgten; vom 21. bis 23. September ein Detachement Kosaken, am 23. ein Regiment russischer Cavallerie, am 24. ein österreichisches Commando und am 25. Russen, welche in Mitteloberwitz einquartiert wurden und denen man 21 Scheffel Hafer liefern mußte. Ein Commando Jäger erhielt am 10. October gleichfalls in Mitteloberwitz sein Quartier. Zur Ausbesserung der Straße nach Großschönau mußte Oberwitz mehrere Wochen hindurch in den Monaten September und October 350 Mann stellen. Ende September verließen die verschiedenen Heeresabtheilungen unsere Gegend, indem sich die Heeresmassen bei Leipzig concentrirten, wo vom 16. bis 19. October die große Entscheidungsschlacht geschlagen wurde, in welcher eine halbe Million Krieger kämpften und zweitausend Feuerschlünde gegen einander donnerten. Napoleon wurde geschlagen und mußte Deutschland verlassen. Er sollte nie wieder deutschen Boden betreten. In Sachsen konnte leider dieser Sieg der deutschen Waffen weniger freudig begrüßt werden, da er dem allgemein verehrten König Gefangenschaft brachte.

Abgesehen von kleineren Commandos, die von Zeit zu Zeit erschienen, verfloß die Zeit bis Ende des Jahres in ungewohnter Ruhe.

Eine seltsame Einquartierung erhielt Oberwitz im folgenden Jahre vom 6. bis 25. Januar, asiatische Truppen, gegen hundert Baschkiren mit ebensoviel kleinen Pferden. Sie waren mit Pfeil und Bogen bewaffnet, mit Pelzen bekleidet und erregten durch ihr fremdartiges Aussehen die allgemeinste Aufmerksamkeit. Der Verkehr mit ihnen wurde durch einen Dolmetscher vermittelt. Obwohl sie keine großen Ansprüche machten, auch keine Excesse veranlaßten, so waren sie doch eine ziemlich kostspielige Einquartierung, da sie für ihre Pferde 369 Scheffel Hafer, 208 Centner Heu und 6 Schock Stroh verbrauchten.

Auch zur Landwehr wurden Oberwitzer am 11. Januar 1814 in Zittau ausgehoben; am 19. fand die Loosung daselbst statt. Freiwillig Eintretende, wie z. B. J. T. Wolf und J. G. Bichain aus Oberoberwitz, bekamen ein grünes Kreuz von Tuch als Auszeichnung auf die Brust.

Noch war aber der Krieg nicht beendet; denn noch dauerte derselbe auch im Jahre 1814 in Frankreich fort. Mehrmals brachten die Jahre 1814 und 1815 Durchmärsche, Einquartierungen und Requisitionen, namentlicher russischer Truppen, die sich auf dem Marsche von und nach Frankreich befanden. So mußte z. B. Niederoberwitz 1815 am 18. October Stroh in das Magazin nach Bautzen und den 19. und 20. Nieder- und Oberoberwitz die auf das Dorf kommende Quantität Hafer und Heu in das Löbauer Magazin liefern.

Einer Anecdote sei am Schlusse noch gedacht, zu welcher die Länge des Dorfes die Veranlassung gab. Ein Kosak fragte einen Bauer, welcher jenem zum Führer diente, wiederholt nach dem Namen des Dorfes. Da derselbe auf sein Befragen immer nur den Namen Oberwitz nannte, wurde der Kosak endlich unwillig und prügelte den Bauer tüchtig durch.

Nach einer am 20. Juni 1816 von der Gemeindeobrigkeit an die Landesbehörden eingereichten Zusammenstellung ist der Kriegsaufwand für Niederoberwitz in den Jahren 1813 bis 1815, ohne Berechnung der Spann- und Handdienste in der Gesammtsumme auf 58,619 Thaler 11 Gr. 11 Pf. abgeschätzt. Von dieser Summe kamen auf Einquartierungen 20,925 Thlr. 11 Gr. 11 Pf. und auf die Lieferungen an Getreide, Victualien, Pferden, Schlachtvieh, Kleidungsstücken und baarem Verlage 37,694 Thaler. Niederoberwitz hatte nämlich gezahlt für

| | |
|---|---|
| 383 Scheffel Korn, 27 Scheffel Weizen und 4663 Schffl. Hafer | 15707 Thaler, |
| 4256 Centner Heu | 4256 " |
| 65 Schock Stroh | 327 " |
| Latus: | 20290 Thaler, |

|  | Transport: | 20290 | Thaler, |
|---|---|---|---|
| 156 Centner Mehl, 45 Scheffel Grütze und 3 Scheffel Kartoffeln | | 851 | „ |
| 14847 Brote, à 4 Pfund, | | 1649 | „ |
| 74 Kannen Wein | | 37 | „ |
| 71 Hühner | | 18 | „ |
| 2450 Kannen Branntwein | | 608 | „ |
| 321 Pfund Speck und 850 Pfd. Butter | | 377 | „ |
| 1042 Pfund Fleisch, 80 Pfd. Salz ꝛc. | | 180 | „ |
| an Schmiedekosten | | 32 | „ |
| an requirirten Pferden, Kleidungsstücken, Kühen, baarem Verlag | | 13652 | „ |
| | Summa: | 37694 | Thaler. |

Außerdem ergab eine Zusammenstellung der Spann- und Handdienste Folgendes: 40 vierspännige und 544 zweispännige Fuhren, 122 angeschirrte Pferde den Ordonnanzen gestellt, 1548 Mann, welche bei Schanzarbeiten, 190 Mann, welche zum Schubkarrenfahren, 4282 Mann, welche zu Botendiensten, 1844 Mann (34 Tage täglich 56 Mann), welche beim Straßenbau, 126 Mann (drei Wochen lang täglich sechs Mann), welche als Ordonnanz bei der Bäckerei in Zittau verwendet worden waren.

In Oberoderwitz, über dessen Kriegsaufwand keine Berechnung vorliegt, hatte derselbe jedenfalls eine gleiche Höhe erreicht. Es hatte ebenfalls ungeheure Naturallieferungen zu leisten gehabt; noch 1815 schuldete Oberoderwitz Hainewald'schen Antheils eine Summe von 650 Thalern.

Da in Ober- und Niederoderwitz mitunter gleichzeitig Truppen derselben Abtheilungen einquartiert waren und in vielen Fällen bei öfterem Wechsel eine specielle Vertheilung der Einquartierungslast Schwierigkeiten machte, so einigte man sich dahin, daß in solchen Fällen jede Gemeinde die Hälfte zu tragen habe. Von den Kriegslasten in Niederoderwitz übernahm Mitteloderwitz $^1/_5$ und Niederoderwitz Zieglerschen Antheils $^1/_{10}$.

Erst nach manchem Jahre des Friedens heilten nach und

nach die schweren Wunden, welche dieser verheerende Krieg auch dem hiesigen Orte geschlagen hatte.

### Krieg 1866.*)

Noch ist uns dieser Krieg, in welchem in raschem Siegesfluge in siebentägigem Kampfe die österreichische Heeresmacht zertrümmert wurde, in frischer Erinnerung.

Nach vielfachen diplomatischen Streitigkeiten zwischen Preußen und Oesterreich kamen Anfang Juni 1866 noch ernste Verwickelungen in dem von beiden Mächten besetzten Schleswig-Holstein. Beide Mächte, sowie das zwischen beiden Staaten liegende Sachsen, hatten bereits in Voraussicht eines bevorstehenden Krieges ihre Heere gerüstet. Die österreichischen Abrüstungsvorschläge scheiterten an den von Preußen gestellten Bedingungen. Nachdem am 14. Juni auf Oesterreichs Antrag in der Bundestagssitzung mit neun gegen sieben Stimmen die Mobilmachung von vier Armeecorps beschlossen worden und Preußens Ultimatum von Sachsen abgelehnt worden war, erfolgte bereits am 15. Preußens Kriegserklärung.

Schon am 16. Vormittags rückten in Löbau gegen 16,000 Mann preußischer Truppen ein; ebenso wurde auch gleichzeitig die Bernstädter und Ostritzer Gegend besetzt. Bange Erwartungen, was die nächsten Tage bringen würden, erfüllten auch in Oberwitz alle Gemüther. Als man am 18. hörte, daß von den Preußen in Eibau und Leutersdorf gewaltsam rekrutirt worden sei — ein Gerücht, welches sich später als gänzlich unbegründet erwies —, wurden alle jungen Leute von panischem Schrecken erfüllt. Auch von Oberwitz aus flohen Viele am Spitzberge hin der Lausche und den böhmischen Grenzorten zu. Beruhigt kehrten sie jedoch bald wieder zurück.

Am 17. wurde für die Gerichtsamtsbezirke Ebersbach und Herrnhut, zu welchen letzterem Oberoberwitz gehört, eine bedeutende Requisition für das zu Löbau errichtete Militärmagazin ausgeschrieben.

---

*) Nach Dr. Tobias Gesch. d. preuß. Invasion.

Die Lieferung war auf zwei Tage zu leisten. Für jeden Tag verlangte man 310 Zollcentner Hafer, 90 Ctr. Heu, 100 Ctr. Stroh, 33 Ctr. Reis, 33 Ctr. Graupen, 6 Ctr. Salz, 4 Ctr. Kaffee, 50 Ctr. Mehl und 36,000 Stück Cigarren. Die betreffenden Ortschaften hatten das Gewünschte nach Höhe ihrer Militäreinheiten bis zum 18. Nachmittags aufzubringen, widrigenfalls die feindlichen Truppen ihre Requisition selbst vollziehen würden. Man war deshalb genöthigt, schleunigst sogar in Zittau Einläufe zu machen.

Mittel- und Niederoberwitz waren bei einer am 18. ausgeschriebenen und für die 7. Infanteriedivision bestimmten Lieferung betheiligt, welche die Gerichtsamtsbezirke Zittau, Großschönau und Reichenau betraf. Hier wurden 2000 Ellen Flanell, 200 Centner Hafer, 400 Ctr. Heu, 800 Ctr. Stroh, 20 Ctr. Reis, 300 Brote, 100 Ctr. Roggenmehl, 25 fette Ochsen, 5 Ctr. Kaffee, 1 Tonne Salz und 300 Quart Branntwein verlangt. Da man durch Verspätigung des expressen Boten in Oberwitz an rechtzeitiger Ablieferung der Requisition gehindert worden war, kam ein Befehl, sofort nachzuliefern, widrigenfalls die Pferde und Wagen sämmtlicher Gemeinden, die Lieferungen nach Hirschfelde gebracht hätten, zurückbehalten werden würden. Als am 21. auf's Neue requirirt wurde, bat die Gemeinde Mitteloberwitz um Nachsicht, weil sie, wie Niederoberwitz, durch angesagte und bereits eingerückte Truppen die angesagten Lieferungen nicht vollständig aufzubringen im Stande sei. Während Mitteloberwitz schließlich noch mit Einquartierung verschont blieb, rückten in Niederoberwitz am 22. das 1. und 2. Bataillon des 31. Regiments mit 1006 und 996 Mann ein, ersteres unter dem Commando des Oberstleutnant von Heinemann, letzteres mit 15 Offizieren, 3 Beamten und 978 Mann unter Commando des Major von Hagen, desgleichen die 5. Compagnie desselben Regiments mit dem Hauptmann von Prittwitz, den Leutnants Freiherrn von Egloffstein, von Lavallade, noch zwei Offizieren und 236 Mann, endlich eine Schwadron des 6. Ulanenregiments mit 168 Mann nebst Pferden. Oberoberwitz erhielt am 22. Nachmittags Einquartierung von rothen Husaren und von Mannschaften des 42. Regiments. Der Andrang war so massenhaft, daß eine genaue Angabe der Zahl nicht zu erlangen war. Die Zahl der Truppen mag sich auf etwa 2000 Mann mit einigen hundert Pferden belaufen haben, ungerechnet diejenigen, welche im Bivouak lagerten. Am 23. brachen sie auf, um mit den übrigen Truppen in der Gegend von Zittau unter fortwährendem Regen die Grenze Böhmens zu überschreiten. Noch an demselben Tage rückte eine Escadron Thüringischer Ulanen ein, die am 24. abging.

Abgesehen von dieser Einquartierungslast erfolgte auch wieder am 22. eine Requisition vom Commando der 7. Division. Oberoberwitz hatte am folgenden Tage mit den übrigen Ortschaften des Gerichtsamtsbezirks Herrnhut 112½ Ctr. Ochsenfleisch, 30 Ctr. Reis, 300 Ctr. Brot, 7½ Ctr. Salz, 5 Ctr. Kaffee, 150,000 Stück Cigarren oder 18¾ Ctr. Tabak, 15000 Kannen Bier, 225 Ctr. Hafer, 60 Ctr. Heu und 70 Ctr. Stroh, in das Magazin nach Leuba abzuliefern. Mitteloberwitz hatte am 23. drei und Niederoberwitz elf zweispännige Wagen zu stellen, ebenso einen Tag später auf Befehl eines Majors von dem Generalstabe der 16. Division und am 25. je sechs Wagen für die 1. Munitionscolonne des Pommerschen Artillerieregiments Nr. 2. Manche dieser Geschirre kehrten, da sie mit nach Böhmen genommen worden waren, erst nach Wochen wieder zurück. Am letztgenannten Tage mußte Niederoberwitz auch Stroh für die 3. Munitionscolonne des Reserveartillerieregiments des 8. Armeecorps liefern.

Am 27. Juni Abends erfuhr das Gerichtsamt, daß vom Bezirke für das Commando des 2. Armeecorps 70 Pferde gestellt werden mußten, mit dem Bemerken, daß für jedes nicht oder nicht rechtzeitig gestellte Pferd täglich und zwar so lange, bis die geforderte Anzahl Pferde erfüllt sein würde, eine Ungehorsamsstrafe von 50 Thalern zu entrichten sei. In Oberoberwitz kam Abends das Feldmagazin der 15. Division an und am 28. früh 8 Uhr Train vom Depot des 8. Armeecorps; ferner wurden am 6. Juli einige Trainmannschaften einquartiert. Mit Ausnahme einer Lieferung an Stroh, das man für Verwundete in den Eisenbahnwagen bedurfte, wurde Oberoberwitz ferner nicht mehr in Anspruch genommen, da die Anfang September aus Böhmen zurückkehrenden Truppen blos durchmarschirten.

Wegen Mangel an Fuhrwerken wurde am 27., an welchem Tage auch von Mitteloberwitz ins Magazin nach Zittau abzuliefern war, das zufällig in Zittau anwesende Geschirr des Fabrikanten Tempel in Niederoberwitz ohne Weiteres für die 1. Compagnie des Gardelandwehrregiments Nr. 2 requirirt. Am 28. holte man in Niederoberwitz von den sechs noch im Orte anwesenden Geschirren fünf durch Militär ab; sie dienten zur Verstärkung des Wagenparkes auf dem Roßplatze in Zittau. Oft sah man jetzt gefangene Oesterreicher auf der Eisenbahn zu Hunderten durch Oberwitz kommen, leider auch zahlreiche Transporte von leichter verwundeten Preußen, Sachsen und Oesterreichern. Bis zum 22. Juli betrug die Zahl der durchpassirten Gefangenen nahe an 8000. Am 30. Juni, Nachmittags 3 Uhr, kam der zur Armee abgehende König von Preußen, in dessen zahlreichem Gefolge sich auch Prinz Karl und Bismarck befanden, durch Oberwitz. Auf seiner Rückkehr aus Böhmen berührte der König am 4. August abermals den Ort; diesmal war er auch vom Kronprinzen begleitet. — Der vollständige Betrieb der Eisenbahn, welcher bis dahin blos im Interesse der preußischen Truppen benutzt worden war, wurde erst den 1. October 1866 wieder eröffnet.

Nachdem am 31. August das Rittergut Mitteloberwitz 1 Offizier mit 2 Mann und 3 Pferden auf einige Tage zu verpflegen gehabt hatte, erhielten Mittel- und Niederoberwitz bei dem Rückmarsche der preußischen Truppen aus Böhmen auf's Neue Einquartierung und zwar Artillerie. Von der 1. vierpfündigen Batterie des 2. Pommerschen Artillerieregiments wurben vom 2. September an zwei Offiziere mit fünf Mann und fünf Pferden auf dem Rittergute und 38 Mann mit 38 Pferden in der Gemeinde Mitteloberwitz vier Tage lang einquartiert; 101 Mann mit ebensoviel Pferden kamen nach Nieberoberwitz. Eine 2. Batterie dieses Regiments erschien am 3. — 149 Mann mit 119 Pferden —; sie erhielt ebenfalls in Nieberoberwitz ihr Quartier. Am 6. gingen diese beiden Batterien — Eckensteen und Dewitz — nach Schönau und Ostritz ab. In Oberoberwitz marschirten diesmal die Truppen blos durch.

Bei Vergütung der Kriegsschäden erhielten für Einquartierungen, Lieferungen u. s. w. Oberoberwitz 1792 Thaler (die Entschädigung des Rittergutes wurde bei Ruppersdorf mit berechnet), das Rittergut Mitteloberwitz 101 Thlr. 2 Gr. 9 Pf., die Gemeinde Mitteloberwitz 380 Thlr. 11 Gr. 1 Pf. und Nieberoberwitz 2920 Thlr. 20 Gr. 7 Pf.

So war denn ein Krieg beendet, der bei kurzer Dauer große Opfer kostete. Tausende von tapferen Kriegern fielen auf dem blutgetränkten Boden der Schlachtfelder Böhmens. Auch unsere Lausitz hatte, wie wir im Vorstehenden gesehen haben, viel zu leiden. Zahlreiche Truppendurchzüge, massenhafte Einquartierungen, starke Requisitionen, Verkehrsstockungen und derartige Leiden und Mühseligkeiten trafen uns allerdings hart und drohten unsern Wohlstand zu erschüttern. Aber es war ein Krieg, der auch Errungenschaften von höchster Bedeutung herbeiführte. Durch ihn gelangte eine für Deutschland ebenso ereignißschwere als bedeutungsvolle Epoche zum Abschlusse. Das alte morsche Band, welches die deutschen Staaten bisher vereinigte, ward zerrissen, ein neues, kräftigeres geschlossen. Der Friede, in Folge dessen der König von Sachsen mit seinem tapferen Heere wieder aus Oesterreich in sein Land zurückkehrte und dem ins Leben gerufenen norddeutschen Bunde beitreten mußte, wurde den 23. August 1866 zu Prag geschlossen.

Die Rückkehr des Königs beging man in Oberoberwitz am 28. October 1866 durch eine kirchliche Feier. Nach einer festlichen Kirchenparade des hiesigen Schützencorps wurde im Eingange der Predigt des frohen Ereignisses in erhebender Weise gedacht und Nachmittags von 2 bis 3 Uhr mit allen Glocken geläutet. Im November bereitete man hier, wie auch anderwärts, den aus dem blutigen Kampfe zurückgekehrten Kriegern, 24 an der Zahl, ein freudiges Willkommen. Unterstützt durch freiwillige Beiträge der Gemeindeglieder, veranstaltete der Gemeinderath ihnen zu Ehren ein Festessen nebst Ball, wobei ein Gemeinderathsmitglied eine Ansprache an die Betreffenden hielt und der Gesangverein einige geeignete Gesänge vortrug. Mehrere von den Bewillkommneten, Gustav Adolph Opitz, Karl Ernst Glathe und Adolph Ernst Neumann, waren verwundet worden. — Aus Niederoberwitz, wo eine ähnliche Bewillkommnung stattfand, war Karl Benjamin Lindner, vom 1. Reiterregimente, im Kampfe geblieben und August Holz, welcher sich beim Depotcommando in Pilsen befand, daselbst beim Baden am Abende des 28. Juni ertrunken. Am Morgen des folgenden Tages, an dem die Sachsen bei Gitschin tapfer kämpften und wo so Mancher im blutigen Kampfe fiel, fand man seinen Leichnam auf. Am 16. September wurde ihm in der Kirche zu Niederoberwitz eine Gedächtnißfeier veranstaltet. Obwohl außer diesen beiden mehr als sechzig aus Niederoberwitz in Böhmen gekämpft hatten, so war doch Niemand verwundet oder gefangen genommen worden.

**Krieg 1870.**

Leider sollten die Hoffnungen auf eine längere Zeit des Friedens nicht in Erfüllung gehen. Die spanische Throncandidatur des Prinzen Leopold von Hohenzollern lieferte dem Kaiser von Frankreich den Vorwand, in einer im diplomatischen Verkehre unerhörten Weise einen Kriegsfall zu stellen und denselben auch nach Beseitigung jenes Vorwandes noch festzuhalten. Der eigentliche Grund, welcher den mörderischen Kampf hervorrief, war wohl die Eifersucht der Franzosen, die Ruhm und Ehre, Macht und Herrschaft für sich allein in Anspruch zu nehmen gewöhnt sind, auf die großen Erfolge der preußischen Waffen in dem „siebentägigen Kampfe" wider Oesterreich im Jahre 1866. Der Krieg wurde am 16. Juli von Napoleon an Preußen erklärt. Doch bald sollte der französische Uebermuth in einer Weise gezüchtigt werden, die wohl einzig in der Geschichte der Völker dasteht. In den blutigen Schlachten bei Weißenburg, Wörth, Metz und Sedan zertrümmerte binnen wenig Wochen deutscher Heldenmuth das französische Kaiserreich. Napoleon und fast 200,000 Mann seiner Truppen befinden sich in deutscher Gefangenschaft. Gegenwärtig stehen die nord- und süddeutschen Heere in treuer Waffenbrüderschaft vor Paris. Ein geeinigtes deutsches Reich und der Gewinn der alten deutschen Provinzen Elsaß und Lothringen, welche uns früher schmachvoll geraubt worden waren, werden der Preis des Sieges sein.

Da die ganze deutsche Heeresmacht in dem gewaltigen Kampfe aufgeboten werden mußte, so kämpfen auch 200 bis 300 Oberwitzer, zum Theil bereits der Reserve und Landwehr angehörig, in Frankreich. Leider finden sich in der veröffentlichten Verlustliste eine Anzahl derselben als todt und verwundet aufgeführt. Ihre Namen sind folgende:

1) Karl Ernst Herbst aus Oberoderwitz, Soldat der 1. Compagnie des Regiments „Kronprinz" Nr. 102, leicht verwundet in der Schlacht bei Sedan, früher im Lazareth zu Douzy, befindet sich jetzt im Lazareth zu Zittau.
2) Ernst Wilhelm Franz aus Oberoderwitz, Hornist und Gefreiter bei der 2. Comp des Reg. Nr. 102, leicht verwundet durch einen Schuß in den Fuß, befindet sich bei der Truppe.
3) Karl Schmidt, Vicefeldwebel beim Regiment Nr. 102, wurde am 1. September bei Sedan schwer verwundet und starb am 29. September zu Oberoderwitz im elterlichen Hause, in dem er seit acht Tagen weilte.
4) Karl August Schwär aus Mitteloberwitz, Soldat der 8. Compagnie des Regiments 102, wurde schwer verwundet durch einen Schuß in den Leib.

5) Samuel Wilhelm W e b e r aus Niederoberwitz, Soldat der 8. Compagnie des Regiments Nr. 103, verwundet durch einen Schuß in den Arm.
6) Karl August Ernst C l e m e n s aus Niederoberwitz, Soldat bei der 11. Compagnie des Schützenregiments Nr. 108, wurde am 18. August in der Schlacht bei St. Marie schwer verwundet, befindet sich im dasigen Lazareth.
7) Karl August Liebegott G l a t h e aus Niederoberwitz, Soldat der 4. Compagnie des Regiments Nr. 102, schwer verwundet durch einen Schuß in den Oberschenkel, befindet sich im Lazareth zu Douzy.
8) Friedrich Gotthelf W a g n e r aus Niederoberwitz, bei der 4. Compagnie des Regiments Nr. 102, leicht verwundet, Contusion durch einen Granatsplitter am Kopfe, befindet sich bei der Truppe.
9) Johann August Wilhelm S e i b t aus Niederoberwitz, Soldat der 7. Compagnie des Regiments Nr. 102, wird vermißt.
10) Christian Gottlieb A n d e r s aus Niederoberwitz, Hornist im 2. Jägerbataillon, getödtet bei Sedan durch einen Schuß in die Stirn.
11) Ernst Gotthelf P f a l z, Unteroffizier im Regiment Nr. 102, Sohn eines Bauergutsbesitzers in Niederoberwitz, starb, schwer verwundet, im Lazareth. Am 25. September fand in der Kirche zu Niederoberwitz sein feierliches Ehrengedächtniß statt.

## XII. Leiden der Bewohner.

Da man in früherer Zeit die traurigen Ereignisse gewöhnlich mit großer Sorgfalt aufzeichnete, so kennt man daher auch von Oberwitz eine große Reihe von Unglücksfällen aller Art, sowohl solche, welche ruchlose Menschenhand verübte, als auch solche, welche durch das Wüthen der Elemente herbeigeführt wurden.

## 1. Brände.

Jedenfalls hat in den Kriegen früherer Zeit, namentlich im Hussitenkriege, in welchem es, wie schon früher erwähnt, besondere Feuerschaaren gab, die unter dem Befehle eines Brandmeisters standen und in der Regel alle Orte anzündeten, welche sie berührten, auch Oberwitz viel gelitten. Doch sind die Nachrichten aus jener Zeit nur spärliche.

1469 wurden von den Zittauern und dem Hauptmann des Landvogts, Wenzel von Polenz, die Gebäude des Lottitzschen Rittergutes Mitteloberwitz niedergebrannt.

1600 den 11. November brannte der Kretscham zu Niederoberwitz, Adam Förster gehörig, gänzlich ab. Das Feuer nahm so rasch überhand, daß weder das alte, noch das neue Schöppenbuch und das Waisenbuch gerettet werden konnten.

1652 den 2. Juni kauft Zacharias Grillich in Oberoberwitz eine Baustätte, nachdem das Haus, welches früher hier gestanden hatte, „im Kriege von den Soldaten aus Unvorsichtigkeit abgebrannt worden war."

1658 verkauft Nicolaus Böhmer seinem Sohne Martin sein Gut am Niederende von Niederoberwitz — 15 Ruthen — um 400 Mark. Der Vater behält sich ein Gedingehaus vor, welches er auf die alte Brandstelle gebaut.

1662 den 13. Juni brannte in Niederoberwitz Michael Zöllners Haus in Folge von Blitzeinschlag nieder.

1662 den 17. September schlug während eines heftigen Gewitters der Blitz in einen Bauerhof; derselbe brannte gänzlich ab.

1697 den 15. Mai traf der Blitzstrahl das Thomas Tietzesche Haus in Oberoberwitz. Es brannte in Folge dessen nieder.

1703 den 6. December brach in Niederoberwitz auf dem Gute des verstorbenen Stadtrichters Eichner ein Feuer aus, welches eine neuerbaute Scheune mit vielen Getreide- und Futtervorräthen verzehrte.

1704 den 8. März brannte auf demselben Gute auch das Wohnhaus ab.

1708 den 12. Mai, Abends, traf der Blitzstrahl das Haus einer Wittwe. Es brannte gänzlich nieder.

1719 den 22. August entstand nach anhaltender Dürre im Königsholze ein Waldbrand, welcher von den Bewohnern der Ortschaften Oberwitz, Herwigsdorf und Seifersdorf nur mit großer Mühe bewältigt werden konnte.

1727 den 17. Juli, Nachmittags 2 Uhr, zündete der Blitz Gottfried Krauses, Bauers in Oberoberwitz, Wohnhaus an. Es brannte bis auf die Stube ab.

1732 den 2. Mai brach in Oberoberwitz auf dem Gute des Pachter Maschke ein Feuer aus, in Folge dessen 5 Gebäude niederbrannten.

1735 den 23. Juni, bei einem heftigen Gewitter, welches auch außerdem vielen Schaden anrichtete, traf der Blitz das Haus des Webers Christian Herrmann. Eine dort dienende Weberin wurde vom Blitz getroffen. Auf einer Seite des Körpers zeigten sich die Spuren, große Blasen, vom Kopf bis zu den Füßen. Sie war mehrere Tage betäubt, wurde aber dann wieder hergestellt. Das Haus erlitt außer mehreren zerschmetterten Fensterscheiben keinen Schaden.

1735 den 18. Juli nach großer Hitze schlug der Blitz in der Nähe des Rittergutes Mitteloberwitz in Hans George Thieles Haus. Es brannte gänzlich nieder; auch konnte von Mobilien nichts gerettet werden.

1736 den 10. Juni, Abends, schlug der Blitz bei Georg Scholze dicht am Hause in einen Baum.

1748 den 25. Juli traf der Blitzstrahl während eines sehr heftigen Gewitters das Haus Andreas Webers zu Mitteloberwitz und legte es in Asche.

1753 den 18. November, früh, kam beim Bauer Gottlieb Donath ein Feuer aus, welches das Wohnhaus in Asche legte.

1754 den 21. Juli kam in Oberoberwitz bei Daniel Neumann, dem Pachter des Tietzeschen Gutes, Nachmittags während des Gottesdienstes ein Feuer aus, welches in kurzer Zeit die sämmtlichen Gebäude des Gutes in Asche legte. Außer sämmtlichen Mobilien und Heuvorräthen verbrannten leider auch bei dem raschen Ueberhandnehmen des Feuers vier Pferde.

1759 den 27. Juni brannte in Niederoberwitz das Haus des Bäckers David Weber ab.

1768 den 13. Juni kam in Niederoberwitz bei einem Bäcker Feuer aus. Es brannte nur der Giebel weg. Der Aberglaube meinte, die Ursache des Brandes sei Holz gewesen, welches ehemals vom Blitz getroffen worden sei.

1771 den 18. Mai schlug der Blitz in Niederoberwitz in Friedrich Augustins verpachtetes Bauergut. Vom Wohngebäude brannte der Dachstuhl ab. Weiteres Unglück wurde durch rasch herbeieilende Leute noch verhütet.

1776 den 4. October, Mittags, ging des Gärtners Gottlieb Mentschel Wohnhaus in Niederoberwitz in Flammen auf. Es wurde, wie auch die Scheune, in Asche gelegt. Leider verbrannten auch 20 Schock Getreide, Holz, Stroh und Mobilien. Das Feuer war durch den Ofen veranlaßt worden, in welchem man Vormittags Brot gebacken hatte.

1789 den 15. Mai zündete der Blitz in Oberoberwitz das Hempel'sche Haus an, welches gänzlich abbrannte.

1789 den 18. Juli brannte in Oberoberwitz ein zweites Haus, Johann Christian Zöllner gehörig, in Folge von Blitzeinschlag ab.

1794 den 20. September, Abends, wurde bei einem sehr heftigen Gewitter in Mitteloberwitz das Wohnhaus Gottlieb Anders von einem Blitzstrahl getroffen. Es brannte nebst der Scheune nieder. Eine Magd wurde durch den Blitz von der Hüfte bis zur Zehe verbrannt. Eine Kuh und der Kettenhund kamen in den Flammen um. Gleichzeitig brannte auch in Strawalde ein Haus in Folge von Blitzeinschlag nieder.

1802 den 22. Februar brannte in Oberoberwitz das unter Nr. 18 katastrirte, dem Schneider Göttlich gehörige Wohnhaus durch Verwahrlosung ab.

1807 den 15. Juni, Mittags $\frac{1}{2}1$ Uhr, brach auf dem

Boden des dem Leinwandfactor und Gutsbesitzer Rudolph gehörigen Hauses ein Feuer aus, welches dessen Wohn- und Wirthschaftsgebäude, sowie das Wohnhaus Johann Gottfried Eichlers und in Folge von Flugfeuer den Dachstuhl des Hempel'schen Hauses verzehrte.

1810 den 26. Februar, Vormittags, brannte in Niederoberwitz das Haus des Gärtners Mönch ab.

1818 den 20. Juli wurde in Oberoberwitz, früh gegen 6 Uhr, auf dem Gottlieb Werner'schen Bauergute das Wohnhaus mit dem damit verbundenen Stalle in Asche gelegt.

1821 wurden in Oderwitz Brandbriefe gefunden. Die ganze Umgegend wurde damals durch Brände beunruhigt.

1824 den 31. Januar, früh $1/_2 3$ Uhr brannten in Niederoberwitz das Haus des Fleischers Christlieb Benjamin Göhle und das seines Nachbars Gottlob Spenke gänzlich nieder.

1824 den 15. December, Nachmittags $1/_2 2$ Uhr, brach bei dem Häusler David Thiele zu Oberoberwitz ein Feuer aus und es wurde dadurch dessen Haus bis auf die Wohnstube in Asche gelegt.

1825 brach in der Nacht zum 30. August bei dem Gärtner und Weber Christian Gottlieb Wagner in dem zwischen dem Wohnhause und der Scheune stehenden Schuppen ein Feuer aus, welches am hintern Theile des Strohdaches angelegt war, jedoch, ehe es zum völligen Ausbruch kam, noch glücklich gelöscht wurde.

1828 den 22. Januar, Abends nach 5 Uhr, brannte das Haus des Hofehäuslers Karl Hofmann zu Oberoberwitz gänzlich nieder.

1830 den 31. Mai, früh $1/_2 4$ Uhr, brach bei dem Bauer Johann Gottfried Behner an der Außenseite der Scheune nach der Straße zu ein Feuer aus, welches, wahrscheinlich boshaft angelegt, die sämmtlichen Gebäude dieses Bauergutes mit allen bedeutenden Vorräthen, Mobilien und Wirthschaftsgeräthen in Asche legte. Die Ehefrau des Eigenthümers wurde dabei lebensgefährlich verletzt. Das Vieh rettete man bis auf Schweine, welche in den Flammen umkamen.

1832 den 10. März entzündete sich zu Oberoberwitz in der Bernhardt'schen Mühle der Rost des Backofens. Die Flammen hatten schon das Dach ergriffen, als es noch glücklich gelöscht wurde.

1834 den 20. Juni, Vormittags 11 Uhr, brannte das Dach und Bundwerk des herrschaftlichen Ziegelofens in Oberoberwitz während des Ziegelbrennens ab.

1835 den 19. Januar, früh 5 Uhr, brach in Oberoberwitz bei dem Bauer Christian Gottlieb Steubtner Feuer aus und legte dessen Wohngebäude in Asche. Scheune, Schuppen und Gebingehaus, sowie die Nachbargebäude, konnten ungeachtet des heftigsten Windes durch die angestrengteste Thätigkeit der Löschenden gerettet werden. Mehrere Umstände schienen auf boshaftes Anlegen hinzudeuten.

1841 den 22. Mai, Abends in der 7. Stunde, wurde in Oberoberwitz das Wohnhaus Johann Gottlieb Schlages von einem Blitzstrahl in Flammen gesetzt; doch brannte nur das Dach und ein Theil des oberen Stockwerkes ab, auch konnte ein Theil der Mobilien gerettet werden. Eine Frau im Hause war auf längere Zeit betäubt worden.

1841 den 5. November, Abends 9 Uhr, legte in Oberoberwitz ein 13jähriger Knabe bei dem Häusler Tietze Feuer an, in Folge dessen dieses und das Glathesche Haus abbrannten.

1846 den 7. October, früh 9 Uhr, wurde in Nieberoberwitz die Scheune des Pachthäuslers Johann Traugott Herrmann vom Feuer verzehrt. Das Wohnhaus, welches bereits zu brennen anfing, konnte durch große Anstrengung noch gerettet werden.

1847 den 4. August Brand des Steubtner'schen Hauses in Nieberoberwitz.

1848 den 30. August brach Nachmittags 4 Uhr bei dem Häusler Müller ni Oberoberwitz (Kleinpolen) ein Feuer aus, das nicht nur dessen Besitzung, sondern auch noch fünf andere Häuser verzehrte. Sechzehn Familien verloren ihre Habe. Man vermuthete böswillige Anlegung.

1851 den 4. November, Abends, brante das Haus des Feldbesitzers Krause ab.

1852 den 1. December, Abends 7 Uhr, gingen die Gartennahrungen Friedrich Werners u. Gottfried Zieschess in Flammen auf.

1853 den 9. November, früh ½8 Uhr, brannte in Mittel-oberwitz das dem Schornsteinfeger Wauer gehörige Wohnhaus ab in Folge einer schadhaft gewordenen Esse.

1855 den 3. August, Nachmittags gegen 5 Uhr, entzündete in Oberoderwitz ein Blitzstrahl das Wohnhaus des Maurers Glathe. Es gelang, den entstandenen Brand wieder zu dämpfen. Ein im Hause befindliches Mädchen wurde betäubt, während die übrigen Bewohner mit dem Schrecken davon kamen.

1857 den 9. August, Abends, wurde eine Scheune durch Blitz entzündet.

1859 den 7. April, früh, ein Feuer in Oderwitz.

1859 den 30. Juni, Vormittags, brannte in Oberoderwitz das Israel'sche Mühlengrundstück nieder.

1861 den 1. Januar, Abends 7 Uhr, wurde durch eine ruchlose Hand in dem Ernst Maukeschen Hause, im sogenannten Grunde zu Niederoderwitz, Feuer angelegt, welches aber noch zeitig genug entdeckt und gelöscht wurde.

1861 den 16. Januar, Mittags, entstand in Mitteloderwitz im Hause der verwittweten Rudolph und zwar in der Wohnstube dadurch ein Brand, daß in Folge starker Feuerung im Kochofen die darauf lagernden Brennmaterialien sich entzündet hatten. Das Feuer wurde indeß bald wieder gelöscht.

1861 den 14. März entstand in ähnlicher Weise in der feuergefährlich gebauten Kirchschule zu Oberoderwitz ein Brand, der ebenfalls glücklich gelöscht wurde.

1861 den 3. Juli, früh in der 9. Stunde, brannte in Niederoderwitz das Wohnhaus den Tischlers Wilhelm Schmidt bis auf die Wohnstube nieder. Da sofortige Hilfe bei der Hand war, konnte ein weiteres Umsichgreifen der Flammen verhindert werden. Der Lehrling soll das Feuer aus Rache wegen erlittener Strafe angelegt haben.

1862 den 30. Januar, Vormittags in der 6. Stunde, brannte in Niederoberwitz das dem Weber Chr. Fr. Uhlich gehörige Haus ab. Das Feuer nahm so rasch überhand, daß sich die Bewohner fast unbekleidet und nur mit Verlust aller ihrer Habe retten konnten.

1863 in der Nacht vom 6. zum 7. October brannte die bei der Niederoberwitzer Kirche befindliche Schmiede gänzlich nieder. Leider fand der junge Pachter derselben seinen Tod in den Flammen.

1866 den 30. April, Vormittags in der 9. Stunde brach in der Scheune des Rittergutes Mitteloberwitz Feuer aus, welches dieselbe nebst dem Kuh- und Schafstalle in Asche legte. Auch einiges Vieh kam in den Flammen um.

1866 den 24. August, Abends in der 10. Stunde, brannte in Niederoberwitz das Haus des Webers Hänsch total nieder.

1866 den 9. September, Abends gegen 6 Uhr, wurde eine dem Gutsbesitzer Gotthelf Zöllner in Niederoberwitz gehörige, in freiem Felde stehende Haferfeime zum großen Theile durch böswillige Brandstiftung niedergebrannt.

1867 den 30. März, Abends nach 9 Uhr, brach beim Bauergutsbesitzer Tempel in Oberoberwitz in dem Strohdache der Scheune ein Feuer aus, welches jedoch, bald bemerkt, noch gedämpft werden konnte. Jedenfalls lag böswillige Brandstiftung vor, indem an der Brandstelle ein Stückchen Feuerschwamm und eine Quantität Baumwolle gefunden wurde.

1867 den 15. Juli, Nachmittags, schlug in Niederoberwitz der Blitz in das Haus August Biehains auf dem sogenannten Handwerk, ohne jedoch zu zünden.

1867 den 25. October, Abends 8 Uhr, brannte in Niederoberwitz das in der Nähe der Kirche gelegene dem Häusler Chr. Friedrich Schütze gehörige Haus vollständig nieder. Nur

Weniges konnte gerettet werden. Bei der Lage des brennenden Hauses auf einer Anhöhe, entfernt vom Wasser und von allen Seiten von strohgedeckten Häusern umgeben, war es namentlich der an jenem Abende herrschenden Windstille zu verdanken, daß größeres Unglück verhütet wurde. Rühmlich zeichnete sich dabei die hiesige Turnerfeuerwehr aus.

1867 den 29. October, Abends nach 8 Uhr, brannte in Oberoberwitz die dem Häusler und Getreidehändler Karl Gottlob Schönfelder gehörige Scheune mit allen Stroh- und Getreidevorräthen total nieder. Die ganz in der Nähe befindlichen, dicht beieinander und ziemlich fern vom Wasser liegenden Häuser schwebten in der äußersten Gefahr, zumal da an jenem Abend ein ziemlich starker Wind gerade über das Dorf hinstrich. Glücklicherweise wurde größeres Unglück verhütet.

1868 den 7. April, früh 4½ Uhr, brach in dem Wohnhause des Mühlenbesitzers Börnig in Niederoberwitz Feuer aus. Bei heftigem Winde griff solches sehr rasch um sich. Außer Börnigs Wohnhause, Stallung und Scheune wurden auch des Bauergutsbesitzers Härtelt Wohn- und Gedingehaus, Stallung und Scheune, des Bauergutsbesitzers Israel Scheune und Gedingehaus, sowie das Zöllner'sche Wohnhaus eingeäschert. Außer dem Vieh konnte nur wenig gerettet werden.

1868 den 6. Mai, früh in der 6. Stunde, brannte in Niederoberwitz das dem Weber Karl August Kühnel gehörige Wohnhaus bis auf die Umfassungsmauern nieder. Nur der raschen Hilfe von nah und fern, sowie der Thätigkeit der hiesigen Turnerfeuerwehr verdankte man es, daß die schwer bedrohten Nachbarhäuser gerettet werden konnten.

1868 den 17. August, Mittags gegen 1 Uhr, entstand in der mit mehreren Häusern grenzenden Waldung des Gutsbesitzers Gottfried Tempel in Oberoberwitz ein Feuer, welches jedoch durch schnelle Hilfe wieder gelöscht werden konnte. Obwohl zwar der entstandene Schaden sehr unbedeutend war, hatte man doch ein Menschenleben zu beklagen, indem der Gerichtsälteste Biehain, welcher einer der Ersten auf dem Platze war, vom Schlage getroffen wurde.

1869 den 16. September, Nachts 10 Uhr, ging das Zimmersche Gartengrundstück in Niederoderwitz in Flammen auf. In Folge des heftigen Sturmes wurden in kurzer Zeit drei Gebäude des Grundstückes ergriffen. Sämmtliche Heuvorräthe und der größte Theil des Getreides verbrannten und auch sonst konnte nur Weniges gerettet werden. Blos der Richtung des Sturmes war es zu verdanken, daß größeres Unglück verhütet wurde.

1870 den 29. Juni, früh in der 8. Stunde, entstand in der Wohnstube des Brennereipachters Schubert zu Mitteloderwitz ein Brand, der jedoch noch rechtzeitig entdeckt und sofort wieder gelöscht wurde, so daß durch denselben nur eine geringe in der Nähe des Ofens befindlich gewesene Quantität Reißigholz vernichtet, sowie einige Mobilien etwas angekohlt wurden.

## 2. Ueberschwemmungen.

Obwohl Oderwitz durch seine Lage im Allgemeinen vor größeren Ueberschwemmungen gesichert ist, so sind doch Fälle zu erwähnen, wo Wasserfluthen Schaden anrichteten.

Eine der fürchterlichsten Ueberschwemmungen, welche Oderwitz wohl je betroffen, fand am 17. August 1595 statt. Wie schon früher erwähnt, war noch vor Tagesanbruch ein Wolkenbruch gefallen, der furchtbaren Schaden anrichtete. In Niederoderwitz wurde von den Fluthen das Schulhaus mit fortgeführt. Außer dem Schulmeister und dem Todtengräber kamen daselbst noch fünf Personen ums Leben, in Hainewalde acht, in Eibau neun, welche zum Theil in Oderwitz vom Wasser angeschwemmt wurden. Unbekleidete Menschen hatten sich auf Bäume gerettet.

1666 den 14. Juni, früh 3 Uhr, fiel während eines heftigen Gewitters bei Georgswalde ein Wolkenbruch. In Oderwitz und Eibau ertranken 18 Personen.

1674 den 26. und 27. März ertranken in Folge großer Eisfluthen in Oberwitz und Eckartsberg einige Mägde.

1691 den 28. Juli kam unvermuthet eine große Wasserfluth, welche in Oberwitz an Häusern großen Schaden anrichtete.

1723 den 26. Juni entstand in Folge von wolkenbruchartigen Regengüssen großes Wasser. In manchen Häusern erreichte es die Höhe der Stubenfenster und überschwemmte daher die Wohnungen.

1725 den 16. Juni bei einem furchtbaren Gewitter, welches fast die ganze Nacht anhielt und von argen Regengüssen begleitet war, richtete das Wasser großen Schaden an Wiesen, Wegen und Aeckern an. Im Königsholze wurden viele große Bäume umgeworfen oder vom Blitz zerschmettert. Das Landwasser in Oberwitz glich einem brausenden Strome. Außer hier war der Schaden besonders in Bertsdorf und Wittgendorf groß.

1732 den 29. Mai, Nachmittags, wurde Oberwitz und die ganze Umgegend in einer Länge von drei Meilen, von Georgenthal bis Großhennersdorf von einem argen Unwetter betroffen. Der Schaden an Häusern und Feldfrüchten war groß. — Es ereignete sich dabei folgender Vorfall. Georg Elsner, ein Bettler von Warnsdorf, der sich stumm gestellt hatte, befand sich eben auf dem Nachhausewege in der Nähe der Rittergutsgebäude von Mitteloberwitz. Er rettete sich vor der Wasserfluth auf einen Baum und brachte daselbst in äußerster Lebensgefahr einige Stunden zu, ehe er gerettet werden konnte. Der Chronist sagt: „In dieser Noth wurde der Stumme redend und schrie erbärmlich um Hilfe, rufet auch Jesum an, und wird, als das Wasser abnimmt, gerettet. Als er nach Hause kam, starb er nach etlichen Tagen. Und ist dieses ein recht sonderbar Exempel göttlicher Gerechtigkeit, Langmuth und Barmherzigkeit."

1733 den 26. Juni und 1734 den 18. Juli richteten in Folge heftiger Gewitter heftige Regengüsse in Oberwitz abermals großen Schaden an.

1737 den 12. Januar war nach dreitägigem, fast ununterbrochenen Regen großes Waſſer in Oberwitz. Dabei wüthete faſt ſeit Neujahr ein arger Sturm, welcher ſich am Abende des 12. ſo ſteigerte, daß er in den Wäldern Tauſende von Stämmen umwarf und auch an Häuſern großer Schaden zu beklagen war.

1753 den 20. December thaute der bedeutend gefallene Schnee ſo plötzlich, daß eine ſolche Waſſerfluth entſtand, wie ſich die älteſten Leute (um dieſe Jahreszeit) nicht erinnern konnten.

1755 den 9. Juni fiel bei Eibau ein Wolkenbruch, in Folge deſſen das Waſſer in Oberwitz zu bedeutender Höhe anſchwoll. Starke Bäume waren entwurzelt und gegen 200 Fuhren Sand auf die Wieſen geführt.

1771 den 21. Juni, Abends 8 Uhr, fiel über dem Königsholze und den Seifesdorfer Feldern ein Wolkenbruch, welcher auch in Oberwitz großen Schaden verurſachte. In Großhennersdorf wurde ein Haus hinweggeſchwemmt und die zu Eckartsberg gehörige Schleemühle faſt gänzlich verwüſtet; die großen Steine des Wehrs waren gegen 500 Schritt weit fortgeführt worden. In Oberſeifersdorf betrug der Schaden an Feldern, Stegen und Wegen über 2000 Thaler. — Wenige Wochen früher, den 11. Mai, hatte ebenfalls ein Wolkenbruch, der zwiſchen Oberwitz und Herwigsdorf gefallen war, viel Schaden verurſacht.

1804 vom 11. Juni bis 15. Juni Mittags ſtrömte der Regen ſo ununterbrochen herab, daß das Landwaſſer eine ungewöhnliche Höhe erreichte, in Oberwitz alle Brücken und Stege mit ſich fort nahm, ſowie die Wieſen und Felder zerriß und verſchlämmte. Die Ueberſchwemmungen erſtreckten ſich damals über einen großen Theil Deutſchlands.

1806 den 10. Auguſt, Nachmittags, in Folge von Wolkenbrüchen große Waſſerfluth in Oberwitz und in der ganzen Zittauer, Herrnhuter und Bernſtädter Gegend.

1838 am 10. Februar erreichte das Landwaſſer nach vorhergegangenem ſehr ſchneereichen Winter und plötzlich eingetretenem Thauwetter eine ſeltene Höhe; ebenſo den 8. April, am Palmſonntage (der Verfaſſer dieſes, welcher damals den erkrankten

Lehrer Nauze zu vertreten hatte, konnte mit den Confirmanden nach der Confirmationshandlung nur auf großem Umwege zur Kirchschule gelangen) und den 27. April, Nachmittags in Folge von wolkenbruchähnlichen Gewittergüssen.

1841 den 23. Juni, ebenfalls nach einem Gewitter, sehr großes Wasser.

1845, in welchem Jahre die Fluthen in allen Theilen Deutschlands große Verwüstungen anrichteten und in Dresden, bei einem Wasserstande, wie er seit 1501 nicht vorgekommen war, die Elbbrücken sehr beschädigten, verursachte auch in Oberwitz Ende März das plötzliche Thauwetter, nach einem vorhergegangenen anhaltenden Schneefalle, einen sehr hohen Stand des Landwassers.

1846 den 26. und 27. Januar in Folge mehrtägigen Regens bei 7 und 8° Wärme großes Wasser; ebenso

1847 den 19. Februar nach vorhergegangenem bedeutenden Schneefalle und plötzlich eingetretenem Thauwetter.

1850 den 3. Februar gleichfalls sehr großes Wasser, da der viele Schnee plötzlich thaute.

1858 Ende Juli und Anfang August ununterbrochener heftiger Regen und in Folge dessen Ueberschwemmung.

### 3. Hagel.

Von Hagel hat Oberwitz mehr als mancher andere Ort zu leiden gehabt.

1565 an Vigilia Magd. (22. Juli), um 18 Uhr (Abends 6 Uhr), betraf ein großes Schloßenwetter ganz Niederoberwitz und die Zittauer Gegend. Der Chronist sagt: „Es hat dreimal nach einander so geschloßt, daß alles Getreide, Obst und Küchengewächse verderbet worden sind."

1707 den 7. Juni, Abends 8 Uhr, wurde während eines heftigen, mit starkem Regen begleiteten Gewitters in Oberwitz, Eibau, Ebersbach und Georgswalde alles Getreide durch ein arges Hagelwetter zerschlagen.

1725 den 16. Juni während eines die ganze Nacht anhaltenden Gewitters Hagelschlag in Niederoberwitz.

1727 den 4. Juli, Nachmittags, heftiger Gewittersturm und Hagelschlag. Außer Oberwitz wurden auch Euldorf und Herwigsdorf davon betroffen. Ebenso

1728 den 9. Mai außer Oberoberwitz die Gegend von Seiffennersdorf bis Olbersdorf und den 25. Mai Oberwitz und alle Ortschaften von Spitzkunnersdorf über Reichenau bis Böhmen.

1732 den 21. Mai, Vormittags und Nachmittags, heftige Gewitter mit Hagelschlag und wolkenbruchartigen Regengüssen verbunden. Der Hagel schlug in Niederoberwitz auf den auf das Königsholz zu liegenden Feldern alle Feldfrüchte nieder. Noch am folgenden Tage sah man auf den Wiesen ganze Massen Hagelstücke vom Wasser zusammengeschwemmt. Die Wasserfluth zerriß die Wege, verschlämmte die Wiesen und riß auf Hans Englands Gute die über den Höllegraben gebaute steinerne Brücke hinweg. — Wenige Tage später:

Den 28. und 29. Mai wurde das Dorf abermals in ähnlicher Weise heimgesucht. Am erstgenannten Tage betraf das Hagelwetter die Oberoberwitzer Fluren, am 29. dagegen die von Niederoberwitz.

1733 den 26. Juni, Nachmittags, wurden während eines argen Unwetters die Oberoberwitzer Felder theilweise vom Hagelschlag betroffen.

1734 den 20. Mai, Mittags, heftiges Gewitter mit gewaltigen Regengüssen und Hagel. Schlimmer noch als Oberwitz wurde Zittau betroffen, wo der Hagel die Größe von welschen Nüssen erreichte.

1735 den 5. Juni wurden die Fluren von Niederoberwitz namentlich in der Gegend der Kirche hart betroffen.

1749 den 1. August vernichtete ein Hagelwetter in Niederoberwitz, Herwigsdorf, Hainewalde und Seiffennersdorf alle Erntehoffnungen.

1757 den 28. Mai, Nachts, nach einem für diesen Monat sehr heißem Tage, traf ein furchtbares Hagelwetter einen großen Theil der Oberlausitz in einer Länge von sechs Meilen. Die Hagelstücken hatten die Größe von Tauben-, auch wohl von Hühnereiern. In Oberoderwitz traf es die Felder einiger Bauergüter oberhalb der Kirche. Von hier aus nahm das Wetter die Richtung auf den Eigenschen Kreis zu.

1765 den 17. Juni, Nachmittags 4 Uhr, erreichten die Hagelstücke die Größe von welschen Nüssen. Besonders wurden die Fluren von Oderwitz, Seifersdorf und Wittgendorf verhagelt.

1773 den 18. Juni Schloßenwetter zu Niederoderwitz Zieglerschen Antheils, Pethau, Großschönau, Bertsdorf ꝛc. Es war doppelt schmerzlich, da man nach einer großen Theuerung, zu einer Zeit der furchtbarsten Noth, mit Sehnsucht einer gesegneten Ernte entgegensah.

1843 den 4. Juni, am 1. Pfingstfeiertage, wurde nicht blos Oderwitz und Umgegend, sondern ein großer Theil Deutschlands von einem schweren Unwetter heimgesucht. Von Süd und West nahende, drohende Gewitterwolken entluden sich nach 5 Uhr mit einem furchtbaren Hagel, wolkenbruchähnlichen Regengüssen und den heftigsten Donnerschlägen, begleitet von einem gewaltigen Sturme. Der Hagel fiel zum Theil in zackigen Stücken, die hin und wieder die Größe von Hühnereiern erreichten. Der Schaden an Häusern, namentlich hinsichtlich der zerschmetterten Fensterscheiben, an Feldfrüchten und in Gärten war beträchtlich.

1853 den 7. Juli wurde Oderwitz von einem verheerenden Hagelschlag betroffen; ferner 1859 den 21. April, Nachmittags, 1860 den 17. August und 1868 den 1. Juni, an welchem Tage die Fluren von Niederoderwitz Hagelschlag erlitten.

### 4. Gewitter, Stürme, Erderschütterungen.

Von Gewittern sind mehrere hinsichtlich ihrer Stärke oder Dauer, besonders aber wegen ihrer verderblichen Wirkungen erwähnenswerth. (Die Fälle, in denen der Blitz zündete, sind bereits früher erwähnt.)

1551 den 13. Januar versetzte ein schreckliches Unwetter Alles in Angst und Bestürzung. Das Tosen des heulenden Orkans, die ununterbrochen die Luft durchkreuzenden Blitze, die brausenden Wassermassen, die aus den Wolken herabströmten, ließen Jedermann glauben, der Welt Untergang sei erschienen.

1735 den 23. Juni und ben 23. September richteten heftige Gewitter mit wolkenbruchartigen Regengüssen vielen Schaden an. Am letztgenannten Tage fand nach großer Hitze, in der Nacht ein unaufhörliches Blitzen und heftiges Donnern statt.

1764 den 15. Juli heftiges Gewitter und furchtbar schwarzer Himmel. Im benachbarten Herwigsdorf traf der Blitzstrahl das Korselt'sche Bauergut, tödtete zwei Personen und verletzte drei gefährlich.

1769 den 5. November Gewitter mit heftigem Sturm. Viel Schaden in den Wäldern. In Eibau wurde ein neuerbautes Haus umgerissen.

1773 den 11. Mai wurde bei einem heftigen Gewitter in Oberoderwitz ein Pferd erschlagen. In Eibau brannte ein Bauerhof ab.

1791 den 2. August, Abends in der 9. Stunde, zog ein fürchterliches Gewitter herauf, verbunden mit einem Sturme, welcher in Rottmarsdorf zwei und in Berthelsdorf eine Windmühle umstürzte, auch sonst Häuser beschädigte und in den Waldungen großen Schaden anrichtete. Aehnliche Gewitter waren

1794 den 5. Mai, 1829 den 15. April und 1830 den 25. Mai. Sie dauerten mehrere Stunden lang und waren mit Stürmen verbunden, die hie und da Gebäude zertrümmerten und sonst große Verheerungen anrichteten.

1840 den 21. Januar hatte man in den Abendstunden die um diese Jahreszeit merkwürdige Erscheinung eines Gewitters. Während desselben, sowie die Nacht hindurch wüthete ein in dieser Heftigkeit seit Jahren nicht erlebter Sturm, der vielen Schaden verursachte. Sehr heftige Gewitter sind noch anzuführen 1841 den 18. Juli nach fast unerträglicher Hitze,

1860 den 17. August, bei dem ein solches ununterbrochenes Wetterleuchten stattfand, wie man sich seit 1835 nicht mehr entsinnen konnte und

1863 den 12. Juni, welches in der ganzen Lausitz heftig auftrat.

Ein schweres mit heftigen Regengüssen verbundenes Gewitter, wie man sich eines ähnlichen seit vielen Jahren nicht erinnern konnte, setzte 1864 den 12. Juli von Mittag an mehrere Stunden lang auch die Bewohner von Oberwitz in ungewöhnliche Aufregung. Es entlud sich auch mit furchtbarer Gewalt über Oberwitz und Umgegend. Schlag folgte auf Schlag und nicht weniger als fünf Brände wurden in der Umgegend wahrgenommen, die durch Einschlagen des Blitzes verursacht worden waren. Ein ähnliches Gewitter,

1869 den 2. Juli, welches von früh 9 Uhr bis Mittags 1 Uhr anhielt, ist uns noch in frischer Erinnerung. An vielen Orten zündete der Blitz. In Oberoberwitz schlug er bei dem Hausbesitzer und Weber Werner in eine Linde und die danebenstehende Scheune, ohne zu zünden; bei dem Mühlenbesitzer Rönsch an dem auf dem Wohnhause befindlichen Blitzableiter herab, drang durch die Giebelgrundmauer in die im Hause mitbefindliche Scheune und Stallung ein und betäubte eine in letzterer stehende Ziege; ferner wurde daselbst eine unmittelbar hinter der Brauerei stehende hohe und starke Pappelweide vom Blitzstrahle getroffen und in Niederoberwitz fuhr ein Blitzstrahl an dem Ableiter des dem Weber Mentschel gehörigen Wohnhauses herab und beschädigte den Ableiter.

Als Jahre, in denen Stürme in Oberwitz und Umgegend großen Schaden anrichteten, sind aus früherer Zeit die Jahre 1334, 1413, 1553, 1572 und 1596 zu nennen. Im erstgenannten Jahre, den 28. October, hauste ein fürchterlicher Schneesturm in der Lausitz. Er warf ganze Waldstrecken und Alleen nieder, entdachte Häuserreihen und viele Menschen und Thiere verloren dabei ihr Leben. Nachdem sich das langanhaltende Wetter etwas beruhigt hatte, fiel der Schnee so massenhaft auf die Bäume, daß sie unter der Last desselben zerbrachen.

Einer der heftigsten Orkane tobte am 20. December 1612 so, daß, wie die Chroniken melden, „Jedermann vermeinte, der jüngste Tag breche ein." Er richtete in Oberwitz an Dächern und Bäumen großen Schaden an, warf Nachmittags in Zittau den Kreuzthurm, den oberen Theil des Rathhausthurmes mit der Stundenglocke, welche beim Niederstürzen einen Theil des Gewandhausdaches zertrümmerte, den Klosterthurm, das Thürmchen der Frauenkirche und die Thürme von Herwigsdorf und Kleinschönau nieder.

1625 den 20. Februar heftiger Sturm, welcher den Kirchthurm zu Leuba herunterwarf.

1660 den 9. December, am 2. Adventsonntage, wüthete einer der heftigsten Stürme und richtete an Häusern und Scheunen großen Schaden an. Er verheerte die ganze Lausitz, beschädigte viele Kirchthürme — unter anderen auch den Löbauer und Berthelsdorfer —, warf im Königsholze und Kottmar (hier allein 4375 Stämme) viele Bäume nieder, unter denen sich die stärksten Eichen und Buchen befanden. Eine von M. Lehmann in Zittau gehaltene, auf die Verheerungen sich beziehende Predigt: „Gottes stark tönende Windsposaune" wurde gedruckt und erschien in vier Auflagen.

1703 den 15. December, Sonnabends vor dem 3. Advent, Nachts 11 Uhr, warf ein fürchterlicher Orkan den erst neuerbauten Thurm von Strawalde bis an den Glockenstuhl herunter. Er wüthete, begleitet von heftigem Regen, bis 12 Uhr und richtete auch in Oberwitz an Gebäuden großen Schaden an. — Große Stürme kamen ferner vor im Jahre

1712 den 17. April, wo im Königsholze mehr als tausend Stämme niedergeworfen wurden, und

1715 im Februar, wo vom 10. an sich ein acht Tage anhaltender, mit Gewittern und Erdstößen verbundener Sturm erhob, welcher besonders um Mitternacht zwischen dem 12. und 13. seinen Höhepunkt erreichte und abermals im Königsholze großen Schaden an niedergeworfenen Stämmen anrichtete. Durch die Gewalt des Orkans wurde aus Teichen das Wasser nebst den Fischen herausgedrängt. In Zittau klingelte um jene Zeit das Rathsthurmglöckchen die ganze Nacht hindurch, auch wurde die Spitze des Thurmes der Frauenkirche herabgeworfen. Am Löbauer Berge warf der Sturm allein gegen 20,000 Stämme nieder. Auch in den Obstgärten und Häusern von Oberwitz waren große Verwüstungen angerichtet worden.

1734 den 28. Februar richtete ein Sturm, der Nachmittags seine größte Heftigkeit erreichte und welcher sich über ganz Westeuropa verbreitete, auch in hiesiger Gegend großen Schaden an. In Niederoberwitz warf er ein Haus nieder, ebenso im benachbarten Seifersdorf. Vom Zittauer Johannisthurme führte die Gewalt des Sturmes einen Sessel bis in einen am Markte befindlichen Hof.

Große Stürme waren noch 1743 den 14. April, 1756 den 19. Februar, 1801 in der Nacht vom 29. zum 30. Januar und 1830 den 25. Mai. Der verheerende Orkan, welcher

1833 den 18. December fast durch ganz Europa wüthete, ließ auch in unserer Lausitz viele Spuren der Verwüstung zurück. Nur allein in den Zittauer Waldungen waren 16000 Stämme niedergestürzt worden. In Oberoberwitz hatte der Sturm bei dem Bauergutsbesitzer Tietze die Scheune umgerissen.

1851 den 19. November begann ein Schneesturm, der in der Nacht vom 19. zum 20. mit einem so ungeheurn Schneefalle verbunden war, daß am nächsten Morgen der Schnee überall durchschnittlich drei bis vier Fuß hoch lag, ja an manchen Orten bis zu einer Höhe von vielen Ellen zusammengeweht war. Er war verhängnißvoll und schrecklich in seinen Folgen, denn er kostete nur allein im Kreisdirectionsbezirke Bautzen 29 Menschenleben. Die ältesten Leute konnten sich eines solchen Schneefalles nicht erinnern. Am nächsten Tage — einem Bußtage — war die Communication so gehemmt, daß an vielen Orten der Gottesdienst ausfallen mußte. Nach tagelanger Anstrengung erst konnten Eisenbahnen und Straßen wieder fahrbar gemacht werden. Der Schneesturm hatte sich über Ungarn, den größten Theil Deutschlands bis Belgien erstreckt.

1858 den 8. März, von Mittag an, heftiger Sturm aus West, welcher den mit Bodentheilchen vermischten Schnee so emporwirbelte, daß der Himmel eine braunröthliche Färbung erhielt. Der Sturm warf in Oderwitz und andern Orten Wagen um und richtete verschiedenes Unheil an Häusern und Bäumen an. Er verbreitete sich über Nordfrankreich, Belgien und ganz Mitteldeutschland.

1859 den 21. December bedeutender Schneesturm aus Süden, dessen Heftigkeit von dem hartgefrorenen, trockenen Erdboden braunen Schneestaub in solcher Masse emporwirbelte, daß förmliche Dunkelheit eintrat.

1868 den 7. December war einer der furchtbarsten Stürme, die je in unserer Gegend gewüthet haben. Er kam von West und erreichte seinen Höhepunkt Mittags. Die Verheerungen, welche er an Häusern und Wäldern anrichtete, waren entsetzlich. Von allen Seiten liefen die traurigsten Nachrichten ein. Er verbreitete sich über England, Nordfrankreich, Belgien und Nord- und Mitteldeutschland. In Oberoberwitz wurden zwei Scheunen und in Mittel- und Niederoberwitz je eine niedergerissen. Glücklicherweise waren nicht Menschenleben wie anderwärts zu beklagen. Der in den Wäldern Sachsens angerichtete Schaden überstieg noch denjenigen vom Jahre 1833 und belief sich auf etwa 4 Millionen Thaler und die Summe der niedergestürzten Holzmasse auf über 70 Millionen Cubikfuß.

1869 den 17. December großer Sturm. In Löbau warf derselbe ein Baugerüste um, wobei ein eben vorübergehender Mann erschlagen wurde.

Auch Erderschütterungen sind in unserer Gegend mehrmals wahrgenommen worden, z. B. 1416, in welchem Jahre ein so starkes Erdbeben unter heftigen Donnerschlägen und furchtbarem Wettersturme erfolgte, daß man fürchtete Häuser und Thürme möchten einstürzen. Ferner 1590 den 15. September, Nachts zwischen 11 und 12 Uhr. Das ziemlich starke Erdbeben wurde durch die ganze Oberlausitz an den Erschütterungen der Häuser bemerkt. In Zittau schlug die Thurmuhr außer der Zeit. Erderschütterungen bemerkte man in Oderwitz noch 1615 den 9. Februar, Nachts, und 1690 den 4. December, Nachmittags in der 4. und 8. Stunde; ferner 1768 den 16. und 25. Februar, Fenster zitterten, Thüren fuhren auf, lose liegende Steine stürzten herab und ein dumpfes Getöse wurde gehört. Alle drei Erschütterungen nahm man auch im südlichen Deutschland, besonders in Oesterreich und Mähren wahr. In neuerer Zeit wurden in hiesiger Gegend Erderschütterungen beobachtet

1812 in der Nacht vom 1. zum 2. August und bei Gelegenheit des Erdbebens in Italien 1856 den 1. Februar und am 12. October desselben Jahres, als das Erdbeben auf der Insel Kandia stattfand. Es scheint daraus hervorzugehen, daß unsere Gegend in einem inneren Zusammenhange mit dem Süden stehen muß.

## 5. Theuerung.

Als Jahre der Theurung finden sich für unsere Gegend so manche verzeichnet. Die Noth der Armen stieg in früheren Zeiten, wo es an Anstalten, das Loos der Armen zu erleichtern, fast gänzlich fehlte, oft zu einer entsetzlichen Höhe. Von so schrecklichen Zuständen, wie sie ehemals auch in Oderwitz vorkamen, hat man in neuerer Zeit gar keinen Begriff.

Jahre der Theuerung waren: 1362 (der Scheffel Korn kam nach jetziger Rechnung auf $5^1/_2$ Thaler zu stehen), 1380, 1407, wegen Sommerkälte, 1416, wo man zu Eicheln und Wurzeln seine Zuflucht nehmen mußte, und in welchem Jahre in der Lausitz in Folge der Hungersnoth gegen 100,000 Menschen gestorben sein sollen, 1434 wegen Nässe und wegen des Hussitenkrieges, 1541 (der Scheffel schlesisches Korn stieg auf 2 Thlr. 10 Gr. — ein damals sehr hoher Preis — und fiel nach der Ernte auf 8 Groschen). Ebenso waren 1570 bis 1572, 1584 bis 1585 und 1593 bis 1600 hohe Kornpreise. Die Theuerung hatte damals viele Krankheiten und Sterbefälle zur Folge.

Die Dürre zweier Sommer hatte in den Jahren 1616 und 1617 wieder große Theuerung zur Folge. In Oderwitz und den Nachbardörfern herrschte damals entsetzliche Noth. Die Armen mußten Kleienbrot, gekochte Nesseln, Gras, Sauerampfer ꝛc., ja sogar klein geschnittenes Stroh essen. Viele erkrankten und starben. Ja man fand sogar Kinder des Morgens todt auf ihrem Lager, welche noch Gras oder andere Pflanzen im Munde hatten. Eine gesegnete Ernte machte der Noth ein Ende.

In den ersten Jahren des 30jährigen Krieges, 1620 bis 1622, stieg der Preis des Scheffels Korn in Folge des schlechten Geldes auf 20 Thaler (ein Ducaten war 22 bis 24 schlechte Thaler werth). 1630 verursachte ein nasser Sommer Theuerung; wegen des immerwährenden Regenwetters konnte man das Getreide erst um Martini einbringen. Aehnlich war es 1640. Der Krieg und der nasse Sommer waren die Ursache, daß am 15. Juli der Preis des Kornes bis auf 11 Thlr. 16 Gr. stieg. Leider verwüsteten außerdem noch im Herbste eine ungeheuere Menge Mäuse Felder, Gärten und Wiesen und fraßen das Getreide in den Scheunen und die jungen Saaten auf den Feldern auf.

In Folge des trockenen Sommers 1719 — ein halbes Jahr hindurch fiel kein Regen —, in welchem der Scheffel Korn die Höhe von 5 Thlr. 12 Gr. erreichte, hatte man 1720 wieder Theuerung und Hungersnoth. Leider herrschte dabei auch unter den armen Webern des Dorfes Verdienstlosigkeit, da der Flachs gänzlich mißrathen und theurer als Garn war. Viele konnten ihren

Hunger wieder nur mit Kleienbrot stillen. Nach Kräften suchte zwar der Oberst von Canitz zu Hainewalde durch Austheilung von Korn die Noth zu mildern. Auch die Bauern mußten regelmäßig zur Unterstützung der Armen Almosen in bestimmter Höhe geben. Doch dies Alles war nicht hinreichend. Als der Caviller eines Tages in Oberwitz ein Pferd abgezogen hatte, schnitten die halbverhungerten Menschen das Fleisch von dem Aas und verzehrten es.

Auch im siebenjährigen Kriege waren theure Jahre, in denen der Getreidepreis eine ungewöhnliche Höhe erreichte; 1762 z. B. 9½ Thlr.

Schrecklich wurde die Noth 1770 bis 1772 auch in Oberwitz. 1770 waren fast durch ganz Mitteleuropa, namentlich aber in Deutschland und Frankreich, in Folge unerhörter Nässe, ausgedehnte Ueberschwemmungen und totale Mißernten entstanden, die eine allgemeine Hungersnoth verursachten. Im Sommer 1770 strömte der Regen unaufhörlich auf die Felder herab; man trocknete die grünlich gebliebenen, mit schmieriger Masse gefüllten Aehren am Ofen, um mit den mehllosen Körnern das Leben zu fristen. Kleie gehörte zu den kostbaren Speisen, Queckenwurzeln wurden massenhaft zu Brot verbacken, während die Armen mit gekochtem Gras und Disteln, sowie mit dem Fleische gefallener Thiere ihren Hunger zu stillen versuchten. Noch bevor sich im Winter zu 1771 der Typhus ausbildete, waren ganze Schaaren, besonders im benachbarten Böhmen, dem Hungertode erlegen. Entkräftete, abgezehrte Gestalten mit todtenfahler Gesichtsfarbe wankten umher. Hilflose Kranke schmachteten in Menge in den Häusern, die Sterblichkeit fing immer mehr an, sie hinzuraffen. So wurde z. B. 1772 den 29. März in Niederoberwitz von den Stadtgerichten ein todter Mann, der in einer Scheune aus Mangel an Nahrung gestorben war, besichtigt. Im genannten Jahre gab es in Niederoberwitz bei 63 Geburten 194 Todesfälle und in Oberoberwitz bei 62 Geburten 180, während man im Jahre zuvor nur 88 und 64 Sterbefälle zählte. Schon 1771 hatte man in Oberwitz Wachen errichtet, um die fremden, besonders böhmischen Bettler fortzuweisen. Da die Unsicherheit stieg, so wurden mehrmals Nachts die Wälder durchsucht. Zwar gab auch die Regierung im Jahre 1772 zur Aussaat Getreidevorschüsse an Bedürftige und forderte zu freiwilligen Gaben an Arme auf. Da dies aber, sowie auch ein Vorschuß des Zittauer Rathes von 12 Scheffeln Korn und 2 Cntr. Reis nicht hinreichend war, so mußte die Gemeinde ein Kapital aufnehmen, um der ärgsten Noth abzuhelfen. Der Scheffel Korn erreichte die Höhe von 10 Thalern.

Nicht so schlimm, wie eben erzählt, waren die Zustände in Oberwitz in den Jahren 1804 und 1805. Obgleich der Scheffel Korn sogar auf 16 bis 20 Thaler stieg, mangelte es den Webern wenigstens nicht an Verdienst; auch ersetzten Kartoffeln jetzt zum Theil das Getreide. Groß war die Noth dagegen im benachbarten Böhmen. In Menge erschienen die Hungernden in Oberwitz und den Nachbardörfern. Kniefällig baten sie um etwas Brot, ihren Hunger zu stillen.

Ebenso war auch 1816 die Noth in hiesiger Gegend nicht so groß, als z. B. im Erzgebirge, wo förmlich Hungersnoth entstand, weshalb auch in Oberwitz und anderen Orten für die dortigen Armen eine Collecte gesammelt wurde.

In bittere Noth wurde die Weberbevölkerung des Ortes versetzt in den Jahren 1846 bis 1847, in welchen sich der Getreidepreis, vorzüglich durch die allgemein verbreitete Kartoffelfäule, wieder auf 10 Thaler steigerte und in den Jahren 1853 bis 1856, wo der Preis des Scheffels Korn immer zwischen sechs bis acht Thalern schwankte. Doch konnte bei den erleichterten Verkehrsmitteln der Gegenwart und bei den zweckmäßigen Anstalten, die man traf, die Noth nicht mehr die Höhe erreichen, wie in früherer Zeit, ungeachtet sich bei der dreijährigen Dauer des Nothstandes der letzterwähnten Jahre zu dem ungewöhnlich hohen Preise der Nahrungsmittel noch Verdienstlosigkeit gesellte.

Um so größer war die Freude, als am 31. Juli 1856 der Scheffel Korn, der noch eine Woche früher mit sieben Thalern bezahlt worden war, plötzlich auf 4 Thlr. 15 Ngr. sank.

### 6. Ansteckende Krankheiten.

Wann und wie die Pest, der Schrecken der früheren Jahrhunderte, die überall so furchtbar verheerend wüthete, auch Oberwitz heimsuchte, darüber fehlen aus der Zeit vor dem 30jährigen Kriege nähere Nachrichten. In den Jahren 1632 bis 1634 wüthete die Pest so, daß sie, wie schon früher erwähnt, besonders Niederoberwitz fast entvölkerte. In der Oberlausitz sollen damals 40,000 Menschen an der Krankheit gestorben sein. Im Jahre 1708, als die schlesische Grenze wegen drohender Pestgefahr durch einen Cavalleriecordon gesperrt wurde, mußten auch in Oberwitz Wachdienste verrichtet werden. Ebenso 1739, nachdem die Pest zu Temeswar in Ungarn ausgebrochen war. Um Ansteckung zu verhindern, war an der böhmischen Grenze eine vierzigtägige Contumaz vorgeschrieben, auch wurde das Paßwesen mit großer Strenge gehandhabt. Zu den Grenzpostirungswachen in Oybin und Lückendorf mußte auch Oberwitz Mannschaften stellen. Dieser beschwerliche Wachedienst wiederholte sich in der Zeit von Ende October 1770 bis Ende Juli 1771, als von Böhmen her eine ansteckende Krankheit drohte. — Im Jahre 1698 starben in Oberwitz viele Menschen an der sogenannten Kriebelkrankheit, welche damals in der ganzen Gegend wüthete. Am Typhus und Scharbock, eine Folge der herrschenden Theuerung, erkrankten 1720 ein großer Theil der Bewohner. Allein in Niederoberwitz starben an diesen Krankheiten über hundert Personen. Ruhr- und Blatterepidemien werden im vorigen Jahrhunderte mehrmals, z. B. 1728 und 1738 erwähnt. Im Jahre 1794 herrschte im Mai in Oberwitz und Umgegend epidemisch die Ruhr, welche viel Kinder hinwegraffte, und 1837 im Februar grassirte die Grippe so, daß fast in allen Häusern Kranke lagen.

Viehseuchen kamen vor im Herbste 1759, wo man 70 Stück

Rindvieh und im October 1760, wo der Richter Steudtner in Niederoberwitz sein sämmtliches Vieh einbüßte. Als im Septbr. 1867 das Rindvieh des Rittergutes Mitteloberwitz von der Maulseuche befallen wurde, nahm die Krankheit einen raschen und günstigen Verlauf.

### XIII. Unglückliche oder merkwürdige Todesfälle.

Obwohl eine Aufzählung merkwürdiger oder unglücklicher Todesfälle kaum allgemeines Interesse hat, so dürfte eine solche doch für die Bewohner des betreffenden Ortes nicht ohne Interesse sein. Da man in früherer Zeit gerade Derartiges sorgfältig aufzeichnete, so fand sich in den hier benutzten Chroniken und anderen Quellen ein reiches Material vor.

1548 am Abende Jacobi wurde Nicol Denicke zu Niederoberwitz von Hans Koppler erstochen und der Leichnam durch die Zittauer Rathsherren Wilhelm Schnapp und Cölestin Hennig besichtigt und aufgehoben.

1548 den 4. August ist durch dieselben Herren der Leichnam Martin Spiegels von Burkersdorf gerichtlich aufgehoben worden. Spiegel war in Oberwitz von einem anderen Burkersdorfer, Georg Alscher, erschlagen worden.

1571 den 1. Juli ist in Zittau der „Kuhschalk" von Oberwitz (ein Dieb, welcher Kühe gestohlen hatte) gehenkt worden.

1593 am Adventssonntage, Abends, verwundete Michael Clemens von Niederoberwitz den Martin Engelmann, Christoph Richters Knecht zu Herwigsdorf dergestalt mit einer Hacke, daß er in drei Stunden starb. Am nächsten Sonntage wurde Engelmann, nachdem das sogenannte Zetergeschrei über dem Leichnam abgehalten worden war, durch welches der entflohene Mörder in die Acht erklärt wurde, begraben.

1601 den 6. December ist der Müller Bundesmann zu Oberoberwitz in seinem Bette erstochen und seine Frau sehr verwundet worden. Der Mörder war entflohen. Ein Mann von Hainewalde gerieth in Verdacht und wurde gefänglich eingezogen. Man unterwarf ihn der Tortur, ohne daß er des Verbrechens geständig gewesen wäre. Er starb in Folge der Marter. Nachdem man ihn zwei Wochen unbegraben liegen gelassen hatte, begrub man ihn endlich am 23. Februar 1602 in Oberwitz. Später stellte sich seine Unschuld heraus.

1608 wurden zwei Falschmünzer, welche in einer Höhle im Königsholze — noch heute „Meiers Stübchen" genannt — falsche Thaler, Schreckenberger und Groschen gemacht hatten, nach Zittau ins Gefängniß gebracht. Später wurden sie in Bautzen verbrannt. Ein dritter, „Galgenförster", welcher die falschen Münzen verbreitet hatte, wurde gehenkt.

1619 den 12. Juni hat des Richters Sohn zu Ruppersdorf Martin Fröhlichs Tochter in Oberwitz, welche er heirathen wollte, als er sie nach Hause begleitete, unterwegs erstochen. Der Mörder ist entflohen.

1625 an der Aschermittwoch ist zu Oberoberwitz des Richters Sohn, Adam Glathe, zuerst mit glühenden Zangen gezwickt und hierauf gerädert worden.

1631 den 3. Mai, Abends, wurde Caspar Neumann von den beiden Söhnen Simon Bräuers beim Krebsen in ihres Vaters Garten erschlagen. Der Ermordete hatte jene vorher ins Wasser geworfen. Die Angelegenheit wurde endlich vertragen, d. h. auf gütlichem Wege geschlichtet. Das Schöppenbuch bemerkt hierüber: „1638 den 10. Januar Vertrag wegen eines Todtschlags, der unversehens Nachts im Wasser von Schefflings (in Mitteloberwitz) gewesenem Knecht von der Eibe auf Simon Bräuers Gute von dessen beiden Söhnen geschah." Sie mußten hundert Thaler zahlen.

1636 den 25. Juni ging der Richter von Mitteloberwitz mit den beiden Brüdern Grillich in Herwigsdorf von Zittau aus nach Hause, nachdem sie vorher daselbst in einem Branntweinhause vor dem Weberthore eingekehrt waren. Auf dem

Nachhausewege geriethen sie in Streit und die Brüder erschlugen den Richter.

**1636 den 15. September** erhenkte sich der Förster von Oderwitz im Königsholze.

**1639 den 27. März** wurde Christoph Gärtner, welcher von zwei Soldaten auf freier Straße erschlagen worden war, von den Stadtgerichten besichtigt.

**1640 den 22. Januar** wurden drei Bauern von Oderwitz von den Soldaten erschossen.

**1648 den 2. Mai** machte in Oderwitz ein Schlagfluß dem Leben Tobias Heffters, eines Bürgers auf der Neustadt in Zittau, plötzlich ein Ende. Er war im Begriff gewesen, sich nach Friebersdorf zu begeben, um dort Bierschulden einzukassiren.

**1656 den 2. April** wollte der Förster aus Hainewalde auf dem Oderwitzer Spitzberge einem Fuchse nachkriechen, wobei ihm ein Stein auf den Leib fiel und ihn tödtete.

**1657 den 24. März** erstach Christian Neumann, ein Fleischer von Spitzkunnersdorf, des Richters Sohn daselbst, den Mundloch von Oderwitz. Beide waren im Anton Geißlerschen Bierhause in der Webergasse zu Zittau in Streit gerathen, in Folge dessen der Fleischer jenen mit einem Messer in den rechten Arm stach. Da zugleich die Pulsader getroffen war, so erfolgte eine große Blutung. Der Thäter lief durch das Gäßchen in die Jüdengasse. Der Verwundete eilte ihm nach, fiel aber an der Ecke nieder und starb dem Barbier unter den Händen. Die Chronicons Frenzel und Mönch erzählen: „Weil der Thäter auch einen Stich von dem Mundloch bekommen, wurde er auf vieles Fürbitten den 19. Mai blos „zur Staupe gestrichen". Er durfte dabei, was sonst nicht gewöhnlich war, den Hut auf dem Kopfe behalten, daher auch die meisten Ruthenstreiche auf den Hut trafen. Außerdem wurde er des Landes auf ewig verwiesen.

1668 den 17. Juni, Mittags, traf während eines heftigen Gewitter der Blitz das Gut des Herrn von Hartig in Herwigsdorf. Hans Birnbaums von Oberwitz Tochter, welche daselbst als Magd diente, wurde vom Blitzstrahl nebst noch zwei Personen getödtet und Mehrere betäubt.

1681 den 10. Juli spielte des Richters David Förster zu Niederoberwitz Sohn mit zwei Edelleuten. Er wurde, wie schon früher erwähnt, dabei von ihnen mit den Degen so über den Kopf gehauen, daß die Hirnschale spaltete und er zwölf Tage später starb.

1684 den 19. April erschlug ein wahnsinniger Mann zu Oberwitz sein Kind.

1691 den 28. August gerieth Hans Schneider mit seinem Bruder Michael auf einem Kegelschube in Streit, weil dieser seinen Bruder ermahnte, nicht Alles zu verspielen und seine Kinder zu bedenken. Hans warf seinen Bruder mit einer Kegelkugel so, daß er auf der Stelle todt blieb. Die Chronik sagt: „dem Thäter ist Nichts widerfahren."

1693 den 28. Juli erschlug zu Niederoberwitz ein Bauer, Christoph Tietze, die bei ihm dienende Magd, welche von ihm schwanger war, verscharrte dann den todten Körper in die Scheune und wurde flüchtig.

1698 den 15. Juli ertrank zu Niederoberwitz Andreas Clemens, ein Jüngling von zwanzig Jahren, in der Dorfbach.

1699 den 25. Oktober sinkt Paul Kühn, ein Schuhmacher zu Oberoberwitz, während des Gottesdienstes in der Kirche todt nieder.

1701 den 29. Mai Gedächtnißpredigt in Niederoberwitz für zwei Jünglinge, welche als Soldaten in Kurland gestorben waren.

1702 den 2. März stürzte Helene geb. Gärtner, Christian Rottens Weib zu Niederoberwitz, auf dem Wege nach Großhennersdorf todt nieder.

1702 den 24. November erstickte Friedrich Elsner in

Nieberoberwitz. Die Mutter, eine Wittwe, hatte in ihrer Abwesenheit das Kind die Nacht über der Magd anvertraut gehabt.

1706 den 8. April starb zu Nieberoberwitz Michael Neitsches Wittwe im Alter von 98 Jahren.

1707 den 15. September starb ebenfalls zu Nieberoberwitz Friedrich Rothmann im Alter von 87 Jahren.

1708 den 26. Mai starb in Oberoberwitz Mathäus Huckuff, ein Müller. Er war, wie das Kirchenbuch mittheilt, „ein großer Säufer, hatte die ganze Woche gesoffen und sich in allen Schenken herumgewälzet."

1711 ertrank Anna Elisabeth, die zweijährige Tochter Christan Herrmanns in Nieberoberwitz, im Mühlgraben.

1712 den 27. Sept. fiel David Hamann zu Nieberoberwitz, 31½ Jahr alt, so unglücklich vom Taubenschlage, daß er starb.

1714 den 21. März starb zu Nieberoberwitz Dorothea, Caspar Möllers Wittwe, 87 Jahre alt.

1715 den 15. Januar wurde ein Schneider von Lückendorf hinter Oberwitz im Felde todt aufgefunden.

1715 den 29. December starb zu Nieberoberwitz Friedrich Bräuer sen., ein Wittwer, 94 Jahre weniger 18 Wochen alt.

1720 den 5. Februar fand man in Nieberoberwitz Martin Heller, einen Bettler von Kleindehsa, todt auf.

1720 den 13. November wurde Georg Rätzel von Nieberoberwitz auf den Feldern unweit der Straße todt aufgefunden. Wahrscheinlich hatte ein Schlagfluß seinem Leben ein Ende gemacht.

1721 den 14. Februar starb in Oberoberwitz Friedrich Klette, ein Gärtner, alt 85 Jahr. Er erlebte 89 Kinder und Kindeskinder.

1721 den 27. Febr. starb zu Nieberoberwitz Katharina, Wenzel Neumanns, eines Exulanten Wittwe, im Alter von 91 Jahren.

1721, Ende November, wurde der Lohnkutscher Rothe von Zittau am Landberge von seinem Pferde so geschlagen, daß er nach wenigen Stunden starb.

1724 den 18. Mai wurde in Niederoberwitz Hans Georg Schütze von einem fallenden Baume tödtlich verletzt. Er starb am folgenden Tage, alt 38 Jahr.

1725 den 2. April starb zu Niederoberwitz Hans Christophs Wittwe, 94 Jahre alt.

1725 den 29. August, ebenfalls zu Niederoberwitz, starb Georg Petzoldt, 87½ Jahr alt.

1728 den 5. Juli verbrühte sich in Oberoberwitz M. Bergmanns 3jähriges Söhnchen so, daß es am folgenden Tage starb.

1730 den 27. Oktober, Vormittags, wurde in Scheibe Hans Georg Möller, ein Leinwandhändler von Mitteloberwitz, auf der Rückreise von Böhmen, halbtodt aufgefunden. In Folge des Schlaganfalls starb er nach einer halben Stunde.

1732 den 1. Juni verunglückte der Müller Hans Christoph Zumpe in Folge eines Falles.

1732 den 9. September ertrank in Niederoberwitz Hans Friedrich Maukes, eines Häuslers, dreijähriges Töchterchen im Brunnen.

1733 den 14. August starb zu Niederoberwitz die Wittwe Marie Anders, alt 92 Jahr.

1734 den 16. Juli ertrank in Niederoberwitz Karl Heines, eines Häuslers, zweijähriges Söhnchen im Dorfbache unweit der Kirche.

1736 den 23. Februar, Abends, erfror bei Spitzkunnersdorf ein Schneider aus Oberoberwitz. Er hinterließ eine Wittwe nebst zwei kleinen Kindern.

1736 den 10. Mai starb ein Müller zu Oberwitz in Folge eines unglücklichen Falles.

1738 den 28. Januar ertrank in Niederoberwitz in der Dorfbach Christian Neitsches Sohn.

1742 den 27. Oktober wurde in Niederoberwitz ein von hier gebürtiger sächsischer Wachtmeister begraben, dessen Leichnam man von Altbernsdorf, wo er gestorben war, nach Oberwitz gebracht hatte.

1750 den 9. Januar starb zu Niederoberwitz Matthäus Seyfferts Wittwe, alt 85 Jahr.

1751 den 7. Juni ertrank Marie Elisabeth, Friedrich Gruhls Tochter.

1752 den 9. April starb zu Oberoberwitz Hans Anders Wittwe im Alter von 87 Jahren.

1752 den 10. September ertrank in Niederoberwitz Marie Elisabeth, des Schneiders Hans Georg Maules 13jährige Tochter in der Dorfbach.

1753 den 2. August starb zu Niederoberwitz Wenzels Wittwe, 87 Jahr alt und

1753 den 24. Oktober Abends 9 Uhr, stürzten in Oberoberwitz bei Gelegenheit einer Hochzeit, die beiden Kinder des Leinwebers Christian Bittrich in einen Teich. Während der Sohn gerettet wurde, mußte die 14jährige Tochter ertrinken.

1754 den 6. Okt. starb ebenfalls daselbst Martin Christoph, 89 Jahr 3 Mon. alt.

1755 den 7. Februar starb zu Oberoberwitz Anna Dorothea Rieger im 86. Jahre ihres Alters. Sie war nahe an 50 Jahr Hebamme und in dieser Zeit bei der Geburt von 3000 Kindern thätig gewesen. Ein Söhnlein, welches fünf Tage vor ihrem Tode mit ihrer Hilfe geboren wurde, starb an demselben Tage und ward mit ihr in ein Grab gelegt.

1756 den 6. Januar starb zu Niederoberwitz plötzlich auf dem Felde der Rathsförster Gottfried Weber.

1756 den 12. März ertrank in Niederoberwitz Friedrich Webers Töchterchen.

1756 den 26. März hatte Gottlob Neumann aus Spitzkunnersdorf in Oberwitz Asche gekauft und wollte dieselbe nach Zittau fahren. Auf der Landbrücke fällt der Wagen um und auf ihn, so daß er todt hervorgezogen wurde.

1757 den 29. März starb Peter Pressel, ein Husar vom Puttkammerschen Regimente, welchen ein Croat durch einen Schuß tödtlich verwundet hatte, und wurde in Niederoberwitz begraben.

1757 den 25. September wurde der Frau Christiane Therese verehel. Kießling geb. Zscherper, welche beim Bombardement Zittaus nebst ihrem Sechswochensöhnlein in einem Keller erstickt war, in der Kirche zu Niederoberwitz ein Ehrengedächtniß gehalten. Durch die ergreifenden Worte des dasigen Pfarrers Schröter wurden Viele zu Thränen gerührt. Die Mutter der Verunglückten, eine geborene Göhle, war von Niederoberwitz gebürtig.

1758 den 20. Mai ertrank in Niederoberwitz im Mühlgraben Johann George, Christoph Thieles, Häuslers und Webers Söhnchen, zwei Jahr alt.

1760 den 24. December fand man den Gerichtsboten von Spitzkunnersdorf, der seit einigen Tagen vermißt worden war, ertrunken in der Dorfbach zu Niederoberwitz auf.

1763 den 27. Juli wurden in Oberoberwitz Hans Christoph Glathe von einem seiner Pferde dermaßen auf die Brust geschlagen, daß er nach etlichen Stunden starb.

1770 den 29. September wurde die unverehelichte Tietze, des Teichwärters in Seifhennersdorf Tochter, von Niederoberwitz gefänglich in Zittau eingebracht. Sie war beschuldigt, ihr vor einigen Tagen geborenes Kind umgebracht zu haben.

1770 den 20. October stürzte in Oberoberwitz die Wirthschafterin Breuner so unglücklich die Treppen hinab, daß sie bald darauf starb.

1771 den 16. März ertrank in Oberoberwitz ein Mann, Namens Behner.

1771 den 9. Juni fiel das jüngste Töchterchen J. C. Seligers, $2\frac{1}{4}$ Jahr alt, in der Nähe des Hauses in einen offenen Brunnen und ertrank.

1771 wurde auf der Straße nach Oberwitz Johann Gottlob Franz, ein Buchhalter aus Bautzen, todt aufgefunden.

1773 den 5. December starb die Wittwe Grillich zu Oberoberwitz im 89. Jahr und wenige Tage später, den 12., ebendaselbst Georg Neumann, ebenfalls im 89. Jahre.

1776 den 10. Juni fand man im Grundwasser ein Mädchen, Namens L. E. Mönch, ertrunken. Wahrscheinlich war sie in Folge von Epilepsie, an der sie litt, hineingestürzt.

1776 den 12. October fand man auf der sogenannten niederen Straße einen todten Mann, Namens Friedrich Müller, ein Tagelöhner aus Niederkunnersdorf, neben seinem Schubkarren. Da man an seinem Körper nicht die geringste Verletzung wahrnahm, hatte jedenfalls ein Schlagfluß seinem Leben ein Ende gemacht.

1776 den 12. November wurde ein Mann erfroren aufgefunden.

1776 den 7. December ertrank in Niederoberwitz des Leinwandfactors Müller achtjähriges Söhnchen im Mühlgraben.

1778 den 11. Februar fand man in dem sogenannten Fließe einen fremden Fuhrknecht todt und im Eise eingefroren auf. Zeichen von Ermordung wurden nicht an ihm wahrgenommen.

1779 den 26. Januar begrub man in Oberoberwitz einen Greis, Namens David Grillich, im Alter von 90 Jahren.

1781 den 7. März ertrank in Oberoberwitz des Leinwebers Zöllner Sohn in der stark angeschwollenen Dorfbach.

1782 den 23. Mai ertrank des Gemeindeältesten Hempel neunjähriger Sohn.

1782 den 2. December wurde Johann Gottfried Netsch in Oberoberwitz im Wasser todt aufgefunden.

1784 den 14. April ertrank in Oberoberwitz der Fleischer Johann Christoph Goldberg aus Mitteloberwitz.

1785 den 26. März erfror in Niederoberwitz der Häusler Christoph, welcher aus dem Walde auf einem Handschlitten Holz hatte nach Hause fahren wollen.

1785 den 4. Oktober starb zu Oberoberwitz Susanne verw. Glathe in dem hohen Alter von 90½ Jahren. Sie erlebte 5 Kinder, 12 Enkel und 17 Urenkel.

1786 wurde der Leinweber Pfeifer zu Oberoberwitz, welcher in der Fastenzeit von einem tollen Hunde in den Finger gebissen und, wie er glaubte, geheilt worden war, plötzlich Anfang September krank. Die schlecht geheilte Wunde brach wieder auf und unter vielen Schmerzen erfolgte sein Tod am 14. September.

1787 Anfang März fand man auf den hiesigen Feldern einen todten Mann. Es war ein ehemaliger Müller, Namens Schlaghahn, welcher wahrscheinlich in Folge eines Schlagflusses gestorben war.

1787 den 22. September fiel des Gebingebauers Mönch Ehefrau in den Bach und ertrank. Sie hatte seit zwölf Jahren an epileptischen Zufällen gelitten.

1787 am 25. December, Abends, hatte zu Oberoberwitz eine 90jährige Wittwe, Namens Kießling, das Unglück, vom Schlage gerührt zu werden und in die Düngergrube zu stürzen, aus der sie todt herausgezogen wurde.

1789 den 16. Januar starb die Wittwe des Schmidts David Tempel im 90. Jahre. Sie erlebte 11 Kinder, 46 Enkel und 66 Urenkel.

1790 den 27. Juli, Mittags, fiel des Einwohners Schöbel zu Oberoberwitz Kind in den Bach und ertrank.

1792 den 17. Mai wurde in Oberwitz ein Haus mit Bindwerk unterfahren und dabei der Dachstuhl durch einen heftigen Windstoß umgestürzt, wobei der Tagearbeiter Christian Böhmer erschlagen und mehrere andere Personen verletzt wurden.

1792 den 28. December hieb Friedrich Weber, ein

Schneider zu Oberoberwitz, ohne Erlaubniß Aeste von den Bäumen im Pfarrbusche, stürzte dabei herab und blieb auf der Stelle todt.

1793 den 7. Mai fand man in Hainewalde den Garn=sammler Christan Steudtner aus Niederoberwitz ertrunken in der Mandau.

1795 den 8. April ertrank des Tischlers Robemanns Söhnlein.

1796 den 2. Mai erhenkte sich in Oberoberwitz der Schneider Gottlob Stempel in den Sträuchern eines Bauer=gutes. Da er dem Trunke unmäßig ergeben war und un=ordentlich lebte, so wurde er durch den Zittauer Freiknecht auf dem Oberoberwitzer Viehwege verscharrt.

1797 den 11. August wurde zu Oberoberwitz des Webers Christian Gottlieb Grillich zwölfjähriger Sohn, als mehrere Kinder auf einem Stoße Zimmerholz spielten, von einem herabfallenden Balken auf der Stelle erschlagen.

1797 den 16. October ertrank das jüngste Söhnchen Gottfried Radlers, Leinwebers zu Niederoberwitz, in dem Teiche des Bauers Glathe.

1799 den 26. Juli wurde die Wittwe Neumann im Königsholze von einem umstürzenden Wagen erschlagen.

1800 den 10. März wurde zu Neucunnewitz der daselbst in Arbeit stehende Schmiedeburche, Gottfried Frei aus Nie=beroberwitz, der in Weißenberg gewesen war, auf der Straße erfroren gefunden.

1800 den 23. August kam zu Oberoberwitz des Bauers Gottlieb Berndt neunjähriger Knabe mit anderen Kindern aus der Schule. Aus Vorwitz wollte er durch die Flügel der dasigen Windmühle springen; allein der Flügel traf ihn und beschädigte ihn so, daß er nach acht Stunden starb.

1804 den 7. Juli fiel in Mitteloberwitz des Bauers Christian Friedrich Zöllners $2^{1}/_{4}$jähriges Söhnchen ins Wasser und ertrank.

1805 den 23. Februar stürzte in Niederoberwitz des Häuslers und Webers, Johann Christian Christoph, 17jähriger Sohn vom Stege in die angeschwollene Dorfbach, kam unter die Eisschollen und wurde erst den 1. März gefunden.

1805 den 18. August starb der med. pract. Joh. Christ. G. Israel zu Oberoberwitz im 52. Jahre.

1806 den 11. Mai kletterte der zehnjährige Knabe Johann Samuel Sommer auf einen Baum. Sein zwanzigjähriger Bruder, der davon nichts wußte, schießt auf den Baum nach Staaren und töbtet seinen Bruder mit einer starken Ladung Schrot.

1806 den 11. August fiel zu Mitteloberwitz die siebenjährige Tochter des Leinwebers Rösler in einen 16 Ellen tiefen Brunnen, wurde aber vom basigen Schankwirth, der sich mit großer Gefahr in einem Eimer hinabließ, gerettet.

1807 den 1. März, Nachts, wurde der 65jährige Leinweber Gottlieb Bartsch aus Mitteloberwitz auf den Feldern zu Oberoberwitz anscheinend tobt aufgefunden. Er wurde nach Niederleutersdorf geschafft und vom basigen Wundarzte wieder zum Leben gebracht.

1807 den 18. October wurde in Oberoberwitz der 17jährige Traugott Schneider bei der basigen Feldmühle durch einen Schuß verwundet aufgefunden. Er verschied bald nachher. Wahrscheinlich hatte sich sein Gewehr in Folge eines Falles entladen.

1809 den 11. Juni wurde in Niederoberwitz der Bauer Gottfried Wendler in der Dorfbach ertrunken aufgefunden. In der Dunkelheit war er am Abende vorher in dieselbe gestürzt.

1810 den 25. October wurde die 28jährige Martha Elisabeth Große aus Niederoberwitz in Mitteloberwitz beim Mühlwehr ertrunken gefunden.

1810 den 6. December zog man zu Niederoberwitz einen Gebingebauer tobt aus dem Mühlgraben, in welchen er in der Trunkenheit gefallen war.

1811 den 20. April ertrank zu Oberoberwitz Christian Berndts dreijähriger Sohn in der Dorfbach.

1812 den 11. März wurde im Königsholze beim Abfahren eines mit Holz beladenen Wagen durch das Umstürzen desselben der Häusler Gottfried Nagler erschlagen.

1813 den 11. Mai wurde im Königsholze der Gebingehäusler Christian Goldberg, von einem Baume, den die Holzschläger ausrodeten, erschlagen.

1814 den 18. August fand man den Pachthäusler und Leinweber Gottfried Tempel in einem Brunnen, dessen Einfassung man einige Tage vorher entfernt hatte, ertrunken auf. Der Verunglückte war wahrscheinlich des Abends zuvor beim Nachhausegehen in denselben gestürzt.

1817 im April fiel in Mitteloberwitz der Dienstknecht bei dem Kretschamsbesitzer, Namens Johann Gottfried Scholze, 17 Jahr alt, in einem Anfalle von Epilepsie in den dortigen Mühlgraben und ertrank.

1818 den 16. Januar stürzte in Oberoberwitz Johann Traugott Lucke, ein Knabe von acht Jahren, von einem Steige in die stark angeschwollene Dorfbach und ertrank.

1818 den 9. Februar wollte der Häusler und Weber Christian Friedrich Bichain aus Oberoberwitz von einem Baume Äste absägen. Er stürzte herunter und ward entseelt aufgehoben.

1819 den 28. November ertrank in Oberoberwitz die verw. Marie Elisabeth Wünsche geb. Tietze beim Schweifen der Wäsche in dem sogenannten Brauteiche.

1820 den 10. Juli wurde der im Oberkretscham zu Hainewalde dienende Knecht, Gottlieb Pfeifer aus Oberoberwitz, beim Abladen eines Mühlsteines in der Hainewalder Mittelmühle so an der Brust beschädigt, daß er den 13. d. M. starb.

1822 den 9. November hatte in Oberoberwitz der 18jährige Sohn des dasigen Kretschamsbesitzer das Unglück, die daselbst dienende Magd, Johanne Christiane Hahn aus Groß-hennersdorf, mit einer alten, schon längst unbenutzt liegenden Pistole unvorsätzlich zu erschießen. Er nahm die Pistole, von der Niemand im Hause wußte, daß sie geladen sei, besah sie und mochte dabei dem Lichte, welches er in der Hand hatte, zu nahe gekommen sein. Ohne daß der Hahn aufgezogen war, geht sie los und die Schrotladung tödtete die Unglückliche auf der Stelle.

1823 den 18. December, Nachts, wurde in Mittelober-witz der Inwohner und Tagarbeiter Ehrenfried Menzel auf einer Wiese unfern des Dorfes erfroren gefunden.

1823 am 1. Weinachtsfeiertage fand man Johann Gottlieb Bittrich, Häusler und Weber in Oberoberwitz, 49 Jahr alt, welcher Tags vorher vom Hause weggegangen war, Nachmittags auf den Eibauer Feldern, tief im Schnee liegend, erfroren auf.

1825 den 21. März stürzte des Inwohners und Webers Gottlieb Fischer 4½ jähriger Sohn beim Fahren auf dem Eise der Dorfbach in ein Loch, aus welchem er leblos herausgezogen wurde.

1825 den 4. October, gegen Abend, fiel in Nieberober-witz Christian Friedrich Schneider, des dasigen Gärtners und Webers Gottlieb Schneider ältester Sohn, 34 Jahre alt, in einem Anfalle von Epilepsie in einen Brunnen, aus welchem er Wasser schöpfen wollte, und ertrank.

1827 den 6. Februar wurde in den Oberruppersdorfer Sträuchern, unweit der Sternschenke, der Besitzer des sogenannten Kirchhäuschens zu Oberoberwitz, Johann Gotthelf Kreuziger, erfroren gefunden.

1828 den 17. August, früh in der 6. Stunde, wurde in Oberoberwitz in der sehr angeschwollenen Dorfbach die Inwohnerin Anna Rosine Clemens, 68 Jahr alt, ertrunken aufgefunden. Da sie gewöhnt war, sich alle Morgen in der Bach zu waschen, so war sie wahrscheinlich dabei hineingestürzt.

Ihr Leichnam wurde bei der starken Strömung erst ½ Stunde von ihrer Wohnung entfernt aufgefunden.

1828 wurde in Nieberobermitz der seit dem 13. October, Abends, vermißte dasige Gebingehäusler und Schneider Johann Ernst Mauer, 72 Jahre alt, in dem Dorfbache, in welchen derselbe bei der Rückkehr nach Hause in der Finsterniß und bei höchst schlüpfrigem Wege gefallen war, ertrunken aufgefunden.

1828 den 26. October, Abends, hatte der Gärtner und Getreidehändler Gottlob Biehain aus Nieberobermitz, welcher von Görlitz mit einem Wagen Getreide kam, das Unglück, auf der damals höchst erbärmlichen Straße von Tauchritz nach Kiesdorf mit dem schwer beladenen Wagen umzuwerfen und von demselben erdrückt zu werden. Tief von der schweren Last in den Morast gedrückt, wurde er erst nach Verlauf von mehreren Stunden aufgefunden.

1831 den 14. August, Abends 10 Uhr, wurde bei einer in der Rudolphschen Schenke zu Nieberobermitz entstandenen Schlägerei, der Gärtner Johann Christian Glathe durch einen Messerstich ermordet.

1832 den 19. October hatte der Bauergutsbesitzer David Tempel aus Nieberobermitz zwischen Hainewalde und Mittelobermitz, als er Steine fuhr, das Unglück, beim Abladen der Steine vom Wagen herunter dergestalt auf den Kopf zu stürzen, daß er sogleich von seinem dabei befindlichen Sohne todt aufgehoben wurde. Der Verunglückte war 70 Jahr alt.

1833 den 3. October ertrank zu Nieberobermitz des Häuslers und Webers Johann Gottfried Weber einzige 1 ³/₄ Jahr alte Tochter in der Dorfbach. Ungeachtet das Kind nach einigen Minuten von der Mutter gefunden wurde, waren doch alle Wiederbelebungsversuche vergeblich.

1834 den 7. April, Abends 6 Uhr, verunglückte auf der Chaussee bei Schmiedefeld der Dienstknecht Johann Gottlieb Schnitter aus Oberobermitz, indem er im Schlafe aus der

Schoßkelle seines schwer beladenen Frachtwagens herunterstürzte, so daß ihm das Rad dergestalt den Kopf zermalmte, daß er augenblicklich starb. Er war 48 Jahr alt und hinterließ eine Frau mit noch fünf unerzogenen Kindern.

1834 den 8. August stürzte in Oberoberwitz der Inwohner Gottlob Mönch aus Herwigsdorf vom Dache herab und starb an den Folgen des Falles.

1838 den 31. Januar starb zu Mitteloberwitz Johann Dorothee von Hartmann geb. Prenzel, weil. Gottlieb Fr. von Hartmanns, gewesenen Bürgermeisters in Bautzen nachgelassene Wittwe im 73. Jahre.

1838 den 3. Mai wurde Karl Gottlieb Hempel in Oberoberwitz durch Zerspringen eines Flintenlaufes getödtet,

1839 den 11. Januar verunglückte in Oberoberwitz der 48jährige Bauergutsbesitzer Friedrich Werner, als er seine durchgehenden Pferde zurückhalten wollte. Man fand ihn ungefähr 200 Schritte von seinem Gute todt auf der Erde liegen. Ein Denkstein an der Chaussee bezeichnet noch jetzt die Unglücksstätte.

1840 den 29. Juli ertrank der dreijährige Sohn des Häuslers und Leinwebers Jacob Weber in Mitteloberwitz in der durch Regengüsse hochangeschwollenen Dorfbach. Alle Wiederbelebungsversuche waren vergeblich. Einen Tag später

1840 den 30. Juli ertrank desgleichen in Oberoberwitz Johanne Rahel Seliger, 2½ Jahr alt, in einer mit Wasser angefüllten Düngergrube.

1841 den 19. Januar, früh nach 5 Uhr, hatte in Oberoberwitz der auf dem Wirthschaftshofe zu Niederruppersdorf als Knecht dienende 22jährige Gottlieb Deutscher, der für die schwer erkrankte Gattin seines Dienstherrn einen Arzt herbeiholen sollte und eben im Begriffe stand mit seinem Schlitten durch eine Fuhrt der Dorfbach zu fahren, das Unglück, von dem durch das in Folge von plötzlich eingetretenem Thauwetter hochangeschwollenen Wasser fortgerissen zu werden und nebst einem der beiden Pferde zu ertrinken. Der Verunglückte war, als er aufgefunden wurde, fast eine Stunde weit vom Wasser mitgenommen worden.

1841 den 25. Januar wurde in Oberoderwitz der Weber Johann Gottfried Müller aus Walborf, welcher auf dem Rückwege von Großschönau nach seinem Wohnorte begriffen war, auf den Feldern des Frenzelschen Bauergutes erfroren gefunden.

1841 den 11. December wurde unweit des Königsholzes an der Oberwitzer Grenze der 70 Jahre alte Gebingehäusler Andreas Weber aus Niederoderwitz in freiem Felde todt aufgefunden. Höchst wahrscheinlich hatte ihn ein Lungenschlag bei dem am Tage zuvor stattgefundenen Schneegestöber betroffen.

1841 den 18. December fiel in Oberoderwitz, früh gegen 7 Uhr, die 33 Jahre alte Ehefrau des Inwohners und Webers Johann Christoph Neumann beim Wasserschöpfen in einem Anfalle von Epilepsie, an der sie schon seit mehreren Jahren litt, in den unweit ihrer Wohnung vorbeifließenden, nur ½ Elle tiefen Wassergraben und wurde nach Verlauf von wenigen Minuten leblos aus demselben herausgezogen.

1842 den 14. März wurde zu Niederoderwitz der 31 Jahr alte Bauergutsbesitzer Johann August Anders, der am Abende des 9., um seine Geschwister zu besuchen ausgegangen und seit dieser Zeit vermißt worden war, nach mehrtägigen vergeblichen Nachforschungen endlich aus der durch Schnee verwehten Dorfbach, welche an jenem sehr finstern Abende sehr angeschwollen war, todt herausgezogen.

1842 den 3. December hatte die 39 Jahr alte Ehefrau des Webers Müller in Oberoderwitz das Unglück, beim Wäscheschweifen im sogenannten Grundwasser zu ertrinken.

1843 den 28. Februar stürzte in Oberoderwitz die 54 Jahr alte Ehefrau des Häuslers und Webers Biehain in einem Anfalle von Schwindel in das Grundwasser und ertrank.

1844 den 23. Januar wurde auf Niederoberwitzer Flur der 51 Jahr alte Weber Johann Gottlob Hennig aus Oberseifersdorf, unweit des Königsholzes, im Schnee erfroren aufgefunden.

1844 den 12. Juni ertrank in Niederoberwitz der vierjährige Knabe des Webers Christian Friedrich Hamann in der unweit der väterlichen Wohnung vorüberfließenden Dorfbach.

1845 den 22. Juli wurde die 22 Jahr alte Weberin Johanne Rahel Wendler in einem hinter der zum weißen Kretscham in Oberoberwitz gehörenden Scheune befindlichen Wasser, auf dem Gesicht liegend, todt aufgefunden. Sie litt an epileptischen Zufällen.

1845 den 31. December, Vormittags, stürzte der siebenjährige Sohn des Schuhmachers Schmidt in Niederoberwitz in die angeschwollene Dorfbach und wurde den 2. Januar 1846 bei Pethau entseelt aus dem Wasser gezogen.

1846 den 23. Mai ertrank die Ehefrau des Webers Chr. Gottlieb Wenzel, Marie Elisabeth, in der Dorfbach. Sie litt an Schwindel.

1847 den 30. August, Vormittags 11 Uhr, stürzte der Häusler Johann Christoph Schöbel in Oberoberwitz vom Scheunenbalken und starb in Folge der erhaltenen Verletzungen am 4. September.

1847 den 27. November wurde von dem aus dem Gefängnisse in Zittau entsprungenen Brauergesellen Steudtner aus Oberwitz folgendes Verbrechen verübt. Steudtner hatte auf einer Herberge in Bautzen die Bekanntschaft eines Bäckergesellen aus der Oschatzer Gegend gemacht. Unter dem Versprechen, diesem Arbeit in Neukirch zu verschaffen, lockte er ihn an jenem Tage, Abends zwischen 7 und 8 Uhr, auf einen Fußweg, der von Diehmen nach Naundorf führt, und hier schlägt er den Arglosen mit einem Stocke zu Boden, versetzt ihn mit einem Messer mehr als zwanzig Stiche in den Kopf und Hals, beraubt ihn aller Kleider, sowie des Geldes und Wanderbuches, worauf er seinen Weg nach Gaußig fortsetzt und dort übernachtet. Der Mißhandelte kam indessen aus seiner todesähnlichen Ohnmacht wieder zu sich und gelangte mit äußerster Kraftanstrengung in das Wirthshaus zu Diehmen. Der Missethäter wurde am nächsten Morgen verhaftet.

1848 den 3. Juli büßte in Niederoberwitz der bei dem Bauer Biehain dienende 20jährige Knecht Göttlich, gebürtig aus Oberruppersdorf, dadurch sein Leben ein, daß er in Folge Scheuwerdens der Pferde unter einen mit Klee beladenen Wagen gerieth und letzterer ihm über den Kopf hinwegging.

1850 den 3. Februar stürzte beim Eisgange der Inwohner Drossel in Niederoberwitz von der Mentschelschen Brücke in das Wasser und ertrank.

1852 den 24. Juli wurde in Niederoberwitz das Kindermädchen Johanne Christiane Prietzel, 16 Jahr alt, beim Wäschemangeln durch die Ziehmangel, deren über zwei Centner schwerer Stein plötzlich das Uebergewicht erhielt, erdrückt.

1854 den 25. Juni wurde in Mitteloberwitz ein Dienstmädchen aus Niederruppersdorf leblos aus dem unweit des herrschaftlichen Hofes gelegenen Teiche gezogen.

1854 den 17. November wurde in Oberoberwitz eine Vergiftung entdeckt. Der Hausbesitzer Fritsche hatte nämlich der verw. Grillich, seiner Auszüglerin, eine Suppe vorgesetzt, von der diese jedoch, ihres schlechten Geschmackes wegen, nur wenig genoß. Gleich darauf ward sie krank und zwar so, daß sie ihre Schwester, verehelichte Werner, zu ihrer Pflege kommen ließ. Diese verzehrte die stehengebliebene Suppe, welche ihr die Ehefrau Fritsches anbot. Sofort von heftigen Schmerzen befallen, starb sie bereits am folgenden Tage. Da die Umstände verdächtig waren, wurden die Fritscheschen Eheleute verhaftet und Fritsche gestand, daß er nicht nur diesen Giftmord begangen, sondern im vergangenen Sommer die 33jährige Tochter der Auszüglerin ebenfalls vergiftet habe. Die Auszüglerin kam mit dem Leben davon. Nach Angabe des Mörders soll seine Frau nichts von seinen Mordplänen gewußt haben. Am 20. December 1855, früh gegen 9 Uhr, wurde er in Hainewalde mit dem Fallschwerte hingerichtet. Er starb als reuiger Sünder.

1854 den 6. December, früh 9 Uhr, wurde in Ostritz der Raubmörder Karl Gottlieb Krause aus Oberwitz, der am 22. August 1852 an der Dienstmagd Theuner in Seitendorf einen auf gräßliche Weise verübten Mord begangen, öffentlich mit dem Fallschwerte hingerichtet. Die Hinrichtung mit dem Fallschwerte, ging schnell vor ungefähr 12,000 Menschen, die zu dem traurigen Schauspiele sich eingefunden hatten, von Statten.

1856 den 31. Juli verunglückte der Böttcher Exner von Spitzkunnersdorf, als er Abends nach Hause ging, indem er auf dem Mitteloberwitzer Hofe in einen aufgegrabenen Kanal stürzte. Man fand ihn am nächsten Morgen todt auf.

1857 den 5. Juli, Nachts, wurde in Mitteloberwitz auf der Chaussee der Dienstknecht Schober aus Sohland am Rothstein von vier Unbekannten hinterlistig angefallen, geschlagen und dermaßen am Kopfe verletzt, daß er in Folge dessen am 21. Juli in seiner Heimath starb. Die Thäter wurden durch die Gendarmerie entdeckt und festgenommen.

1857 den 15. Juli ertrank der zehnjährige Sohn des Bauergutsbesitzers Israel beim Baden in der Dorfbach.

1859 Anfang Januar stürzte in Mitteloberwitz der Hausbesitzer und Kramer Drossel in die Dorfbach und ertrank.

1859 Anfang September wurde der 2jährige Ernst Leberecht Höhne in Oberoberwitz in dem hiesigen Dorfbache ertrunken aufgefunden.

1860 den 21. Juni verunglückte ein Dienstknecht, indem ihm ein Fuder Klee über den Leib ging.

1860 den 6. December wurde hier ein Veteran, der 67

Jahr alte verabschiedete Soldat, Gottfried Menzel, welcher in den Jahren 1813 bis 1822 in der sächsischen Armee treu gedient und den Feldzügen und Schlachten derselben mit beigewohnt hatte, auf das Feierlichste beerdigt.

1864 den 4. September wurde in Mitteloberwitz Gottlieb Tempel, ein Häusler, von einer einstürzenden Wand erschlagen.

1865 den 21. März, Vormittags, verunglückte der Kutscher Franz Greibig aus Niedergrund, 49 Jahre alt, bei der Barrière vor dem Eisenbahnhaltepunkte Nieberoberwitz. Seine Pferde wurden vor einer vorüberfahrenden Locomotive scheu, er gerieth unter die Räder des Wagens, von denen das eine ihm über den Kopf ging, was seinen augenblicklichen Tod zur Folge hatte.

1866 den 31. Juli, Nachmittags, ertrank in Nieberoberwitz das 3½ Jahr alte Söhnchen des Inwohners und Tagarbeiters Christ. Friedrich Lorenz im Mühlgraben.

1867 den 27. Januar verunglückte in Oberoberwitz der 65 Jahr alte Tagarbeiter Döring aus Ruppersdorf, der über vierzig Jahre auf dem Bauergute des Ziegeleibesitzer Palme gedient hat, dadurch, daß er vom Heuboden fiel und den linken Arm brach. Am 4. Februar starb er unter unsäglichen Schmerzen an den erhaltenen Verletzungen.

1867 den 7. August, Vormittags, verunglückte der Ortswächter zu Nieberoberwitz, August Späntig. Er kam unter einen mit Steinen beladenen Wagen und wurde dabei so sehr verletzt, daß er wenige Stunden später unter qualvollen Schmerzen seinen Geist aufgeben mußte. Er hinterließ eine Frau und sechs Kinder.

1867 den 20. October, Abends gegen 7 Uhr, ertrank in Nieberoberwitz der 73 Jahr alte Gebingehäusler und Weber Christian Gottlieb Prescher in der Dorfbach, in welche er bei der an jenem Abende herrschenden ungewöhnlichen Finsterniß auf dem Nachhausewege gefallen war. An dem=

selben Abende, fast um dieselbe Stunde, stürzte nicht weit davon der Hausbesitzer und Gerichtsälteste am Ende, die Brücke verfehlend, eine hohe Ufermauer hinunter, zwar nicht ins Wasser, wohl aber auf daselbst liegende Steine. Glücklicherweise wurde derselbe in seinem hilflosen Zustande bald aufgefunden. Er hatte einen Fuß und mehrere Rippen gebrochen. In derselben Woche stürzten auch zwei Kinder von drei bis vier Jahren in den Dorfbach, konnten aber noch rechtzeitig gerettet werden.

1867 den 22. October, Nachmittags nach 3 Uhr, ertrank in Oberoderwitz die über drei Jahr alte Auguste Alwine Queißer in dem nahe bei der Wohnung ihrer Eltern gelegenen Mühlteiche. Sofort angestellte Wiederbelebungsversuche blieben vergeblich.

1867 den 21. November, früh, ging der Häusler und Weber Christian Friedrich Wenzel in Oberoderwitz in Geschäften nach Löbau, kehrte aber nicht wieder nach Hause zurück. Eingezogener Erkundigung zufolge hatte er Nachmittags den Heimweg angetreten und war auch um 5 Uhr in Ruppersdorf noch gesehen worden. Erst am Sonnabend Vormittag wurde er auf Oberoderwitzer Flur, ungefähr 20 Minuten von seinem Hause entfernt, aufgefunden. Jedenfalls war er, bei Sturmwind und Schnee den Weg verfehlend in der Irre herumgegangen, vor Ermattung hingesunken und erfroren.

1869 den 26. Juli, Nachmittags, stürzte in Niederoderwitz der 68 Jahr alte Gartennahrungsbesitzer Friedrich August Ernst Wagner vom Scheunengebälle, wo er wegen Einfuhr der Ernte beschäftigt war, herab auf das Tenne. Er starb am folgenden Tage an den hierdurch erlittenen Verletzungen.

1869 den 7. September, früh in der 8. Stunde, fiel der 36 Jahr alte Weber und Handarbeiter Karl Gubsch aus Oberoderwitz in Alteibau, wo er bei einem Baue Arbeit gefunden hatte, in eine Kalkgrube und fand in derselben seinen Tod. Wahrscheinlich ist er in einem Anfalle von Epilepsie, an der er litt, in die Grube gestürzt.

1870 den 5. Juli wurde in Oberoberwitz die 53 Jahr alte Joh. Rahel verehel. Wenzel geb. Priebs ertrunken aus dem Wasser gezogen.

1870 den 21. August, Nachmittags, wurde in Oberoberwitz das im 4. Lebensjahre stehende Kind des Schneiders Weber durch die Flügel der Anderschen Windmühle dergestalt am Kopfe verletzt, daß es auf der Stelle den Tod fand.

1870 den 10. November starb in Niederoberwitz der Gebingebauer und Gerichtsälteste Johann Gottfried Herberg im 91. Lebensjahre.

## XIV. Verschiedenes.

Eine Sage, welche sich auf Oberwitz bezieht.*)
Der Riesenkegelschub auf dem Oberoberwitzer Spitzberge.
(Gräve, Volkssagen S. 68.)

In alten Zeiten lebten in der Zittauer Gegend Riesen, ein rohes und wildes Geschlecht, das die Götter verachtete und die Menschen verfolgte. Auf dem Oberwitzer Berge hatten dieselben einen Kegelschub, auf dem sie mit sechs goldenen Kugeln nach neun goldenen Kegeln zu schieben pflegten und jeden glücklichen Schub mit ungeheuren Jauchzen verkündigten. Eines Tages trieben sie ihr Wesen gar zu arg, fluchten und lästerten schrecklich, indem sie immerwährend bis in die Mitternacht hinein Kegel schoben. Da öffnete sich plötzlich der Himmel, ein Feuerball fuhr hernieder und begrub Kegel, Kugel und Riesen in die Erde. Hier liegt der geschmolzene Goldklumpen und harrt der Hand des glücklichen Finders.

---

*) Lauf. Mag. 1863, Sagenbuch der Lausitz von Haupt. S. 88.

Anmerkung. Auch Kaiser Rothbart im Kiffhäuser schiebt Kegel und schenkt einen derselben einem Hirten. Dasselbe wird von den Zwergen im Löbauer Berge erzählt.

---

1338 kam ein furchtbares Heuschreckenheer in die Lausitz. Meilenweit bedeckten die Heuschrecken die Erde, fraßen Alles, zuletzt sogar die Rinde von den jungen Bäumen. Raben und Krähen, Dohlen und Elstern, wie viele anderen Vögel verzehrten zwar unzählige, doch tödtete die letzten erst der Schnee. — Ein Jahr der Angst und Noth war für die Lausitz und ganz Deutschland das Jahr

1348. Nachdem es sechs volle Monate hintereinander ohne Aufhören geregnet hatte, so daß alle Feldfrüchte verdarben, raffte der schwarze Tod die Menschen in Schaaren hinweg. Diese entsetzliche Krankheit tödtete auf dem Wege der Lähmung augenblicklich, oder nach Verlauf von einigen Stunden, je nachdem sich der, der Pest eigenthümliche Character ausgebildet hatte. Die Dauer der Krankheitsfälle war sehr verschieden, sie wechselte in dem Zeitraume von ein paar Stunden, ja Minuten, bis zu dreißig Tagen und darüber. Viele von ihr ergriffene Personen fielen todt nieder; ihre Leichen färbten sich schwarz und in der allgemeinen Bestürzung und Angst blieben sie lange unbegraben liegen. Da nun bei der herrschenden großen Noth die Vertilgung schädlicher Thiere unterlassen worden war, so hatten sich die Wölfe so vermehrt, daß ungewöhnlich viele Landleute und Reisende von ihnen zerrissen wurden.

1383 war ein fruchtbares Jahr. Der Scheffel Korn galt 1 Gr. 4 Pf. und das Pfd. Käse 2 Pf. Ein Tagelöhner erhielt täglich 3 Pf. Lohn. Zu berücksichtigen ist freilich dabei, daß der damalige Geldwerth ein ganz anderer wie gegenwärtig war. Auch

1395 war wohlfeile Zeit, ein Scheffel Korn galt 3 Groschen, Hafer 1 Groschen, auch 9 Pfennige.

1387 war ein so milder Winter, daß die Obstbäume bereits im Januar blühten und die Mädchen mit Veilchen und Rosen geschmückt zur Kirche kamen. Im Mai wurden die gesammten Feldfrüchte eingeerntet und zu Jacobi war schon Weinlese.

1369 und 1408 herrschte dagegen beispiellose Kälte; das Vieh erfror in den Ställen und der Schnee drückte die Dächer ein.

1419 blühten die Bäume schon im März.

1421 war ein so fruchtbares Jahr, daß der Scheffel Korn nur 2 Groschen, der Scheffel Gerste 15 Pfennige, 25 Kannen Bier 1 Groschen und ein Schock Hühnereier 6 Pfennige kosteten.

1468 fiel am 23. Mai sehr viel Schnee.

1473 hatten sowohl die Fruchtbäume, als auch die Wintersaaten am grünen Donnerstage bereits abgeblüht und „weil ein sehr heißer Sommer gewesen, sind nicht allein die Bäche und Wasser dermaßen ausgetrocknet, daß man nicht mahlen können, sondern man hat auch das reine Wasser zum Trinken mit Geld erkaufen müssen; ja, die Hitze ist so groß gewesen, daß sich unterschiedene Wälder davon entzündet, maßen der Böhmische Wald bei vier Wochen, ingleichen der Harzwald auf vier Meilen Weges gebrennet, denn endlich mit Holzfällen und Aufwerfung großer Gräben gewehret werden müssen. Die Bäume haben aufs Neue in diesem Jahre im October geblüht und sind die Aepfel und Birnen fast noch einer Welschen Nuß groß worden, ehe die Kälte eingebrochen." Hierauf folgte Hungersnoth und Pestilenz und es galt ein Krauthaupt 10 Pfennige.

1485 den 17. März arge Hitze. Der Chronist erzählt wohl mit etwas Uebertreibung:

„1485 den 17. März hat die Sonne so heiß geschienen, daß man vor Klarheit und Glanz derselben weder in Stuben noch Häusern hat bleiben können, sondern sich in Keller hat verstecken müssen, worauf viel Böses erfolgt ist."

1494 war der Winter so mild, daß Veilchen, Schneeglöckchen, Narcissen, Hyazinthen und andere Blumen, sowie auch die Kirschbäume schon im Januar blühten.

1496 wurde im Herbst die Oberlausitz furchtbar durch die Pest verheert.

1502 gab es Anfangs Mai in den Gärten und in den Wäldern so viel Raupen, daß alle Laubbäume kahl gefressen wurden. Alle Wege waren von ihnen bedeckt und sie wurden von Menschen und Thieren zu Millionen zertreten. Deshalb gab es in diesem Jahre gar keine Obsternte.

1507 galt der Scheffel Korn nur 5 Gr., Gerste 4 Gr. und Hafer 3 Gr.

1517 war das Brot so wohlfeil, daß man für einen Pfennig so viel bekam, als im Hungerjahre 1315 für 12 Groschen.

1528 war ebenfalls sehr wohlfeile Zeit. Man kaufte den Scheffel Korn um 3 Gr. und um 2 Gr. 8 Pf.

1529 standen vier Kometen gleichzeitig am Himmel.

1530 war große Theuerung, der Scheffel Korn kostete 3 Thaler.

1537 blühten die Bäume schon im März; die Kanne Wein, welche man bisher mit 8 Gr. hatte bezahlen müssen, kam nur 8 Pf.

1540 war ein so heißer Sommer, daß Wassermangel eintrat, Waldbrände entstanden und um Johannis bereits geerntet werden konnte. Aus Futtermangel benutzte man Strohdächer und das Laub der Bäume. Menschen und Thiere erkrankten und starben.

1542 erschienen im September von Schlesien her so ein Schwarm von Heuschrecken, daß sie im Umkreise von zehn Meilen das Land ¼ Elle hoch bedeckten und Alles, was noch auf den Feldern stand, auffraßen. Sie verdunkelten auf ihrem Zuge vollständig die Sonne. Die Anschauungen jener Zeit charakterisirend, wird erzählt, daß die Geistlichkeit die Heuschrecken vor Gericht geladen und den Bannfluch über sie ausgesprochen habe.

1551 war es im Winter beispiellos warm und ungesund, um Weihnachten hörte man den Ruf des Kuckuk und konnte Gras mähen.

1552 Verkaufsunterhandlung mit Georg von Schleinitz auf Tollenstein und Schluckenau. Er wollte das in Folge des Pönfalls vom Kaiser eingezogene Dorf Waltersdorf und den zum Stift Oybin gehörigen Antheil an Oberwitz kaufen. Die Unterhandlungen zerschlugen sich jedoch.

1554 war in Folge von Hitze solcher Mangel an Wasser, daß man zwei Scheffel Korn für einen Scheffel Mehl gab.

1556 den 31. October kamen die Bauern von Oberwitz vor den Rath und klagten, daß Nicol von Gersdorf auf Großhennersdorf und Heinrich von Nostitz auf Ruppersdorf auf Oberwitzer Feldern gejagt und die Saaten zertreten hätten. Die Gerichtsdiener wurden hinausgeschickt. Sie fanden es so und nahmen jenen einen Hasen und die Netze hinweg.

1565 strenger Winter mit großer Schneefülle; er währte 114 Tage. Hasen und Rehe verhungerten.

1568 den 22. December waren den ganzen Tag über drei Sonnen am Himmel zu sehen und des Nachts drei Monde in einem weißen Kreuze.

1569 zu Pfingsten schneite es unaufhörlich 14 Tage und fror starkes Eis, welches auf manchen Feldern und in Niederungen im August noch nicht geschmolzen war.

1571 schneite es vierzig Tage hindurch fast unaufhörlich, so daß viele Häuser kaum aus dem Schnee hervorragten. Das Wild versank in dem tiefen Schnee und erfror. In den Wäldern fand man bei Anbruch des Frühlings todtes

Wild in Menge auf. Der darauf folgende Sommer brachte Mißwachs, große Theurung und Hungersnoth.

1577 vom 12. November bis 29. December „hat ein großer, erschrecklicher Komet am Himmel gestanden, worüber sich ihrer viel entsetzet."

1580 den 24. Juni froren Teiche und Bäche einen Messerrücken dick zu und vom 3. September bis 1. December fiel kein Tropfen Regen.

1581 im November brachen Dächer und Bäume von der Last des Schnees.

1582 den 4. April vertauscht Christoph Neumann sein Bauergut in Oberwitz gegen das Lehnrichtergut in Ebersbach. Während dieses zu 995 Schock gerechnet wurde, hatte jenes den Preis von 225 Zitt. Mark.

1583 schneite es vom 11. Februar an drei Wochen heftig; Menschen kamen in den Schneemassen um.

1586 den 19. December wird, wie das Kirchenbuch in Niederoberwitz sagt, „der langen Christine ein Kind geboren."

1587 mußten sich zur Erntezeit die Arbeiter in Pelze kleiden.

1589 den 3. November kaufte Caspar Glathe von seiner Mutter, der Wittwe des bisherigen Richters Martin Koch, das Lehn- und Erbgericht in Oberoberwitz um 1217 Zittauer Mark, „wie ihre Kerbhölzer besagen."

1590 wird im Schöppenbuche von Oberoberwitz zum erstenmale erwähnt, daß ein Haus auf dem Areal eines Gutes gebaut wird. Ein Spieß oder Hellebarde, wohl auch in Ermangelung dieses eine Heugabel, findet sich um diese Zeit stets als Inventar aufgeführt.

1590 „hat sich eine gewaltige Hitze und Dürre den ganzen Sommer über ereignet, welche heftiger gewesen, als Anno 1550 und 1540; denn es hat in den letztgenannten Jahren nur in 19 Wochen, jetzt aber fast in 38 Wochen nicht geregnet, daher die Wasser so ausgetrocknet, daß man etliche

Meilen Weges nach den Mühlen laufen, auch wohl gar das Korn hat kochen müssen, das Leben zu erhalten." Fast alles Vieh mußte geschlachtet werden, da alle Vegetation zu Grunde gegangen war. Das Wild verschmachtete in den Wäldern und die Menschen gingen in die Keller, um sich nur in Etwas zu erfrischen. Das Elend war unbeschreiblich, da in diesem Jahre das Fuder Heu 30 bis 35 Thaler, der Scheffel Waizen 4 Thlr., der Roggen 3 Thlr., die Gerste 2½ Thlr. und der Hafer 1 Thlr. galten; eine Tonne Sauerkraut wurde mit vier Thalern bezahlt.

1593 Frost zur Zeit der Kornblüthe.

1593 wird in Oberoberwitz ein zu einem Gute gehörendes Badestubenhäuslein erwähnt.

1594 stellte sich bereits im Januar so milde Frühlingswitterung ein, daß die Blumen, welche sonst erst im April aufbrechen, schon jetzt blühten. Selbst die Kirschbäume kamen in diesem Monat zum Aufblühen.

1595 den 25. März wurden die Häuser verschneit und Menschen verloren ihr Leben; die Brunnen thauten erst gegen Pfingsten auf.

1596 am Tage Katharina wurde zwischen Adam Glathe von „Kunnersdorf hinter dem spitzen Berge" (Spitzkunnersdorf) und seinem Bruder Caspar Glathe, Richter zu Oberoberwitz, ein Vergleich abgeschlossen, bei welchem Moritz Koller, Schösser zu Ruppersdorf, Friedrich Klette, Schösser zu Hainewalde, Zacharias Hering, Richter in Eibau zugegen waren.

1597 wird in Niederoberwitz ein Kind geboren, „der schwarzen Dorothee", wie das Kirchenbuch sagt.

1600 den 17. Januar Dankfest wegen des Aufhörens der Pest.

1601 fror es vom Anfange bis Ende der Hundstage an vielen Abenden; man beobachtete mitunter sogar Eis.

1606 regnete es in der Zeit von Johannis bis Michaelis

zehn Wochen hindurch ohne Aufhören. Das Getreide verbarb vollständig.

1606 fanden sich in Oberwitz bei einer Verlassenschaft vor: 21 ganze Thaler, 40 Thaler böhmische Groschen und 5 Thaler weiße Pfennige.

1608 war eine so schreckliche Kälte, daß man diesen Winter „den großen Winter" nannte und daß noch um Johannis am Löbauer Berge Ziegen erfroren sein sollen.

1613 ben 15. April kaufte die Wittwe des Pfarrers zu Seifhennersdorf, Anna Cremsier, Tochter des Pfarrers Zöckel in Eibau, Peter Gruhls Gut zu Oberoderwitz für 280 Zitt. Mark.

1616 fiel von Pfingsten bis in den August kein Regen; an manchen Orten mußte das Wasser meilenweit zugeführt werden.

1616 ben 30. Juni wird von dem Weibe eines Landsknechtes aus Georgswalde ein Kind geboren. Pathe war dabei unter andern „die Käsemutter auf dem Vorwerke."

1618 erschreckte, wie alte Nachrichten mittheilen, ein furchtbarer Komet das Land. „Dreißig Tage hindurch stand er mit seinem Feuerschweife drohend am Himmel und war der Unglück verkündende Vorbote des Elends, das mit diesem Jahre beginnen sollte (30jähriger Krieg)."

1620 ben 22. April verkauften die Brüder Hans und Lorenz Christoph ihres Vaters 21 Ruthen großes Gut an ihren jüngsten Bruder Augustin um 1100 Zitt. Mark.

1621 ben 15. April kaufte Michael Voigt eine Mühle in Oberoderwitz aus dem Jacob Stübnerschen Erbe um 250 Zitt. Mark.

1621 ben 13. November kaufte Peter Belger von Caspar Petzoldt eine Mühle in Oberoderwitz um 230 Zitt. Mark.

1622 ben 8. April hat man in Oderwitz Regen wie Blut fallen sehen, welcher sich an Steinen wie Schwefel ansetzte.

1625 blühten die Veilchen schon im December und das Vieh weidete im Freien.

1625 den 24. Juni verkaufte Jacob Schöbel seine Mühle in Oberoberwitz an Martin Clemens, dem dasigen Pachtrichter, um 190 Mark.

1626 den 28. April fiel ein so großer Schnee, daß man bis an die Knie darin ging.

1630 den 30. Juni erstes Jubiläum der Augsburgschen Confession.

1631 war ein so heißer Sommer, daß man in Bautzen die Kanne Spreewasser mit einem Kreuzer bezahlte.

1633 den 25. Mai sehr großer Schneefall.

1634 verehelichte sich Christoph Ay, der Richter zu Ol= bersdorf, mit Ursula, Caspar Reichelts von Oberwitz Tochter und zeugte mit ihr in einer 33jährigen Ehe 11 Kinder.

1634 den 23. Januar kaufte Johann Zöckel, Richter in Oberoberwitz, von Zacharias Weber ein Gut — neun Ruthen — für 150 Zitt. Mark.

1634 den 14. September tauschte der Junker Christoph Friedrich von Bolberitz auf Schönbach für seine Schwester, Anna Marie, der Wittwe des Andreas Kuhnitz, von Georg Neumann ein Haus in Eibau für ihren drei Ruthen um= fassenden Garten in Oberoberwitz, zwischen Adam Sauer= manns und Michael Göbels Gütern gelegen, ein. Neumann giebt 190 Zitt. Mark „alt gut Geld" heraus. Den Gar= ten hatte Andreas Kuhnitz von Georg Belger 1625 den 1. Mai für 450 Zitt. Mark von dem Ehegelde seiner Frau, Anna Marie geb. von Bolberitz, gekauft.

1635 den 19. Mai kaufte Hans Möller das Birnbaumsche Gut am Niederende des Dorfes auf das Königsholz zu — 15 Ruthen — um 410 Mark „alt gut Geld."

1640 litt die Oberlausitz sehr durch eine große Theu= rung. Der Scheffel Korn kostete 9 Thaler; ebensoviel ein Scheffel Hopfen. Am 15. Juli stieg der Preis des

Kornes sogar auf 11 Thaler 16 Groschen. Diese Theurung wurde nicht allein durch den Krieg, sondern auch durch den nassen Sommer des Jahres veranlaßt. Im Herbst verwüstete eine ungeheure Menge Mäuse Felder, Gärten und Wiesen; sie fraßen das Getreide in den Scheunen und die jungen Saaten auf den Feldern auf.

1617 den 17. Mai wurde der Zittauer Bürgermeister, Heinrich von Heffter, im Königsholze von zwei Räubern angefallen und beraubt. Der Richter zu Niederoderwitz, David Förster, setzte den Räubern nach und ereilte sie. Der eine von ihnen wurde erschossen und der andere gefangen genommen und hierauf zur Bestrafung nach Bautzen abgeliefert.

1651 den 31. Januar erregte es in Oderwitz großes Aufsehen, als der eben erwähnte Heinrich von Heffter, Bürgermeister in Zittau und Besitzer von Oberullersdorf, in Begleitung von dreißig festlich geschmückten Reitern erschien, um seine Braut einzuholen. Abends 6 Uhr fand in Zittau der feierliche Kirchgang mit Fackeln statt.

1652 den 23. April kaufte Jakob Tietze Friedrich Scholzes verlassenes Gut in Oberoderwitz — 15 Ruthen groß — um 180 Zittauer Mark. Der Käufer war ein Exulant aus Böhmen, „welcher der Religion wegen sein Haab und Gut elendiglich hatte verlassen müssen". Er konnte daher auch nicht den vorschriftsmäßigen Losbrief beibringen.

1654 war der Preis des Scheffels Korn 1 Thaler und 1656 blos 14 bis 16 Groschen.

1655 den 2. Januar entführte der Sohn des Lehnkretschamsbesitzers Zöllner in Oberoderwitz eine Jungfrau, Anna Elisabeth, Hans Pilzes von Reichenberg Tochter, aus dem Judenkretscham zu Zittau (jetzt Gasthof zum Hirsch). Sie wurden auf dem Edelhofe zu Hainewalde von dem basigen Pfarrer getraut.

1655; Dienstags den 29. September, wurde das 1. Jubiläum des Religionsfriedens kirchlich begangen.

1658 wird in Oberoberwitz ein Bauergut mit 60 Thalern verkauft.

1661 brach die Baumblüthe schon um Neujahr hervor und der Landmann konnte seine Felder bestellen. Der Scheffel Weizen wurde in Oberwitz mit 1½ Thaler, Korn mit 30 Groschen, Gerste 1 Thaler, Hafer 14 Groschen und ein Viertel Bier mit 4 Thalern bezahlt.

1666 wird Michael Zöllner als Rathsförster erwähnt.

1674 den 24. August fiel ein großer Schnee, „desgleichen um diese Zeit keinem Menschen gedachte."

1677 vom 17. bis 20. Februar waren so warme Tage, wie sonst nur im Sommer.

1678 regnete es nach fast ¼jähriger Dürre den 29. September zum erstenmale wieder. — Im Winter von

1679 bis 1680 war es so warm, daß viele Leute barfuß gingen.

1680 wurde man im November und December „durch einen schrecklichen Kometen, der die Hälfte des Himmels eingenommen, in Furcht und Schrecken versetzt." Im Kirchenbuche zu Großhennersdorf, in dem sich eine Zeichnung des Kometen vorfindet, steht folgender Vers:

„So oft Kometen nur erschienen und gebrennet,
ist alleweg darauf gros Unglück hergerennet;
die Welt ist bös; Gott zürnt; Er will die Sünder strafen,
wo sie nicht Buße thun, den Hirten mit den Schaafen.
Das hat aus freier Luft geprediget der Welt,
der Stern, den neulich Gott am Himmel aufgestellt."

Nach Newtons Beobachtungen entwickelte der Komet in zwei Tagen einen Schweif von 20 Mill. Lieues Länge.

1681 am 7. Trinitatissonntage Dankfest wegen Aufhörens der Pest, welche furchtbar in der Oberlausitz gewüthet hatte.

1683 wird das Kießlingsche Großbauergut in Oberoberwitz, welches 18 Ruthen groß war und eigentlich zwei Güter umfaßte, um 180 Thaler verkauft.

1684 war der Winter so schneereich, daß oft Tage lang aller Verkehr unterbrochen und Menschen und Thiere ermattet im Schnee hinsanken und erfroren. Die Noth der Armen war groß. Noch am britten Osterfeiertage fuhr man Schlitten. Der darauf folgende Sommer war so heiß, daß die Bäume, selbst Eichen, platzten und verdorrten.

1684 sollten sich, einem Erlasse des Rathes zu Zittau zufolge, die Bewohner von Oberwitz und Großschönau zu einem Aufgebote bereit halten, um den Uebergriffen der Beamten des Fürsten Florian von Lichtenstein entgegenzutreten. Der Rumburger herrschaftliche Hauptmann hatte in Begleitung von zwanzig bewaffneten Männern beim großen Teiche zu Leutersdorf eine Grenzsäule setzen wollen, nach welcher der Teich zur Rumburger Herrschaft gehörte. Der dabei anwesende Zittauer Commissar hatte aber aus den benachbarten sächsischen Dörfern Hilfe herbeigeholt, so daß der Hauptmann sein Vorhaben nicht zur Ausführung bringen konnte. Von der böhmischen Kammer zu Prag wurde der Teich endlich der Stadt Zittau zuerkannt.

1686 wird Hans Thiele, Mittelobewitzer Förster, erwähnt.

1689 den 7. Februar verkauften die Erben das Haus des am 4. Januar b. J. verstorbenen Rathsförsters und Gerichtsältesten Michael Zöllner an dessen Sohn, David Zöllner, welcher als Rathsförster Nachfolger seines Vaters wurde, um 250 Zitt. Mark.

1696 war vom 10. Januar bis 14. März ungewöhnlich schöne und milde Witterung, auf welche am 20. März ein grimmiger Frost folgte, welcher einige Wochen anhielt.

1696 Friedrich Günzel, Förster zu Mittelobewitz.

1697 den 4. Juni starker Frost und Eis. — Um

1700 wurden in Oberwitz die größten Bauergüter um 150 bis 180 Thaler verkauft.

1700 den 18. Febr. wurde in Sachsen der alte Julianische Kalender abgeschafft und der neue, verbesserte eingeführt.

1705 in der Nacht vom 25. zum 26. Mai fiel ein tiefer Schnee, welcher sich so fest an die Aeste der mit frischem Laub bekleideten Bäume hängte, daß die Aeste nicht allein zur Erde niedersanken, sondern abbrachen, und an vielen Bäumen fast nur der kahle Stamm übrig blieb.

1708 war es im Januar so warm, daß Mitte Monat in Oberwitz Korn gesät wurde, welches im Februar aufging.

1709 brachte der Winter so unerhörte Kälte durch ganz Europa, namentlich vom 6. bis 11. Januar und den 26. d. M., daß Vögel todt aus der Luft herabfielen und die Gewässer bis auf den Grund froren. Viele Menschen kamen um. Man hatte 24 Wochen Schlittenbahn und noch am 17. Mai fiel bedeutender Schnee.

1710 pachtete Christian Maschke das Rittergut Ober-oberwitz Ruppersdorfschen Antheils.

1710 den 18. November starb Cuno Erdmann von Klitzing auf Schorbus; er war mit Elisabeth Sophie von Nostitz, einer Tochter Hans Ullrichs von Nostitz auf Ober-oberwitz verheirathet.

1710 im Monat September wurde ein Mandat wider die zeither im Lande überhand genommenen gewaltsamen Einbrüche, die Diebs- und Räuberbanden publicirt und darauf den 15. December und den 1. October 1711 eine General-visitation in allen Dörfern und Städten bis an die Landes-grenzen, durch alle Schlupfwinkel, Wälder ꝛc. angestellt.

1712 den 12. Februar starb die Tochter des Försters Günzel zu Mitteloberwitz, „das elende Mensch", wie es im Kirchenbuche heißt.

1716 wurde das auf den Feldern stehende Korn von einem so starken und schädlichen Mehlthaue befallen, daß die Leute davon krank wurden, Ziehen in den Gliedern bekamen und in großer Menge starben.

1717 wurde das zweite Reformationsjubiläum dreitägig gefeiert.

1719 große Hitze und Trockenheit durch ganz Europa; in der Lausitz beobachtete man 29 bis 30 Grad.

1720 den 14. Februar starb in Herwigsdorf der Gärtner Friedrich Klette im Alter von 85 Jahren. Er war 1635 den 24. Februar in Oberoderwitz geboren und ein Enkel des Pfarrers Georg Klette daselbst. Er hatte 89 Kinder und Kindeskinder erlebt.

1720 war eins der gewitterreichsten Jahre des Jahrhunderts. Die Menge der Feldmäuse war so groß, daß der durch sie angerichtete Schaden hohe Getreidepreise zur Folge hatte.

1721 den 26. Mai kam der Kurfürst von Sachsen und König von Polen, August der Starke, durch Oderwitz, von Zittau her.

1726 fielen so ungeheure Schneemassen, wie seit hundert Jahren nicht.

1726 kamen zwei Oberwitzer als Religionsschwärmer, weil sie dem Volke geprebigt hatten, in den Thurm des böhmischen Thores zu Zittau, welcher als Gefängniß benutzt wurde. Schon seit 1722 hatten in Niederoderwitz pietistische Zusammenkünfte stattgefunden.

1729 wurde Gottfried Zöllner Rathsförster und Gerichtsältester.

1730 vom 25. bis 27. Juni feierte man das zweite Confessionsjubelfest.

1733 wird Christian Fischer als Förster in Mitteloberwitz genannt. — Am 17. Mai richtete ein starker Frost in Oderwitz und Umgegend großen Schaden an; er vernichtete namentlich alle Hoffnungen auf eine gesegnete Obsterute.

1734, einem sehr gewitterreichen Jahre, gab es in Oberwitz so viel Obst, daß es an Käufern für dasselbe fehlte und vieles Obst auf den Bäumen blieb.

1737 den 1. Juni kamen eine große Menge Heuschrecken von Spitzkunnersdorf über Oderwitz gezogen und nahmen die Richtung nach Zittau und Böhmen zu.

1739 Erbauung des Viehhofes in Oberoderwitz.

1740 war ein sehr strenger Winter. Am 10. Januar, dem 1. Epiphaniassonntage, war die Kälte so arg, daß in der Kirche während der Communion der Wein gefror. Das Wild kam selbst am Tage, vom Hunger und der Kälte getrieben, in die Dörfer. Die Eisschollen erreichten die Stärke von $5/4$ bis $6/4$ Ellen. Die Bäume blühten erst um Johannis, weshalb auch das Obst nicht reif wurde. Am 7. und 8. October dieses Jahres fiel wieder so viel Schnee, daß man weder das Vieh weiden, noch Hafer und Gerste ernten konnte; dagegen aber gingen zu Weihnachten die Schafheerden im Freien.

1744 den 26. Mai, am Pfingstdienstage, fiel ein sehr großer Schnee, welcher das Getreide bis auf die Erde niederdrückte, aber keinen Schaden verursachte.

1754 am 4. August war es so kalt, daß man einzuheizen genöthigt war.

1755 den 8. Februar fiel ein so großer Schnee, wie sich die ältesten Leute nicht erinnern konnten. Die Leute mußten zu den Fenstern hinaussteigen, wenn sie ihre Häuser verlassen wollten.

1755 feierte man am 29. September das zweite Religionsfriedensjubiläum.

1756 galt der Scheffel Korn nur 1 Thaler 8 Groschen.

1757, Gottlob Prasse, Rathsförster.

1762 steigerten sich die Preise des Getreides, zum Theil in Folge des Krieges, ungemein. Mitte Februar kostete der Scheffel Korn 9 Thaler; am 7. Juni galt der Scheffel Roggenmehl 13 Thlr., den 11. sogar 16 Thaler.

1764 blühten, wie 1750, die Primel und Veilchen schon im Januar und Ende März die Obstbäume. Am 2. Juni fiel ein großer Schnee, welcher Bäume zerbrach, dem Getreide aber nicht schadete, wohl aber Gurken und andere Gewächse vernichtete.

1765 den 13. August zog ein so großer Schwarm

Fliegen, fast wie geflügelte Ameisen, von Rumburg her über Oberwitz und Herwigsdorf gegen die preußische Grenze zu, daß sie fast die Sonne verfinsterten.

1768 den 5. Februar, früh Morgens, hörte man bei hellem Himmel einen furchtbaren Donnerschlag; es war um so auffallender, weil man diesen Donner zu gleicher Zeit in einem großen Theile Deutschlands wahrnahm; auch fielen feurige Meteore zur Erde.

1769 den 26. September Regulirung der Grenze am Königsholze zwischen der Herrschaft und den Unterthanen zu Niederoberwitz. In demselben Jahre entwichen eine Anzahl Unterthanen von Oberoberwitz nach Berlin. Es waren größtentheils Weber.

1770 wurde von Seiten des Zittauer Rathes den Bauern und Gärtnern Zittauer Antheils von Neuem eingeschärft, daß sie ihr Getreide nur in der Scheibemühle zu Herwigsdorf und den Häuslern und Inwohnern, daß sie dasselbe nur in der hiesigen kleinen Mühle mahlen lassen dürften.

1778 den 21. Juni erfolgte ein Einbruch in die Kirche zu Niederoberwitz. Die Diebe raubten ein altes blaues Altartuch und Wachskerzen, erbrachen auch den Gotteskasten, in welchem sich jedoch kein Geld vorfand.

1779 war ein sehr gewitterreiches Jahr.

1783 zu 1784 war der Winter dem von 1486 sehr ähnlich. Am 14. November fing es an zu schneien und es thaute erst den 14. Februar wieder auf, so daß man drei Monate hindurch Schlittenbahn hatte. Der Schnee lag durchschnittlich drei Ellen tief. Plötzliches Thauwetter hatte hierauf Ueberschwemmung zur Folge.

1784 Beschwerde des Pfarrers Jentsch zu Niederoberwitz beim Stadtrath zu Zittau wider Christian Pilz wegen unterlassenen Beicht- und Abendmahlgehen.

1785 Gerlach, Rathsförster.

1785 hatte man den kältesten Winter des Jahrhunderts.

Er dauerte von Anfang Januar in unausgesetzter Heftigkeit bis Mitte April. Am 28. Februar beobachtete man 28° R. Kälte. Die Obstbäume erfroren größtentheils und bekamen Risse. Abermals folgte auf diesen harten Winter ein nasser Sommer, Mißwachs und Theurung.

1787 mit dem 1. Januar nahm die laut kurfürstlichen Mandats vom 20. November 1784 errichtete Brandkasse ihren Anfang und es wurden deshalb alle Häuser mit Nummern bezeichnet.

1788 erbaut Gürtler die Windmühle zu Mitteloberwitz, für welche er zehn Thaler Mühlenzins zu zahlen hatte.

1789 war der Winter fast so streng als 1785. Bei ungewöhnlicher Kälte bezog man von Oberwitz aus die Leipziger Ostermesse zu Schlitten.

1794 den 11. December brachen zu Niederoberwitz Diebe bei dem Gärtner und Weber Friedrich Förster ein und raubten ihm für 178 Thaler Leinewand. — Das Jahr war sehr reich an Gewittern.

1796 August Prasse, Rathsförster. Im Jahre 1800 wurde ihm sein Sohn, Ernst Gottlieb, abjungirt.

1802 in der Nacht vom 15. zum 16. Mai fiel zur Zeit der Baumblüthe so viel Schnee, daß hin und wieder Aeste brachen.

1804 vom 11. Juni, Mittags, bis 15. Juni strömte der Regen so ununterbrochen herab, daß sehr großes Wasser wurde. In Oberwitz vernichtete dasselbe alle Brücken und Stege, zerriß und verschlämmte Wiesen und Felder. Die Ueberschwemmungen erstreckten sich übrigens nicht blos über die Lausitzen und einen Theil Sachsens, sondern auch über Böhmen, Schlesien und Brandenburg.

1811 im September prangte ein großer Komet am westlichen Himmel.

1812 am 2. August, früh ½ 2 Uhr, bei hellem Himmel, wurde man durch ein gewaltiges Krachen, welches einem langanhaltenden Donner glich, aus dem Schlafe aufgeschreckt. Alles war in Bestürzung; denn Häuser und Fenster erzitterten. Man hielt es für einen Erdstoß. Dieses Krachen wurde durch die Oberlausitz bis in die Gegend von Dresden gehört. Ein ähnliches Ereigniß fand am 15. November, Abends 6 Uhr, statt. Bei wolkenlosem Himmel beobachtete man eine weißlich grüne große Feuermasse, welche roth am Himmel anschlug und nach einigen Minuten mit zwei starken Donnerschlägen verschwand. Diese Erscheinung war in ganz Deutschland zu sehen; es fiel gleich darauf furchtbare Kälte und Schnee ein, durch welche Napoleons gewaltiges Heer in Rußland seinen Untergang fand. — Im Sommer dieses Jahres traten die Raupen in solch ungeheurer Menge auf, daß sie zur Landplage wurden. Sie fraßen alle Obstbäume kahl, in Folge dessen das Obst abfiel und verkümmerte und viele Bäume eingingen.

1813 in der Nacht vom 24. zum 25. Juni trat eine solche Kälte ein, daß Bäche und Teiche mit Eis belegt waren und die meisten Gartenfrüchte erfroren.

1814 den 17. April Lob- und Dankfest wegen der Einnahme von Paris durch die verbündeten Mächte. — In demselben Monate ließ Fürst Repnin, der Gouverneur Sachsens, eine Steuer ausschreiben, nach welcher vom Hundert 18 Gr. gezahlt werden mußte. —

Am 18. und 19. Octbr. wurde die Jahresfeier des Leipziger Sieges durch Predigten und Collecten für die verarmten Bewohner der Leipziger Gegend begangen. Der erste Tag galt dem Andenken der in der Schlacht Gefallenen, der zweite als Dankfest.

1815 den 11. Juni feierte man die Zurückkunft des geliebten Königs Friedrich August aus der Gefangenschaft auch in Oderwitz durch Ausschmückung der Kirchen und Illumination.

1816 im Januar zeigten sich in Oderwitz und Umgegend auf dem Schnee Millionen lebende, lichte und buntelbraune, auch schwarze Raupen, oft von der Länge eines mäßigen kleinen Fingers.

Auch im Canton Wadt in der Schweiz hatte man einige Wochen früher dieselbe Erscheinung beobachtet. — Dieses Jahr brachte nach überstandenen Kriegsdrangsalen eine abermalige harte Prüfung. Nach einem schneereichen Winter schien es, als wolle der Frühling ganz ausbleiben; denn noch am 10. Mai schneite es den ganzen Tag. Auch später war es fortwährend rauh und regnerig, so daß die Saat nicht vollständig bestellt werden konnte. Eine durchgängige Mißernte und Theurung war die Folge.

. 1818 den 20. September Feier der 50jährigen Regierung des Königs Friedrich August.

1819 den 17. Januar, Sonntags, Feier des Ehejubiläums desselben. — Vom 4. bis 8. Juli hatte man in unserer Gegend ungewöhnliche Hitze, im Schatten 28½ Grad.

1821, nachdem man Ende November und Anfang December heftige Gewitter und später arge Stürme gehabt hatte, war um Weihnachten in hiesiger Gegend eine solche Wärme (7 bis 8 Grad), daß die Gärten grünten, Gänseblumen, Veilchen ꝛc. blühten und die Menschen barfuß gehen konnten. Man vermeinte in das Klima Italiens versetzt zu sein. Von Ostern bis Ende Juli des Jahres

1822 herrschte beispiellose Trockenheit, da es in dieser Zeit nur zweimal und wenig geregnet hatte. Alle Vegetation war erstorben und auf den Feldern und in den Gärten nicht ein grüner Halm zu finden. Trotzdem war die Roggenernte gut und als Ende Juli Regen eintrat, so verjüngte sich die Natur wie mit einem Zauberschlage. Alles erholte sich wunderbar; aus dem todten Rasen sproßte üppig grünes Gras hervor und in kurzer Zeit waren so viel Futterkräuter und Gräser gewachsen, daß sie für das Vieh ausreichten. Die Obsternte war so ausgezeichnet und reich, daß man einen Scheffel Aepfel für 8 Gr. kaufte. Im Allgemeinen erlangten alle Früchte ihre Reife drei bis vier Wochen früher als sonst.

1824 im Juni richteten die Gewässer in Folge von großen und anhaltenden Regen großen Schaden an. Das Jahr war ausgezeichnet fruchtbar. Nach der Ernte kaufte man den Scheffel Korn für 1 Thlr. 8 bis 12 Gr., Gerste für 1 Thlr. 2 bis 4 Gr., Hafer für 20 Gr. bis 1 Thlr., Weizen für 2 Thlr. 12 Gr. Auch
1825 war eine ähnliche Wohlfeilheit aller Lebensmittel.
1829 bis 1830 war der Winter sehr streng. Es winterte schon am 2. November ein; die Kälte stieg bis zu 26 Grad. Der Winter dauerte 17 Wochen hindurch in größter Strenge. Der Schnee lag Ellen hoch. Flüsse und Teiche waren bis auf den Grund ausgefroren. Das Wild kam von Noth getrieben bis in die Dörfer und Vögel fielen todt aus der Luft. Erst am 28. Februar brach das Eis und hoher Wasserstand war die Folge.

1830 machte eine Räuberbande die Gegend unsicher; in der Nacht vom 4. zum 5. December brach dieselbe beim Fabrikant Mentschel in Niederoderwitz ein. Sein Verlust betrug über 2000 Thaler.

1833 den 28. December standen die Gebrüder Fischer aus Oderwitz, zwei berüchtigte Holzdiebe, an dem auf dem Marktplatze in Zittau errichteten Schandpfahle. Es ist dies wohl der einzige Fall, in dem diese durch das Forstgesetz von 1823 angeordnete Strafe in hiesiger Gegend zur Ausführung gelangte.

1833 bis 1834 war der Winter außerordentlich milb. Am 9. Januar blühten in Oderwitz Schneeglöckchen und den 23. hatte man 9 Grad Wärme im Schatten. Das Jahr 1834 zeichnete sich durch ungewöhnliche Fruchtbarkeit aus. Bei fast täglichen Gewittern und großer Wärme gedieh Alles auf das Ueppigste. Im Herbst erblickte man auf vielen Obstbäumen wieder Blüthen neben reifenden Früchten.

1835 in der Nacht vom 25. zum 26. Juni Frost und Eis.

1837 wird Adv. Fr. Wilh. Hildebrand in Zittau Justitiar zu Mittelodermitz. — In Großhennersdorf starb die von Oderwitz gebürtige Christiane Sophie verw. Hille geb. Wauer im Alter von 103 Jahren 3 Wochen. — Am 18. Februar hatte man Abends 9 bis 10 Uhr die prachtvolle Erscheinung eines Nordlichtes und zwar in einer Stärke, wie es unter hiesigem Breitengrade nur höchst selten vorkommt. Es überstrahlte den am Himmel stehenden Vollmond.

1838 zu 1839 strenger Winter; am 5. Februar stieg in Oderwitz die Kälte auf 20 Grad. Man konnte sogar wie 992 den Sund zwischen Schweden und Dänmark zu Schlittenfahrten benutzen. Der Winter war so schneereich, daß es Windwehen von 10 bis 15 Ellen gab und Häuser mitunter bis an das Dach eingeschneit waren. Vielfach war die Communication unterbrochen. In Folge plötzlichen Thauwetters großes Wasser.

1839 wird Friedrich August Micklisch zum Rathsförster und Elias Krause, bisheriger Forstgehilfe, als Unterförster ernannt.

1840 wird nach Eröffnung der Chaussee Christian Samuel Wenzel Chausseegeldeinnehmer und später Postverwalter in Oderwitz.

1842 wird von der Ritterschaft der Oberlausitz für die zweite Kammer der Landesbestallte Dr. von Meyer auf Ruppersdorf und Oberoderwitz gewählt. —

In dem heißen Sommer 1842 gab es vom April bis Ende September nur einen einzigen Regentag — den 21. August —; in Folge davon entstand großer Wassermangel. Von grünem Grase und Futterkräutern war schon im Juli keine Spur mehr vorhanden, weshalb man in Oderwitz, wie auch an anderen Orten, das Laub von den Bäumen benutzte. Das Vieh mußte aus Mangel an Futter vielfach geschlachtet werden. Das nöthige Trinkwasser mußte man oft stunden=

welt herbeiholen und laufen. Die große Dürre wurde auch die Hauptursache zu den großen Bränden in Hamburg, Kamenz, am großen Winterberge u. s. w. Leider ist durch dieselbe, wie auch vielleicht noch durch andere unbekannte Ursachen, die allgemein verbreitete Kartoffelfäule entstanden, welche trotz aller vorgeschlagenen Mittel bis jetzt noch nicht völlig beseitigt werden konnte.

1843 erblickte man gegen Westen vom 18. bis 24. März den Schweif eines Kometen, dessen Kern sich unterhalb des Horizontes befand. Der Schweif erstreckte sich über 100 Grad am westlichen Himmel.

In demselben Jahre fand man auf dem Spitzberge alte Münzen aus der Zeit des 30jährigen Krieges.

1845 schien es Anfang des Jahres, als wolle der Winter ganz ausbleiben. Vom 2. Februar an fielen aber solche Massen Schnee, daß sie anfänglich allen Verkehr hemmten. Noch am 2. Osterfeiertage konnte man Schlitten fahren. Am folgenden Tage führte aber das plötzliche Schmelzen der ungeheuern Schneemassen auch in Oberwitz Ueberschwemmung herbei. In allen Theilen Deutschlands (z. B. in Dresden an der Elbbrücke) richteten die Fluthen große Verheerungen an. Am 6. und 8. Juli stieg in Oberwitz die Hitze bis auf 29 Grad im Schatten.

1846 war am 26. und 27. Januar in Folge mehrtägigen Regenwetters, bei 7 bis 8° Wärme, ein ungewöhnlich hoher Wasserstand; der Winter war ungewöhnlich mild. — Am 18. Februar wurde in Oberwitz Luthers Todestag kirchlich begangen.

1847 den 21. November feierte in Oberoberwitz das Hempelsche Ehepaar seine goldene Hochzeit.

1848 nach vorhergegangener Theuerung fiel der Preis des Scheffels Korn auf 1 Thaler 20 bis 25 Neugroschen. — Am 11. October nach 9 Uhr war bei trübem Himmel ein

Nordlicht zu sehen; der damals frisch gefallene Schnee gab einen blutrothen Wiederschein.

1850 den 22. Januar stieg in Oberwitz die Kälte bis auf 24 Grad.

1854 den 26. November fand in Niederoberwitz die seltene Feier eines 60jährigen Ehejubiläums statt, indem der 80jährige Gedingegärtner Johann Gottfried Wiedemuth und dessen ebenfalls 80 Jahr zählende Ehefrau Martha Elisabeth geb. Eckart den festlichen Tag begingen.

1856 war ein ungewöhnlich schöner und warmer April, die Obstbäume standen in voller Blüthe; am 28. d. M. beobachtete man 20 Grad Wärme.

1857 war ein trockener Sommer, welcher reichen Obstsegen brachte. Da die Trockenheit auch den folgenden Winter noch anhielt, so versiegten an vielen Orten die Brunnen und man hatte einen großen Mangel an Wasser zu beklagen.

1858 den 21. März feierte in Oberoberwitz der bei dem hiesigen Freibauergutsbesitzer und Fabrikant Korselt in Diensten stehende 82jährige Anton Görsik das 50jährige Jubiläum seines Dienstes auf ein und demselben Grundstücke. Der Besitzer des Gutes veranstaltete ein Festessen, zu welchem alle Freunde des greisen Dienstboten eingeladen wurden. Auch der Ortsgeistliche brachte dem rüstigen Greise seine Glückwünsche dar. — Vom 29. Juli bis zum 2. August d. J. regnete es Tag und Nacht ohne Aufhören. Vom Winde getrieben, fiel der Regen in solcher Dichtigkeit nieder, daß man die Nachbarhäuser nur schwer zu erkennen vermochte. Alle Flüsse traten aus ihren Ufern und das Oberwitzer Landwasser glich einem brausenden Strome.

1861 den 1. Mai feierte in Niederoberwitz der Hausbesitzer Lorenz mit seiner Ehefrau die goldene Hochzeit unter freudiger Theilnahme aus der Nähe und Ferne. — Nachdem es an Ostern sehr schön gewesen war, fiel am 19. Mai, dem 1. Pfingstfeiertage, ziemlich viel Schnee. — Am 26. August

d. J. kam der Kronprinz Albert mit Gefolge, auf dem Wege von Oberseifersdorf nach Zittau, durch Oberwitz. — Gegen Ende des Jahres wird der bisherige Förster Arlt in Lichtenberg zum Förster des Königsholzreviers gewählt.

1863 den 27. September Fahnenweihe des Militärvereins zu Niederoberwitz unter Mitbetheiligung des dasigen Schützen=, sowie des Turnvereins. Außer dem Militärvereine zu Oberoberwitz waren noch 16 andere vertreten.

1864 im Juni wird die gegenwärtige Försterwohnung „in den Neufeldern", welche schon von den früheren Förstern bewohnt wurde, vom Stadtrathe zu Zittau käuflich erworben.

1865, heißer Sommer, 28 bis 30 Grad Hitze. — Am 1. September d. J. wurden die neuen Leutersdorfer Glocken in Oberoberwitz bei der Kirche, wo eine Ehrenpforte errichtet und die Schuljugend des Ortes mit ihren Lehrern versammelt war, vom Pastor M. Herrmann mit einer entsprechenden Anrede begrüßt.

1866 waren die Pfingstfeiertage so kalt, daß feiner Schnee fiel. Nach dem Feste sank in der Nacht vom 22. zum 23. Mai das Thermometer 4 Grad unter Null. Das Getreide hatte sehr gelitten und in Bezug auf die in schönster Blüthe stehenden Obstbäume waren alle Erntehoffnungen vernichtet. Da nur sehr wenig Bäume in diesem Jahre einzelne Früchte trugen und da sich der Frost nicht blos über Deutschland erstreckt hatte, so hatte das Obst im Herbste einen enormen Preis. Ein mittelgroßer Apfel wurde mit drei Pfennigen bezahlt und die Birnen nach ihrem Gewichte verkauft. Die hochgelegenen Fluren hatten in Oberwitz weniger gelitten, als die in Niederungen. Nach dem 23. Mai schlug der Scheffel Korn sofort um einige Thaler auf. Seit 1733 hatte ein Maifrost nicht mehr solchen Schaden verursacht.

1867 den 16. Juni hielt der Sängerbund der Landgemeinden der südlichen Oberlausitz in Oberoberwitz sein zweites

Gesangfest ab. Außer Niederoberwitz nahmen die Gesang=
vereine von Steifhennersdorf, Leutersdorf, Neueibau, Ebers=
bach, Oberfriedersdorf, Waldorf, Kottmarsdorf, Niederkunner=
dorf und Ruppersdorf mit ihren Musikchören, Fahnen und
Emblemen theil. Böllerschüsse leiteten den festlichen Tag
ein. Vom hiesigen Vereine bewillkommt und nach der Haupt=
probe bewirthet, bewegte sich Nachmittags 2 Uhr der festliche
Zug, geleitet von der Schützengesellschaft und den Turnern
nach dem schön geschmückten Festplatze, wo derselbe durch
Ehrensalven und Ansprache begrüßt wurde. Um 4 Uhr be=
gann das aus zehn Piècen bestehende, vom schönsten Wetter
begünstigte Concert, dessen Ausführung gelungen zu nen=
nen war. An das Gesangfest schloß sich am folgenden Tage
das Schützenfest, an welchem sich die Sänger insoweit be=
theiligten, als sie den Festauszug des Schützencorps bis auf
den Schießplatz begleiteten und die Festlichkeit durch ver=
schiedene heitere Gesänge zu beleben und verschönern suchten.
Kein Mißton störte die heitere, gemüthliche Feststimmung.

 1868 war ebenfalls ein heißer Sommer, welcher sehr
wenig Regen brachte. Gräser und alle andere Pflanzen ver=
dorrten und schon Ende Juni, nachdem das Heu eingeern=
tet war, hatte sich das frische Grün der Gärten und Wiesen
in büsteres Braun verwandelt. Noch trockener wurde es,
als vom 16. bis 18. August ein sehr heißer Südwind daher
brauste und die ganze Gegend in eine dichte Wolke von
Staub hüllte. Die Hitze stieg im Schatten bis auf 28 Grad.
Schon im August fiel das welke Laub von den Bäumen.

 1869 den 16. August berührte der König auf einer Reise
durch die Oberlausitz auch Oberoberwitz. Er langte von
Großschönau und Spitzkunnersdorf auf der neuen, am Spitz=
berge vorüberführenden Chaussee unter dem Geläute der
Glocken gegen 11 Uhr in Oberwitz an. Zu seinem Empfange
hatten sich bei einer in der Nähe der Kirche errichteten Ehren=
pforte der Gerichtsamtmann aus Herrnhut, sowie die hiesigen

Geistlichen und die Mitglieder des Gemeinderathes, Kirchenvorstandes und die Gerichtspersonen zur Begrüßung aufgestellt. Die Schulkinder mit den Lehrern und hinter diesen das uniformirte Schützencorps bildeten zu beiden Seiten der Straße Spalier. Nachdem der König vom Pastor Kießling in einer kurzen Ansprache ehrfurchtsvoll begrüßt und ihm vom Gemeindevorstand ein dreifaches Hoch, in welches die versammelte Menge mit einstimmte, ausgebracht worden war, setzte er seine Reise nach Eibau zu fort.

1869 den 14. September feierte der Humboldtverein zu Oberoderwitz den hundertjährigen Geburtstag Alexanders von Humboldt. In einer kurzen Ansprache des Vorsitzenden wurden die hohen Verdienste des Gefeierten um die Wissenschaft und sein Bestreben, dieselbe dem Volke zugänglich zu machen, dargethan, worauf noch die Mittheilung der Biographie Humboldts und zwei Vorträge folgten, welche sich auf sein Leben und Wirken bezogen. Die Pausen zwischen den Vorträgen wurden durch Concertmusik ausgefüllt. — Im Herbst des Jahres wurde der Chausseebau von Oberoderwitz nach Herrnhut in Angriff genommen.

1869 in den letzten Tagen des October trat ein starker, mit Schneefall verbundener Frost ein, so daß man in Oberwitz und anderen hochgelegenen Orten Schlittenfahren konnte.

1870 den 23. Januar fand in Niederoderwitz die Beerbigung des Kriegsreservisten Jähne statt. Da derselbe 1866 dem Feldzuge in Oesterreich beigewohnt hatte, erfolgte das Begräbniß Seitens der Mitglieder des Oberwitzer Militärvereins mit den üblichen militärischen Ehrenbezeugungen. Einige Gewehre hatten versagt und wurden daher von den Inhabern geladen in die Kirche mitgenommen. Nach beendetem Gottesdienste, während vom Sängerchor eine Arie gesungen wurde, ergriff ein Reservist aus Oberoderwitz eines der dastehenden Gewehre und richtete es auf einen seiner Kameraden. Kaum war dies geschehen, so entlud sich dasselbe und der vom Schuß im Gesicht schwer Verletzte sank bewußtlos nieder. Durch den im Gewehre befindlichen Papierpropf war die linke Wange nicht unbedeutend verletzt. Obwohl anfänglich auch eine Beschädigung des Auges befürchtet wurde, so verlief der Unfall dennoch ohne bleibende Nachtheile für den Verletzten. Gerichtliche Untersuchung wurde sofort eingeleitet.

1870 den 16. März begab sich Christiane Louise verehelichte Menschel aus Mitteloberwitz nach Zittau, wo eben Jahrmarkt abgehalten wurde. Da sie seitdem spurlos vermißt wird, so vermuthet man, daß sie durch ruchlose Hand ihr Leben verloren hat. Das Versprechen einer Belohnung von 50 Thalern, welche derjenige erhalten sollte, welcher Aufschluß über das muthmaßliche Verbrechen geben könnte, hatte bis jetzt keinen Erfolg.

Im April wurde dem hiesigen Chausseegeldeinnehmer Köhler die silberne Verdienstmedaille verliehen.

Am 21. Juni berührten mittelst Extrazug der König und die Königin in Begleitung der Königin Wittwe, dreier Prinzessinnen und des Kronprinzen mit Gefolge auch Oberwitz, bei Gelegenheit eines Besuches des Oybins. Bei dem Vorüberfahren Sr. Maj. hatte sich die Schützengilde beim Anhaltepunkte Mitteloberwitz in Paradeuniform aufgestellt; es wurde ein Hoch ausgebracht, die Sachsenhymne geblasen und Böller gelöst.

1870 den 24. October in der 7. Stunde zeigte sich ein prachtvolles Nordlicht, welches in seiner Stärke wechselte, gegen 9 Uhr seinen Höhepunkt erreichte und in der 12. Stunde nochmals in ziemlicher Stärke erschien. Schöne weiße und röthliche Strahlen bildeten mitunter die Krone über dem Scheitelpunkte. Zwei Tage später hatte man abermals die Erscheinung eines Nordlichtes, welches das vorige noch bei Weitem an Schönheit übertraf, indem es über die Hälfte des Himmels einnahm. Man erinnert sich nicht, hier ein schöneres Nordlicht gesehen zu haben.

Der soeben zurückgelegte Winter von 1870 zu 1871 gehört unter die kältesten und schneereichsten des Jahrhunderts.

## XV. Verzeichniß
### der auf Oderwitzer Flur vorkommenden hauptsächlichsten wildwachsenden Pflanzen.*)

Abies excelsa, Fichte (Rothtanne).
Abies pectinata, Edeltanne.
Acer platanoides, spitzblätteriger Ahorn.
Achillea millefolium, Schafgarbe.
Actaea spicata, ähriges Christophskraut, im Königsholze.
Agrostemma Githago, Kornrabe.
Alchemilla vulgaris, gemeiner Löwenfuß.
Alnus glutinosa, gemeine Erle.
Anagallis arvensis, Gauchheil.
Anemone nemorosa, Anemone, Windröschen.
*Anthemis tinctoria, Färbercamille, an der Oderwitzer Chaussee, selten.
Arnica montana, Bergwohlverlei, am Spitz- und Stumpfeberge und auf den Wiesen hinter denselben.
Artemisia vulgaris, gemeiner Beifuß.
Asarum europæum, europäische Haselwurz, im Königsholz und „in den Eichen".
Asperula odorata, Waldmeister, häufig im Königsholz.
Aster salignus, weidenblätterige Sternblume.
Betula alba, Weißbirke.
Caltha palustris, Dotterblume.
Campanula, Glockenblume; außer den gewöhnlichen Arten noch C. cervicaria.

---

*) Die mit einem Sternchen versehenen sind Pflanzen, welche in der Oberlausitz seltener vorkommen.

*Carlina acaulis, ſtengelloſe Eberwurz; obwohl ſonſt ſelten, doch am Nieberoderwitzer Hutberge, am Spitzberge und am Stumpfeberge ziemlich häufig.

Carum carvi, gemeiner Kümmel.

Centaurea decipiens, trügende Flockenblume, am Spitzberge; C. Scabiosa desgleichen bis herab ins Dorf und C. Cyanus, Kornblume.

Chelidonium majus, großes Schöllkraut.

Chrysanthemum Leucanthemum, große Gänſeblume, Wucherblume, Goldblume und Chr. inodorum, geruchloſe Wucherblume, auf den Feldern am Spitzberge, am Bahnhofe und anderwärts in der Nähe des Dorfes.

*Cnicus acaulis, ſtengelloſe Kratzbiſtel, nicht gemein.

Convallaria majalis, Maiblümchen, Maililie und C. bifolia, zweiblätteriges Maiblümchen.

Corylus Avellana, Haſelſtrauch.

Daphne Mezereum, gemeiner Kellerhals, im Königsholze. — Eine Daphne mit weißer Blüthe, die ſich in Oderwitz vorfindet, iſt, da man ſie nicht für alpina halten kann, als Varietät merkwürdig.

*Drosera rotundifolia, rundblätteriger Sonnenthau, im Königsholze, eine intereſſante Pflanze.

Dianthus Carthusianorum, Karthäuſernelke.

Echium vulgare, gemeiner Natternkopf.

Epilobium angustifolium, Weidenröschen, am Spitzberge, Waldberge u. ſ. w., E. palustre, Sumpfweidenröschen, ſelten, erſt an einer Stelle (in den Eichen) gefunden.

Erica vulgaris, gemeine Haide.

Euphrasia officinalis, Augentroſt, häufig auf Wieſen.

Euvonymus europæus, Pfaffenhütchen oder Spindelbaum.

Fagus silvatica, Rothbuche.

Fragaria vesca und collina, Erdbeere.

Fraxinus excelsior, Eſche.

Fumaria officinalis, Erdrauch.

Galeopsis Ladanum, Tetrahit, versicolor, pubescens, Hohl-
    zahn, am Spitzberge.
Genista tinctoria, Färbeginſter.
*Gentiana campestris, Felbenzian, blos auf einer Stelle
    (Zungenwieſe).
Geranium Robertianum, Ruprechtskraut, am Spitzberge;
    G. palustre, Sumpfkranichſchnabel; G. pratense,
    Wieſenkranichſchnabel.
*Geum rivale, Bachnelkenwurz, in den Eichen und G. urbanum.
Hypericum perforatum, durchſtochenes Johanniskraut.
Jasione montana, Bergſcabioſe.
*Iberis nudicaulis, nacktſtengliche Zungen- oder Schleifen-
    blume, ſelten, um die Oberwitzer Windmühle.
Inula salicina, weidenblätteriger Alant.
Juniperus communis, gemeiner Wachholder, am Spitzberge
    und Stumpfeberge.
Lamium, Taubneſſel, purpureum, amplexicaule, maculatum
    und album, häufig.
Lathræa Squamaria, gemeine Schuppenwurz, im Königsholze.
Linaria vulgaris, gemeines Leinkraut (Frauenflachs).
*Liriodendron tulpifera, Tulpenbaum. — Bei der ſoge-
    nannten Bernhardsmühle in Oberoberwitz ſteht ein
    wohl 60 Jahr alter prächtiger Tulpenbaum, welcher
    faſt eine Elle im Durchmeſſer hat, die Höhe einer
    mäßigen Linde erreicht und alle Frühjahre mit einer
    Unzahl Blüthen bedeckt iſt. Mehrmals wurde ſchon
    vorgeſchlagen, den Tulpenbaum wegen ſeines trefflichen
    harten Holzes auch bei uns einzubürgern. Hier liegt
    alſo ein Beweis vor, daß dieſes Projekt ausführbar
    iſt, da ſich dieſer Baum leicht an unſer Klima gewöhnt.
Lychnis Viscaria, Pechnelke und L. Flos cuculi, Kuckukslicht-
    nelke, in großer Menge.
Lysimachia vulgaris, gelbe Lyſimachia.
Lythrum salicaria, gemeiner Weiderich, roth, ſehr ſchön.

*Marrubium vulgare, gemeiner Andorn.
Melampyrum, Wachtelweizen, M. arvense, M. nemorosum und M. pratense, häufig.
Myosotis palustris, Vergißmeinnicht, und M. arvensis, Acker-vergißmeinnicht, überall häufig.
Nasturtium officinale, Brunnenkresse.
Orchis, Knabenkraut, Kuckuksblume, verschiedene Arten, besonders O. bifolia, weiße Kuckuksblume (wohlriechend).
Oxalis Acetosella, Sauerklee.
Papaver Rhoeas und Argemone, Mohn.
*Paris quadrifolia, vierblätterige Einbeere, am Walbberge, doch selten.
Pinus Larix, Lärche.
Pinus Strobus, Weymuthskiefer, im Königsholze.
Pinus silvestris, gemeine Kiefer.
Plantago major, media, lanceolata, Wegerich, überall häufig.
Polygala vulgaris, gemeines Kreuzkraut.
Populus, Pappel, P. tremula, Zitterpappel, Espe, im Königsholze.
Potentilla, Fingerkraut, verschiedene Arten, häufig.
*Poterium Sanguisorba, gemeine Becherblume, nicht häufig.
Prenanthes purpurea, rother Hasensalat, am Fuße des Königsholzes.
Primula elatior, Himmelschlüssel.
Prunus Padus, Ahlkirsche, Faulbeere.
Prunus spinosa, Schlehe, Schwarzdorn, am Spitzberge.
Pteris aquilina, Adlerfarren.
Quercus Robur, gemeine Eiche.
Ranunculus, Hahnenfuß, in mehreren Arten.
Rhamnus Frangula, glatter Wegdorn (Schießbeere).
Rosa canina, Hundsrose (Hagebutte).
Rubus fruticosus, Brombeere, R. idaeus, Himbeere.
Rumex, Ampfer, in verschiedenen Arten.
Salix, Weide, mehrere Arten.

Sambucus racemosa, Traubenhollunder, Königsholz und
Spitzberg.
Sanguisorba officinalis, Wiesenknopf, auf feuchten Wiesen.
Saxifraga, Steinbrech, einige Arten, worunter S. granulata,
körniger Steinbrech, häufig am Spitzberge.
Scabiosa arvensis, Feldscabiose.
Scleranthus perennis, dauernder Knäuel, Hartblume, bei der
Oberwitzer Windmühle.
Sedum acre, scharfe Fetthenne (Mauerpfeffer oder Knöterich),
sehr häufig am Spitzberge und an kahlen Rainen.
Sempervivum, Hauslauch, S. hirtum, rauhhaariger Hauslauch,
am Spitzberge.
Senecio silvaticus, Waldkreuzkraut, häufig im Königsholz
auf Holzschlägen und S. vulgaris, gemeines Kreuz-
kraut, überall häufig. S. Jacobæa, JakobsKreuzkraut.
Silene inflata, aufgeblasener Taubenkropf.
Solanum Dulcamara, bittersüßer Nachtschatten, im Königsholz.
Solidago Virga aurea, gemeine Goldruthe.
Sorbus aucuparia, Eberesche.
Tanacetum vulgare, Rainfarren, häufig an Rainen und am
Spitzberge.
Thymus Serpillum, Feldthymian, Quendel.
Tilia, Linde, parvifolia und grandifolia, Winter- und Som-
merlinde.
Vaccinium Myrtillus, Heidelbeere und V. Vitis idaea,
Preiselbeere.
*Valeriana dioica, kleiner Baldrian, selten, hinter dem
Spitzberge.
Verbascum Thapsus, Königskerze, am Spitz- und Stumpfeberge.
Veronica, Ehrenpreis, in verschiedenen Arten.
Viburnum Opulus, gemeiner Schneeball.
Viola, Veilchen, mehrere Arten.

## XVI. Beilagen von Urkunden.

### I. (Zu Seite 18.)

Kaufbrief über das Königsholz vom Jahre 1357.

(Nach Blatt 5 der Urkunden, welche, zusammengestellt vom damaligen Zittauer Bürgermeister Johann Benedict Carpzow, laut Verordnung, der königlichen Commission 1720 den 8. März überreicht wurden.)

Ich Heinrich, Johne und Ramwold, Gebrüdern, von Rybeburg genannt, thun zu wißen und bekennen öffentlich, allen, denen diese gegenwärtige Schrifft bewiesen wird, daß wir mit gutem Willen, und mit bedachtem Muthe, hoben denen erbaren frommen Burgermeister Rathmannen und Schöppen, gemeintlich zur Zittau den Wald den man nennt das Königsholtz, den unser gnädigster Herr Herzog Heinrich von dem Jauer, so Gott seine Seele pflege, unser Vater Vater verfaßt hat, zu lösen gegeben um Funfzig Mark Großer Prägischer Pfennige Zittauischer Zahl mit allen Nutzen und Rechten, als ihn unser Vater, und wir nach seinem Tode, gehabt haben, denselben Wald wir auch ihnen geloben, und haben gelobet, Wir alle Drey, mit gesammter Hand, in guten Treuen, ohne arge List, zu entwehren als Erbes Recht ist, mit allen dem Rechte als in unser Herrn Lande recht ist, ohne vor der Herrn Gewalt, und auch von Kauffswegen, des haben Wir das ehgenannte Geld von Unser Hand gewiesen und laßen geloben Haunsen von Oppal unsern Vettern, der auch gelobet ohne Arg, denen vorgenannten frommen Burgermeister Rathmarnen zur Zittau, ob wir ihnen den ehgenannten Wald nicht entwehren, als da vorgeschrieben steht, daß er sie um das letzte Geld nicht mannen solle, wir ihn haben denn entwehret gar und vollkommentlich. Des Uhrkunden daß diese vorbeschriebene Sache stete unverrückt bliebe, so haben Wir diesen gegenwärtigen ofenen Brief laßen festen mit unsern angehängten Insiegeln, Gegeben und geschehen zur Zittau nach Gottes Geburt Dreyzehnhundert Jahr in dem Sieben und Funfzigsten Jahr an dem nechsten Dienstage vor unsrer Frauen Tag Lichtewephe.

(L. S.) (L. S.) (L. S.)

II. (Zu Seite 177).

Polizeiordnung für Oberwitz, ertheilt 1518 von den Cölestinern des Oybins.

„Dingtag zur Vberwitz.

Anno 1518 sind die andechtigen wirdigen Herrn vnd Vetter des Closters Oywin, Erbherren zur Vberwitz, alß nemlich Pater Thomas und Prior Joannes Rötlich, vnd neben ihnen die wohlgelahrten, Ersamen, weysen Herren, Melchior Hause, Vrban Seger vnd Joannes Cramer, subnotar zur Zittau erschienen vnd die Richter vnd Schöppen daselb Ding hegen lassen. Nach gehegtem Gerichte hatt der wirdige Vatter etliche gemeine Bevehl gethan, alß daz man die Feuerstette mit Fleiß solle bewaren, Wege vnd Stege in altem brauche halten, der kirchen vnd dem Pfarrherrn Geldschulden vngezwungen zu geben, vnd ferner angezeiget vnd bevohlen, damit niemand einige mördliche wehre, als schwerd, messer, barten, beile, spieße oder lange brotmesser mit sich nemen vnd legen solte, sondern wen er in die Gerichten kompt, solches dem Richter in seine Verwahrung vberantworten, vnd wen er hinweg gehet, solches widerumb zu fodern macht haben solle — da einer aber solche waffen foderte, der meinung heimzugehen, bliebe aber noch in den Gerichten vnd triebe muttwillen dermit, sol er stracks vom Richter eingezogen gesezet vnd nicht losgelassen werden, bis er 1 ß (Schock) zur Straffe lege. Auch hat er ferner gebotten, daß niemand im kretscham sizen sol lenger alß bis umb 3 in die Nacht (9) bei der Straff 1 ß. Der Richter sol auch keinen tanz lenger alß bis an den abendt hegen lassen bei der Straff 1 ß. Auch sol kein karten ober wirfel spiel in Gerichten zugelassen werden bei Straff 1 ß. Vnd da es der Richter zulassen vnd erfahren wird, sol er der herrschaft 2 ß. Strafe geben. Auch da etwan einer dem Richter kannen, sie weren zinnern ober hilzen (von Holz), zerschlüge ober zerhiebe, sol seiner Straffe nach klage des Richters gewertig sein. Das Salz betreffende, solten sie solcher zur Zittaw in der salzkammer holen vnd nicht zu Vautzen, Numbergk, vnd anderen örtern, verkauffen es noch heimlich in den heusern der Stadt Zittaw zu grossen merklichen schaden. Wer nun darüber begrieffen solte von der Stab Zittaw gestrafft werden. Also sind sie hernacher hinwieder von einander gezogen."

### III. (Zu Seite 30).

Die Gebrüder von Schleinitz stellen Hans Joachim Alexander und Michael von Kreischau einen Lehnbrief über Mitteloberwitz aus, 1537 am Tage Dorothea, virginis.

Wir Ernst, Administrator des Ertz Bistumbs zu Prag, alba und zu Meyßen Thum Probst, und George von Schleinitz, Gebrüdern, Herrn auff Tollenstein, und Schluckenau 2c. Bekennen und thun kundt vor uns Unser Erben und Nachkommen, gegen Männiglichen in diesen offenen Brieffe, das wir den Erbaren, und Ehren Vesten, Unsern Lieben Getreuen Hanßen Jochem, Alexandern und Michaeln Gebrüdern von Kreyscha allen Ihren rechten Leibes Männlichen Lehens-Erben, umb Ihrer fleißige demüthige Bitt, auch treue Dienste Willen, so Sie Uns Unsere Erben und Nachkommen desto bereitwilliger thun sollen, und mögen, diese nachgeschriebene Gütter, von uns zu Lehn ruhrende, in der Herrschafft Tollenstein gelegen, mit Nahmen das Forwerk und Rittersitz, beim Dorfe Oberwitz, die Leuthe Nehmlich, Menzel, Förster, Lorentz, Goldberg, Martin Goldberg, Hannß Richter, Hannß Zöller, Fabian Weber, Franz Lucke, Jacob Behms,

Hanß Fischer, Nikel Kleins, Martin Otto, Martin Schuck, George Peucker, Marcks Hencke, Simon Ludewig, Hanß Kappe, mit den Zinßen, Diensten und Gerechtigkeiten, samt des forwerks Ecker, Wießen, auch die Gärttner, die Hanß von Mauschwitz außgesetzet, mit den Zinßen, und Diensten, Teichen, Gebauten, und ungebauten Mühlen, Fischereyen, Huttungen, Püsche und allerley keine Weidewerck, und in allen Rechten, wie bieß in Ihren 4 Reinen gelegen, und Hannß von Mauschwitz seel. Gedächtnüß, Rechtlicher Weise inne gehalten, genoßen, und gebraucht, und inmaßen wir Sie Es nach Töbtlichen Abschied, von Hannßen von Mausch= witz gelaßenen Erben, rechten Vormunden als Gall von Mauschwitz etwan zum zitier (Sdier) und Jacob von Kloz (Klüz) zu Klock (Klüz) kaufsweise an sich bracht, welche ge= meldte Rechte Vormünden des Jungen Nickel von Mauschwitz, solch verkaufft Gutt von uns zu Lehen Ruhrende, an Unser Hände williglich aufgelaßen, die Wir zum Rechten Mann= lehen, den genannten Hanßen Jochem, Alexandern, und Michaeln von Kreuschau, und allen Ihren Rechten Männ= lichen Leibes Lehens Erben, obbeschriebene Güther ordent= licher weiße, hiermit gegenwertigen Krafft dieses Briefes, also das gebachte Gebrüdere von Krayschau und Ihre Rechte Männliche Leibes Lehens=Erben, angezeigter Rittersitz, und Forwergk, beim Dorffe Oberwitz gelegen, und sampt den Leuthen in Dorffe wie gemeldet, mit allen anderen Obbestimbten zu gehörenden Stücken, hiefürder wie oben außgetrucket besitzen, gebrauchen, und genüßen sollen, und von uns Unsern Erben und Nachkommenden zu Rechten Mannlehen haben und tragen, und die mit einen tüchtigen Schützen Pferde, und gewapneten Schützen, so offt es Uns Unsere Erben, und Nachkommenden begehre sein wird, und sie erfordert verbiehnen und wenn Sie oder Ihre Nachkom= liche zu unseren Diensten gefordert, soll derselbige und sein Pferd mit Futter und Mahl versorget werden. So aber in der Cron Böheimb Krieges Züge vorfielen, sollen die von Krepschau, Ihre Erben und Nachkömliche, soviel andere Erbare Manne, in Tollen Steiner, und Schluckenauischer Herrschafft, oder andere Landsaßen, der Cron Böheimb aufferleget, auch zu thun verpflichtet seyn, und Sie sich in die Dienste der Cron Böheimb begeben, sollen Sie die Zeitlang und ferner nicht, mit unseren Diensten verschonet werden und sich sonsten samt Ihren Unterthanen in allen folgen, Anlagen, Steuern und Bürden, gleich andern Erbaren Mannen in der Herrschafften Tollenstein, und Schluckenau gesessen erzeigen, und sich in allen, alß frommen von Adel geziehmet, verhalten, den Lehen so offte von nöthen, oder die fälle reichen folge zu thun, wie Lehengüther Recht und Gewohnheit, doch in alle Wege aus Unseren Herrlichkeiten, Obrigkeiten auch Männiglich an seinen Rechten unschädlich alles treulich und ohne gefehrde.

Solches zu Gezeugnüß seind darbey gewesen, die Erbaren und Ehrenvesten Antonius von Ichtriß zu Hainspach, Caspar von Koneling, Amtmann zu Rumburg, Lazarus von Ichtriß, und andere mehr Unsere Unterthanen und Ihrer genungsam Glaubwürdig.

Zu Uhrkund und mehren Schein haben wir Ernst Administrator und George von Schleunitz von uns Unsere Erben und Nachkommen diesen Brief mit Unseren angebohrnen Insiegeln besigelt und uns mit Eignen Händen unterschrieben. Geben zu Rumburg, Dienstags am Tage Dorothea Virginis im Tausend Fünff Hundert und Sieben und Dreyßigste Jahre.

(L. S.)
Also ist es das Ich
Ernst von Schleunitz
Administrator mit
Eigener Hand bekenne.

(L. S.)
Also ist es das Ich
George von Schleunitz
mit Eyener Hand
bekenne.

## XVII. Nachträge und Berichtigungen.

Zu Seite 1. Was die Lage von Oderwitz anbelangt, so liegt das Dorf nach Andrees Messung bei der Niederoderwitzer Kirche unter dem 50° 57′ 12″ der Breite und 32° 24′ 4″ der Länge,
bei der Oberoderwitzer Kirche unter dem 50° 58′ 26″ der Breite und 32° 22′ 24″ der Länge,
der Spitzberg unter dem 50° 57′ 44″ der Breite und 32° 21′ 40″ der Länge,
der Waldberg im Königsholze unter dem 50° 58′ 4″ der Breite und 32° 26′ 52″ der Länge.

Die Kirche zu Niederoderwitz hat 1056 Dresdner Fuß Seehöhe, die Kirche zu Oberoderwitz 1093 Fuß, der Niederoderwitzer Hutberg 1425 Fuß und der Waldberg 1616 Fuß.

Die Birke bei der Birkmühle in Oberoderwitz gilt als ein Marlbaum, weshalb daher auch, als vor einigen Jahren die alte Birke vom Sturm niedergebrochen worden war, wieder eine andere Birke angepflanzt wurde.

Seit 1864 befindet sich auf dem Spitzberge eine Station der königl. sächs. Triangulirung.

Zu Seite 2. Nicht immer sind Regengüsse die Ursache des Anschwellens des Grundwassers, bisweilen geschieht es auch aus anderer Ursache, indem dem Kottmarbrunnen zu Zeiten ohne sichtbare äußere Veranlassung eine so bedeutende Menge Wasser entquillt, daß der Bach anschwillt. Mitunter hat man diese Erscheinung mehrere Jahre hintereinander beobachtet.

Zu Seite 7. Der Köhlerberg — dem Spitzberge gegenüber auf der anderen Seite des Dorfes — besteht aus demselben Gestein wie der Spitzberg, nur zeigt dasselbe weichere Structur. Aus dem daselbst befindlichen Steinbruch ist der Viaduct in Oberoderwitz zum Theil miterbaut. Mehrfach finden sich hier und auf der südlichen Seite des Dorfes Sandhügel von verschiedener Beschaffenheit vor. Während

z. B. der Sand auf dem jetzigen Tempel'schen Gute in Ober=
oberwitz so fein und weiß ist, daß man ihn in Herrnhut zum
Bestreuen des Fußbodens in den Wohnzimmern benutzt, ist
im oberen Theile des Dorfes rother scharfer Sand vor=
herrschend. Feiner weißer Sand zieht sich in großen Lagern,
mitunter von groben Adern durchsetzt, von der „Nadelbüchse"
bis zum Königsholze hin. Früher waren auf der östlichen
Seite von Oberoberwitz Quarzblöcke von weißer Färbung
zerstreut, doch sind dieselben gegenwärtig fast ganz beseitigt.
Die Structur war dieselbe wie bei den Quarzdurchbrüchen
bei Spitzkunnersdorf. Auch Halbedelsteine haben sich im
Sande mitunter vorgefunden, welche geschliffen hellgrün und
durchsichtig oder weiß mit schwarzen und gelben Punkten
erschienen.

Zu Seite 11. Der Dorftheil Kleinpolen hat seinen
Namen von dem Besitzer eines Bauergutes, welcher sich Pohl
nannte. Die Familie starb in der Pestzeit aus, die Felder
wurden dismembrirt und Häuser darauf gebaut. Dasselbe
war bei dem Köhler'schen Bauergute der Fall, auf dessen
Areal jetzt sechs Häuser stehen. Der Köhlerberg erinnert
heute noch an diese ausgestorbene Familie.

Zu Seite 14. Im April 1844 wurden zu der von Löbau
nach Zittau über Oberwitz projectirten Eisenbahn nicht
weniger als 300,000 Actien im Werthe von 30 Millionen
Thaler gezeichnet. Im Juli des Jahres begannen die Ver=
messungen. Die erste Einzahlung erfolgte vom 21. bis 23.
August und die erste Probefahrt den 5. Juni 1847. — Bei
dem Baue der Eisenbahn fand man in Oberoberwitz, dessen
Bahnhof übrigens 814 Pariser Fuß hoch über der Ostsee
liegt, beim Grundgraben zu der Brücke über die Chaussee bei
drei Ellen Tiefe in einer Schicht Letten ein Stück von dem
Geweihe eines vorweltlichen Hirsches. Leider gingen einige
andere Theile durch die Unkenntniß der Arbeiter verloren.
Der Hofrath Reichenbach, welchem man den Fund für das

königliche Naturalienkabinet überschickte, schrieb: „Die Einsendung dieses Fundes ist um so dankeswerther, je seltener derartiges in Sachsen vorkommt." — Leider ist auch ein Unglücksfall zu verzeichnen, welcher in Folge des Baues vorkam. Am Spitzberge, wo man zum Baue der Bahn Steine brach, entlud sich nämlich ein Sprengschuß zu früh, wodurch dem Steinmetzmeister Enger aus Meißen beide Augen verbrannten und eine Hand so zerschmettert wurde, daß ihm die Finger abgelöst werden mußten.

Zu Seite 17. Der Communicationsweg über Ninive nach Herrnhut geht nicht von Niederoberwitz ab, sondern von Oberoberwitz, und zwar bei dem weißen Kretscham. Außerdem ist noch ein Communicationsweg anzuführen, welcher von Niederoberwitz nach Großhennersdorf führt; derselbe geht beim kleinen Kretscham ab, über den Viebig und die „Nadelbüchse" durch das Königsholz. — Die von Oberwitz nach Oberseifersdorf führende Straße, Kolichstraße genannt, wurde im Sommer 1870 umgebaut.

Zu Seite 35. Michael von Rübinger auf Obergurig und Oberwitz (wahrscheinlich war er nur mitbelehnt, da er sich sonst nirgends in der Geschichte von Mitteloberwitz erwähnt findet) war mit Eva geb. von Kyaw aus dem Hause Kemnitz vermählt, einer Wittwe des 1639 verstorbenen kursächsischen Hauptmanns Joachim von Schilling. Noch 1649 wird er als Besitzer von Obergurig erwähnt. Seine beiden Töchter Helene und Barbara von Rübinger verkauften das Gut im Jahre 1668.

Zu Seite 172. Vor dem Pönfalle, in welchem Zittau den jetzt Ruppersdorffschen Antheil von Oberwitz verlor, war auch dieser Antheil hinsichtlich seiner Steuern landmitleibend. Man ersieht dies aus den Görlitzer Rathsannalen.*) In Folge von Streitigkeiten, die wegen den aufzubringen-

---

*) S. Script. Rer. Lus. IV. 260.

den Steuern zwischen den Sechsstädten und der Landschaft entstanden waren, wurde im Jahre 1534 unter andern folgendes festgesetzt:

„Die guttir der von Zittau, nämlich Oberwitz, Dittelsdorff vnd Ronaw, vnd was sie hinfurt vff dem lande keuffen werden, sollen mit der lantschafft leiden, was sie abir itzund, uber die angezeigten gutter haben, die sollen bey der stat bleiben und leiden."

Zu Seite 212. Andreas Friedrich Reichel, Sohn eines Häuslers und Schneiders zu Oberoberwitz, wurde daselbst den 29. August 1744 geboren. Er erlernte von 1758 bis 1764 die Kaufmannschaft in Dresden, conditionirte in Prag und kam hierauf als Buchhalter in ein großes kaufmännisches Geschäft nach Wien. Nachdem er durch hervorragende Kenntnisse und einflußreiche Empfehlungen dem Kaiser bekannt geworden war, ernannte ihn derselbe zum Kanalbaudirektor. Durch glückliche Verhältnisse gelangte er zu bedeutendem Vermögen. Er starb am 23. September 1823 in Wien.

Valerius Friedrich Reichel, Bruder des Vorgenannten, wurde den 27. Januar 1753 geboren. Er besuchte das Gymnasium in Zittau, studirte hierauf in Leipzig die Rechtswissenschaft und starb daselbst als Magister und Bacc. juris am 1. November 1823 in Folge eines unglücklichen Falles.

Zu Seite 216.

Johann Christoph Wünsche aus Oberoberwitz war Gymnasiast in Zittau und wurde 1802 Schullehrer in Lückendorf.

Johann Gottlieb Donath aus Oberoberwitz verließ das Zittauer Gymnasium im Jahre 1810, um in Leipzig Theologie zu studiren. Er wurde später Oberlehrer an der Stadtschule in Sorau.

Johann Gottfried Werner aus Oberoberwitz studirte in Zittau und Wittenberg, war hierauf ein Jahr lang Hauslehrer in Hainewalde und starb den 25. Juni 1803 zu Oberoberwitz im 27. Lebensjahre.

Zu Seite 218. Gustav Wilhelm Weber wurde am 15. October 1870, nachdem er an die neuerrichtete Stelle eines Bezirksthierarztes für die Gerichtsamtbezirke Großschönau, Ostritz, Reichenau und Zittau berufen worden war, von dem Gerichtsamte zu Zittau als solcher verpflichtet.

Zu Seite 267. Den aus Oberwitz gebürtigen Streitern, welche in Frankreich ihren Tod fanden oder verwundet worden sind, sind noch folgende beizufügen:

Karl Wilhelm Wünsche aus Niederoberwitz, Jäger bei der 1. Comp. des 12. Bataillons, wurde am 19. Januar 1871 in der Schlacht bei St. Quentin schwer verwundet und starb am 23. b. M.

Adolph Kühnel aus Oberoberwitz, Gardist bei der 2. Escadron des Gardereiterregiments, wurde auf der Feldwache bei Cragny durch einen Schuß in den Oberschenkel leicht verwundet und befand sich in dem Hospice zu Gisors.

Karl August Mönch, Gefreiter bei der 12. Comp. des Regiments Nr. 102, starb am 23. August 1870 in dem Lazareth zu Rouviant an der Ruhr.

Karl Wilhelm Stübner aus Niederoberwitz, Soldat der 3. Escadron des 1. Reiterreg. Kronprinz, starb den 16. November 1870 am Typhus im 1. Reservelazarethe zu Leipzig.

Ernst Wilhelm Dittrich aus Oberoberwitz und Johann Gottlieb Morche und Johann Gottlieb Wünsche aus Niederoberwitz, gefangen den 2. December im Gefecht bei Brie sur Marne, befanden sich als Gefangene in Paris und wurden erst nach dem am 28. Januar abgeschlossenen Waffenstillstande entlassen.

Als die Nachricht von dem am 26. Februar zum Abschluß gelangten Friedenspräliminarien in Oberwitz bekannt wurde, gerieth auch hier Alles in die freudigste Erregung. In Oberoberwitz beging man bereits am 27. die Friedensfeier in den von zahlreichen Theilnehmern gefüllten Räumen des Kretschams. Durch den Gesang der „Wacht am Rhein" eingeleitet, hielt Lehrer Höhne die Festrede, welche bei der hohen Bedeutung der Feier in den Herzen aller Anwesenden den lebhaftesten Anklang fand. Viele Häuser des Ortes waren illuminirt. — In Nieberoberwitz wurde die Feier den 3. und 4. März begangen. Am erstgenannten Tage bestand dieselbe in Illumination und in einem Umzuge mit bunten Laternen durch das Dorf, veranstaltet und ausgeführt vom Turnerverein und den Schulen. Die Schützengesellschaft hatte die Feier auf den Abend des folgenden Tages verlegt und beging dieselbe durch ein Festmahl und Concert auf dem Schießhause, wobei es an zahlreichen Aussprachen nicht fehlte.

Zu Seite 276. Den 21. Januar 1871, Nachts ½2 Uhr, wurden in Oberoberwitz Wohnhaus, Scheune, Stall und Schuppen des Bauergutsbesitzers August Seeliger durch Feuer zerstört. Schnelle Hilfeleistung von nah und fern, sowie die herrschende Windstille und der auf den Dächern liegende viele Schnee verhüteten weiteres Unglück.

Am 10. April, Nachts 11 Uhr, brannte in Oberoberwitz das Reicheltsche Haus gänzlich nieder. Der Pachter desselben, Stürmer, verlor seine sämmtliche Habe.

Zu Seite 314. Den 21. December 1870, Morgens, wurde in Nieberoberwitz der 49 Jahr alte Inwohner und Schneider Ernst Liebegott Byhan unweit seiner Wohnung erfroren aufgefunden. Wiederlebungsversuche blieben erfolglos.

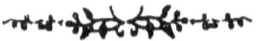

www.ingramcontent.com/pod-product-compliance
Lightning Source LLC
Chambersburg PA
CBHW030745250426
43672CB00028B/564